陕西省重点学科建设项目：经济思想史系列
西北大学『211』重点学科资助项目

陕西省重点学科建设项目：经济思想史系列
西北大学"211"重点学科资助项目

走向近代化的思想轨迹
名人·名著·经济思想

The Ideological Trajectory toward Modernization:
Nine Celebrities · Masterpieces · Economic Thoughts

何炼成　彭立峰　张卫莉 ◎著

社会科学文献出版社
SOCIAL SCIENCES ACADEMIC PRESS (CHINA)

序

《走向近代化的思想轨迹——名人·名著·经济思想》是西北大学承担的省级重点学科"经济思想史"建设项目的建设成果之一，是西北大学这个学科的创始人何炼成教授主编并亲自撰写其中重要篇章的一部重要著作。何先生已经有八十五岁高龄，是我学术道路上的导师和我人生道路上的领路人。看过我的前期著作的读者和学术界的朋友们，可能都知道我们的师生缘。老先生要我为此部专著作序，我尽管诚惶诚恐，却不敢不从命！

这部书的缘起，基于何先生对谭嗣同先烈的景仰一生不能释怀的情结。何先生和谭嗣同先辈都是湖南浏阳人，他出生的时候（1928年），谭嗣同已经在戊戌变法失败后惨遭杀害30年了。但家乡人一直缅怀着在中国近代史上为变法求变、为国捐躯的这第一位流血牺牲者，流传着他的故事和思想。何老师的祖父和谭嗣同是同代人，祖父把对谭嗣同的怀念与追思时时渗透在对何炼成幼年家教的每个环节。所以，何先生从青少年起，就把学习谭嗣同、效法谭嗣同报效国家民族作为自己的人生理想。20世纪50年代，在西北大学任教的青年学者何炼成，更是结合自己的专业，把研究谭嗣同经济思想和研究孙中山经济思想，作为西北大学经济思想史学科建设的伊始阶段。何先生研究谭嗣同的早期文章——《谭嗣同经济思想略论》发表于《西北大学25周年校庆论文集》中，只是"文化大革命"动乱迫使他中断了研究。20世纪80年代迎来了学术复苏，西北大学经济管理学院在何老师的领导下，不仅在经济学、管理学的诸多主流领域开始了筚路蓝缕的开拓创新，使该院成为"经济学家的摇篮"，而且在中国经济思想史这个阳春白雪领域也享誉学界。何老师把他研究谭嗣同经济思想的专论，发表在他的母校武汉大学校庆80周年纪念专刊上，具有双重纪念的特殊意义。在他主编的《中国经济管理思想史》中，对谭嗣同的研究也占有重要的地位（后来均收入《何炼成选集》）。

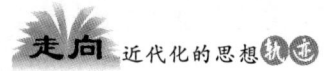

但是，对谭嗣同的研究，何先生仍然认为还需要再深入下去，不仅仅限于经济思想史，还应该包括他的哲学思想和开放思想以及生平事迹、后人评价等。这等于是要写一部类似《谭嗣同评传》的专著了。在编完了自己的文集之后，2011年何先生把这件事提到议事日程上来。我们学科组也把这部书列入出版计划。老先生放下一切，开始了夜以继日的伏案工作，并于2011年10月拿出了初稿，我作为助编，帮助先生确立了一个体系，赵麦茹做了电子稿件的版面处理。后来就这个文稿和社会科学文献出版社邹东涛、赵学秀等又做了多次切磋，觉得为老先生出一本专著，要更厚重一些，更有学术价值和纪念意义。不妨请先生把对谭嗣同的研究放在当时中国求变图强、挽救民族危亡的大背景里，探索上自鸦片战争前夜，中经洋务运动和戊戌变法，下至辛亥革命，几代先进中国人探求救国救民、富国富民走向近代化的历史足迹或者说思想轨迹。这样，谭嗣同就处在近代思想史承上启下的核心地位，而且该书也能同何先生近20年来一直研究创立的以"八个现代化"为核心内容的《中国发展经济学》相衔接，成为后者的思想前奏——《中国近代化思想史》。何先生欣然同意这个主题升华的修改建议。

主题的延伸和研究对象的增加，势必使工作量大大增加，必须给先生配助手。先生首先想到我这个大弟子。我本应无可推脱，但由于一年来自身病痛加重和其他俗务一时难以脱身，未敢领命（至今深为愧疚）。而此书的写作又时不我待，我在帮先生确立了主题、书名和写作框架后，建议约请刚毕业不久、先生的两个年轻女博士彭立峰和张卫莉来担此重任。刚好所确立的主题和所筛选的历史人物及其代表作正是她们博士论文所研究或者所涉及的部分内容。而此书的核心内容对于谭嗣同的经济思想研究，则仍然是何先生亲自担纲了。

本书所选的是在近代经济思想史上非常重要的九位思想家：魏源、洪秀全、洪仁玕、郑观应、张之洞、谭嗣同、梁启超、康有为、孙中山，从各位思想家的一部书入手对其经济思想中图强求变、师夷制夷、追赶世界发展潮流的内容及思想价值进行评介，见微知著，以求展示那个时代中国人追赶近代化潮流的思想轨迹，并通过追古思今，以求对我国正在进行的建设事业的继续深入起到推动作用。

何炼成先生治经济思想史，向来持论中正平和，对历史人物不拔高、不压低。尽管他对自己家乡这位志士仁人一往情深，引以为隔世神交，但仍在作高度评价的同时指出其思想的时代局限性，表现了一种严肃的科学态度和历史唯物主义态度。这是何炼成教授的一贯学风。他的这种严谨求实的风格，深深地影响了一代又一代的学生，所以在本书的其他章节，也都体现了对历史人物评价公允的统一风格。

作为西北大学经济思想史学科的第二代学人和学科建设此阶段的负责人，我恭敬而又欣喜地把此书推介给学界同仁和年轻的一代学生、读者。

韦 苇
于西北大学桃园柯梦书屋
2013年元月8日

目 录

魏源《圣武记》经济思想研究 …………………………… 1
  一 "法无久不变" …………………………………… 2
  二 除弊兴利 ………………………………………… 3
  三 节用兴利 ………………………………………… 6
  四 塞患兴利 ………………………………………… 9
  五 开源兴利 ………………………………………… 15
  六 结论 ……………………………………………… 21

洪秀全《天朝田亩制度》经济思想研究 ……………… 24
  一 土地思想 ………………………………………… 25
  二 产业思想 ………………………………………… 27
  三 财政思想 ………………………………………… 33
  四 结论 ……………………………………………… 38

洪仁玕《资政新篇》经济思想研究 …………………… 40
  一 "因时制宜,审势而行" ………………………… 41
  二 "内修国政" ……………………………………… 43
  三 "外示信义" ……………………………………… 47
  四 评价 ……………………………………………… 49

1

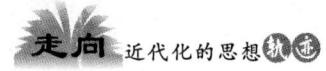

郑观应《盛世危言》经济思想研究 …… 53
    一 "非常之变局"下的"决胜于商战" …… 54
    二 "立为商国" …… 60
    三 "护商之良法" …… 69
    四 "减厘税以恤商艰" …… 80
    五 结论 …… 106

张之洞《劝学篇》经济思想研究 …… 109
    一 经济改革指导思想 …… 110
    二 产业思想 …… 115
    三 企业思想 …… 126
    四 外债思想 …… 130
    五 结论 …… 144

谭嗣同《仁学》经济思想研究 …… 146
    一 经济观和"两通"理论 …… 149
    二 为资本主义鸣锣开道的发展观 …… 152
    三 基本经济观点 …… 154
    四 发展资本主义工商业的蓝图 …… 158
    五 发展农业的"普鲁士道路" …… 161
    六 结论 …… 163

梁启超《变法通议》经济思想研究 …… 165
    一 "变亦变,不变亦变" …… 166
    二 "一切要其大成,在变官制" …… 175
    三 变法的哲学依据 …… 179
    四 结论 …… 187

康有为《大同书》经济思想研究 ………… 189
- 一 西方经济的局限 ………… 190
- 二 大同的经济理想 ………… 196
- 三 大同经济理想的实现 ………… 206
- 四 志在大同,事在小康 ………… 212
- 五 结论 ………… 216

孙中山《建国方略》经济思想研究 ………… 219
- 一 孙中山经济思想的历史背景与相关著作简介 ………… 220
- 二 孙中山经济思想的特点 ………… 225
- 三 孙中山的国民经济建设思想综述 ………… 238
- 四 孙中山论"两个文明"建设协调发展与经济发展 ………… 259
- 五 孙中山的对外开放经济思想 ………… 264
- 六 对孙中山经济思想的评价 ………… 279
- 七 结论 ………… 297

魏源《圣武记》经济思想研究

彭立峰

《圣武记》的作者魏源（1794～1857），字默深，湖南邵阳人。道光二年（1822年），魏源中顺天乡试举人第二名。1825年，他应江苏布政使贺长龄的聘请，代为编辑《皇朝经世文编》，并协助江苏巡抚陶澍筹议漕粮海运及地方水利问题。1828年，他在北京任内阁中书。1829年他应礼部会试，不第。1831年，他因父亲病危南下，先后协助陶澍、林则徐、陆建瀛等封疆大吏处理各种实际政治、经济工作，成为与包世臣齐名的漕、盐、水利三大问题的专家。1845年考中进士后，他相继任江苏东台、兴化知县及高邮知州。1854年辞官后，他侨居兴化、杭州，潜心学佛。1857年，魏源病死杭州。魏源一生著述颇多，除《圣武记》外，还有《书古微》《诗古微》《海国图志》《元史新编》《古微堂诗集》《古微堂文集》《老子本义》《孙子集注》等著作。

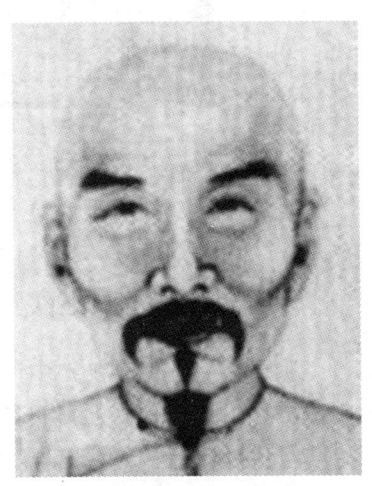

魏源（1794～1857）

《圣武记》全书十四卷，道光二十二年（1842年）成书，七月序于扬州，道光二十四年（1844年）重订于苏州，道光二十六年（1846年）复重订于扬州。三个本子比较起来，二十六年本公认为最优，本文即采用该版本。道光三十年（1850年），《圣武记》传入日本，其后有摘录翻刻本多种。在国内，《圣武记》自问世以来很受欢迎，多次刻印翻印。林昌彝在《射鹰楼诗话》卷二中称："《圣武记》及《海国图志》尤为有用之书，诚经国之大业，不朽之盛事也。"梁启超在《中国近三百年学术史》中称:"史学以记述现代为最重。故清人关于清史方面之著作为吾侪所最乐闻……最著者有魏默深源之《圣武记》、王壬秋闿运之《湘军志》等。默深观察力颇锐敏,组织力颇精能。其书记载虽间有失实处,固不失为一杰作。"《圣武记》重在回顾清前期的"十全武功",但其中《军储篇》等多涉及经济,本文仅探讨其中所蕴涵的经济思想。

《圣武记》

一 "法无久不变"

魏源在《圣武记叙》中说:"荆楚以南,有积感之民焉。距生于乾隆征楚苗之前一岁,中更嘉庆征教匪、征海寇之岁,迄十八载畿辅靖贼之岁,始贡京师……晚侨江淮,海警沓至,忾然触其中之所积,乃尽发其棱藏,排比经纬,驰骋往复,先出其专涉兵事及尝所论议若干篇,为十有四卷,统四十余万言,告成于海夷就款江宁之月。"① 鸦片战争的失败强烈触动了魏源心中的"积感",他深深地认识到唯有变革才能转弱为强,挽救民族危机。因此他在《圣武记·军储篇一》的开篇写道:"无政事则财

---

① 魏源著《圣武记》(上),韩锡铎、孙文良点校,中华书局,1984,第1页 [以下简称《圣武记》(上)]。

用不足，法无久不变，运无往不复，作军储篇。"① 这是变革经济制度，为清政府的"武功"提供充足雄厚的"财用"。

魏源认为社会是不断发展变化的。他说："三代以上，天皆不同今日之天，地皆不同今日之地，人皆不同今日之人，物皆不同今日之物。"②魏源认为既然"气化无一息不变"，"势则日变而不可复"，那么社会制度就应该随着情势的不同而不断发展变化，既不能"执古以绳今"，也不能"执今以律古"。在他看来，前者是"诬今"，后者是"诬古"，"诬今不可以为治，诬古不可以为学"③。

魏源认为顺应着情势的变化，经济制度应适时加以变革，而变革的关键在于"利民"，在于"人情所群便"。以税收制度为例，魏源回顾了中国赋税制度的演进历程，指出"三代以上之天下，礼乐而已矣；三代以下之天下，赋役而已矣"。三代时"井田什一尚存，履亩未税，民惟困役，不困赋焉"④。三代以后赋役并重，"租庸调变而两税，两税变而条编。变古愈尽，便民愈甚，虽圣王复作，必不舍条编而复两税，舍两税而复租庸调也……丁庸变而差役，差役变而雇役，虽圣王复作，必不舍……雇役而为差役也"⑤。"圣王复作"亦不能恢复古制，其关键原因是民意不可逆。他说："天下事，人情所不便者变可复，人情所群便者变则不可复。江河百源，一趋于海，反江河之水而复归之山，得乎？履不必同，期于适足；治不必同，期于利民。"⑥

在"海警沓至"之际，魏源认为应适时变法以"利民"强国。那么应该如何兴利呢？魏源给出了他的四大改革方案，即"有以除弊为兴利者，有以节用为兴利者，有以塞患为兴利者，有以开源为兴利者"⑦。

二　除弊兴利

"何谓除弊之利？天下大政，利于国利于民者，必不利于中饱之人。

---

① 魏源著《圣武记》（下），韩锡铎、孙文良点校，中华书局，1984，第552页［以下简称《圣武记》（下）］。
② 中华书局编辑部：《魏源集》（上册），中华书局，1976，第47页。
③ 中华书局编辑部：《魏源集》（上册），中华书局，1976，第48页。
④ 中华书局编辑部：《魏源集》（上册），中华书局，1976，第42页。
⑤ 中华书局编辑部：《魏源集》（上册），中华书局，1976，第48页。
⑥ 中华书局编辑部：《魏源集》（下册），中华书局，1976，第468页。
⑦ 《圣武记》（下），第552页。

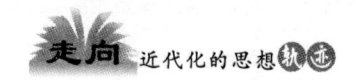

天储所仰，莫如漕、盐。行之二百岁，百窦千蠹，昼夜朘蚀。"① 魏源曾做过多年的幕僚，对漕运、盐政等重要财政制度的积弊有着深刻的认识，其"有以除弊为兴利者"的经济改革，主要内容就是改革漕运和盐政。

（一）漕运：南漕海运

魏源深感漕运之积弊，认为"国家转漕七省，二百载来，帮费日重，银价日昂，本色折色日浮以困。于是把持之生监与侵渔之书役，交相为难，各执一词，弱肉强食，如圜无端"②。1824年，淮决高堰，河道梗塞，漕运不通，朝廷诏下议海运。魏源认为"何谓除弊之利？天下大政，利于国，利于民者，必不利于中饱之人"，提出海运漕粮，并均由商人承办，不再由官府垄断。

早在明末清初，陆世仪就提出南漕海运，后来徐旭龄、尹继善、丘浚、蓝鼎元、姚文田和包世臣等人均力主其说。至魏源提出时，"和者百，哗者亦百。哗者何人？曰：在南则漕丁、水手持之，在北则通仓胥吏持之矣"③。但魏源坚持认为"天下，势而已矣。国朝都海，与前代都河、都汴异，江浙滨海，与他省远海者异，是之谓地势。元、明海道官开之，本朝海道商开之，商人习海，犹河人习河，是之谓事势。河运通则溃以为常，河运梗则海以为变，是之谓时势。因势之法如何？道不待访也，舟不更造也，丁不再募、费不别筹也，因商道为运道，因商舟为运舟，因商估为运丁，因漕费为海运费"④。他认为"溃告灾，非海无由也，官告竭，非商不为功也"，"以海代河，商代官"乃是"乘天时人事至顺而行之"⑤。为了保证商运的安全，魏源还建议"以粮艘由海运，以师艘护海运而已。江苏战舰由吴淞出口，浙江战舰由镇海出口，皆护本省海运之粮以达于天津。钦派验米大臣莅津收兑后，并阅护运之水师，然后给咨回省"⑥。

在魏源等人的大力呼吁下，道光皇帝于1824年秋同意苏松常镇太仓诚府一州之粟全部海运。这次海运从道光五年（1825年）正月开始筹

---

① 《圣武记》（下），第552页。
② 中华书局编辑部：《魏源集》（上册），中华书局，1976，第340页。
③ 《圣武记》（下），第552页。
④ 中华书局编辑部：《魏源集》（上册），中华书局，1976，第404页。
⑤ 中华书局编辑部：《魏源集》（上册），中华书局，1976，第411页。
⑥ 《圣武记》（下），第545页。

备，分 2 次运输，至 5 月，两运皆竣。在贺长龄、陶澍等封疆大吏的支持和魏源、包世臣的周密筹划下，南漕海运取得成功。实践证明了魏源所言漕粮海运的四利、六便："其优于河运者有四利：利国、利民、利官、利商"①；"是役也，国便、民便、商便、官便、河便、漕便，于古未有"②。因此，魏源认为"诚欲事半而功倍，一劳而永逸，百全而无弊，人心风俗日益厚，吏治日益盛，国计日益裕，必由是也，无他术也"③，希望海运南漕能制度化、长效化。不过他并不主张全部漕粮海运，认为应具体情况具体分析，例如江浙距海近，应行海运之法，而湖广、江西距海远，可仍行河运。他说"内河之贡道，天庾之正供，其不能全归于海运明矣。越重湖大江千余里，而至淮安，则屯丁、屯船不可裁亦明矣"，但应革除河漕之弊，"然江、楚赋轻，则输纳之要差缓于江苏；江、楚船重，则闸河之累亦甚于江苏。赋重者既于其赋赈之，船重者亦于其船治之而已"④。

海运漕粮并非魏源首创，但是他完全依靠海商承办漕粮运输，并由军舰护送的主张，是前所罕见的。魏源认为"海运之事，其所利者三：国计也，民生也，海商也"⑤，公然将商人利益与国计、民生相提并论，反映出他对商人利益的重视。表明他对私商经营方式优越性的坚信。这对后世重商思想的产生有着重要的启示意义。

(二) 盐政：改纲行票

盐税自两汉以来就成为政府财政收入的重要项目之一。清承明制，实行纲盐制，历时已久，积弊尽现：盐价虚高、官盐积压、私盐盛行、中饱成风、盐税收入不足等。当时包世臣等人倡导改纲行票，称"纲盐曷变行票盐乎？省改捆，省岸费，省私耗，省守候，省加派，省缓纳，曷为不行？"⑥ 但是"默者百，挠者万。挠者即默者之人。曰：岸盐恐跌价则持之，岸吏恐裁费则持之，书吏、捆工恐清弊则持之矣"⑦。

---

① 中华书局编辑部：《魏源集》（上册），中华书局，1976，第 416 页。
② 中华书局编辑部：《魏源集》（上册），中华书局，1976，第 411 页。
③ 中华书局编辑部：《魏源集》（上册），中华书局，1976，第 418 页。
④ 中华书局编辑部：《魏源集》（上册），中华书局，1976，第 406 页。
⑤ 中华书局编辑部：《魏源集》（上册），中华书局，1976，第 418 ~ 421 页。
⑥ 《圣武记》（下），第 552 页。
⑦ 《圣武记》（下），第 552 页。

此时，魏源大力倡导改纲行票。他说："天下无数百年不弊之法，无穷极不变之法，无不除弊而能兴利之法，无不易简而能变通之法。与其使利出三孔二孔病国病民，曷若尽收中饱蠹蚀之权，使利出于一孔。"① 魏源认为"欲敌私必先减价，减价必先轻本，轻本必先除弊"②。"天下无兴利之法，去其弊则利自兴矣。蹉政无缉私之法，化私为官则官自畅矣。"③ 他说："票盐售价，不及纲盐之半，而纲商岸悬课绌，票商云趋鹜赴"，其关键在于"纲利尽分于中饱蠹弊之人……票盐特尽革中饱蠹弊之利，以归于纳课清运之商，故价减其半而利尚权其赢也"，"昔之利私而今之利公"④。因此，魏源认为："以十余疲乏之纲商，勉支全局，何如合十数省散商之财力，众擎易举？以一纲商任百十斯夥船户之侵蚀，何如众散商各自经理之核实？以纲埠店设口岸而规费无从遥制，何如散商势涣无可指索？以纲商本重势重，力不敌邻私，而反增夹带之私，何如散商本轻费轻，力足胜邻私，且化本省之私？"同时"江西、湖广粮船货船回空，皆可买载有课之盐，千金、数百金皆可办百引之票，云趋雾集，而私船皆变正课矣"⑤。

改纲行票的基本精神是"化私为官"，即明清之际李雯在《蓼斋集》中就已提出并为后来盐务专家所传诵的名言"盖天下皆私盐，则天下皆官盐也"的思路——废除纲商专卖制度，改由散商凭票自由运销，以消除纲商垄断，杜绝官吏胥役中饱蠹蚀。魏源改革盐政旨在裁费、轻本、化私、溢课。其改纲行票的改革方案，沿袭了刘晏以来许多盐政改革者的思路，为同时代的包世臣等人所共有，并无理论上的提升。但是魏源改革盐政思想对鸦片战争前后盐税改革影响很大。推动票盐制度施行，客观上减轻和削弱了晚清政府对商品流通领域的干预和控制。

三 节用兴利

魏源所谓的"节用兴利"，是指节约政府财政支出，以改善财政状况。其主要措施有二：一是废除普免田租和普免漕负；二是节省军费。

---

① 中华书局编辑部：《魏源集》（下册），中华书局，1976，第431~432页。
② 中华书局编辑部：《魏源集》（下册），中华书局，1976，第438页。
③ 中华书局编辑部：《魏源集》（下册），中华书局，1976，第438页。
④ 中华书局编辑部：《魏源集》（下册），中华书局，1976，第439页。
⑤ 中华书局编辑部：《魏源集》（下册），中华书局，1976，第438页。

（一）废除普免田租和普免逋负

魏源称："普赐田租，普免逋负，自古旷荡之仁，可行于文、景，不可行于宣、元之世。"① 在他看来，文、景之世可普免巨额田租和逋负，主要原因有二：一是政府财政充足，有雄厚的经济实力，普免田租和逋负于国无害；二是吏治清明，普免田租和逋负均能落到实处，于民有利，即"苏轼所谓以不急之费，而被之以莫大之名"②。

魏源认为到了道光朝时，由于客观情势的变化，普免田租和逋负就不适宜了。第一，普免田租和逋负并不能真正利民。魏源指出道光时"生齿颐矣，机变滋矣。有恃十载普免而争先逋欠者，则利顽民而不利于良民。官免赋而佃不免租，则利于富民而不利于贫民。海寇攻城，不及乡里，而遍免四乡之赋，则利于安堵之民而不利于被难之民"③。诚如其言，普免田租和逋负名义上有利于百姓，但实际上百姓并未得到实惠，真正得到好处的是豪强富户，成为豪强富户的特权，已非"仁政"。第二，普免田租和逋负于国不利。魏源说："国家正供，有岁入数千万之名，而常有逋欠千余万之实，异日国计愈匮，潦旱偏灾，何以蠲赈？则过厚于无事之民者，反无以备夫缓急望救之民。"④ 因此，他建议废除普免田租和逋欠以利国利民。

的确，第一次鸦片战争爆发后，晚清政府的财政状况陡然拮据。清前期一直遵循量入为出原则，财政收入主要源于常例收入，每年常例收入的来源和数额均有定制。政府根据常例收入来安排常例支出，各项常例支出不得混用，其总额通常小于定制的常例收入总额，由此确保了清前期长期的财政盈余。至道光前期，户部年均存银仍有2716余万两⑤。但是，第一次鸦片战争爆发，清政府的财政支出受外来冲击而陡然增加。这些非常支出主要包括：战时军费支出4000万两和战争赔款2100万元（合银1470万两），两项合计5470万两，相当于当时清政府一年多的财政收入⑥。晚清政府从此陷入财政危机。在此情形下，魏源提出废除普免田租和逋欠，旨在节约政府的税式支出，有利于改善清政府的财政状况，有利

---

① 《圣武记》（下），第552页。
② 《圣武记》（下），第552页。
③ 《圣武记》（下），第552页。
④ 《圣武记》（下），第552页。
⑤ 彭泽益：《十九世纪后半期的中国财政与经济》，人民出版社，1983，第142页。
⑥ 许毅：《清代外债史论》，中国财政经济出版社，1996，第72页。

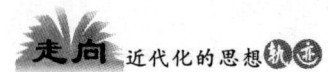

于减轻百姓的财政负担，有利于促进经济发展。但是由于豪强富户是普免田租和逋欠的既得利益者，清政府为了不触犯其利益并未采纳魏源的这一建议。清政府转而通过加重田赋、盐斤加价、开征厘金、举借外债等手段来增加财政收入、弥补财政赤字。这些财政手段虽然一时增加了财政收入，但是它们加重了百姓的财政负担，削弱了民族经济发展的实力，激化了阶级矛盾，埋下了清政权覆灭的隐患。

（二）裁减军饷

魏源指出，"直省养兵，费天下正供之半，而兵伍不足正额三分之一。乾隆中叶，又以名糧改成实额，增六万之兵，即岁增百余万之饷，而缺伍益甚，冗糜益甚。夫养兵数十万，而不得一半之用"①。诚如其言，军费一向是清政府常例支出的主要项目，以乾隆三十一年（1766年）为例，当年财政支出总计4221万两，其中常年军饷支出为2567万两，占总支出的60％。但是清后期，军队中将领吃空饷的情况普遍而严重，国家大量军费都被这些将领贪污中饱。吃空饷一方面导致国家军费支出浩繁；另一方面致使军队的战斗力极差。第一次鸦片战争的失败使上述弊病充分暴露。为了改善财政状况，为了提高军队的作战能力，魏源建议"何如先复国初之旧额，再核目前之虚伍？或并三兵之费以养二兵，使一兵得一兵之用；或并二兵之费以募一兵，使一兵当十兵之用"②。

该建议若被采纳，清政府可借此机会削减军饷，整顿军队，提高军队的战斗力。但是当时军队中的将领多为八旗子弟，清政府不愿触动这些既得利益者，因此未采纳魏源的这一建议。当太平天国兴起时，焦头烂额的清政府仍未采纳魏源的这一建议，而是允许地方自筹经费办团练。地方武装部队的壮大和发展，一方面帮助清政府成功地镇压了太平天国等农民起义；另一方面助长了地方政府的军事和经济实力，削弱了清政府的中央集权，埋下了地方割据的隐患。

对于吃空饷等"冗糜"，魏源力主裁减，但他积极倡导清政府斥资购置新式炮舟。他说："造炮不如购炮，造舟不如购舟。"③ 他认为："中国之官炮，之战船，其工匠与监造之员，惟知畏累而省费，砲则并

---

① 《圣武记》（下），第552页。
② 《圣武记》（下），第552页。
③ 《圣武记》（下），第544页。

渣滓废铁入炉，安得不震裂？船则脆薄窳朽不中程，不足遇风涛，安能遇敌寇？"①而"夷炮、夷船但求精良，皆不惜工本"②，且"中国红夷大炮本得自佛郎机，非中国所有也"③。因此，与其花费巨额经费制造不能敌寇的"官炮战船"，魏源认为不如向西洋购置精良的"夷船夷炮"，"以彼长技御彼长技"④。那么如何购置呢？魏源称："盖西洋各国夷炮，有鬻于粤东者矣，有鬻于新嘉坡者矣，有鬻于孟迈、孟加腊者矣。新嘉坡距澳十程，专有造炮出售之市，孟迈、孟加腊亦然。此皆中国商船往来之地。但令每舶回帆入口，必购夷炮数位，或十余位，缴官受值，力省而器精，事半而功倍。"⑤

四 塞患兴利

魏源称："何谓塞患？鸦片耗中国之精华，岁千亿计。此漏不塞，虽万物为金，阴阳为炭，不能供尾闾之壑。"⑥可见，魏源所说的"塞患兴利"是指严禁鸦片，扭转清政府的贸易逆差，以促进晚清社会经济发展。

（一）严禁鸦片

清廷在第一次鸦片战争爆发前一直坚持实行禁烟政策。最初的禁烟令始于雍正七年（1729年），当时清廷谕令：对"兴贩鸦片烟者，照收买违禁货物例，枷号一月，发近边充军；私开鸦片烟馆引诱良家子弟者，照邪教惑众律，拟绞监候，为从杖一百，流三千里；船户、地保、邻佑人等，俱杖一百，徒三年；兵役人等借端需索计赃，照枉法律治罪；失察之汛口地方文武各官，并不行监察之海关监督，均交部严加议处"⑦。但当时清廷并未禁止鸦片作为药材进口，在乾隆二十年（1755年）的税则中，药材税目下仍载有鸦片估价的规定。但是在1773年东印度公司垄断鸦片贸易后，输入中国的鸦片数量激增，清廷遂于嘉庆五年（1800年）明令查

---

① 《圣武记》（下），第545页。
② 《圣武记》（下），第544~545页。
③ 《圣武记》（下），第544页。
④ 《圣武记》（下），第544~545页。
⑤ 《圣武记》（下），第544页。
⑥ 《圣武记》（下），第553页。
⑦ 中国史学会：《鸦片战争》（六），上海人民出版社，2000，第139~140页。

禁从外洋输入鸦片和在国内种植鸦片。道光元年（1821年）清廷严申鸦片禁令。在1836年许乃济引发的弛禁与严禁的争论中，道光皇帝选择了支持严禁。1838年，道光皇帝特派湖广总督林则徐以钦差大臣的身份前往广东查办鸦片，并颁布《钦定严禁鸦片烟条例》。此时道光皇帝称："因思海贩窑口，实为祸首罪魁，傥非一律从严，概置重典，不足以防偷漏而塞来源。至吸食之弊一日不除，则兴贩之来一日不绝，亦不得稍从宽宥。今定以死罪，立限严惩。"① 此语显示出当时清廷禁烟的决心。

但是清廷的禁烟决心并不持久。第一次鸦片战争爆发，当直面西方的船坚炮利时，道光皇帝的禁烟决心开始动摇。1840年7月5日定海失守之后，道光皇帝更是惊慌失措，他说："英夷如海中鲸鳄，去来无定，在我则七省戒严，加以隔洋郡县俱当有备，而终不能我武维扬，扫穴犁庭。试问内地之兵民，国家之财赋，有此消耗之理乎。"于是他转而迁怒并斥责林则徐："外而断绝通商，并未断绝；内而查拿犯法，亦不能净。无非空言搪塞，不但终无实济，反生出许多波澜，思之曷胜愤懑。"② 此语与穆彰阿等人对林则徐的指责并无二致。同年8月6日，道光皇帝以伊里布为钦差大臣赴浙查办事件。9月17日，清廷令沿海督抚，洋船经过时不必开放枪炮；又令已准英人赴粤扣关，以琦善为钦差大臣赴粤查办。10月3日，道光皇帝撤职查办林则徐、邓廷桢。此时的清廷已决定与英国侵略者"羁縻议和"，严禁鸦片无从谈起。1842年8月29日，中方代表耆英、伊里布与英方代表璞鼎查签订中英《南京条约》，结束了这场以鸦片为名持续了将近三年的战争。《南京条约》只字未提及鸦片，决意"羁縻抚夷"的清廷为免生边衅，已无勇气和能力禁止鸦片的输入。虽然道光朝并未正式承认鸦片输入的合法化，但是鸦片输入数量于1850年就已猛增至50000担③。

在此情形下，魏源坚持认为必须要严禁鸦片。与林则徐一样，魏源对鸦片的危害有着深刻的认识。从经济意义而言，第一，鸦片输入导致中国白银大量外流。魏源以1837年广东进出口贸易为依据进行分析，他指出该年"共计外夷岁入中国之货，仅值银二千十四万八千元，而岁运出口之货，共值银三千五百有九万三千元。以货易货，岁应补中国银价千四百

---

① 齐思和、林树惠、寿纪瑜：《鸦片战争》（一），上海人民出版社，1954，第377页。
② 齐思和、林树惠、寿纪瑜：《鸦片战争》（四），上海人民出版社，1954，第61页。
③ British Parliamentary Papers：*Commercial Report*：*China*，Irish University Press，1971，Vol. 9：210.

九十四万五千元。使无鸦片之毒,则外洋之银有入无出,中国银且日贱,利可胜述哉"。但是由于这一年英国输入鸦片四万箱,需支付银价二千二百余万元,以致中国对英出超七百余万元的货物价值,不但没有以银元进口来补偿,反需用一千余万元来支付鸦片输入的差额。他总结道:"故知洋钱流入内地,皆鸦片未行以前夷船所补之价。至鸦片盛行以后,则绝无货价可补,而但补烟价。"① 魏源的上述分析虽未采用贸易差额的概念,但是"他对国际'贸易差额'的分析,已达到相当高的理论水平"②。第二,白银的大量外流,导致国内银价急剧上升,危及中国财政和经济。按清政府规定,每纹银一两可易铜钱 1000 文。根据严中平等人的统计,银钱比价在 1810 年以前基本上是围绕规定比价变动。但是从 1810 年起,银钱比价就超过了 1100 文,1833 年已涨至 1362.8 文,1839 年更涨至 1678.9 文。银价的高涨扰乱了中国的货币流通,加重了纳税人的负担。这是因为当时初级市场上均以铜钱计价,而民众纳税时却必须折成纹银。例如农民出卖一三石米得铜钱 3000 文,按纹银一两易铜钱 1000 文的比价,可得银三两。按纹银一两易铜钱 1678.9 文的比价,得银不到二两。银贵钱贱短期内直接加重了纳税人的负担,使得纳税人的实际负担随着银价的升高同比例地增高,这种负担在 1821 ~ 1839 年 20 年间提高到 30% 以上③。而从长期来看,这将致使财政收入日益枯竭。因此魏源指出,自鸦片盛行以后,"洋钱与纹银皆日贵一日矣,漕务、盐务、边务皆日困一日矣"④。魏源认为鸦片输入是造成中国白银外流的根源所在,而"禁民为非,实帝王理财之大柄"⑤。因此他力主严禁鸦片,"塞患以兴利"。

但是许乃济、穆彰阿等人提出的全面弛禁论由来已久。早在 1833 年,何太清就提出要消除鸦片大量输入,防止白银大量外流,必须"先罢禁例,听民间得自种罂粟,内产既盛,食者转利值廉,销流自广。夷至者无所得利,招亦不来,来则竞弛关禁,而厚征其税,责商必与易货,严银买罪名。不出二十年,将不禁自绝"⑥。时为朝野公卿宿儒所推崇的蒋湘南

---

① 魏源:《海国图志・筹海篇》(第 2 卷),咸丰二年刊本。
② 胡寄窗、谈敏:《中国财政思想史》,中国财政经济出版社,1989,第 639 页。
③ 严中平:《中国近代经济史统计资料选辑》,科学出版社,1955,第 30 页。
④ 魏源:《海国图志・筹海篇》(第 2 卷),咸丰二年刊本。
⑤ 《圣武记》(下),第 553 页。
⑥ 梁廷楠:《夷氛闻记》,中华书局,1959。

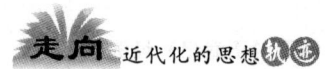

也认为:"以中国之鸦片抵夷人之鸦片,夷人为利而来,必至折本而去,久之自不复贩。"① 1836年,太常寺少卿许乃济上《鸦片例禁愈严流弊愈大亟请变通办理折》,称"闭关不可,徒法不行",对外"计惟仍用旧例,准令夷商将鸦片照药材纳税,入关交行后,只准以货易货,不得用银购买";对内自种罂粟,"内地之种日多,夷人之利日减,迨至无利可图,外洋之来者自不禁而绝"②。文华殿大学士穆彰阿等人在第一次鸦片战争爆发前态度暧昧,他们一方面以"有伤政体"为由,反对全面弛禁;另一方面以"圣朝宽大,不事峻法严刑"为名反对严禁鸦片。穆彰阿等人貌似公正,其实另存私心。他们深知只有保持鸦片"贸易"非法化,才有机会借以勒索巨额贿赂,一旦合法化,其既得利益势必受损。但如果严禁鸦片,就会从根本上断绝其大宗收入。因此,当道光皇帝力主禁烟时,穆彰阿等人不敢公然反抗,但是私下却千方百计地阻滞查禁章程的订立,阻碍严禁政策的实施。第一次鸦片战争爆发后,穆彰阿等人立即摘下了不偏不倚的面具,暴露出真实面目。穆彰阿将战争的爆发归罪于林则徐等人,认为"洋烟禁而边衅大开",极力主张"议和"妥协③。1842年耆英、伊里布等赴南京乞降。《南京条约》谈判期间,英国首相巴麦尊致函英方代表璞鼎查,强调:"为了保证两国间长久的友好关系,中国政府把鸦片贸易放在某种正常、合法的基础上,具有极其重要的意义……希望您利用一切有利机会,使用一切有力论点,使中国全权代表深刻认识到您的意见,用征税代替禁运,对中国有莫大的好处。"谈判过程中,璞鼎查遂以清政府每箱鸦片征收关税50元,每年进口约6万箱,清政府可得到300万元的关税收入为由诱劝耆英。耆英称"鸦片弛禁之事,目前不便遽然奏请,各国商船是否携带鸦片,中国不必过问,亦勿庸绳之以法"④。这虽然表面上未承认鸦片输入合法化,但是实际上默许了鸦片输入。

受现实条件的约束,魏源认为"今不能禁外夷,何难禁内地?"⑤ 即通过禁止国民吸食鸦片来杜绝鸦片的输入。那么如何禁内地呢?魏源认为:"不能行重典,何不先行最轻之典?"⑥ 他说:"天下有重典而不为酷

---

① 蒋湘南:《七经楼文钞》,西安铅印本,1920,第35页。
② 齐思和:《黄爵滋奏疏许乃济奏议合刊》,中华书局,1959,第216~218页。
③ 郑振铎:《晚清文选》(上卷),中国社会科学出版社,2002,第34页。
④ 中国史学会:《鸦片战争》(一),上海人民出版社,2000,第449~452页。
⑤ 《圣武记》(下),第553页。
⑥ 《圣武记》(下),第553页。

魏源《圣武记》经济思想研究

者，惩一儆百，辟以止辟是也。有最轻之典而人莫敢犯者，有耻且格是也。窃谓禁烟欲申大辟之法，宜先行刺面之法。刺面之法，载在大清律，以防窃盗之再犯，所谓耻辱之刑，又所以待怙之刑也。今下令曰：'限期三月戒烟，不戒者黥之！'则纨绔温饱之烟民，知令在必行，闻风革面矣。有不悛而被黥者，再予三月之限，不戒者诛，则黥者必悛，其不悛而怙终者，杀之无怨矣。十七省各出巡烟御史一人，不责以有犯必诛之事，专责以有犯必黥之事。既黥，则人可按籍而稽，瘾可按期而验。倘有纨绔温饱之家，耻黥哀免者，许以金赎，视其职衔小大，为罚赎之轻重。仅免刺面，而仍刺手，刺手逾限而不悛者诛，不得再赎。惟贩烟之犯则立诛，不在黥赎之例。其贩烟吸烟，必许告发，告不实者反坐。"① 魏源相信只要"水师整饬，而外洋无庇贩之人，绣水四出，黥面令行，而内地无尝试之犯。如是而烟不绝者，无是理也"②。

但是，清政府对外慑于西方列强的船坚炮利，以"洋烟禁而边衅大开"为借口不敢明令禁止鸦片输入；对内"法律并非不严，无如在职官员因循懈怠，致令不能把法律付诸实行"③。英国鸦片贩子亨特就曾说他在广州走私鸦片时，表面上"中国当局三令五申，我们要遵纪守法、服从指令、要战战兢兢地生活，不要因顽抗和规外行动引起皇帝的忿怒。但是这仅是一些具文……我们并不管这些官样文章，我们只专心作买卖、划船、散步、享用美食佳宴，日子过得很快乐"④。在令不行、禁不止的情况下，鸦片输入数量逐年递增，1837年为39000箱，1850年就已增长为50000箱⑤。无怪魏源感叹："令不行，禁不止，所可蠹财者，宁惟鸦片？"⑥

（二）自主外贸

魏源虽然坚持严禁鸦片，但是他并不反对与西方各国在平等互利的基础上开展正常贸易，反而力倡自主开关，积极参与国际贸易。其主要理由

---

① 《圣武记》（下），第553页。
② 《圣武记》（下）第553页。
③ 牟世安：《鸦片战争》，上海人民出版社，1982，第106页。
④ 中国史学会：《鸦片战争》（一），上海人民出版社，2000，第235~236页。
⑤ British Parliamentary Papers: *Commercial Report: China*, Irish University Press, 1971, Vol. 9: 210.
⑥ 《圣武记》（下），第553页。

13

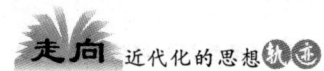

有：第一，清政府只要严禁鸦片，杜绝鸦片输入，中国开展正常贸易完全可以做到出超。第二，从使用价值而言，中国可以进口本国所无之商品。他纠正了"天朝"无所不有的盲目自大思想，认为诸如"铅铁硝布等有益中国之物"，中国可多多进口。第三，可"师夷长技以制夷"。他建议对于西方"洋船、洋炮、火箭、火药愿售者听，不惟以货易货，而且以货易船、易火器，准以艘械火药抵茶叶湖丝之税，则不过取诸商数百万，而不旋踵间西洋之长技尽成中国之长技"。① 第四，从财政角度而言，中国可多获得关税收入，"以裨农赋之不足"，有利于缓解财政危机②。

魏源在分析了正常国际贸易有利于中国经济的基础上，提出了中国参与正常国际贸易的具体政策建议。第一，"威足慑之"。他说："外夷惟利是图，惟威是畏，必使有可畏怀，而后俯首从命。故上者严修武备，彼有蔻船，则我能攻之，彼有夹私，应停贸易，则立停之，使我无畏于彼，彼无可挟于我，自不敢尝试。"此语强调了自主开关是中国参与国际贸易的必要前提和基础。第二，"利足怀之"。魏源建议中国"尽裁一切浮费""援例酌免"洋米等入口关税、允许对方"酌增"其关税，"以补鸦片旧额"。在魏源看来，此举是为外国人"代筹生计，使彼即停鸦片，而上无缺税，下无缺财，则亦何乐乎走私之名，而不趋自然之利"。魏源显然没有认识到资本的贪婪性。事实上，鸦片的高额利润是其他正常贸易所无法比拟的。马克思在《资本论》中引用登宁的话：资本"如果有10%的利润，它就保证到处被使用；有20%的利润，它就活跃起来；有50%的利润，它就铤而走险；为了100%的利润，它就敢践踏一切人间法律；有300%的利润，它就敢犯任何罪行，甚至冒绞首的危险。如果动乱和纷争能带来利润，它就会鼓励动乱和纷争"③。而1813年鸦片每箱成本费用为237卢比，拍卖价格是2428卢比，东印度公司贩烟的利润率高达924%。仅1797～1817年的21年间，东印度公司在加尔各答拍卖鸦片所得的纯利润就高达110547580卢比，约合中国白银31837701两④。魏源试图以"尽裁一切浮费""援例酌免"洋米等"利足怀之"，失之空想。第三，"公则服之"⑤。魏源建议中国应设计公平的关税税率，既能使外国人在与中国贸易时不受损害而心

---

① 魏源：《海国图志·筹海篇》（第2卷），咸丰二年刊本。
② 魏源：《海国图志·筹海篇》（第2卷），咸丰二年刊本。
③ 〔德〕马克思、恩格斯：《马克思恩格斯全集》（第23卷），人民出版社，1972，第829页。
④ 牟世安：《鸦片战争》，上海人民出版社，1982，第40～41页。
⑤ 魏源：《海国图志·筹海篇》（第2卷），咸丰三年刊本。

悦诚服，又能不损失中国财政收入。在中外实力对比悬殊的现实情形下，魏源寄希望于西方列强能"公则服之"，实在是一厢情愿的梦想。

魏源此种自主开放的思想难能可贵。清前期最高统治者对国际贸易一向无兴趣。例如1728年，闽浙总督高其倬奏准重开南洋贸易、制定商船管理办法时，雍正皇帝批示："海禁宁严勿宽，余无善策。"① 1793年，英、葡等国要求与我国通商贸易时，乾隆皇帝虽特准在澳门开设洋行，但他明确表示要加重关税使"洋船无利而不来，以示限制，意不在增税"②。在他们看来，对外通商是给予外夷的"恩赐"而已。到了道光年间，面对鸦片输入给中国经济社会带来的严重影响，有相当部分的国人很自然地倾向于全面"海禁"，要求禁止一切进出口贸易。例如管同称："凡洋货之至于中国者，皆所谓奇巧而无用者也"，但国内"数十年来，天下靡靡然争言洋货。虽至贫者亦竭蹶而从时尚"③。这致使"洋之货十分而入吾者一，则吾之财十分而入洋者三矣"，"是洋人之作奇技淫巧以坏我人心，而吾之财安坐而输于异域"。管同认为"以粟而易洋之财，与以财而易洋之货"均"伤民资而病中华"。因此他建议："宜戒有司，严加厉禁。洋与吾商贾皆不可复通，其货之在吾中国者，一切皆禁毁不用，违者罪之。"④ 管同等人已隐约意识到西方列强对中国的侵略野心以及西方货物的输入将对本国民族经济的发展产生严重的不利影响，并试图予以抵制。但是他们所建议的抵制方案——封关禁海的锁国政策是愚蠢的。因为在经济全球化的趋势下，"把这种自卫政策同争取本国的社会经济的进步发展结合起来"的企图⑤，无异于螳臂当车。在这样的背景下，魏源能力倡自主开放，在平等互利的基础上与西方展开正常贸易，殊为难得。

五　开源兴利

魏源说："何谓开源之利？食源莫如屯垦，货源莫如采金与更币。"⑥ 显然，他"开源兴利"的主要举措有二：一是开食源；二是开货源。

---

① 《雍正硃批谕旨》（第3册），乾隆间内府朱墨套印本。
② 嵇璜：《清朝文献通考·征榷》（第27卷），商务印书馆，1936。
③ 郑振铎：《晚清文选》（上卷），中国社会科学出版社，2002，第40~41页。
④ 郑振铎：《晚清文选》（上卷），中国社会科学出版社，2002，第28页。
⑤ 胡绳：《从鸦片战争到五四运动》（上册），上海人民出版社，1982，第21页。
⑥ 《圣武记》（下），第553页。

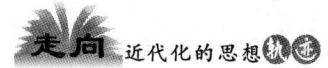

(一) 缓本急标

在开食源与开货源这二者当中，何者更为优先？对于这一问题，魏源给出的回答是："语金生粟死之训，重本抑末之谊，则食先于货；语今日缓本急标之法，则货又先于食。"①

"语金生粟死之训，重本抑末之谊，则食先于货"这前半句表明，从一般意义上而言，魏源认为"本"还是比"末"重要，"食"还是比"货"居于优先地位。在第一次鸦片战争爆发时，魏源曾说："自古有不王道而富强，无不富强之王道……《洪范》八政，始食货而终宾师，无非以足食足兵为治天下之具。后儒特因孟子义利、王伯之辩，遂以兵食归之五伯，讳而不言，曾亦思足民、治赋皆圣门之事，农桑、树富即孟子之言乎？"②显然他承认食为本富。他还曾明言："天下有本富末富，其别在有田无田。有田而富者，岁输租税，供徭役，事事受制于官，一遇饥荒，束手待尽；非若无田富民，逐什一之利，转贩四方，无赋敛徭役，无官吏挟制，即有与民争利之桑孔，能分其利而不能破其家也；是以有田之富民可悯者更甚于无田。"③ 直到1852年，他在《海国图志》中还称："米利坚产谷棉而以富称，秘鲁诸国产金银而以贫闻，金玉非宝，稼穑为宝，古训昭然，荒裔其能或异哉。"④ 这表明魏源仍是以农产品，尤其是粮食，作为国家贫富的标志，并未超出农本思想的范畴。

但是，"语今日缓本急标之法，则货又先于食"这后半句却表明，魏源在承认食为本、货为标的前提下，基于当时白银严重外流等客观经济条件，认为应变通"重本抑末之谊""缓本急标"，改"食先于货"为"货先于食"，优先发展"货源"。例如在谈及开矿一事时，有人提出"雍正中，世宗不有慎重开采之论乎？"⑤魏源指出"帝王之道，张弛各因其时也"⑥。雍正时，"朝廷百废备举，方兴直隶水利，清耗羡归公，户部库贮六千余万，直省仓储三千四百万石。外洋无透漏之银，司农无竭蹶之难，天子不言有无，本强不问标末"。故当时可普赐田租，可慎重开采。但第

---

① 《圣武记》（下），第555页。
② 中华书局编辑部：《魏源集》（上册），中华书局，1976，第36页。
③ 中华书局编辑部：《魏源集》（上册），中华书局，1976，第72~73页。
④ 魏源：《海国图志·外大西洋》（第61卷），咸丰二年刊本。
⑤ 《圣武记》（下），第559页。
⑥ 《圣武记》（下），第559页。

一次鸦片战争前后，清政府财政紧张，白银大量外流，经济政策就应"因时"而变，应"货先于食"，而"矿课开采之事，可不行于雍正，断不可不行于今日"①。"语今日缓本急标之法，则货又先于食"，这是对传统农本思想的突破。

（二）开货源以兴利

既然"语今日缓本急标之法，则货又先于食"，那么魏源自然会"先言其急者"。他认为："中国争用西洋之银钱，昂于内地之银值，则中国银币行之数百年，亦必因时而当变。故曰：'开源之利'。"②至于开货源以兴利之法，魏源认为"开货源莫如采金与更币"，即开矿和更币。

1. 开矿以濬银之源

魏源说："货源之为急标，开矿之为濬源"③，即应优先发展采矿业，尤其是银矿，以解决币材不足的问题。他说："中国自上而下开场，采铜多而采银少。今则云、贵之铜矿多竭，而银矿正旺。银之出于开采者十之三四，而来自番舶者十之六七。中国银矿已经开采者十之三四，其未开采者十之六七。"④ 时人反对开矿者颇多，有的称："若夫聚众则难散，边夷则易觉，税课将滋弊，则若之何？工距而无款可筹，费重而无矿可验，则若之何？"⑤ 有的称："古金之多如此，而未闻其时淘采之方，与官府榷敛之法、惩禁之制。管仲、桑弘羊、孔仅之徒，始言天地之藏，当取以富国，而不可为豪强所擅。然其说不过曰盐，曰铁，不闻有榷金之政。"⑥ 针对这些非难，魏源指出："云、贵无岁不开银矿，国家无岁不征矿税乎？大清会典：正供岁入之数，云南银场岁课六万七千三百两有奇，永昌府及广东无定额；云南金矿岁课金六十两有奇，贵州思南府无定额；云南铜矿额课银万八百有奇，四川、两广无定额；云南铅锡矿课锡三千有奇，山西、湖南、四川、两广无定额。岂滇、黔之矿不聚众，不征税，而他省

---

① 《圣武记》（下），第559页。
② 《圣武记》（下），第555页。
③ 《圣武记》（下），第555页。
④ 《圣武记》（下），第555页。
⑤ 《圣武记》（下），第555页。
⑥ 《圣武记》（下），第557页。

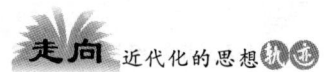

独患众患税乎？岂滇矿不边外夷，黔矿不边苗疆，而他省独患其边夷乎？"① 况且"矿丁多寡，视矿苗衰旺，矿旺人众，矿衰人少，矿绝人散。有利则赴，无利则逝，不俟官为散遣，从无聚而难散之事。凡矿所在，皆有场主，听治而平其争"②。魏源相信："是则有矿之地，不惟利足以实边储，且力足捍外侮，何反畏其生内患？"③

既然中国银矿储量丰富，只要大力开采，就可增加白银的生产，从而解决币材不足的问题，那么应如何开采呢？魏源认为金银等矿藏，乃"天地自然之利，当与民共之"④。若"禁民采而兴官采"，利不胜弊。他指出："甘肃甘州、西宁之金矿，湖南辰州大油山之金矿，提督派兵守之，乘夜偷挖，至今为两提标之优差。伊犁塔尔巴哈台之金矿，将军派兵守之，客民串谋潜挖，至今为驻防之利薮。"⑤ 魏源认为不如"民开而官税之，则有利无弊"⑥。他说："但官不禁民之采，则荷锸云趋，裹粮鹜赴。官特置局，税其什之一二，而不立定额，将见银之出不可思议，税之入不可胜用，沛乎如泉源，浩乎如江河，何必官为开采，致防得不偿失，财不足用乎？"⑦ 魏源对民间资本的乐观和支持，在当时是极为罕见的。

2. 更币以佐银之穷

魏源说："货币者，圣人所以权衡万物之轻重而时为之制。"⑧ 他指出"近十余载间，文银每两由千钱至千有五六百钱，洋钱每圆由八百钱而至千有三百钱，人始知鸦片内灌透银出洋之故。"⑨ 魏源认为"夫岂无法以驭之？"在此情况下，他建议，除严禁鸦片输入、开矿增加白银产量之外，还应设法"更币"以节省白银或用其他材料代替白银，"佐银之穷"。

那么应如何"更币"？魏源认为"更币"应"一意便民，而不在罔利"⑩。因此他建议"仿筹西洋之银钱，兼行古时之玉币、贝币"⑪。前者旨在节省白银。魏源指出：既然"今洋钱销融，净银仅及六钱六分，而

---

① 《圣武记》（下），第555页。
② 《圣武记》（下），第556页。
③ 《圣武记》（下），第556页。
④ 《圣武记》（下），第559页。
⑤ 《圣武记》（下），第555~556页。
⑥ 《圣武记》（下），第558页。
⑦ 《圣武记》（下），第556页。
⑧ 《圣武记》（下），第562页。
⑨ 《圣武记》（下），第562页。
⑩ 《圣武记》（下），第559页。
⑪ 《圣武记》（下），第562页。

值纹银八钱有奇,民趋若鹜",那么"独不可官铸银钱以利民用,而抑番饼乎?"因此他建议"以天朝货币而仿外夷之式"①。后者旨在以玉和贝代替白银。魏源认为"古币以金,以贝,以刀布,宋、金及明始用白金。皆五行百产之精华,山川阴阳所炉鞴,从无易朽易伪之物,可以刑殴而势迫"②。因此他称:"我今宜以贝、玉佐银币之穷,上出宫府之藏,外榷官山之产,镌其等值,广其流布,物华天宝,民珍国瑞,无倾镕冶铸之烦,无朽腐赝造之苦。"③

1851年,户部主事王茂荫曾建议清廷滥发纸币以解决财政困难,称行钞有"造之省,用之广,藏之便,赍之轻,无成色之好丑,炉冶之销耗,绝银匠之奸伪,盗贼之窥伺,钢铁废而尽铸为兵,白金贱而尽充内帑""十便"④。魏源对此坚决反对。魏源指出历史上蔡京行钞,"不且官钱,直用官楮,以百十钱之楮,而易人千万钱之物,而后利归于上。利归于上者,害必归下,犹无田无宅之契,无主之券,无盐之引,无钱之票。初行则奸伪朋生,久行则不堪覆瓻,故不旋踵而废。金、元、明代,不戒之而又师之,竟不鼓铸而专用钞,重以帝王之力,终不能强人情之不愿"⑤。魏源认为"今如欲复行乎,吾见造之劳,用之滞,敝之速,伪之多,盗之易,禁之难,犯之众,勒之苦,抑钱而钱壅于货,抑银而银尽归于夷,有十不便而无一便矣。然楮币不可用,而更币之法不可不讲"⑥。

但是,咸丰帝出于增加财政收入的目的于1853年12月24日同意:"著照部议,凡民间完纳地丁、钱粮、关税、盐课及一切交官解部协拨等款,均准以官票、钱钞五成为率。官票银一两抵制钱二千,宝钞二千抵银一两,与现行大钱、制钱相辅而行。其余仍交纳实银,以资周转。京外各库应放之款,官票、宝钞亦以五成为限。"⑦ 从1854年起,官票(银票)和宝钞(钱票)在若干省份陆续发行。但"钞法初行,始而军饷,继而河工,搭放皆称不便,民情疑阻。直省搭收五成,以款多抵拨既银,搭放

---

① 《圣武记》(下),第562页。
② 《圣武记》(下),第562页。
③ 《圣武记》(下),第563页。
④ 《圣武记》(下),第560页。
⑤ 《圣武记》(下),第559页。
⑥ 《圣武记》(下),第559页。
⑦ 中国人民银行总参事室:《中国近代货币史资料》(第1辑上册),中华书局,1964,第367页。

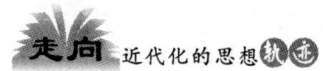

遂不肯搭收。民间得钞,积为无用,京师持钞入市,非故增值,即匿货,持向官号商铺,所得皆四项大钱,不便用,故钞行而中外兵民病之"①。咸丰后期渐停纸币发行。正如魏源所言:"夫开矿以濬银之源,更币以佐银之穷,虽皆权宜救币,然尚皆天地自然之珍,国家不竭之府。帝王因时宜民之助,苟舍此而以楮代,是行冥镪于阳世也,陈明器于兵筵也,施画饼于啁荒,易告身以一醉。"②

魏源强调货币改革应"一意便民而不在罔利",因而反对纸币的财政发行,这在今日仍具有合理性。他提出"仿铸西洋之银钱"以"抑番饼"的主张,符合了铸币代替称重货币的客观规律,同时有利于抵制外国铸币在中国流通。不过,魏源基于货币需是"天地自然之珍""五行百产之精华"的认识,而反对发行纸币,却失之片面。

(三) 屯垦以开食源

魏源认为"货源既开,食源尤其不可不阜"③。那么应如何开"食源"?魏源认为"食源莫如屯垦"④,"阜食莫大于屯垦,屯垦莫急于八旗生计。以君养人,不如使人自养,虽尧、舜犹病博施而济众"⑤。

魏源指出"计八旗丁册,乾隆初已数十万,今则数百万。而所圈近京五百里之旗地,大半尽典于民,聚数百万不士、不农、不工、不商、不兵、不民之人于京师,而莫为之所,虽竭海内之正供,不足以赡"⑥。这极大地增加了财政支出负担,时人亦提出了多种改革方案。有的人提出:"盛京、宁古塔、黑龙江沃壤数千里,仅为牧场闲田,请移八旗散丁数万屯东三省,以实旧都而远淳朴,分京师生齿之繁。"⑦ 有的人建议:"独石口外七十里之红城子,再百里之开平,即元上都地,襟山带河,城堞犹在,膏腴不下数万顷;张家口外七十余里之粉和城,又西百余里之新平城,川原广沃,更胜开平,可耕亦不下数万顷。明初置卫,旋弃归蒙古。我朝平察哈尔,复置为牧场,致东路之热河八达沟,西路之归化、绥远二

---

① 赵尔巽:《清史稿》(第124卷),中华书局,1976。
② 《圣武记》(下),第563页。
③ 《圣武记》(下),第563页。
④ 《圣武记》(下),第563页。
⑤ 《圣武记》(下),第563页。
⑥ 《圣武记》(下),第563页。
⑦ 《圣武记》(下),第564页。

城,声势中隔。应请于开平、兴和各驻满兵三千,红城、新平二城各驻满兵二千,共驻防一万,屯垦牧猎,先为经营,五年,规模可定。"① 还有的人认为:"在京旗人情愿下乡种地者,将畿内八旗公产及赎回旗产,每人给种一二百亩,以免佃奴之挟制。其汉军罢仕,情愿在外成家者,许其呈明置买田产,听其地方官吏约束。"② 这些建议"有未准行,有准行而下未奉行"③。

魏源认为:"满、蒙、汉三者,宜因地因人而徙。东三省,满洲旧地也,宜专以徙满洲之余丁。开平、兴和,国初平察哈尔蒙古之地也,宜专以徙在京蒙古之余丁。至上省驻防虽以再增,而外任留寓占籍,本涨人之俗也,宜专以安置汉军之人。各因其地,各还其俗。"④ 他建议:"今宜仍以驻防为名,并择宗室觉罗中奉恩将军之练悉者,使每人率一佐领或二佐领以重其行。至彼之后,打牲、射猎、屯种,各从其愿,兼许雇汉农以为之助,不必尽责旗人为农,则旗人宜无不欣然者。开平、兴化四城,亦宜设蒙古驻防,使游牧屯种,各从其便,并许雇汉农以为之助,则数载后农牧相安,即或裁其兵粮,以归禁旅之籍。满洲、蒙古,每移一驻防,即可徙数千户,安有岁徙二百户而不能者?汉军外任留籍,既免回京亲友之需索,又得适乐土以长子孙,其心安有不慊?其情安有不勇?若夫兴京东之水利,清旗民之赎产,清入官之籍产,以兼屯满洲、蒙古、汉军无业之旗民,地尤近,利尤切,其厎本固基尤厚。"⑤ 通过此举"化而导之,宜而通之",既可减少财政支出,又可促进农业生产,还可增强国防军事力量,可谓一举三得。

六　结论

身为"积感之民"的魏源,受第一次鸦片战争的猛烈冲击,基于"法无久不变"的认识,积极倡导经济改革以利民强国。为了改善国家财政状况,魏源建议一方面"除弊兴利",即海运南漕、改纲行票,以降低税收成本;另一方面"节用兴利",即废除普免田租和逋欠、裁减军饷,

---

① 《圣武记》(下),第564页。
② 《圣武记》(下),第564页。
③ 《圣武记》(下),第564页。
④ 《圣武记》(下),第564页。
⑤ 《圣武记》(下),第565页。

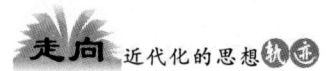

以节约财政支出。为了应对白银外流引发的严重经济问题，魏源提出一方面"堵患兴利"，即通过"禁内地"吸食来"禁外夷"鸦片输入，以扭转对外贸易逆差；另一方面"开源兴利"，即"开矿以濬银之源，更币以佐银之穷"，屯垦以开食源。

站在今天的角度来看，魏源的上述经济思想不乏其局限。第一，该思想从严格意义上来说应属于军事经济思想范畴。受到第一次鸦片战争失败的冲击，魏源忾然作《圣武记》，旨在通过回顾清前期的"十全武功"以激励时人积极抵御外侮。该书"专涉兵事及尝所论议若干篇"，"兵事"是该书的主题，其中若干的经济"论议"旨在为"兵事"提供财政支持，服务于抵御外来船坚炮利的军事目的。从这一角度而言，《圣武记》中的经济思想并不具有独立性。这一局限在后世洪仁玕的《资政新篇》中得以克服。第二，从总体上来看，《圣武记》中的经济思想仍属于传统经济思想范畴。南漕海运、改纲行票、裁减军饷和屯垦等，均是旧说成法，并无理论上的创新。"语今日缓本急标之法，则货又先于食"之说，以"语金生粟死之训，重本抑末之谊，则食先于货"为基础。"食先于货"是原则，"货先于食"是例外，所以魏源称开矿、更币"皆权宜救币"。对于传统自给自足的小农经济，魏源十分尊重，视之为"本业""本富"，既未否定当时的土地私有制，也未试图改变其生产方式，更未质疑农业在国民经济中的主导地位。这些局限在后世洪秀全的《天朝田亩制度》、冯桂芬的《校邠庐抗议》及郑观应的《盛世危言》中陆续得以克服。

但是，《圣武记》中蕴涵的经济思想在当时是相当先进的，在近代经济思想史上具有重要的地位。第一，"法无久不变"的经济变革思想，有力地抨击了当时顽固派"祖宗成法不可变"等迂腐、僵化思想。魏源以发展的观点看待经济问题，要求在改革中求发展，奠定了晚清经济思想的发展基调。例如后世洪仁玕以"因时制宜，度势行法"为由全面改革经济；郑观应为应对"千古未有之变局"而力主"商战"等。第二，魏源以"人情所群便"作为经济改革的指导原则，视"利民"为经济改革的目标，肯定了民众求利的正当性。而且魏源所指的"利"，已不再局限于仅为满足生活消费需求的"食货"范畴，还包括货币。他所指的"民"，也不仅指"有田之民"，还包括"无田之民"，即工商业者。这些新的时代内涵，使得《圣武记》的经济思想虽未脱离传统经济思想体系，但已具有新的突破。第三，魏源对商人的重视对后世重商思想有着重要的启示意义。时人对商业及商人多有鄙视，魏源却力倡由商船海运漕粮、由票商化官盐为私盐、由商人代购西方船炮以及由商民开采矿藏等，处处彰显民间资本的重要性，时时维护商民的利益。至《海国图志》时，魏源此种对商民和商业的重视发展为允许民商兴办新式工业的思想。这启发了后世王韬、马建忠、郑观应、陈炽等人的重商思想。第四，《圣武记》基于对西方的正确认识，指出了一条自主开放、参与国际贸易的道路。受挫于第一次鸦片战争，时人或囿于"天朝无所不有"的虚骄，主张闭关锁国；或慑于西方船坚炮利的威力，主张"怀柔羁縻"，"道光皇帝认为南京条约便是一种'永杜后患'的方法"[①]。唯有魏源等少数人敏锐地认识到这才是开始，而要应对纷至沓来的"海警"，晚清中国应严禁鸦片以"塞患兴利"，"不停贸易以自修自强"，"以彼长技御彼长技"。至编撰《海国图志》时，魏源将该认识上升为"师夷长技以制夷"论。该思想强烈冲击了当时的闭关锁国思想和全面弛禁思想，彻底抹去了传统外贸思想中的怀柔和贡纳色彩。上述思想中出现了由西方吸收来的新因素，或多或少地突破了传统的经济思想。正是从这一意义而言，《圣武记》是我国传统经济思想之历史变革的转折点。

---

① 〔美〕费正清、刘广京：《剑桥中国晚清史》（下卷），中国社会科学出版社，2007，第153页。

洪秀全《天朝田亩制度》经济思想研究

彭立峰

《天朝田亩制度》的制定者和颁布者洪秀全（1814～1864），原名仁坤，广东花县人。1843年第三次应举失败，洪秀全最终抛弃了科举功名的幻想。同年，洪秀全和冯云山、洪仁玕等人创立拜上帝会。1846年，洪秀全先后写成了《原道救世歌》《原道醒世训》《原道觉世训》等著作，并进行广泛宣传。1851年，以洪秀全为首的农民起义集团在广西桂平县金田村宣布起义，建立太平天国，举兵北上。1853年，太平天国定都天京（南京）。洪秀全入主天王府后，深居简出，大权交由杨秀清掌握。1856年，太平军先后击破清军江北、江南大营，杨秀清居功自傲，

《天朝田亩制度》的制定者和颁布者洪秀全（1814～1864）

逼封万岁。洪秀全遂密诏韦昌辉等人诛杀杨秀清。1857年，石达开率20万精兵出走后，太平军实力大挫。1859年，清廷联合帝国主义加紧镇压太平天国，安庆、苏州、杭州等相继陷落，天京被围。1864年，洪秀全于天京陷落前病死。

《天朝田亩制度》于1853年冬颁布，正文共2699字（不计标点符号）①。其中，关于土地制度的内容有409字，其余涵盖了政治、思想、文化和生活等各个方面。整体而言，《天朝田亩制度》不仅仅是一个解决农民土地问题的纲领，而是一整套相当完备的以改革土地所有制为核心构建新型社会秩序的理想设计。虽然土地制度的篇幅只占全文的15%，但是它是全文的基础和核心。对农民而言，土地是最基本的生存性资源，土地的分配在生存性资源分配中带有根本性的意义。它不仅是农民基本生存的保障，还是构建新的社会秩序的物质基础。因此，《天朝田亩制度》对土地分配的原则、方法和目标规定得相当细致。也许正是从这个意义出发，该纲领性文件被称为《天朝田亩制度》。本书重点探讨其中所蕴涵的经济思想。

一　土地思想

（一）土地国有

　　《天朝田亩制度》规定："凡天下田，天下人同耕，此处不足，则迁彼处，彼处不足，则迁此处。凡天下田，丰荒相通，此处荒则移彼丰处，以赈此荒处，彼处荒则移此丰处，以赈彼荒处。务使天下共享天父上主皇上帝大福，有田同耕，有饭同食，有衣同穿，有钱其同使，无处不均匀，无人不饱暖也。"这里，《天朝田亩制度》明确指出了土地分配的目标是使天下"有田同耕，有饭同食，有衣同穿，有钱其同使，无处不均匀，无人不饱暖"。为了实现这一目标，《天朝田亩制度》认为土地分配必须遵循土地国有的基本原则。《天朝田亩制度》没有"土地国有"的字眼，但它却规定一切土地归耕者共同耕种，为耕者共同所有，太平天国政权还可以在全国范围内，根据各地田地多少不同，统一调配土地和劳动力，这实际上是肯定了土地国有、国家是土地的唯一所有者。在这种情况下，封建地主阶级土地所有制无疑是被废除了。

---

① 中国史学会主编《中国近代史资料丛刊·太平天国》（第一册），上海人民出版社、上海书店出版社，2004，第320~326页。原书注称："其内容据萧一山辑影印伦敦藏十年以后刻本排印，全书正文八页，封面仍署三年新镌。兹以程演生辑排印巴黎藏四年本校注，程辑亦署三年新镌，其旨准书目仅有《天理要论》以上21部（萧辑共有30部）。"

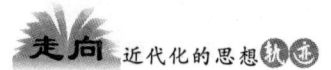

（二）计口授田

在土地国有的基础上，《天朝田亩制度》宣布把一切土地平均分配给农民耕种。其具体做法如下。第一，"凡田分九等"，即将所有田地按其肥沃程度分为九等。例如"凡田分九等，其田一亩，早晚二季可出一千二百斤者为尚尚①田；可出一千一百斤者为尚中田；可出一千斤者为尚下田；可出九百斤者为中尚田；可出八百斤者为中中田；可出七百斤者为中下田；可出六百斤者为下尚田；可出五百斤者为下中田；可出四百斤者为下下田"。各等田地的折算标准为"尚尚田一亩当尚中田一亩一分，当尚下田一亩二分，当中尚田一亩三分五厘，当中中田一亩五分，当中下田一亩七分五厘，当下尚田二亩，当下中田二亩四分，当下下田三亩"。第二，计口授田，即按照家庭人口平均分配土地。《天朝田亩制度》规定："凡分田照人口，不论男女，算其家口多寡，人多则多分，人寡则寡分"，"凡男妇每一人自十六岁以上受田，多逾十五岁以下一半，如十六岁以尚分尚尚田一亩，则十五岁以下减其半，分尚尚田五分，又如十六岁以尚分下下田三亩，则十五岁以下减其半，分下下田一亩五分"。在土地分配方面，太平天国坚持男女平等分配，15岁以下未成年人减半。第三，好田丑田搭成分配。《天朝田亩制度》明确规定：土地分配应"杂以九等，如一家六人，分三人好田，分三人丑田，好丑各一半"。这表明它实际上是一种绝对平均主义的土地分配方法，以实现"天下田，天下人同耕"的平等权利。

为了保证分田的公平性，《天朝田亩制度》设计了相应的组织制度。《天朝田亩制度》仿照太平军的军制，划分各级地方行政单位（军、师、旅、卒、两），建立相应的地方各级官制（军帅、师帅、旅帅、卒长、两司马）。具体如下："凡设军，每一万三千一百五十六家先设一军帅，次设军帅所统五师帅，次设师帅所统五旅帅，共二十五旅帅；次设二十五旅帅各所统五卒长，共一百二十五卒长；次设一百二十五卒长各所统四两司马，共五百两司马；次设五百两司马各所统五伍长，共二千五百伍长；次设二千五百伍长各所统四伍卒，共一万伍卒。通一军人数共一万三千一百五十六人。"考虑到设军以后人口可能增长，《天朝田亩制度》还规定：

---

① 太平天国领导集团把避讳的陋习加以接受并广泛运用。他们把"上"字看作上帝所专有，因此一切文书中除"上帝"外均不许用"上"字，一律改以"尚"字代替。

"凡设军以后人家添多,添多五家,另设一伍长,添多二十六家另设一两司马,添多一百零五家另设一卒长,添多五百二十六家另设一旅帅,添多二千六百三十一家,另设一师帅,共添多一万三千一百五十六家另设一军帅。未设军帅前,其师帅以下官仍归旧军帅统属,既设军帅,则割归本军帅统属。"而在每一军中,设有专人负责分田事宜,即"凡一军典分田二","一正一副,即以师帅、旅帅兼摄。当其任者掌其事,不当其事者亦赞其事"。

(三) 小结

《天朝田亩制度》所设想的平均分配土地的方案并未在实际的社会经济活动中得以真正实现,但是它在发动广大群众参加太平军农民起义时发挥了重要的作用。清人记载说,安徽贵池在1853年出现传单,说太平军"建都金陵,将均田以赈穷"。1854年6月,东王杨秀清在答复英国人的诰谕中,还坚持"田产均耕"的政策。《天朝田亩制度》所提出的平均分配土地的方案极大地鼓舞了广大农民,激励着他们参加太平军。

更重要的是,《天朝田亩制度》是中国农民起义史上一个最完整的反对封建土地所有制的纲领。封建土地所有制是封建统治的经济基础,也是农民受压迫和剥削的根源。在中国长期的封建社会的历史上,农民不堪忍受封建统治阶级的压迫和剥削,曾举行过多次的农民起义和农民战争,但开始只是反对封建政权的压迫,而很少触及封建剥削压迫的基础——土地所有制问题。到了明清时期,农民战争的口号中才逐渐有了反对封建土地所有制的内容。例如明末李自成领导的农民起义所提出的"均田免粮"的口号,清代嘉庆朝天理教起义所提出的"日后事成,分地一顷"的口号,都已开始触及土地问题。与明清的这些口号相比,《天朝田亩制度》不仅明确提出了废除封建土地所有制,而且对土地分配的目标、原则和方法进行了相当细致的规定和设计,它把农民废除封建土地所有制的思想推向了最高峰。

二 产业思想

从经济角度而言,《天朝田亩制度》的理想是"天下处处平匀,人人饱暖"。"人人饱暖"的目标从一个侧面反映出在半封建半殖民地的晚清

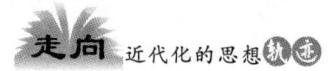

社会,农民生存的艰难。为了实现"人人饱暖",《天朝田亩制度》对生产方式和产业结构进行了较为细致的设计。

(一)农业思想

为了从物质条件上保障"无人不饱暖",《天朝田亩制度》视农业为最重要的经济部门,经济活动主要围绕农业展开。在土地国有的基础上,按家庭人口平均分配土地,为每一个家庭提供必要的土地以用于耕作。获得土地的家庭采用传统生产方式进行农业生产。关于农副业,《天朝田亩制度》规定:"凡天下树墙下以桑,凡妇蚕绩缝衣裳。凡天下每家五母鸡、二母彘,无失其时。"可见,农业副业生产由每家每户进行,其生产内容和规模或数量都是相同的。总之,农业生产沿袭了以一家一户为一个单位的小生产个体经营方式,排除了机械化大生产和商品经济,仍旧属于自给自足的自然经济的范畴。从这个角度而言,《天朝田亩制度》所构建的社会仍旧是农本社会。

但是,它与封建农本社会有着本质的区别。第一,在封建农本社会,广大的农民没有土地,终日劳苦,却挣扎在生存线或死亡线上。而《天朝田亩制度》明确废除封建土地所有制,提出"凡天下田,天下人同耕",农民可以平均分得土地,得以彻底摆脱封建土地所有制的剥削和压迫。第二,传统封建社会强调"重农抑商",以农立国,但并没有赋予农民较高的地位。统治阶级虽然也会在特定的历史条件下招民垦,轻徭薄赋,但却是出于征收田赋,维护封建统治的目的,更多的是被农民起义打击之后对农民的一种让步。因此,农民的地位没有真正提高。但是《天朝田亩制度》作为农民起义政权制定的纲领性文件,承认农民的主体地位,强调农民可以平均分得土地,可以平等接受教育,甚至可以机会均等地"力农"为官。例如《天朝田亩制度》多次提到"凡二十五家中,力农者有赏,惰农者有罚";"民能遵条命及力农者则为贤为良,或举或赏;民或违条命及惰农者则为恶为顽,或诛或罚";"其伍卒、民有能遵守条命及力农者,两司马则列其行迹,注其姓名,并自己保举姓名于卒长"。可见,在《天朝田亩制度》中,农民无贫富之别,无饥寒之忧,其地位较封建专制主义下的农民有了很大的提高。这反映了农民阶级尝试重构社会秩序的巨大勇气和创新精神。

(二)手工业思想

《天朝田亩制度》确立了手工业生产和农副业相分离的原则。关于手工业生产活动，《天朝田亩制度》规定"凡二十五家中陶、冶、木、石等匠，俱用伍长及伍卒为之，农隙治事"。手工业生产由伍长、伍卒统一负责，以免"农"分心而不能"力农"。虽然此前魏源已提出应学习西方的先进科学技术，进行机器化大生产，制造战舰、火器、量天尺、千里镜、龙尾车、风锯、水锯、火轮车、火轮舟、自来火、自转碓、千斤秤等物，但是《天朝田亩制度》所提及的只是陶、冶、木、石等传统手工业部门。从这个角度而言，《天朝田亩制度》的工业思想仍属于传统手工业思想的范畴。

在《天朝田亩制度》的设计中，手工业只是农业的辅助部门。按照《天朝田亩制度》的设想，社会成员由"世食天禄"的"功勋等臣"、军帅至两司马构成的管理阶层和普通的民众组成。其中构成社会主体的普通民众分为"民"和"伍卒"。"民"又包括因"鳏寡孤独废残"而没有劳动能力的人和"无役"而实际从事农业劳动的人，即"农"。"伍卒"则"凡天下每一夫有妻子女约三四五口或五六七八九口，则出一人为兵"，"每军每家设一人为伍卒，有警则首领统之为兵，杀敌捕贼；无事则首领督之为农，耕田奉尚"。与从事农业生产的"民"相比，从事手工业的伍长及伍卒人数要少得多。伍长及伍卒们"有警"时需"杀敌捕贼"，"无事"时要"耕田奉尚"，其从事手工业生产的时间十分有限，即仅限于"农隙治事"。

太平天国曾建立相应的手工业生产组织，一为诸匠营，一为百工衙。诸匠营包括木营、土营、织营、金匠营、绣锦营等，均属于军事组织，进行军工生产，其产品供给军队所需。百工衙包括典炮衙、铅码衙、红粉衙、豆腐衙、茶心衙、典织衙、典铜衙、钟表衙、印刷衙等，凡40余衙，均为非军事组织，从事某一专门产品的生产，故称"百工技艺各有所归，各效其职役"[①]，其产品供太平军占领区内民用所需。诸匠营和百工衙均按集体生产制度组建，产品均归公，由圣库进行统一分配。

（三）商业思想

《天朝田亩制度》只字未提商业，这反映出太平天国对商业的轻视和否定。事实上，按照《天朝田亩制度》的设计，商业活动几乎没有存在的必要和空间。《天朝田亩制度》所设想的社会生产形式，是以一家一户为单位，进行男耕女织自给自足式的小生产经营方式，一家一户不能生产

---

① 罗尔纲：《太平天国史稿》，开明书店，1951，第89~90页。

的工具、器皿、房屋建设由农户在农隙时互助。农户的农业生产产品除留每个家庭足够维持到新谷收获时所需的食粮外,其余一律上缴国库。至于其他例外消费品,《天朝田亩制度》规定:"凡二十五家中所有婚娶弥月喜事俱用国库,但有限式,不得多用一钱。如一家有婚娶弥月事给钱一千,谷一百斤,通天下皆一式。总要用之有节,以备兵荒。凡天下婚姻不论财。"而"鳏寡孤独废疾免役,皆颁国库以养"。根据《天朝田亩制度》的规定,"凡二十五家中,设国库一……两司马居之"。所谓两司马,是指每二十五家组成一两,每两设一两司马,由其主管基层单位的各种财政事务,二十五家的生产和分配由两司马管理和调配,决定并经营"两"以内的公共财物的收支。《天朝田亩制度》规定:"凡一军典分田二、典刑法二、典钱谷二、典入二、典出二,俱一正一副,即以师帅、旅帅兼摄。当其任者掌其事,不当其事者亦赞其事";"两司马存其钱谷数于簿,上其数于典钱谷及典出入"等。按照上述规定,全体成员生产的"足用"之余的农副、手工产品都汇集到国库里,由两司马管理,而全体成员的婚娶弥月的例外消费品都要经两司马之手从这里领取,其收支的情况又直接上报于典钱谷和典出入。在这样的制度安排下,民众基本上没有商品交换的必要,商业于是也就被排除了。

这里所说的国库,实际上是在太平天国初期已经在军队中实行过的圣库制度。在圣库制度下,太平天国对生活及军需用品实行严格的财政供给制。据《贼情汇纂》的记载,太平天国政权粮食供给为"每二十五人每七日给米二百斤","日必三饭"。副食供给为"伪官虽贵为王侯,并无常俸,惟食肉有制,伪天王日给肉十斤,以次递减,至总制半斤,与下无与焉。每二十五人每七日给……油七斤,盐七斤"。"另有所谓买菜钱……有卒长管百人,系某功勋统下……其卒长每月向伪功勋领取买菜钱多至金一二两,银首饰数十两,其卒长悉数易钱习猪鸡以供众啖。又见伪禀中有伪旅帅具禀,本管伪总制求取买菜钱,批发银五两者。"[①] 太平天国对人民群众日常生活用品的供应也实行严格管理。一般每户都持有上级将领颁发的油盐口粮挥条,每户持此挥条可去圣库领取油盐口粮。根据《见闻录》的记载,"闲条曰挥,其领米油盐子药民夫皆须先至佐将处领挥,各馆收挥付物"[②]。

---

① 中国史学会:《太平天国》(三),上海人民出版社,1957,第 277 页。
② 太平天国历史博物馆:《太平天国史料丛编简辑》(第 2 册),中华书局,1963,第 127 页。

有的地方油盐口粮的供给以基层组织为单位，先由基层组织统计人数，按标准算出所需油盐口粮的总数，然后给圣库发出通知，即油盐转发通知，圣库接到该通知后按单发放实物。

《天朝田亩制度》以法令形式将圣库作为一种普遍性制度肯定下来，以集中管理和支配所有归公的剩余产品。《天朝田亩制度》颁布后，太平天国试图废除商业，曾诏示："天下农民米谷，商贾资本，皆天父所有，全应解归圣库。"城内各行各业店铺所有货物一概缴收，分归总典买办、总典油盐、宰夫、浆人衙、典茶心、典天茶、总药库等收管使用。全城军民一切生活日用所需由公家按定制供应。这反映了太平天国反对封建商业剥削的愿望，而"通天下皆一式"和对丧失劳动能力者的"颁国库以养"都体现了绝对平均主义的分配原则。自唐宋以后，农民起义开始出现了平均主义思想。例如唐末黄巢起义时，就提出"平均"的口号。北宋初年王小波起义，直接提出了"均贫富"的口号。《渑水燕谈录》卷八说："故小波得以激怒其人曰：吾疾贫富不均，今为汝均之。贫者附之益众。"其后李顺继王小波率领义军。《梦溪笔谈》卷二十五说：李顺"悉召乡里富人姓，令具其家所有财粟，据其生齿足用之外，一切调发，大赈贫乏"。可见王小波、李顺起义，不仅以"均贫富"为口号，而且付诸实际行动。南宋钟相、杨幺起义，继续以"等贵贱、均贫富"相号召。《天朝田亩制度》提倡绝对平均主义的分配原则，以实现"有田同耕，有饭同食，有衣同穿，有钱同使，无处不均匀，无人不饱暖"的崇高理想。它把农民废除封建土地所有制的愿望和平均主义思想推到了最高峰，这对广大农民群众而言显然具有巨大的号召力。

但是，太平天国很快于1854年废弃了最初禁止商业活动的政策，允许并保护商人正常的经营活动。这主要是出于增加财政收入的考虑。沈梓《避寇日记》卷二记载，咸丰十一年正月"十五日，又复还濮。十二日谭长毛出告示令民间开店贸易，在岳庙馆子出入，议收店捐，为供给长毛经费"[1]。倦圃野老《庚癸纪略》记载，咸丰十一年七月二十四日，"苏酋刘姓领炮船泊市河，贴伪示，查店铺本钱，给商凭抽厘"[2]。与晚清政府逢关征税、遇卡抽厘的病商做法不同，太平天国实行轻税政策。具体表现为：第一，差别税率，区别对待，合理负担。即对货物征税时，区别粗货、

---

[1] 太平天国历史博物馆：《太平天国史料丛编简辑》（第4册），中华书局，1963，第65页。
[2] 中国史学会：《太平天国》（第5册），上海人民出版社、上海书店出版社，2004，第318页。

细货、数量、质量分别制定税率,例如船钞按船长定税率,载之货按粗、细定税率。《贼情汇纂》称"其极船料也,以船长一丈税千钱。所载之货,分粗货细货。粗货船长一丈,抽税钱二千,细货倍之"。第二,一口完税,税负轻。即货物凡在一口完税后,其他口岸不再重复征收。《贼情汇纂》称"抽税之后,即给船票一张,如遇他军,可免房却"。其工商业税率大体在3%左右,例如"陡门卡子中,凡客商往来货物,每一千文税三十文"①。有的地区对杂货征收厘金,"每千抽五十文"②。较之清政权道道征收、卡卡抽厘的工商税政策,"太平天国税收机构与腐败不堪的满清厘卡形成鲜明的对比,是公正的、正规的、简便的。在太平天国境内进行贸易的各村各镇,一律只设一个税卡,税率总是适度的。这种制度的最大优点就是只交付一次税款,即发给一张凭照,直到目的地,不再于他处纳税"③。

太平天国政权的轻税政策取得了良好的财政效果和经济效果。据清统治者称太平天国政权在长江设卡,"所过私盐,每担索钱百文,投上江一带民间,遭兵劫后,仍无食淡之虞,然贼之获利甚厚"④。该政策得到商界的普遍支持,繁荣了太平天国统治区的商业,取得了良好的经济效益。在天京,"人有愿为某业者,禀佐天侯给照赴圣库领本,货利悉有限制。有杂货、玉玩、绸缎、布匹、米、油、茶点、海味各店。其店皆有贼文凭,称天朝某店,不准私卖……又有天朝鱼行、天朝腴行,腴行是肉店……老人馆开茶肆"。在天京,南门、江东门、神策门、太平门外都有"买卖街"。有人形容买卖街的繁荣时说:"城外直如五都市,外小负贩时相从。"除天京外,其他地方的商业也是十分兴隆的,当时"百货流通,万商辐辏,将见家给人足,同历光天化日之中,攘往熙来,永照一道同风之盛"⑤。有一个外国人写了一篇报道,介绍安徽、江西的情况时说:"有一书店老板言,安徽太平军抽收税饷的税率低于清政府所抽的……又曾经遇到一位旅居安庆的江西商人,问他生意如何?他回答说:'长毛待我们很好。'他还说:'太平军占领江西大部分以后,人民享受太平军之福,在新朝统治之下,安居乐业,各务本行。'"⑥

---

① 太平天国历史博物馆:《太平天国史料丛编简辑》(第四册),中华书局,1963,第76页。
② 向达:《太平天国》,神州国光社,1952,第468页。
③ 呤唎:《太平天国革命亲历记》(下册),中华书局,1961,第380页。
④ 向达:《太平天国》,神州国光社,1952,第642页。
⑤ 罗尔纲:《太平天国文物图释》,生活·读书·新知三联书店,1956,第252页。
⑥ 张远鹏:《太平天国史话》,社会科学文献出版社,2011,第45~46页。

(四) 小结

综上所述，《天朝田亩制度》主张农业为国民经济的支柱和命脉，手工业仅是农业的补充和辅助，而商业没有存在的必要和可能。其中，农业生产以一家一户为单位，进行男耕女织自给自足式的小生产经营方式；手工业则由伍长及伍卒在战余农隙时采用传统工艺互助完成。可见，《天朝田亩制度》"所展示的生活图景，恰是古代村社自然经济生活的复现。不过，它不是古代村社的简单翻版，而是借助绝对平均主义来实现经济上的平等要求"[①]。《天朝田亩制度》因此具有很大的鼓动力，激励着广大农民积极参加或支持太平天国。但是，《天朝田亩制度》将小生产的自给自足的自然经济理想化，它否定社会分工，排斥商品经济，企图在个体农业的基础上实行纯粹的自然经济，把它变成单一的、绝对的存在形式。实践证明这是行不通的，这也在一定程度上反映出《天朝田亩制度》的空想性。

三 财政思想

(一) 理想："人人不受私，物物归上主"

由于各种因素，土地的产出和农副业、手工业产品的数量有多寡之别，质量有高下之分，这就需要借助于财政手段对社会产品进行重新分配，才能进一步建立人人平等、平均的社会秩序，也才能确保社会秩序的稳定和良性运行。为了实现"天下大家处处平匀"的理想，《天朝田亩制度》强调"盖天下皆是天父上主皇上帝一大家，天下人人不受私，物物归上主，则主有所运用，天下大家处处平均，人人饱暖矣。此乃天父上主皇上帝特命太平真主救世旨意也"。因此，《天朝田亩制度》主张将生产剩余均归国库，按平均主义进行统一分配。

《天朝田亩制度》希望借助于财政分配实现"天下大家处处平均，人人饱暖"，这就要求"天下人人不受私，物物归上主，则主有所运"。因此，《天朝田亩制度》规定："凡当收成时，两司马督伍长，除足其二十五家每人所食可接新谷外，余则归国库。凡麦豆苎麻布帛鸡犬各物及银钱亦然。"这意味着当收获时，除留每个家庭足够维持到新谷收获时所需的

---

① 程美东：《中国现代化思想史 (1840～1949)》，高等教育出版社，2006，第88页。

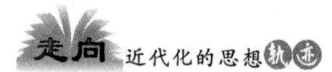

食粮外，其余一律上缴圣库。而且家庭所保留的部分也是由社会基层组织的负责人两司马代为存储，必要时取用，私人不得保存麦、豆、苎麻、布、帛、鸡、狗各物及银钱等财产。《天朝田亩制度》强调公有，在一切归公的理念下，"税"的意义被完全淡化。从一定程度上而言，《天朝田亩制度》中"天下人人不受私，物物归上主，则主有所运用"的理想，是太平天国早期圣库制度等实践经验的总结和固化。

在圣库制度下，财物归公是太平天国圣库的主要财政收入来源之一。具体包括：第一，私产归公。1850 年，洪秀全领导太平军在广西桂平金田村正式起义，号太平天国。起义之初，义军多将自己的田产屋宇等家产均变卖为现款，全部交给圣库。1852 年进攻长沙时，洪秀全下诏："通宫大小兵将，自今不得私藏私带金宝，尽缴归天朝圣库，倘再私藏私带，一经查出，斩首示众。"① 自此，太平军参加者必须将一切私产上缴于圣库。建都天京后，圣库制度进一步严格执行，"凡私藏金银、剃刀，即是变妖，定斩不留"。第二，缴获归公。1851 年，洪秀全在永安发布了《命兵将杀妖取城所得财物尽缴归天朝圣库诏》，他宣称："继自今，其令兵将，凡一切杀妖取城，所得金宝、绸帛、宝物等项，不得私藏，尽缴归天朝圣库，逆者议罪。"② 1853 年，定都南京后，洪秀全进一步申明：军中缴获，一律归公，解归圣库。第三，田上所产和店铺买卖本利皆归圣库。1851 年太平军攻克永安后，曾"抢割秋禾"，将地主占地一分为二，插上竹签，一半归农民，一半由太平军收割，作为没收地主的地租③。"民间耕获，与民各分其半"④ 的实质是地租归公。1853 年，洪秀全发布《待百姓条例》，宣布："不要钱漕，但百姓之田，皆系天王之田。收取子粒，全归天王……铺店照常买卖，但本利皆归天王，不许百姓使用。"⑤

贡纳是太平天国圣库的另一主要财政收入来源。具体包括：第一，人民群众的自愿贡献。在早期太平天国每到一处都得到人民群众的热烈欢迎，人民群众往往"倾囷倒库"把自己的粮食等财物贡献给太平天国。第二，"打先锋"，即联合所在地的贫苦农民，武装剥夺地主的财产，如金银、衣服、牲畜、粮食等。第三，勒令"进贡"，即勒令地主富户向太

---

① 中国史学会：《太平天国》（一），上海人民出版社，1957，第 65 页。
② 太平天国历史博物馆：《太平天国文书汇编》，中华书局，1979，第 33~34 页。
③ 钟文典：《太平军在永安》，生活·读书·新知三联书店，1962，第 40 页。
④ 李瀚章：《曾文正公全集·奏稿·沿途察看军情贼势片》（第 18 卷），光绪三年刻本。
⑤ 向达：《太平天国》，神州国光社，1952，第 750 页。

平军捐献。1853年，太平军围攻南昌城时，乡间计田一亩，或出谷一石、二石不等，分与无田者食。根据《贼情汇纂》的记载，"（太平）军行先数百里，即遣人前往遍张告示，令富者贡献赀粮，穷者效其力"①。咸丰十一年《侍王李侍贤劝浙江太平子民各知效顺谆谕》中说："今据尔邑既有投诚之辈，为此剀切谆谕，尔太平一邑子民，若果倾心归诚，即限于三日内，各乡各村、民间铺面，均要备办饷银、马匹、洋枪、火药，速速来黄，先行纳贡，纳款迎师，自当按户给与护照，各乡安业如常。"②李如棠在《乱后记所记》中回忆，咸丰三年九月中旬，"复见市口贴有伪示，勒限池城贡黄金六百两，否则剿洗。时城绅耆纷纷劝捐，纳贡呈册"③。《海虞贼乱志》记录道："今后尔等欲归家安业者，只须按图备办猪羊油盐等物，择一二确实之人，执旗向导，旗上大书'纳贡'二字，后面缓敲锣鼓，抬着物件送进城来，我给予路凭，尔等归后，即行写明人数具册投呈，我即给发门牌，张挂门首，我兄弟见之不敢吵扰，尔等居安如旧，老幼男女高枕无忧。若然恃顽不睬，立即放出大队，踹为平地，鸡犬不留，我言及时，尔行勿迟，急切凛遵，毋违，特示。"④

（二）实践："照旧交粮纳税"

圣库制度下的"不要钱漕"的收入方案虽然对广大农民群众具有很大的号召力，但是它无法为太平天国提供充足、稳定和及时的财政收入。为了满足太平天国财政支出的需要，杨秀清等人于1854年提出："建都天京，兵士日众，宜广积米粮，以充军储而裕国课。弟等细思安徽、江西米粮广有，宜令镇守佐将在彼晓谕良民，照旧交粮纳税。"对此洪秀全表示："胞等所议是也，即遣佐将施行。"⑤ 从此，太平天国政权重归"交粮纳税"的税收体制，田赋是其核心和重心所在。

1854年以后，太平天国实行"照旧交粮纳税"政策，要求地主和占有土地的农民向太平天国缴纳田赋，租税收入逐渐成为太平天国较稳定的收入来源。《微虫世界》记载后期太平军在浙江绍兴的情况时说："又出

---

① 中国史学会：《太平天国》（第三册），上海人民出版社、上海书店出版社，2004，第270页。
② 太平天国历史博物馆：《太平天国文书汇编》，中华书局，1979，第139页。
③ 中国科学院近代史研究所近代史资料编辑组：《近代史资料》（总34号），中华书局，1975，第181页。
④ 中国史学会：《太平天国》（第5册），上海人民出版社、上海书店出版社，2004，第359页。
⑤ 太平天国历史博物馆：《太平天国文书汇编》，中华书局，1979，第168~169页。

伪示令凡有田者，得自征半年租。"①《海虞贼乱志》载，咸丰十年十月二十日，钱姓、侯姓两位太平军将领在海虞"出伪示：着旅帅卒长按田造花名册，以实种作准，业户不得挂名收租……完现年漕米，补完现年下忙银两，限到年一并清割。幸是年秋收大熟，各项皆能依示，惟收租度日者及城中难民无业无资者，甚属难过"②。徐日襄撰《庚申江阴东南常熟西北乡日记》载，咸丰十年"十一月初，常郡贼来守江阴，派各镇供应，伪示遍张，命乡官各保完粮"③。龚又村《自怡日记》卷19载，咸丰十年十月十七日，"伪帅熊姓逼令同至黄埭安民，给示收漕，每亩定六升，连条银共一斗，业主租收五成，先自办米缴新赋"④。

太平天国征收的田赋包括地丁银和粮米两项。如果是地主占有土地，那么就允许地主收租，由地主向太平天国缴纳田赋。如果是农民直接占有土地，那么就要求农民直接向太平天国缴纳田赋。无论是地主还是农民，在完纳田赋以后，太平天国乡官都要发给他们完纳田赋的收据或凭证，以便随时核查。各地征收田赋的制度不一。有些地方大致沿袭清王朝"上忙征夏税，下忙征秋粮"的办法，分上忙、下忙或春纳、秋纳两次征收，这些地方完纳田赋的凭据名称有春纳执照、秋纳执照、下忙纳照、下忙粮票、下忙钱粮执照、尚限执照和尚下限执照等。有些地方则一次性征收完毕，完纳粮米的收据或凭证称为纳米执照、征收粮票、漕粮纳照、完粮串票或粮米执照等；完纳地丁银的则称为地丁执照、漕银纳照、完银串票、田捐支照等。1860年太平军克复苏州后，洪仁玕编纂了《天朝则例》一书。该书除划定苏州为苏福省，将来作为陪京，将全国分为24个省外，还"定田赋之制，男子16岁以上，每丁耕田十亩，纳赋三石六斗六升，钱三百六十六文"。这仍旧沿袭了"交粮纳税"的税收体制。

但是与清政权的"交粮纳税"的财政税收体制不同，太平天国更多地体现出轻税思想。这主要体现于：第一，富人纳重税、贫户纳轻税的区别对待政策。太平天国政权对地主富户课以重税，并勒令共捐军饷，代替贫户纳捐税，如果地主富户不按期交纳，则采取各种办法追索。对贫户则课以轻税，无力完纳者，予以减免，往往不予课究。1861年11月在乡间

---

① 中国科学院历史研究所第三所：《近代史资料》，科学出版社，1955，第89页。
② 中国史学会：《太平天国》（第五册），上海人民出版社、上海书店出版社，2004，第370~371页。
③ 中国史学会：《太平天国》（第五册），上海人民出版社、上海书店出版社，2004，第433页。
④ 太平天国历史博物馆：《太平天国史料丛编简辑》（第4册），中华书局，1962，第377页。

"稽户口、立门牌,牌价有数十百金不等,贫民不逮,并责于富民……曩称富人,重为刻剥,名曰'大捐'"①。第二,薄赋。与清政权的"厚赋敛"不同,太平天国政权实行轻税政策。1860年,李秀成请求对农民减税,实行轻税政策。洪秀全下诏:"朕格外体恤民难……令该地佐将酌减若干,尔庶民薄一分赋税,即宽出无限生机",正式确定轻税政策。李秀成在苏州时,曾"将郡县百姓民粮,各关卡之税,轻收以酬民苦"②。在江西,太平军减税至半额。安徽桐城的朱浣增有田三亩五分,1854年纳米一斗九升二合,又下忙纳银一钱七分一厘,平均每亩纳米不过五升五合,纳银不过五分。1857年春纳和秋纳两次共纳银不到三钱三分,平均每亩不到一钱③。而且太平天国的田赋并无浮收、折征等额外负担。在太平天国控制范围内的田赋负担明显轻于清政府。受其影响,1864年太平天国政权失败后,清政府不得不减轻苏浙地区田赋。

太平天国政权在从轻征收田赋时,往往还综合考虑地租因素,以减轻农民总体负担,促进农业生产。其具体做法有四:一是"以实种为主,地主不得收租",即土地谁种谁有并需纳税。太平军起义初期曾广泛实行该办法,例如根据《海虞贼乱志》的记载,1860年常熟曾实行"以实种作准,业户不得挂名收租"的办法。而《癸庚纪略》记录在吴江地区,太平天国发"田凭",每亩征钱360文,农民"领凭后概作自产,农民窃喜,陆续完纳"。二是允许地主收租,但减低租额,并且地主要供捐军输并替贫户缴纳田赋。该办法多于太平天国晚期实行。例如根据《庚申避难记》的记录,在常熟、昭文等地,地主"领凭收租","不领凭收租者,其田充公",意在"取租办赋",弥补军费等支出不足。三是"代完地粮",即农民代地主缴纳田赋,交地租时扣除这部分田赋。四是"着佃起征",即在无人收租的地区,由佃户分担地主应纳钱粮,直接交太平天国政权,农户纳税不交租。以上措施有效地减轻了农民的负担,得到农民拥护。

(三)小结

从财政角度而言,《天朝田亩制度》强调一切归公,完全淡化"税"的意义,税收没有存在的必要和可能。这集中体现了近代农民对封建土地

---

① 中国史学会:《太平天国》(六),上海人民出版社,1957,第769页。
② 杨松、邓力群等:《中国近代史资料选辑·李秀成自述》,生活·读书·新知三联书店,1954,第187页。
③ 张远鹏:《太平天国史话》,社会科学文献出版社,2011,第47页。

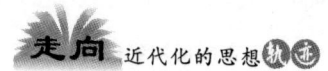

私有制和沉重财政负担的极端不满。该思想虽遭清政府的严禁传播,但其中折射出的强烈反清情绪、土地公有诉求以及轻税倾向,仍在一定程度上影响着后世的经济思想。例如19世纪末20世纪初,孙中山在创立他的民生主义学说时,曾在日本同一些有志改革的人士讨论过中国历史上的各种有关思想材料,其中就包括"洪秀全之公仓"①。

但是,《天朝田亩制度》的财政方案是以小农经济为条件,建立在取消包括土地私有在内的一切财产私有制的基础之上的。这是超出现实的幻想,即使一时勉强实行,最终也"不得不退到当时条件所容许的有限范围以内来"②。事实上,《天朝田亩制度》颁布的第二年,太平天国就恢复了"照旧交粮纳税"。"照旧交粮纳税"意味着太平天国承认了当时的土地占有关系,无论是地主占有的土地,还是地主遭受粗沙民起义的打击后由农民占有的土地,太平天国都承认他们的土地所有权,并发给他们田凭、荡凭等证书,作为拥有土地所有权的法律凭据。这也从一个侧面反映出《天朝田亩制度》的空想性。

四 结论

虽然《天朝田亩制度》具有一定的空想性,但是它在中国经济思想史上的重要性不容忽视。它提出了中国农民起义史上唯一的一个解决农民土地问题的具体方案,这同时也是中国近代史上出现的第一个改革土地制度的方案。《天朝田亩制度》深刻地认识到封建土地所有制是农民贫困的根源,在中国近代第一次提出废除封建土地所有制,提出了土地国有和平均分配土地给农民的主张。它对后世孙中山的"平均地权"等思想有着深远的启示意义。列宁曾说:"现在农民希望把土地从地主那里夺过来,加以平分,这不是乌托邦,而是革命,完全符合革命这个词的最严格的、最科学的含义。夺取了土地并分配了土地,会给资本主义最迅速、最广泛、最自由的发展创立基础。"③ 废除封建土地所有制将为中国萌芽中的资本主义扫清道路,解除其束缚,并为其发育成长创造必不可少的客观条件。从这一意义而言,《天朝田亩制度》具有巨大的历史进步性和革命

---

① 冯自由:《同盟会四大纲领及三民主义溯源》,《革命逸史》(第3集),上海商务印书馆,1945,第213页。
② 《马克思恩格斯全集》(第7卷),人民出版社,1972,第405页。
③ 《列宁全集》(第12卷),人民出版社,1985,第451页。

性。

但是,《天朝田亩制度》所规定的分配土地和"通天下皆一式"的社会经济生活方案,是要在小生产的基础上废除私有制和平均一切社会财富,以求人人平等,是农民的绝对平均主义思想。这种方案不可能使社会生产力向前发展,相反,它把以家庭为单位的自给自足的自然经济理想化、固定化,这将使社会生产力停滞在分散的小农经济的水平上,从这一角度而言,《天朝田亩制度》具有一定的落后性和保守性。

> 凡天下田,天下人同耕。此处不足,则迁彼处。彼处不足,则迁此处。凡天下田,丰荒相通。此处荒,则移彼处,以赈此荒处。彼处荒,则移此丰处,以赈彼荒处。
> ——《天朝田亩制度》

总之,《天朝田亩制度》作为近代中国第一个乌托邦,既具有革命性,又具有落后性。此种双重性是由农民小生产者的经济地位决定的。《天朝田亩制度》中的经济思想是农民的思想,农民作为受剥削压迫的劳动者,有强烈的反抗精神和战斗性;作为小生产者,农民又具有保守性和落后性。基于农民强烈的反抗精神和战斗性,《天朝田亩制度》以伟大的革命气魄开创性地提出了废除封建土地所有制、土地国有和平均分配土地给农民的主张。同时囿于小生产者的保守性和落后性,《天朝田亩制度》在设计和组织新的社会经济生活时,只能重返小农经济的窠臼,而无法提出有利于生产力发展的先进的经济改革方案。该局限在太平天国后期颁布的《资政新篇》中得以克服。

洪仁玕《资政新篇》经济思想研究

彭立峰

《资政新篇》的作者洪仁玕（1822~1864），字益谦（又作谦益），号吉甫，广东花县人，出身中农家庭，洪秀全的族弟。早年多次考秀才未中，受聘任塾师。1843年，洪秀全创立拜上帝会，洪仁玕与冯云山同时接受洗礼，是拜上帝会的最早参加者。1851年金田起义，他聚众在广东谷岭起事以为策应，但被清军击败。为了逃避清政府缉拿，他于1852年逃到香港。到香港后，他在外国传教士家中任教，并努力学习西方科学文化，广泛接触西方资本主义事物，逐步具有资产阶级思想倾向。洪仁玕于1858年离开香港，历经了许多艰险，于1859年到达天京。洪秀全见到洪仁玕大喜，封其为军师、干王，总理朝政兼外交事务，"降诏天下，要人悉归其制"①。洪仁玕成为太平天国后期领导集团的重要成员。1864年天京陷落，正在外地活动的洪仁玕紧急会合突围而出的洪秀全嗣子幼王洪贵福，转战于江西，8月在江西石城被俘，11月在南昌英勇就义。

洪仁玕（1822~1864）

洪仁玕总理朝政后于1859年提出《资政新篇》。洪秀全以极大的兴趣审阅后，多处批注"此策是也""是也""是""钦定此策是也"以及"此策现不可行……俟杀绝残妖后行未迟也"等赞语，并用诏旨颁行。该书主要包含四个方面的内容。一是"用人察失类"。针对当时太平天国内部的严重分裂涣散状态，洪仁玕认为应"禁朋党之弊"，用以加强革命队

---

① 广西通志馆：《忠王李秀成自传校补本》，广西人民出版社，1961，第19页。

伍内部的团结，巩固中央权力，达到"真心实力，众志成城"，建立"新天新地新世界"。二是"风风类"，即通过"以风风之，自上化之"来改变旧习俗。洪仁玕主张树立新的社会风尚，提倡资本主义的物质文明，以改变中国长期封建统治造成的愚昧闭塞的风气。三是"法法类"，即关于社会经济等的立法主张。洪仁玕于此提出各种经济改革措施，这是全篇的重点。四是"刑刑类"，主要是对于罪犯的判刑问题，旨在健全太平天国司法。《资政新篇》是一个包括政治、经济、司法等方面的施政纲领，本文仅探讨其中所包含的经济思想。

一 "因时制宜，审势而行"

（一）受命于危难

洪仁玕到达天京时太平天国政权正处于内忧外患之中。在太平天国政权内部，1856年天京事变和1857年石达开率部出走后，太平天国的实力遭到极大的削弱。但太平天国的最高领导人洪秀全未能从惨痛的事实中吸取教训，依然沉溺于宗教迷信和腐化的宫廷生活，并且"专信同姓之重"，一味倚重贪鄙、诌佞的亲属洪仁发、洪仁达和善于逢迎和弄权的宠臣蒙得恩。这使得太平天国内部"人心改变，政事不一，各有一心……各有散意"[①]。在外部，曾国藩指挥湘军沿江东下，逐渐逼进太平天国并取得了战争的主动权。与此同时，外国侵略者发动了第二次鸦片战争，准备在用武力压服清朝统治者后，同清朝统治者勾结起来一起镇压太平天国。面对内忧外患的重重危机，洪仁玕认为要挽救太平天国必须"善铺（辅）国政"。

（二）审时度势

在洪仁玕看来，"善铺（辅）国政"的关键在于"因时制宜，审势而行"。他在《资政新篇》的前言中写道："夫事有常变，理有穷通。故事有今不可行，而可豫定者，为后之福；有今可行，而不可永定者，为后之祸，其理在于审时度势、与本末强弱耳。然本末之强弱适均，视乎时势在必行之变通为律，则自今而至后，自小而至大，自省而至国，自国而至万

[①] 广西通志馆：《忠王李秀成自传校补本》，广西人民出版社，1961，第19页。

国，亦无不可行矣。其要在于因时制宜，审势而行而已。"①这和封建顽固派坚持的"天不变，道亦不变"的保守观点形成鲜明对照。

那么当时的时势如何呢？在《资政新篇》的"法法类"中，洪仁玕简要地介绍了英国、美国、法国、德国、瑞典、丹麦、挪威、日本、俄国、埃及、土耳其、泰国、马来西亚、秘鲁、澳大利亚、新加坡、印度等国的情况。其中，关于英国他说：英国"开邦一千年来，未易他姓，于今为最强之邦，由法善也"。法国"邦势亦强"，"各邦技艺，多始于此"。美国"礼义富足，以其为最"。"有金银出，而招别邦人来采，别邦人有能者，册立为官，是其义也。邦长五年一任，限以俸禄，任满则养尊处优，各省再举，有事各省总目公议，呈明决断。取士、立官补缺及议大事，则限月日，置一大柜中廷，令凡官民有仁智者，写票公举，置于柜内，以从我举者为贤能也；以从议是者为公也。"在他看来，俄国本来落后，后来俄皇"遣其长子伪装凡民，到法兰西学习邦法，火船技艺，数年回邦……大兴政教，百余年声威日著，今亦为北方冠冕之邦也"。而"暹罗邦近与英邦通商，亦能仿造炎船大船，往各邦采买，今亦变为富智之邦矣。日本邦近与花旗邦通商，得有各项技艺以为法则，将来亦必出于巧焉"。至于土耳其等国，则由于"不知变通"，故"邦势不振"，受到外国侵略②。在此基础上，洪仁玕认识到西方的"邦法"（即资本主义制度）和"技艺"（即先进的科学技术）是世界经济发展的大势。

洪仁玕能早在1859年认识到这一世界经济发展的趋势难能可贵。这与他旅居香港十余年的个人经历有着直接关系。居留香港期间，洪仁玕对西方国家的经济、政治、科技、文化均有较为广泛、直接的接触和了解，他同一些外国人士和受西方影响较多的人士有较多甚至较为密切的交往。中国近代最早的资产阶级改良派代表人物之一的容闳称赞洪仁玕"居外久，风闻稍广……凡欧洲各大强国所以富强之故，亦能知其秘钥所在"③。曾经参加过太平天国的英国人呤唎曾说洪仁玕"熟悉地理和机械学，还收藏有许多关于西方文化和科学的附有插图的参考书"，且"经常研读这些学问"④。英国驻上海领事馆参赞富礼赐认为洪仁玕是"我认识的最开通的中国人。他极熟悉地理，又略识机器工程，又承认西洋文明之优越。

---

① 洪仁玕：《资政新篇》，北京开明书店，1950，第30页（以下简称《资政新篇》）。
② 《资政新篇》，第35~38页。
③ 容闳：《西学东渐记》，商务印书馆，1934，第66~67页。
④ 呤唎：《太平天国革命亲历记》（上册），中华书局，1961，第224页。

家藏有各种参考书，对于各种题目，皆有研究的资料"①。也许正是得益于对西方的了解，洪仁玕能比同时代的中国人更早地认识到西方的"邦法"和"技艺"是世界经济发展的大势所趋。

（三）"因时制宜，度势行法"

既然西方的"邦法"和"技艺"是世界经济发展的大势所趋，洪仁玕认为："足见纲常大典，教养大法，必先得贤人，创立大体，代有贤能继起而扩充其制、精巧其技，因时制宜，度势行法，必永远不颠倒是非也。"② 因此，他认为太平天国如欲富强，必须顺应这种时势，要"乘此有为之日，奋为中地倡"，即太平天国应学习西方的邦法和技艺，建立和发展中国的资本主义经济，使中国也成为一个独立富强的资本主义国家。有鉴于当时的局势，洪仁玕进一步强调了因时度势行法的紧迫性，他说："倘中邦人不自爱惜，自暴自弃，则鹬蚌相持，转为渔人之利，那时始悟兄弟不和外人欺，国人不和外邦欺，悔之晚矣。"③

在"因时制宜，审势而行"思想的指导下，洪仁玕认为应"内修国政，外示信义"，并从国内经济和对外经济交往两个不同的角度提出了许多具体的经济改革措施。

二 "内修国政"

（一）"以有用之物为宝"

洪仁玕认为宝物分上、中、下三等。上宝为"天父上帝、天兄基督、圣神之风（圣灵）"三位一体。拜上帝会是太平天国的国教，"天父上帝、天兄基督、圣神之风"三位一体是太平天国的神圣旗帜，洪仁玕自然会把它奉为"上宝"。至于"中地素以骄奢之习为宝，或诗画美艳，金玉精奇，非一无可取，第是宝之下者也"。而"中宝者，以有用之物为宝，如火船、火车、钟镖（表）、电火表、寒暑表、风雨表、日暑表、千里镜、量天尺、连环枪、天球、地球等物，皆有夺造化之巧，足以广闻见之精。

---

① 中国史学会：《太平天国》（第六册），上海人民出版社，1957，第955页。
② 《资政新篇》，第38~39页。
③ 《资政新篇》，第39页。

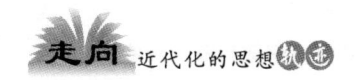

此正正堂堂之技，非妇儿掩饰之文，永古可行者也"①。在洪仁玕眼中，中国封建社会中一向被人们称为宝物的中国"诗画美艳，金玉精奇"等骄奢赏玩之物，实际上只能算是"宝之下者"。而西方以先进科技制造的火船、火车等物，有益于国计民生，才是真正的有用之物，是真正的宝物。这与当时封建保守势力把西方工艺技术视为"奇技淫巧"的谬论针锋相对。

在中国近代，魏源首先驳斥了封建保守势力把西方工艺技术视为"奇技淫巧"的谬论，称赞它们能"夺造化，通神明"。洪仁玕不但称赞它们"有夺造化之巧"，还把它们列入国宝。他对学习西方先进科学技术的要求，比魏源强烈得多。自魏源提出学习西方制造机器工业产品后，直到洪仁玕才再次提出，时间已经相隔了17年。由此可见当时中国经济思想发展的缓慢。

(二) 兴办新式工商等事业

为了能够自行生产这些"中宝"，洪仁玕提出应学习西方，建立和发展各项新式工商等事业。其主要内容如下。

1. 兴办新式工业

洪仁玕明确提出应"兴器皿技艺"。为了激励民众改进工业技艺，提高产品质量，洪仁玕主张引入西方的专利制度，建议"有能造精奇利便者，准其自售。他人仿造，罪而罚之。即有法人而生巧者，准前造者，收为己有，或招为徒焉。器小者赏五年，益民多者年数加多。无益之物，有责无赏。限满他人仿做"②。

2. 兴办新式矿业

洪仁玕认为应"兴宝藏"，大力开发各种矿产资源。他认识到当时封建迷信思想对矿山开发的阻挠作用，曾说："名山利薮，多有金、银、铜、铁、锡、煤等宝，大有利于民生国用，今乃动言风煞，致珍宝埋没不能现用。"针对这一现实，他提出："请各思之，风水益人乎？抑珍宝益人乎？数千年之疑团，牢而莫破，可不惜哉！"因此，他建议革除"阴阳八煞之谬"，大兴宝藏，"凡金、银、铜、铁、锡、盐、琥珀、蠔壳、琉璃美石等货，有民探出者，准其禀报，爵为总领，准其招民探取"。洪

---

① 《资政新篇》，第32页。
② 《资政新篇》，第40页。

仁玕认为矿藏乃"天财地宝，虽公共之物，究亦枕近者之福。小则准乡，大则准县，犹大者准省及省外之人来采也。有争斗抢夺他人之所先者，准总领及地方官严办。务须高法妥善焉"。显然，洪仁玕主张新式矿业应完全由民间兴办，政府的职责仅在解决纷争和维持秩序。这和后来洋务派的官督商办、官商合办等形式有着根本的区别。在坚持民办的基础上，洪仁玕明确提出新式矿业的利润分配方案，即"总领获十之二，国库获十之二，采者获十之六焉。倘宝有丰歉，则采有多少，又当视其所出如何临时增减，不得匿有为无也"①。

3. 兴办新式交通业

洪仁玕提出应水陆并进，大力兴办新式交通。关于陆路交通，他认为要"兴车马之利，以利便轻捷为妙"，尤其是铁路运输，并提出应以专利制度来激励铁路运输业的建立和发展。他说："倘有能造如外邦火轮车，一日夜能行七八千里者，准自专其利，限满准他人仿做。若彼愿公于世，亦禀准遵行，免生别弊。"在此基础上，洪仁玕初步规划了全国陆路交通网络，"先于二十一省，通二十一条大路，以为全国之脉络。通则国家无病焉。通省者阔三丈，通郡者阔二丈五尺，通县及市镇者阔二丈，通大乡村者阔丈余。差役时领犯人，修葺崩破之处"②。关于水上交通，他强调要"兴舟楫之利，以坚固轻便捷巧为妙。或用火用气用力用风，任乎智者自创"。为了鼓励智者创新，他建议对"首创至巧者，赏以自专其利，限满准他人仿做。若愿公于世，亦禀明发行"。他进一步强调了交通业的极端重要性，指出"兹有火船气船，一日夜能行二千余里者，大商则搭客运货，国家则战守缉捕，皆不数日而成功，甚有裨于国焉。若天国兴此技，黄河能疏通其沙，而流入于海，江淮可通有无，而缓急相济，要隘可以防患，凶旱水溢，可以救荒。国内可保无虞，外国可通和好，利莫大焉"③。

4. 兴办新式通信业和新闻业

洪仁玕认为新式通信业和新闻业可"以为四方耳目之便，不致上下梗塞，君民不通也"。依托于全国交通网络，洪仁玕建议兴邮亭、书信馆和新闻馆。在他的设想中，"邮亭由国而立，以通朝廷文书"。书信馆

---

① 《资政新篇》，第40页。
② 《资政新篇》，第39页。
③ 《资政新篇》，第39~40页。

"以通各家信"，"二十里立一书信馆，愿为者请饷而设"，"信资计文书轻重，每二十里该钱若干而收。其书要在（某）处交递者车上车下，各先束成一捆，至即互相交讫，不能停车俄顷，因用火用气用风之力大猛也。虽三四千里之遥，亦可朝发夕至"。新闻馆"准富民纳饷，禀明而设"。"新闻馆以报时事常变、物价低昂，只须实写，勿着一字浮文。""或本处刊卖，则每日一篇，远者一礼拜一篇，越省者则一月一卷，注明（某）处（某）人（某）月日刊刻。该钱若干，以便远近采买。"洪仁玕指出邮亭、书信馆和新闻馆"倘有沉没书札银信，及伪造新闻者，轻则罚，重则罪"[1]。

5. 兴办新式金融业

洪仁玕建议"兴银行"。他强调银行应由民众自办，认为"或三四富民共请立，或一人请立，均无不可也"。兴办人"先将家赀契式禀报入库，然后准颁一百五十万银纸，刻以精细花草，盖以国印图章，或银货相易，或纸银相易，皆准每两取息三厘"。洪仁玕指出此举"益于银行"的同时，"大利于商贾士民"。此外，洪仁玕认为应"兴保人物之例"，即建立保险公司，创办人身、财产保险事业。投保人"每年纳银银若干，有失则保人赔其所值"，如此投保人"若失命则父母妻子有赖，若失物则已不至尽亏"[2]。

6. 创办新式社会慈善事业

洪仁玕盛赞美国"其邦之跛盲聋哑、鳏寡孤独，各有书院，教习各技。更有鳏寡孤独之亲友，甘心争为善事者，愿当众立约保养。国中无有乞丐之民，此是其礼仪、其富足也"[3]。有鉴于此，洪仁玕建议由民间力量兴办各种新式社会慈善事业。主要包括：一是创办医院，"以济疾苦"。医院"系富贵好善，仰体天父天兄圣心者，题缘而成其举。立医师，必考取数场然后聘用，不受谢金。公义者司其事"。二是创办跛盲聋哑院，"有财者自携资斧，无财者善人乐助，请长教以鼓乐书数杂技，不致为废人也"。三是兴办鳏孤寡独院，"准仁人济施。生则教以书诗各法，死则怜而葬之。因此等穷民，操心危、虑患深，往多有用之辈，不可不以恩感之也"。四是"兴士民公会。富贵善义，仰体天父天兄好生圣心，听其甘心乐助，以拯困扶危，并教育等件"[4]。

---

[1] 《资政新篇》，第40~41页。
[2] 《资政新篇》，第40~41页。
[3] 《资政新篇》，第40~41页。
[4] 《资政新篇》，第41~43页。

三 "外示信义"

洪仁玕主张在同外国的交往中,应当摒弃历来封建王朝以"天朝"自居的夜郎自大态度,提倡在对外关系中平等往来,友好相处,以"信义"维持邦交。以外交往来文书的措辞为例,洪仁玕认为"凡于往来言语文书,可称照会、交好、通和、亲爱等意。其余万方来朝,四夷宾服,及夷狄戎蛮鬼子,一切轻污之字,皆不必说也。盖轻污字样,是口角取胜之事,不是经纶实际,且招祸也"。这些"轻污字样","即施于枕近之暹罗、交趾、日本、琉球之小邦,亦必不服。实因人类虽下,而志不原下,即或愿下,亦势迫之耳。非忠诚献曝也。如必欲他归诚献曝,非权力所能致之"①。在"外示信义"的基础上,洪仁玕主张对外贸易应实行"柔远人之法"和"与番人并雄之法"。

(一)"柔远人之法"

洪仁玕认为清朝统治者长期实行的闭关政策是愚蠢的,它造成国家"全体闭塞,血脉不通,病其深矣",使得中国"不能为东洋之冠冕,暂为失色","良可概已!"因此他反对闭关自守,主张"先许通商"。有鉴于俄国、暹罗和日本等国通过和西方国家贸易往来,学习西方并逐步富强的成功经验,洪仁玕希望中国也能通过和外国的贸易往来,学习西方的先进技术和科学知识,以便赶上资本主义国家。为此,他提出以下具体建议:第一,允许外国商人于沿海港埠通商贸易;第二,允许西方传教士进入内地传教,允许外国技术人员进入内地传授技艺,也可让外国人担任顾问,"为国献策"。他相信西方传教士是来传播"福音"的,教技艺之人则可以传授西方的技术,因此容许他们深入内地。

但洪仁玕多少也顾虑到,同强大的西方资本主义国家相交往,中国有可能会受到欺凌。因此他主张同外国通商往来时,中国必须讲求"自固之策",制定"一定之章程""一定之礼法",以保证在不损害国家主权和民族尊严的基础上同外国交往,防止遭受"外人欺""外邦欺"的情况。在他看来,这些"章程"和"礼法"的基本原则包括:第一,严禁鸦片走私。他说:对于"一切生熟黄烟鸦片",要"绝其栽植之源,遏其航来

---

① 《资政新篇》,第35页。

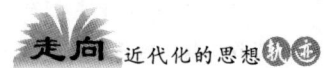

之路，或于外洋入口之烟，不准过关，走私者杀无赦"①。第二，不允许外国商人擅入旱地，"恐百姓罕见多奇，致生别事"。第三，不允许任何外国人干涉中国内政，"毁谤国法"②。他乐观地认为只要"我已有自固之策，若不失信义二字足矣。何必拘拘不与人交接乎？"③

（二）"与番人并雄之法"

洪仁玕认为可以允许外国商人在中国开业，同中国商人进行竞争。这是因为在他看来，中国商人在同外国商人竞争中有许多有利条件，一定可以在竞争中取胜。他说："如开店两间，我无租值，彼有租值；我工人少，彼工人多；我价平卖，彼价桂（贵）卖。是我受益而彼受亏，我可永盛，彼当即衰，彼将何以久居乎？"④

洪仁玕的这一估计是太过乐观了。在西方列强大举入侵中国的当时，中国的经济发展水平远远落后于西方资本主义国家，中国商人在与外国商人的竞争中处于极大的劣势，短期内根本不可能"与番人并雄"，更不可能出现我盛彼衰的竞争胜利局面。提出这种天真的想法，表明洪仁玕对西方资本主义国家的经济侵略缺乏足够的认识和警惕。事实上，他在提出《资政新篇》时真诚地相信西方传教士来中国是为传播"福音"，使中国变为"富庶之邦"，因而竭力向洪秀全推荐许多和他"相善"的传教士。他还把对中国发动过两次鸦片战争的英国说成只不过是"多有智力，骄傲成性，不居人下"；把英国的对外侵略说成是"英邦用繁，必须外助，故多逞才智"；又把在鸦片战争中支持英国并趁机为自己攫取侵略利益的美国说成礼义富足，"其力虽强，而不侵凌邻邦"⑤。这表明他当时很不了解资本主义列强的侵略本性。

但是后来洪仁玕在总理朝政期间，通过一系列活生生的事实教训，逐步纠正了自己对外国侵略的一些错误认识。当外国侵略者公然以武力干涉中国内政时，他坚决维护国家、民族的尊严，同外国侵略势力进行了坚决的斗争。1860年，当李秀成率大军向上海进攻时，洪仁玕曾致书驻上海的各国领事，要求各国保持中立，不得阻挠太平军进入上海。但这时外国

---

① 《资政新篇》，第42页。
② 《资政新篇》，第34~35页。
③ 《资政新篇》，第45页。
④ 《资政新篇》，第45页。
⑤ 《资政新篇》，第35页。

侵略者已决心公开干涉中国内政，他们根本不理睬洪仁玕的信件，并且悍然陈兵上海周围。对于外国侵略者的这种挑衅行为，洪仁玕十分愤慨，他对到天京来访的西方传教士强烈抗议这种卑鄙、蛮横的侵略行径，严正表示："前者（指不理睬他的信件）是对个人的侮辱，后者（指用武力阻挠太平军进上海）是直接违反了外国人在双方交战团体之间所应采取的中立原则。"一些曾对他"怀抱着莫大的希望"的外国侵略分子，都纷纷攻击他"拒绝放弃甚或延迟进攻上海县城的企图"。由于感到无法利用洪仁玕来达到自己的不可告人的目的，"大多数伪装的英国友人都离弃了他"，并说了许多抱怨和咒骂他的话①。在中外反动势力的联合镇压下，太平天国起义终于失败了。血的教训使洪仁玕认识到，西方资本主义侵略势力是扼杀太平天国的罪魁。他在就义前的《自述》中悲愤地控诉说："我朝祸害之原，即洋人助妖之事……如洋人不助敌军，则吾人断可长久支持。"②

综上可见，洪仁玕在同西方资本主义国家的交往中，能够坚持爱国主义的立场，一方面对同外国进行正常的通商往来抱积极的态度；另一方面主张严禁鸦片贸易，对外国侵略者侵犯中国主权、干涉中国内政的活动敢于进行斗争。这同那些虚骄愚昧的清朝大官僚形成鲜明的对比，远胜于清朝统治者中盲目排外、闭关自守、抱残守缺的顽固派和俯首帖耳、卑躬屈膝、卖国媚外的投降派。

四 评价

洪仁玕提出《资政新篇》是为了解救太平天国的危机，由于各种主客观的原因，他未能达到预期目标。太平天国失败后，《资政新篇》被清政府严禁传播，因此它对以后的资产阶级经济思想的发展也未能产生什么影响。但是，所有这些并不能减弱《资政新篇》在中国经济思想史上所具有的重要地位。

（一）《资政新篇》具有强烈的资本主义色彩

洪仁玕在太平天国队伍中提出《资政新篇》，并且得到了该农民起义领袖洪秀全的首肯和批准颁行。但是与历史上其他农民起义乃至太平天国

---

① 呤唎：《太平天国革命亲历记》（上册），中华书局，1961，第223、214、271页。
② 中国史学会：《太平天国》（第2册），上海人民出版社，1957，第853页。

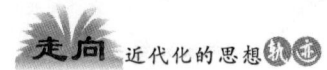

前期的《天朝田亩制度》相比,《资政新篇》中所包含的经济思想有着本质区别。在半殖民地半封建的历史条件下,洪仁玕提出的《资政新篇》具有强烈的资本主义色彩。

首先,从生产力的角度而言,《资政新篇》明确主张兴办的是代表当时生产力发展最高水平的资本主义经济。这与《天朝田亩制度》完全不同。《天朝田亩制度》所设计的经济模式与中国沿袭了几千年的男耕女织式的自给自足经济并没有本质区别。在《天朝田亩制度》中,农业及家庭手工业是社会的主要生产部门,其生产方式是"凡天下田,天下人同耕";"凡天下树墙下以桑,凡妇蚕织缝衣裳。凡天下每家五母鸡,二母彘,无失其时";"凡二十五家中陶冶木石等匠俱用伍长及伍卒为之"①。但是在《资政新篇》中,洪仁玕主张"兴车马之利",旨在制造"利便轻捷"的"火轮车";主张"兴舟楫之利",旨在制造"坚固轻便捷戈"的"火船气船";主张兴办各式工业,旨在运用西方先进的技艺制造各种"精奇利便"的"器皿"。显然,在《资政新篇》的设计中,男耕女织的自然经济已毫无地位,代之而起的是代表当时生产力发展最高水平的资本主义经济。

其次,从生产资料的角度而言,《资政新篇》肯定了资本主义私有制。这与《天朝田亩制度》有着本质区别。《天朝田亩制度》主张"天下人人不受私,物物归上主"式的生产资料公有制,否定了生产资料的私有制。但是与《天朝田亩制度》所主张的生产资料国家公有制不同,《资政新篇》彻底破除了生产资料国家公有的观念,极其明确地给予资本主义私有制以合法的重要的地位。《资政新篇》主张依靠"富民"的经济力量来兴办新式工商等事业,并允许这些富民借此获取相应的收益。例如关于银行业,《资政新篇》认为应由"有百万家财者"单独或由"三、四富民"联合兴办银行,并允许这些富民"每两取息三两"。关于采矿业,《资政新篇》主张"有民探出者","准其招民采取",并允许其获得生产总值的1/5作为利润。而在交通运输业等各方面(邮亭除外),《资政新篇》都鼓励私人兴办,允许个人获取利润。

最后,从生产方式和经营方式的角度而言,《资政新篇》所主张的经营方式具有鲜明的资本主义色彩。在《资政新篇》中,洪仁玕明确主张在兴办的新式企事业中,实行资本主义的雇佣劳动制度。他一再强调要仿

---

① 中国史学会:《太平天国》(第一册),上海人民出版社、上海书店出版社,2004,第323页。

效西方国家"禁卖子为奴之例","禁溺子女,不得已难养者,准无子之人抱为己子,不得作奴视之"。他认为应学习西方的经营方式,"准富者请人雇工,不得买奴",避免"贻笑外邦"。他还提出"若每日无三个时辰工夫者,即富贵亦是惰民,准父兄乡老擒送诸绝域,以警颓风之渐也。诚以游手偷闲,所以长其心之淫欲;劳心劳力,所以增其量之所不能"。这就是说,必须有足够的劳动力从事劳动,才能使资本主义的商品"增其量"。因此,他极力反对游手好闲的人,并且想要采取教育的方法和行政力量,强制那些"惰民"和"游手好闲"的人参加雇佣劳动者的行列,来为"富民"增加财富。

(二)《资政新篇》是近代中国第一个具有资本主义性质的经济发展方案

首先,《资政新篇》所提出的诸多经济改革措施均是基于经济目的本身。此前魏源虽然已提出民办新式工业,但是他主要为了"师夷长技以制夷",服务于军事目的。同时代的曾国藩、李鸿章和左宗棠等洋务派代表人物在实践中开始了新式工业的尝试,但是他们的主要目的是对外御外侮,对内镇压人民起义,所以其所创办的新式工业均围绕着军事目的展开,火药味十足。洪仁玕提出《资政新篇》时,太平天国战局紧张,军事是太平天国压倒一切的重要任务。但是,《资政新篇》中没有多少火药味,而更像是一个为长治久安而从容谋划的建设方案,回归到经济目的本身。

其次,《资政新篇》是一个较为完整的经济发展方案。《资政新篇》中要求学习和兴办的西方新式工商各业,范围广泛,大体完整。《资政新篇》主张兴办各种新式工、矿、交通、银行、邮政、保险、新闻等资本主义性质的企业和事业,涵盖了工业、矿业、交通运输业、金融业、通信业和信息业等国民经济的主要部门,大致构建起近代中国发展资本主义经济的基本框架。从所介绍的西方新事物来说,洪仁玕在《资政新篇》中所提到的西方新事物较前期的魏源要广泛得多、具体得多;从所要实现的目标来说,《资政新篇》的设计较洋务运动要宏伟得多;从所要建立的新式国民经济体系来说,《资政新篇》比后来的资产阶级改良派的代表人物王韬、郑观应等人也并无逊色,时间还比他们早20年。它为未来中国描绘了一幅近代化的、资本主义建设的蓝图,使后人从中得到许多有益的启示。

最后,《资政新篇》是一个带有建国根本大计性质的经济发展方案。

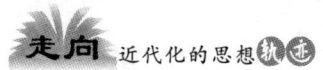

前期的魏源虽然提出"师夷长技以制夷",但是他身处下位,又深知专制淫威的恐怖,因此不敢妄议全国性的改制问题,更多关注的是东南海运等问题。魏源希望民办新式工业,但他未能将此作为国策向清政府提出建议。作为太平天国政权中总理朝政的大臣、洪秀全的族弟,洪仁玕有条件把兴办和创建新式工商各业作为全国性施政大计提出来。《资政新篇》提出后,得到洪秀全的肯定,并下诏批准颁行。它作为太平天国正式颁布的文件,同魏源、冯桂芬、王韬、郑观应等人的纯粹私人性著作的意义也有不同。《资政新篇》中提出的学习西方、按照资本主义模式发展中国经济的主张,已不是个人的愿望和建议,而被提到了国策的高度,成为由国家主持、推动、鼓励和保护的建国根本大计。

综上所述,洪仁玕的《资政新篇》是近代中国第一个具有资本主义性质的经济发展方案,其目的是要学习西方,按照资本主义模式发展中国经济。《资政新篇》符合历史发展的潮流,具有相当的科学性和先进性,它是中国近代经济发展思想的一座重要的里程碑。

郑观应《盛世危言》经济思想研究

彭立峰

《盛世危言》的作者郑观应（1842~1922），原名官应，字正翔，号陶斋，先后又自署杞忧中子、荥阳氏、铁城杞忧生、铁城慕雍山人、待鹤山人、罗浮山人等别号，广东香山（今中山）人。在应试秀才落第后，他放弃了科举道路。1858 年到上海学商后，他先后在新德洋行、宝顺洋行和太古轮船公司等外国企业工作并担任过位置较高的买办。1868 年，他与卓子和一起经营和生祥茶栈，同时与外商合伙经营公正轮船公司，并被推选为董事。他还经营荣泰驳船公司，投资盐业，担任过扬州宝记盐务总理。1880~1882 年，他先后被洋务派首领李鸿章委派为上海机器织布局总办、上海电报分局总办、轮船招商局帮办以至总办。1897 年，郑观应以汉阳铁厂总办兼任粤汉铁路总董之职。1906 年，他被选为粤汉铁路总办。1922 年，郑观应病逝于上海。在从事实际工商业活动的几十年中，他先后编写了《救时揭要》《易言》《盛世危言》以及《罗浮待鹤山人诗草》等著作。

郑观应（1842~1922）

《盛世危言》5 卷本于 1894 年刊行，当时该书有正文 57 篇，加附录、后记 30 篇，共 87 篇。此书一经刊行立即在当时社会上引起强烈反响。光绪皇帝对该书非常赞赏，并命令总理衙门印发 2000 部给大臣阅读。1895 年，针对清政府在甲午中日战争中的失败，郑观应对该书进行修订，将《盛世危言》5 卷本的 87 篇文章增订为 14 卷本的 200 篇文章。1900 年，郑观应再次修订《盛世危言》，形成了 8 卷本的 200 篇文章。在《盛世危

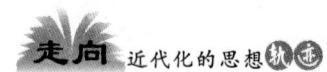

言》的三个版本中，8卷本被公认为体系最完整、内容最全面。此处即采用了8卷本。《盛世危言》8卷本包括《卷一通论》《卷二礼政》《卷三吏政·刑政》《卷四户政》《卷五户政》《卷六兵政》《卷七兵政》和《卷八工政》，内容涉及政治、经济、军事、外交、文化、教育、宗教等诸多方面，此处主要探讨其中蕴涵的经济思想。

一 "非常之变局"下的"决胜于商战"

（一）"非常之变局"

郑观应生长于鸦片战争之后，当时西方势力日益增大，中国被迫开放的沿海、沿江口岸日益增多，西方各国工商业的冲击日益强烈，中国民族经济经营日益艰困。作为商人，郑观应最初曾在新德洋行、宝顺洋行和太古轮船公司等外国企业工作并曾担任过位置较高的买办。后来，在洋务派创办新式工业时，郑观应曾以商股代表身份参加上海机器织布局、轮船招商局等重要的官督商办企业，担任总办、会办等高级职务。此外，他还做过商办时期的粤汉铁路总经理，创办过进出口公司、航运公司等。郑观应既曾以洋行买办的身份，效命于洋人顾盼指使下；又曾以民族商人的身份，穿梭于营逐末利商贾之间，奔走于南北江河湖海之通都大邑。其所接触，所见闻，实足感到置身于"非常之变局"。对此，郑观应在《盛世危言》一书中多次论及。原文及其出处如表4-1所示。

表4-1 《盛世危言》有关"非常之变局"的表述

序号	原 文	出 处
1	"今泰西数十国，叩关互市，聚族来居，此诚中国非常之变局，于此而犹不亟讲外交之道，遴公使之才，乌乎可哉！"[①]	《通使》
2	"方今各国之人航海东来，实创千古未有之局。而一切交涉之事，亦数千百年以来所未有之科条。"[②]	《西学》
3	"夫水行资舟，陆行资车，古之制也，民生自然之利也。至今日而地球九万里，风气大通，以日行百里计之，环球一周，累年不能达，文、轨何由一？声问何由通乎？天乃假乎西人，以大显利用宜民之神力，于是而轮船、火车出焉，以往来而捷转运，风驰电掣，迅速无伦，诚亘古未有之奇制也。中国版图广大，轮船之利，亦既小试其端矣，独火车、铁路屡议无成，聚讼盈庭，莫衷一是，窃未见其可也。"[③]	《铁路》

54

续表

序号	原　文	出　处
4	"今中国虽与欧洲各国立约通商,开埠互市,然只见彼邦商舶源源而来,今日开海上某埠头,明日开内地某口岸。一国争,诸国蚁附;一国至,诸国蜂从。滨海七省,浸成洋商世界;沿江五省,又任洋舶纵横。"④	《商务二》
5	"中国海疆袤延万余里,泰西各国兵舶飙驰轮转,络绎往来,无事则探测我险易,有事则窥伺我藩篱,从此海防遂开千古未有之变局。居今日而筹水师,诚急务矣。"⑤	《水师》
6	"考西人之商于中国也,自明季始;中国之与彼族立约通商也,自道光朝始。洎乎海禁大开,中外互市,创千古未有之局,集万国来同之盛。轮船云屯,货贿山积,商之势力大者,往往足以把持市价,震动同业。下至淫巧奇技,亦领异标新,锥刀竞逐,穷天地之精华,竭闾阎之脂膏。熙熙而来者,不皆禹甸九州之人也;攘攘而往者,无复震旦三教之士也。彼方以国护商,群持中华为外府,吾犹以今况古,不知商务之匪轻。天下滔滔,谁为补救哉?"⑥	《变通商务论》
7	"方之门户洞开,任洋商百方垄断。一切机器亦准其设厂举办,就地取材,以免厘税。其成本较土货更轻,诚喧宾夺主,以攘我小民之利。"⑦	《商务一》
8	"今泰西各国兵日强,技日巧,争雄海陆,将环球九万里,莫不有火轮、舟车。我中国海禁大开,讲信修睦,使命往来,历有年所。"⑧	《公法》

资料来源:①郑观应:《盛世危言》,辛俊玲评注,华夏出版社,2002,第187页(以下简称《盛世危言》)。

②《盛世危言》,第113页。
③《盛世危言》,第543页。
④《盛世危言》,第310页。
⑤《盛世危言》,第393页。
⑥《盛世危言》,第349页。
⑦《盛世危言》,第305页。
⑧《盛世危言》,第59页。

在从事实际工商业活动的几十年中,郑观应对于中国当时所处局势逐渐有了透彻的了解。他深知中国正当世界之非常变局,必须掌握其转变关键,审慎应变,以免贻害后世。

(二)"兵战"与"商战"

那么导致这"千古未有之局"的关键是什么?郑观应给出的答案是西方各国对晚清中国发起的有形之"兵战"和无形之"商战"。所谓"兵战",是指西方各国对晚清中国发起的军事侵略;所谓"商战",是指西方各国的经济扩张。郑观应认为以枪炮兵舰为表征的"兵战"易被察觉,而"商战"因其无明显的表征不易被发觉,因此晚清国人"只知形战,

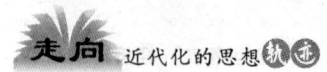

而不知心战"①。但是,郑观应指出"兵之并吞,祸人易觉;商人掊克,敝国无形"②,"况兵战之时短,其祸显,商战之时长,其祸大"③。显然相对于易见的"兵战",隐蔽的"商战"更为危险。在此基础上,郑观应分析了西方各国"兵战"与"商战"的关系。郑观应认为西方各国的"兵战"从根本上而言是为"商战"服务的,经济扩张是军事侵略的终极目标。他指出:"西人以商为战,士、农、工为商助也,公使为商遣也,领事为商立也,兵船为商置也。国家不惜巨资,备加保护商务者,非但有益民生,且能为国拓土开疆也。昔英、法屡因商务而失和,英迭为通商而灭人国。初与中国开战,亦为通商之故。"④ 而"各国并兼,各图利己,藉商以强国,藉兵以卫商。其订盟立约,聘问往来,皆为通商而设。英之君臣又以商务开疆拓土,辟美洲,占印度,据缅甸,通中国,皆商人为之先导。彼不患我之练兵讲武,特患我之夺其利权"⑤。

郑观应对西方各国的"兵战"与"商战"的认识,"实际则总括于列强对华之冲击,变局之动力本源,均来自西方国家之扩张。中国承其侵略,受害最深。因是对于'变局'必当警觉,必当思考应付之方,以趋利避害"⑥。

经过思索,郑观应给出的应付之方是以"兵战"对"兵战",以"商战"对"商战",即晚清中国"亟宜一变旧法,取法于人,以收富强之实效。一法日本,振工商以求富,为无形之战。一法泰西,讲武备以图强,为有形之战"⑦。在郑观应眼中,"一法泰西,讲武备以图强,为有形之战"只是治标,而"一法日本,振工商以求富,为无形之战"才是固本。针对时人"只知形战,而不知心战者……以为彼有枪炮,我亦有枪炮;彼有兵舰,我亦有兵舰,是亦足相抵制矣"的现象,郑观应指出他们"孰知舍其本而图其末,遗其精义而袭其皮毛!"⑧ 建议"我中国宜标本兼治,若遗其本而图其末,貌其形而不攻其心,学业不兴,才智不出,将见商败而士、农、工俱败,其孰能力与争衡于富强之世也耶?"⑨ 因此,郑

---

① 《盛世危言》,第344页。
② 《盛世危言》,第339页。
③ 《盛世危言》,第344页。
④ 《盛世危言》,第344页。
⑤ 《盛世危言》,第313页。
⑥ 王尔敏:《近代经世小儒》,广西师范大学出版社,2008,第161页。
⑦ 《盛世危言》,第298页。
⑧ 《盛世危言》,第344页。
⑨ 《盛世危言》,第345页。

观应强调晚清中国应"练兵将,制船炮,备有形之战以备其标;讲求泰西士、农、工、商之学,裕无形之战以固其本"①。

在以"兵战"对"兵战",以"商战"对"商战"的策略中,郑观应尤其强调了习商战的重要性,称"习兵战不如习商战"②。他甚至提出"我国家讲武备战数十年来,所耗海防之经费,及购枪械、船炮与建炮台之价值,岁讲几何,胡不移彼就此?以财战不以力战,则胜算可操,而且能和局永敦,兵民安乐,夫固在当局者一转移间耳"③。这种考虑或许是出于以下原因。第一,如前所述,郑观应认为习兵战是治标,习商战是治本。第二,时人对于西方各国枪炮兵舰的军事侵略深有体会,但对其经济扩张认识不清。郑观应说:"自中外通商以来,彼族动肆横逆,我民日受欺凌,凡有血气,孰不欲结发厉戈,求与彼决一战哉?于是购铁舰,建炮台,造枪械,制水雷,设海军,操陆阵,讲求战事不遗余力,以为而今而后,庶几水栗而陆詟乎!"却不知"彼之谋我,噬膏血匪噬皮毛,攻资财不攻兵阵,方且以聘盟为阴谋,借和约为兵刃。迨至精华销竭,已成枯腊,则举之如发蒙耳"。因此,"我之商务一日不兴,则彼之贪谋亦一日不辍。纵令猛将如云,舟师林立,而彼族谈笑而来,鼓舞而去,称心餍欲,孰得而谁何之哉?"④ 第三,习商战为习兵战提供经济支持。郑观应认为"能富而后可以致强,能强而后可以保富"⑤。他说:"况乎言富国者,必继以强兵,则练兵、铸械、添船、增垒,无一不需耗费巨款。而府库未充,赋税有限,公用支绌,民借难筹,巧妇宁能为无米之炊?"⑥ 因此若能习商战而富国,"国既富矣,兵奚不强?窃恐既富且强,我欲邀彼一战,而彼族且怡色下气,讲信修睦,不敢轻发难端矣。此之谓决胜于商战"⑦。在郑观应眼中,兵战的胜利不是真正的胜利,商战的胜利才是最终的胜利。

(三)"决胜于商战"的难度

洪仁玕曾在《资政新篇》中提出"与番人并雄之法",称:"如开店

---

① 《盛世危言》,第344页。
② 《盛世危言》,第339页。
③ 《盛世危言》,第341页。
④ 《盛世危言》,第339页。
⑤ 《盛世危言》,第345页。
⑥ 《盛世危言》,第298页。
⑦ 《盛世危言》,第342页。

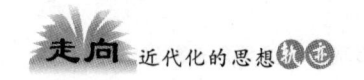

两间，我无租值，彼有租值；我工人少，彼工人多；我价平卖，彼价桂（贵）卖。是我受益而彼受亏，我可永盛，彼当即衰，彼将何以久居乎？"① 在洪仁玕眼中，中国商人与外国商人之间的市场竞争是一种公平竞争。在这种公平竞争中，中国商人较之外国商人具有无租值、工人少及价格低等许多有利条件，一定可以在竞争中取胜。而在商界摸爬滚打了几十年的郑观应深知事实并非如此。例如租值，郑观应指出："华人所信房屋，工部局估值，租银每百两岁捐十两，洋人所住房屋，每百两岁捐银八两。"② 洋人租值反较国人租值为轻。至于工人和价格，郑观应以中国向来最具竞争优势的商品丝、茶为例，指出："年来养蚕、制茶之法，均不如外国，其利亦渐为所夺，出口日减矣。尝考外国制茶新法，皆用机器以代人工，力匀而工省，制精而易成，无天雨不晴之虑，一切巧妙之处，日人已著书详言之矣。蚕丝较茶出款尤巨，法人郎都近创育蚕会，且显微镜测视，凡蚕身有黑点者，谓之病蚕，即去之，讲求日精，故所养之蚕，较中国出丝恒多三倍。虽然中国向有治病蚕之法，惜未考求尽善，常为病蚕所累，出丝不多。洋关税务司康必达著书详论其事，并遣人赴法国学习，利导可谓甚勤。奈华人积习未除，风气未开，尚罕信者。"③ 再如进口的纱布"向时每岁进口值银一二千万，光绪十八年增至五千二百七十三万七千四百余两"，"所以然者，外国用机制，故工致而价廉，且成功亦易，中国用人工，故工笨而价费，且成功亦难"。加之进口税"轻微尤甚"，"此不啻授以利权，畅其销路。所由进口日众，获利日丰"，"以致银钱外流，华民失业"④。

因此与洪仁玕相反，郑观应认为中国在与西方列强竞争时并不占优势。他说："窃尝究英国商务之所以兴旺者，其故有十三端，有为中国之可及，亦有为中国之难骤及者：曰地气清和，曰矿产甚富，曰国内水陆便利，曰海口多。此四者，中国固有之，无不可及者也。曰百工技艺娴熟，曰首创机器擅利独多，曰资本甚巨，曰程法尽善、用人得宜，曰商船多，曰五大洲皆有属地，曰言语为商务通行，曰通商历所最久，曰近日出口货无税、进口货亦不尽征。此九者，他国亦有难兼，中国所未能骤及者也。"⑤ 更何

---

① 《资政新篇》，第45页。
② 《盛世危言》，第63页。
③ 《盛世危言》，第321～322页。
④ 《盛世危言》，第519页。
⑤ 《盛世危言》，第317页。

况,"方今门户洞开,任洋商百方垄断。一切机器亦准其设厂举办,就地取材,以免厘税。其成本较土货更轻,诚喧宾夺主,以攘我小民之利"①。而"今当轴者不知振兴商务为开辟利源之要端,只知征商以媚上,凡有所需,非以势勒,即以术取。如广东往来内河轮船,每船已报效银若干,尚为各关、卡留难阴滞,而卡员、差役往来附载,皆不出舟资。若挂洋旗之船,虽载货闯关,亦惟瞠目击者视之,无敢勒索。华商之货逢卡纳厘,多遭搜诘,时日耽延,不如洋人三联票子口税之便,安得不纳费洋人,假洋人之名以图利益欤? 所以代报关之洋行日见其多,无异为渊驱鱼,为丛驱爵耳"②。基于以上分析,郑观应指出,虽然"彼既以商来,我亦当以商往",但"若习故安常,四民之业无一足与西人颉颃,或用之未能尽其所长……而与人争胜戛戛乎其难矣!"③

郑观应进一步指出中国商人与西方商人之间并不存在公平竞争。"如吴淞铁路电线,四川彝陵轮船等案,虽然无理,尚赔巨款。洋船撞毁华船,反咎以不谙趋避,或诬其桅灯不明,改重变轻,含糊了结。""若华商负欠洋商,一经控告,追封产业,扰及亲月。西人负欠华债,虽饶私蓄,循例报穷,便自消遥事外。"④郑观应指出"华民之忍辱,由于畏官长;官长之曲法,由于畏朝廷也";而朝廷"实因彼动挟全力以争,故我每曲法相就"⑤。正是凭借着船坚炮利,西方列强订立"通商条约,措辞皆言彼此均沾利益,其实皆利己损人"⑥。"就通商一端而言,何其矛盾之多也? 如一国有利,各国均沾之语,何例也? 烟台之约,强减中国税则,英外部从而助之,何所仿也? 华船至外国纳钞之重,数倍于他国,何据而区别也? 中国所征各国商货关税甚轻,各国所征中国货税皆务从重,何出纳之吝也? 外国人至中国不收身税,中国人至外国则身税重征。今英、美二国复有逐客之令,禁止我国工商到彼贸易工作,旧商久住者亦必重收身税,何相待之苛也? 种种不不合情理,公于何有? 法于何有?"⑦ 也许正是认识到西方列强借由船坚炮利而进行经济扩张的侵略性,郑观应没有使

---

① 《盛世危言》,第305页。
② 《盛世危言》,第345页。
③ 《盛世危言》,第345页。
④ 《盛世危言》,第63、62页。
⑤ 《盛世危言》,第63、62页。
⑥ 《盛世危言》,第70页。
⑦ 《盛世危言》,第59~60页。

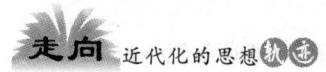

用"竞争"一词,而是使用了更为尖锐的"商战"一词。

与洪仁玕相比,郑观应的认识显然更为深刻和透彻。洪仁玕对西方列强的经济侵略缺乏认识。他提出的"与番人并雄之法",这种不甘落后,敢于斗争的爱国精神是很可贵的,但他没有认识到,西方各国的经济实力远比中国强大,更没有认识到西方列强凭借着各种不平等条约,对中国进行商品倾销和原料掠夺。在这种条件下,中国是无法与西方列强"并雄"的。这些弱点在郑观应处得到了较好的解决。

二 "立为商国"

那么,处于劣势的晚清中国应如何"决胜于商战"?郑观应最终给出了一个以商为中心的发展国民经济战略,即"立为商国"。

(一)"以商立国"

郑观应认为晚清中国要在"非常之变局"中"决胜于商战",必须从根本上改变经济结构,即从"以农立国"变革为"以商立国"。其主要理由如下。

第一,"商握四民之纲"。郑观应认为:"商之懋迁有无,平物价,济急需,有益于民,有利于国,与士、农、工相表里。士无商则格致之学不宏,农无商则种植之类不广,工无商则制造之物不能销。是商贾具生财之大道而握四民之纲领也,商之义大矣哉!"① 因此他说:"盖懋迁有无之事,匪独一家之利钝,并关一国之盈虚。"② 他强调"商务者,国家之元气也;通商者,疏畅其血脉也"③。显然在郑观应眼中,商业尤其是对外贸易是带动整个国民经济发展的关键部门。

第二,西方列强因立为商国而富强。以英国为例,郑观应指出,"昔年英吉利僻处一隅,闭关自守,曾不百年,其兴勃焉!则以极力讲求商政故也"④。他说:"英吉利商国也,恃商以富国,亦恃商以强国。曷为曰商国也?专籍商舶以觅新地,避新埠,纵横五大洲,遍布于中国沿海、沿江地方,其与国政相维系者如此。艺术家日益精良,化学家日研新质,创耕

---

① 《盛世危言》,第307页。
② 《盛世危言》,第308页。
③ 《盛世危言》,第304页。
④ 《盛世危言》,第307页。

稼新机以教农人，得烘溉新法以兴树艺，其与民情相维系者如此。"① 与英国类似，其他西方强国均"尚富强最重通商，其君相惟恐他人夺其利益，特设商部大臣以提挈纲领。远方异域，恐慌耳目之不周，鉴察之不及，则任之以领事，卫之以兵轮"②。他说："语云：能富而后能强，能强而后能富。可知非富不能图强，非强不能保富。富与强实相维系也。然富出于商，商出于士、农、工三者之力。所以泰西各国以商富国，以兵卫商；不独以兵为战，且以商为战。"③

第三，日本以商立国，"避通商之害，受通商之益"。郑观应指出，日本原只不过是东瀛的一个贫弱的小岛国而已，当西方列强"挟全力而俱东，争开口岸，勒订条约。设领事以资保护，屯兵舶以壮声威。或勒免关卡税厘，或侵占小民生计。取求无厌，要挟多端，必遂其欲而后已"时，"日本初亦受其朘削，至大藏省尽余纸钞，金银日稀，国势已形岌岌"④。但是"日本自明治维新后，其大臣游历各国而归，洞识通商利害，谓祛其害，得其利，则国富兵强；失其利，受其害，则民穷国困。究其避害受利之故，在讲求格致，制造机器，种植矿务诸葛亮学而已。是以仿行西法，特设商部，通饬各处设立商务局，集思广益，精益求精"⑤。"年来效法泰西，力求振作，凡外来货物，悉令地方官极力讲求，招商集股，设局制造，一切听商自主，有保护而绝侵挠，用能百废俱举……光绪四年至七年，此四年中，日本与各国通商进出货价相抵，日本亏二十二万七千元。光绪八年至十三年，此六年进出相抵，日本赢五千二百八十万元。前后相殊如此，商战之明效可见矣。"⑥ 以商立国，"日本既避通商之害，反受通商之益"⑦。郑观应认为晚清中国完全可以汲取日本的成功经验，"决胜于商战"。

第四，商之财政意义重大。郑观应指出："我中国自军兴而后，厘金洋税收数溢于地丁，中外度支仰给于此。无用出于税，而税出于商，苟无商何有税？然中外司会计之臣，苟不留心商务，设法维持，他日必致税商

---

① 《盛世危言》，第317页。
② 《盛世危言》，第307页。
③ 《盛世危言》，第344页。
④ 《盛世危言》，第313～314页。
⑤ 《盛世危言》，第309页。
⑥ 《盛世危言》，第342页。
⑦ 《盛世危言》，第314页。

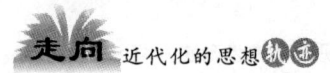

交困而后已。四海困穷，民贫财尽，斯历代之所由衰乱也。"①

第五，经济全球化乃"必然之势"。郑观应认为："英国设商部专理其事，于商务讲求最精，故收效亦最巨。法、美踵其迹，而亦步亦趋，均致富强。德于数十年前师法英人，设商学以教贸易，并立博物院罗致各国货物，以藉资效法而广见闻，故商学堂中人才蔚起，而德之商务大兴。奥国近亦讲求，分为三类：一则银行典质货物暨保险各画。二则制造各法及销售运货脚价。三则陆地转运之法，并邮政电报各事。是以泰西各国商务日振，国势日强，民生日富。然各国工力悉敌，出入损益，厥势维均，则不得不以亚洲各国为取财之地，牟利之场，此亦必然之势也。"② 经济全球化伴随着西方列强的军事侵略而不断扩张，晚清中国虽然被迫，但也卷入了经济全球化的浪潮。

综上，郑观应认识到经济全球化乃"必然之势"，深知传统封闭经济下的"以农立国"已难以应付此"非常之变局"，唯有师法泰西和日本，"以商立国"，"决胜于商战"。因此他说："中国以农立国，外洋以商立国。农之利，本也；商之利，末也。此尽人而能言之也。古之时，小民各安生业，老死不相往来，故粟布交易而止矣。今也不然，各国并兼，各图利己，藉商以强国，藉兵以卫国。其订盟立约，聘问往来。皆为通商而设。英之君臣又以商务开疆拓土，如辟美洲，占印度，据缅甸，通中国，皆商人为之先导。彼不患我之练兵讲武，特患我之夺其利权。凡致力于商务者，在所必争。可知欲制西人以自强，莫如振兴商务。"③

（二）商战十大战役

郑观应说："欲知商战，则商务得失不可不通盘筹画，而确知其消长盈虚也。"④ 经过统计，郑观应指出，晚清中国进口大宗有二：一是鸦片，二是洋布，此外另有杂货（含洋酒、洋盐等食物，洋绸、洋被等用物，香水等零星货物及电气灯等玩好奇淫之杂物）。西方国家向中国输出的商品有六十余种，"皆畅行各口，销入内地，人置家备，弃旧翻新，耗我资财，何可悉数"⑤。我之出口大宗有二：一是丝，二是茶，此外还有大黄、

---

① 《盛世危言》，第313页。
② 《盛世危言》，第313页。
③ 《盛世危言》，第309页。
④ 《盛世危言》，第339页。
⑤ 《盛世危言》，第340页。

麝香等杂货。但是出口之所得未能敌进口鸦片、洋布二宗。在此基础上，他为晚清中国筹划出商战的十大主要战役。

第一，鸦片战。郑观应认为"夫每岁四千余万金之漏卮，千万余口之鸩毒，洵非一朝一夕之故"①。而应对之策有三："无论洋药、土药，严定限期，一律申禁，中外之吸食者，绳之重法，一体戒除，策之上也。广种土药，以杜洋药之来源，目前既塞漏卮，日后徐图厉禁，策之中也。既不能禁洋药之来，又加征土药以自塞销路，吸者、种者，洋药、土药，一任其自生自灭，自去自来，惟图我收税厘，稍济燃眉之急用，是为下策。"三策之中，他认为"禁烟之策，固今日所宜行，然而立法尤贵得人，无人不得行法，言之似易，而行之实难。易筹简易之方，则不必议禁于今兹，而徐图禁之于日后。且使漏卮不致外溢，西贾不能居奇，莫如广种罂粟之一法也"②。因此采用中策，以土药敌洋药，他称："弛令广种烟土，免征厘捐，徐分毒饵之焰，此与鸦片战者一也。"③

第二，洋布战。郑观应指出："进口之货，除烟土外，以纱布为大宗，向时每岁进口值银一二千万，光绪十八年增至五千二百七十三万七千四百余两，迩来更有增无减，以致银钱外流，华民失业。"④ 面对"洋货销流日广，土产运售日艰"的现实，他认为"方今之时，坐视土布失业，固有所不可；欲禁洋布不至，亦有所不能。于无可如何之中，筹一暗收利权之策，则莫如加洋布税，设洋布厂"⑤。也就是说，一方面针对洋布，"改章加税，使价值渐贵，运售渐艰"，"杜洋布之来"；另一方面"尤须自织洋布，以与之抗衡。通商大埠及内地各省，皆宜设纺织局，并购机织造，以塞来源"⑥。因此他说："广购新机，自织各色布匹，一省办妥，推之各省，此与洋布战者二也。"⑦

第三，诸用物战。郑观应指出晚清中国每岁进口"洋绸、洋缎、洋呢、洋羽毛、洋线绒、洋羽纱、洋被、洋毡、洋手巾、洋花边、洋钮扣、洋针、洋线、洋伞、洋灯、洋纸、洋钉、洋画、洋笔、洋墨水、洋颜料、

---

① 《盛世危言》，第229页。
② 《盛世危言》，第233页。
③ 《盛世危言》，第341页。
④ 《盛世危言》，第519页。
⑤ 《盛世危言》，第519页。
⑥ 《盛世危言》，第519~520页。
⑦ 《盛世危言》，第341页。

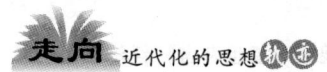

洋皮箱箧、洋磁、洋牙刷、洋牙粉、洋胰、洋火、洋油,其零星莫可指名者亦夥。"他认为"此用物之凡为我害者也"①,建议晚清中国"购机器织绒毡、呢纱、羽毛洋衫洋裤、洋袜、洋伞等物,炼湖沙造玻璃器皿,炼精铜仿制钟表,惟妙惟肖,既坚且廉,此与诸用物战者三也"②。

第四,食物战。郑观应认为晚清中国每岁进口"洋药水、药丸、药粉、洋烟丝、吕宋烟、夏湾拿烟、俄国美国纸卷烟、鼻烟、洋酒、火腿、洋肉铺、洋饼饵、洋糖、洋盐、洋果干、洋水果、咖啡,其零星莫可指名者尤夥。此食物之凡为我害者也"③。他建议扩大"上海造纸、关东卷烟,南洋广蔗糖之植,中州开葡萄之园,酿酒制糖,此与诸食物战者四也"④。

第五,零星货物战。郑观应指出:中国"北直之草帽辫、驼毛、羊皮、灰鼠、南中之大黄、麝香、药料、宁绸、杭缎及旧磁器,彼族零星贩去,饰为玩好之物"⑤。他建议晚清中国扩大此类物品的出口,"制山东野蚕之丝茧,收江北土棉以纺纱,种植玫瑰等香花,制造香水洋胰等物,此与各种零星货物战者五也"⑥。

第六,矿产战。郑观应认为:"五金之产,天地自然之利。居今日而策富强,开矿诚为急务矣。夫金银所以利财用,铅铁所以造军械,铜锡所以备器用,硫磺所以制火药,石炭所以运轮轴,皆宇宙间不可一日或少之物。初不能雨之于天,要必采之于地,则矿务之兴,有益于公私上下者,非浅鲜也。"⑦但"中国矿务不兴,利源未辟",郑观应认为主要原因有二,"一由于官吏之需索,苟苴直未至,必先托辞以拒,或谓舆情未洽,或谓势多窒碍,恐致扰民,由是事卒难行。一由谬谈风水者妄言休咎,指为不便于民,以耸众听,于是因循推诿,动多掣肘,而有志于开矿者,不禁废然返矣"⑧。他建议破除风水"谬悠之说"⑨,"选矿师","购精器"⑩,"遍开五金、煤矿,铜、铁之来源,可一战而祛"⑪。在开矿这一

---

① 《盛世危言》,第339页。
② 《盛世危言》,第341页。
③ 《盛世危言》,第339页。
④ 《盛世危言》,第341页。
⑤ 《盛世危言》,第340页。
⑥ 《盛世危言》,第341页。
⑦ 《盛世危言》,第557页。
⑧ 《盛世危言》,第565页。
⑨ 《盛世危言》,第565页。
⑩ 《盛世危言》,第557页。
⑪ 《盛世危言》,第341页。

点上，他的主张和冯桂芬的主张是一致的，冯桂芬批判开矿扰民且有碍风水的谬论，指出："开矿非利其税，即经费之外，全以与民，不失为藏富之道。"较之林则徐、魏源所主张的开矿，主要是开银矿，旨在"濬银之源"，即解决币材来源问题。冯桂芳的这一主张与之相近，但更为发展，并不限于银矿，其主要目的也不仅于此，他已将开矿视为常政，而非一时的"急标"之举，称："诸夷以开矿为常政……且夷书有云：中国地多遗利。设我不开而彼开之，坐视其捆载而去，将若之何？"① 可见，其开矿主张还有保护中国利权，防止外国侵略和掠夺之意。这对后来洋务派大兴采矿业产生了一定影响。

第七，日用取求战。针对当时国民所用煤油、火柴等日用品多源自进口的现实，郑观应建议"广制煤油，自造火柴，日用之取求，可一战而定"②。

第八，玩好珍奇战。晚清中国每岁进口"电气灯、自来水、照相玻璃、大小镜片、铅铜铁锡煤斤、马口铁、洋木器、洋钟表、日规、寒暑表，一切好玩奇淫之具，种类殊繁，指不胜屈"③。有鉴于此，郑观应建议晚清中国"整顿磁器厂务，以景德之细窑，摹洋磁之款式，工绘五彩，运销欧洲，此足以战其玩好珍奇者八"④。

第九，零星杂货战。至于应付其他零星杂货的进口，郑观应认为可"以杭、宁之机法，仿织外国绉绸，料坚致而价廉平，运往各国，投其奢靡之好，此足以战其零星杂货者九"⑤。

第十，洋钱战。郑观应认为洋钱是"绝大漏卮"，因为"彼以折色之银，易我十成之货，既受暗亏；且即以钱易银，虚长洋价，换我足宝，行市眗变，又遭明折。似此层层剥削，节节欺给，再阅百十年，中国之膏血既竭，遂成嬴瘘病夫，纵有坚甲利兵，畴能驱赤身枵腹之人，而使之当前锋、冒白刃哉？"⑥为杜绝此"绝大漏卮"，他建议"各关鼓铸金、银钱也，分两成色，悉与外来逼肖无二，铸成分布，乃下令尽收民间宝银、各色银锭，概令赴局销毁，按成补水，给还金、银钱币，久之，市间既无各

---

① 冯桂芬：《校邠庐抗议》，中州古籍出版社，1998。
② 《盛世危言》，第341页。
③ 《盛世危言》，第339~340页。
④ 《盛世危言》，第341页。
⑤ 《盛世危言》，第341页。
⑥ 《盛世危言》，第340页。

以锭银,自不得不通用钱币。我既能办理一律,彼讵能势不从同?则又可战彼洋钱,而与之工力悉敌者十也"①。

从以上商战十大主战役来看,郑观应认为中国要"决胜于商战",关键在于"彼需于我者,自行贩运;我需于彼者,自行制造"②,即采取进口替代策略和出口扩大策略。这是因为郑观应认为,"商者,交易之谓也。若既出赢而入绌,则彼受商益,而我受商损矣。知其通塞损益,而后商战可操胜算也"③。因此,在他看来,只要出口多于进口,"商战可操胜算"。

(三)"机器为先"

当时西方国家向中国输出的商品有六十余种,"皆畅行各口,销入内地,人置家备,弃旧翻新,耗我资财,何可悉数"④;而中国出口商品的总值还不能抵鸦片、洋布两项的进口值。要将贸易逆差转变为贸易顺差,郑观应认为必须采取进口替代策略和出口扩大策略。关于前者,他认为应"考察彼之何样货物于我最为畅销,先行照样仿制,除去运脚价必较廉,我民但取便日用,岂必从人舍己?则彼货之流,可一战而渐塞矣"。关于后者,他认为应"察其所必需于我者,精制之而贵售之。彼所必需,断不因縻费而节省,则我货之源,可一战而徐开矣。大端既足抵制,琐屑亦可包罗,盖彼务贱,我务贵,彼务多,我务精。彼之物于我可有可无;我之物使彼不能不用"⑤。但无论是进口替代策略还是出口扩大策略,商品质量是成功的关键所在。

但问题是当时中国商品的质量并不具备竞争优势。郑观应清醒地看到,"无如中国优于天工,而绌于人力。中国以为无用之物,如鸡毛、羊毛、驼毛之类,洋人购之造之,人巧夺天,竟成美货。在华人以为洋人购此无用之物,可以得利;而不知洋人成货之后,售与华人,其什百千万之利,仍取偿于中国也"⑥。由此,他认识到"独是商务之盛衰,不仅关物产之多寡,尤必视工艺之巧拙。有工以翼商,则拙者可巧,粗者可精。借

---

① 《盛世危言》,第341页。
② 《盛世危言》,第519页。
③ 《盛世危言》,第340页。
④ 《盛世危言》,第340页。
⑤ 《盛世危言》,第342页。
⑥ 《盛世危言》,第321页。

楚材以为晋用，去所恶而投其所好，则可以彼国物产仍渔彼利。若有商无工，纵令地不爱宝，十八省物产日丰，徒弃已利以资彼用而已"①。郑观应认为中国的原材料"优于天工"，但传统家庭作坊式的手工业"绌于人力"，唯有改变此种加工方式，采用机械化大生产才能使"拙者巧""粗者精"。他说："查我国与泰西各国通商在日本之先，而商务、制造瞠乎其后者，皆因无机器、格致院讲求制造诸学，无商务通例恤商惠工，是以制造不如外洋之精，价值不如外洋之廉，遂致土货出口不敌洋货之多，漏卮愈甚。"② 因此，郑观应称："论商务之源，以制造为急；而制造之法，以机器为先。"③

在此基础上，郑观应还敏锐地认识到晚清中国采用机械化大生产的急迫性。他说："将来日本在内地通商，势必广制机器，华人所不知为而不能为，所欲为而未及为者，恐日人先我而为之。则外洋之利权既为欧西所夺，而内地之利权又将为日本所夺矣！现在风气之速，甚于迅雷，若不急思筹办，则日本创之，各国效之，华商必至坐困，无利可图，可不慎哉！"④

若要采用机械化大生产，机器从何而来？当时我国企业中所用的机器均购自国外，郑观应认为长此以往，我国必受制于人，无法"决胜于商战"。只有自己能够制造机器，才能"始得机器无穷之妙用"。他说："中国自设立制造局，风气一开，凡一切枪炮、轮船、军火均能自造。惟物料仍需购之外洋，且剿袭西法，而不能尽得其秘，所以仍不能夺其利权。至民间近亦讲求机器……此商务之转机也。然各种机器仍须购自外洋，不特民间购取之不便；而洋人明知华人不能自造，往往格外居奇，要求善价，且多有以用过之旧物售之中国，而中国暗受其欺。且置一机器不知其所以然，而但知其所当然，偶一损坏，仍须请洋人修理。设洋人不肯修理，则有机器如无机器同，其有不受制于外人者乎？"⑤ 因此，他建议晚清中国设专厂制造机器，称："人但知购办机器，可得机器之用；不知能自造机器，则始得机器无穷之妙用也。宜设专厂制造机器。择现在已经用过之各机器，先行仿照；然后向外洋置备各种未经购用之机器，一一仿照。虽不

---

① 《盛世危言》，第340页。
② 《盛世危言》，第320页。
③ 《盛世危言》，第321页。
④ 《盛世危言》，第321页。
⑤ 《盛世危言》，第321页。

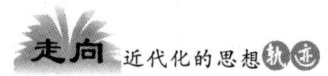

能自出心裁，远驾于西人而上，而果能步其尘，纵不能得外洋之利，则中国之利自不至于外溢矣！各种机器自能制造，则各种货物亦自能制造，所造之物既便自用，且可外售于人，不致全以利权授外洋矣。"①

"机器为先"的论断反映了郑观应对机械化大工业的重视和倡导，这在当时产生了重大影响。当时，刘锡鸿等顽固派反对广泛采用机器进行社会化大生产。诚如陈炽在《庸书》和《续富国策》中所指出的，当时的顽固派反对机器化大生产的主要理由有二：一是机器夺贫民生计，即"今之论者，辄谓泰西各国土旷人稀，故以机器代人力；中国人稠地狭，民间技艺独倚手工，若以机器为之必夺贫民生计"；二是国人机器生产无利可图，即"西人以机器制物，既速且多，行销中国。中国亦以机器制物，何地可销？物贱价廉，终归无利"。而冯桂芬等开明人士对机械化生产抱着矛盾的态度。冯桂芬一方面赞赏西方农业机器的高效，"或用马，或用火轮机，一日可耕百亩"，认为"又如农具、织具、百工所需，多用机轮，用力少而成功多，是可资以治生"；另一方面又赞同当时主流的"机器不适合中国国情论"，认为"我中华向来地窄民稠，一用此器，佣趁者无所得食，未免利少而害多"，最终得出折中的结论——"此器不可常用而可暂用也"，即在劳动力严重不足的地区或劳动力短缺之时暂时采用西方机器耕种。例如，在太平天国失败、清军重新占领的苏南区，因人口流离死亡，劳动力严重短缺，即可利用农业机器来解决一时的劳动力缺乏问题。冯桂芬有限采用西方机器的主张，反映出他对西方先进生产力的矛盾心态。一方面他赞成魏源"师夷长技以制夷"的观点，并认为"夷之长技"，"轮船火器之外，正非一端"，且"洋器"之所以精，是由于采用了先进的生产方式，从而将"师夷"的范围从船坚炮利和练兵之法等军事方面，扩展为机器、技术和自然科学等方面，并提出主张学习西方不必亦步亦趋，应"始则师而法之，继则比而齐之，终则驾而上之"，把赶超西方作为目标，并以此为"自强之道"，显示了中国人赶超西方的勇气和信心。但是，另一方面，他坚决维护地主土地所有制下的以家庭为经营单位的个体农业经济在国民经济中的主体地位，害怕西方机器的大规模引进和应用，会从根本上动摇既有的经济体制。因此，他试图在坚持既有的经济体制和经济结构的前提下纳入机器生产，让机器生产服务于既有的经济体制和经济结构。而郑观应的"机器为先"论是对西方机器化大生产

---

① 《盛世危言》，第 321 页。

的全面接受，服务于"立为商国"的经济发展战略，是对既有经济结构的颠覆。"机器为先"论涤荡了时人对机器生产的恐惧和排斥心理，引发时人深入思考和正确认识机械化大生产。

郑观应的"机器为先"论对后人"立为工国"的思想起到了一定的启示意义。郑观应本人认为商业尤其是对外贸易是带动整个国民经济发展的关键和枢纽，以"机器为先"的制造业服务于商业尤其是对外贸易。但是他对采用机械化大生产的现代工业的重视，尤其是"论商务之源，以制造为急；而制造之法，以机器为先"①的论断启迪着后人深入思考和重新定位经济结构。在他之后，1897年，梁启超提出："大地百物之产可以供生人利乐之用者，其界未有极，其力皆藏于地，待人然后发之"，而"尽地力者，农业、矿、工之事也"，农是"地面之物"，矿是"地中之物"，工是"取地面地中之物而制成致用"，然后商"流通于天下"。梁启超希望能大力发展机器生产，认为中国"他日必以工立国"②。不久，康有为就明确提出了"定为工国"的口号③。他称："国尚农则守旧日愚，国尚工则日新日智……无今已入工业之世界矣，已为日新尚智之宇宙矣，而吾国尚以其农国守旧愚民之治与之竞，不亦慎乎？皇上诚讲万国之大势，审古今之时变，知非讲明国是，移易民心，去愚尚智，弃守旧，尚日新，定为工国，讲求物质，不以为国，则所以导民为治，自有在矣。"④

三 "护商之良法"

在郑观应看来，通商不仅是商人的私事，而且是国家的大事，西方各国政府的一切事务均围绕着商务展开。他指出："盖西人尚富强最重通商，其君相惟恐他人夺其利益，特设商部大臣以提挈纲领。远方异域，恐耳目之不周，鉴察之不及，则任之以领事，卫之以兵轮。凡物产之丰歉，出入之多寡，销数之畅滞，月有稽，岁有考。虑其不专，则设学堂以启牖之；恐其不备，则悬金牌以鼓励之。商力或有不足，则多出国帑倡导之；商本或虞过重，则轻出口税扶植之。立法定制必详必备，在内无不尽心讲

---

① 《盛世危言》，第321页。
② 梁启超：《饮冰室文集》（卷二），中华书局，1989，第136页。
③ 中国史学会：《戊戌变法》（二），上海人民出版社，1957，第227页。
④ 中国史学会：《戊戌变法》（二），上海人民出版社，1957，第227页。

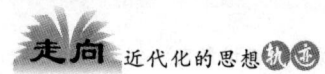

习,在外无不百计维持(各国每埠皆设有商会,京都设商务总会,延爵绅为之领袖。其权与议院相抗。如有屈抑,许诉诸巴力门衙门。故商人恃以无恐)。"①

郑观应认为晚清中国要"决胜于商战",既需要商人的拼搏,也离不开政府的支持。他说:"夫以日本之小,且交受其益;以中国之大,乃重受其害者,何哉? 病在讲求商务之无人耳。推原其故,上在官而下在商。官不能护商,而反能病商,其视商人之赢绌也,如秦人视越人之肥瘠(封雇商船,强令承役,只图自利,罔恤民生)。私囊虽充,利源已塞。此弊之在上者也。至于商则愚者多,而智者寡;虚者多,而实者寡;分者多,而合者寡;因者多,而创者寡;欺诈者多,而信义者寡;贪小利者多,而顾全大局者寡。总其事者厚己薄人,心不公,力不足。故合股本而股本亏,集公司而公司倒。此弊之在下者也。"② 因此晚清中国若要"决胜于中国",必须除上下两弊。

两弊之中,郑观应认为除上弊尤为必要。一者,上弊过于深重。他说:"中国不乏聪明材智之士,惜士大夫积习太深,不肯讲习技艺,深求格致,总以工商为谋利之事,初不屑与之为伍。其不贪肥者,则遇事必遏抑之;惟利是图者,必借端而朘削之。于是但有困商之虐政,并无护商之良法。虽欲商务之兴,安可得哉?"③ 二者,上弊不除,中国商人无法与西方商人公平竞争。郑观应指出,西方列强"挟全力而俱东,争开口岸,勒订条约。设领事以资保护,屯兵舶以壮声威。或勒免关卡税厘,或侵占小民生计。取求无厌,要挟多端,必遂其欲而后已"④。但是晚清中国"与外国所立条约,受害甚深,事事悉为人所掣肘"⑤。以税务为例,晚清中国"格于条约,不得我行我法。我国货物至彼入口,则任彼重税。是我有权,彼则夺之;是彼重征,我则依之。此我商务、技艺之难以振兴,国库之所以日削者,职是故也"⑥。若上弊不除,晚清中国"振兴商务"无从谈起。

那么应如何除上弊呢? 郑观应认为可以借鉴西方国家的成功经验。例

---

① 《盛世危言》,第 307 页。
② 《盛世危言》,第 314 页。
③ 《盛世危言》,第 309 页。
④ 《盛世危言》,第 313~314 页。
⑤ 《盛世危言》,第 70 页。
⑥ 《盛世危言》,第 72 页。

如"泰西以商立国,其振兴商务有三要焉:以赛会开其始,以公司持其继,以税则要其终。赛会者,所以利导之也;公司者,所以整齐之也;税则者,所以维持而调护之也"①。再如"泰西各国,凡拥厚资之商贾,辄目为体面人,准充议政局员。轮船公司往来外国者,亦邀国助。凡事必求便商情,课税必权其轻重"②。以此为蓝本,结合中国当时的国情,郑观应建议晚清政府应实施下列一揽子"护商之良法"。

(一) 设商部以达商情

郑观应建议晚清政府设商部-商局系统。他说:"今朝廷欲振兴商务,各督抚大臣果能上体宸衷,下体商情,莫若奏请朝廷增设商部,以熟识商务,曾环游地球,兼通中西言语文字大臣总司其事,并准各直省创设商务总局。总局设于省会,分局即令各处行商择地自设。无论总局、分局,皆由各业公举一人为商董,合公举之商董,择其公正廉明、老成练达、素有声望之商,聘为总董,常川住局,一切商情,准其面商,当道随时保护。"③ 在他的设想中,中央设一与六部平行的商部,各省均设商务总局,省以下地区设分局,由此组建成商部-商局系统。

商部-商局系统的主要职责为统筹全国商务发展,防止外国商人越权,保护中国商民利益。他说:"必于六部之外,特设一商部,兼辖南北洋通商事宜……南北洋分设商务局于各省水陆通衢,由各绅商公举素有声望之老商为局董,凡有所求,力为保护。先讲种植、制造,次讲贩运、销售。如种茶树棉,养蚕缫丝,织布纺纱,制造毡毯诸事;倡立鸦片、煤、铁、磁器、火油诸公司。必使中国所需于外洋者,皆能自制;外国所需于中国者,皆可运售。"④ 对于"凡物产工艺不如人者,商务大臣通饬地方官及商务局,随时随地极力讲求,务探精意,分条剖晰,普告众商。或有多财善贾,能延聘奇才异能之工师创立公司;或制造机器,或矿务,或轮船,或电报,岁获厚利,报效国家千两之上者;或著书阐发中外商务之利弊;或捐资倡办商务学堂,是皆养育人材,启迪来兹,其功不惟贸迁有无,平物价,济急需,而大有益于国计民生,商务大臣宜酌量奏请朝廷,

---

① 《盛世危言》,第 354 页。
② 《盛世危言》,第 304 页。
③ 《盛世危言》,第 305 页。
④ 《盛世危言》,第 314~315 页。

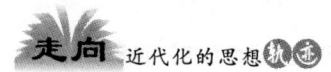

给予匾额或宝星,以示鼓励"①。而"欲设银行,仍必自建立商部始。盖既立商部,必定有商务通例颁行天下,保护商人,使商务日新月盛,而后银行可开,钞票可设,上下通用,自然大获利益"②。另外,商务局还可以"考物业,复开赛珍会以求精进"③。通过商部－商局系统,"一切商情准其面商当道,随时保护"④。郑观应相信,商部－商局系统的设立可"达商情",使"胥吏无阻挠之弊,官宦无侵夺之权,厘剔弊端,百废可举"⑤。

该建议能否实现郑观应"厘剔弊端,百废可举"的预期目标,有待商榷。这主要是因为郑观应设想的商部－商局系统仍臣服于至上的君权。郑观应曾明确主张设议院,他说议院可使"昏暴之君无所施其虐,跋扈之臣无所擅其权,大小官司无所卸其责,草野小民无所积其怨"⑥,"大用之则大效,小用之则小效",中国要"富国强兵","必自设立议院始"⑦。不过,他认为"美国议院则民权过重,因其本民主也。法国议院不免叫嚣之风,其人习气使然。斟酌损益适中经久者,则莫若英、德两国议院之制"⑧,建议实行君主立宪制。在君主立宪制的框架内,郑观应强调,"道为本,器为末,器可变,道不可变,庶知所变者富强之权术,非孔孟之常经也"⑨。在他看来,"尧、舜、禹、汤、文、武、周、孔之道,为万世不易之大经","法可变而道不可变",因此他说"惟愿我师彼法,必须守经固本"⑩。他认为"中学其本也,西学其末也",在"主以中学,辅以西学"⑪的指导思想下,郑观应虽称"君民共主之国,政出议院",但坚持"凡事虽由上下院议定,仍奏其君裁夺,君谓然,即签名准行;君谓否,则发下再议"⑫ 或"如英、德议院,所议之事与君不合者,可置不行"⑬。

---

① 《盛世危言》,第312页。
② 《盛世危言》,第265页。
③ 《盛世危言》,第340页。
④ 《盛世危言》,第300页。
⑤ 《盛世危言》,第301页。
⑥ 《盛世危言》,第23页。
⑦ 《盛世危言》,第23页。
⑧ 《盛世危言》,第22~23页。
⑨ 《盛世危言》增订新编凡例,第55页。
⑩ 《盛世危言》附言,第58页。
⑪ 《盛世危言》,第76页。
⑫ 《盛世危言》,第26页。
⑬ 《盛世危言》,第111~112页。

君权依然至上，故其所建议的商部-商局系统，即使能顺利建成，也难免沦为君权的附庸。

但是无论如何，郑观应是提出创设商部的第一人。1903年，清廷设立商部。此举改变沿承千余年来的中央六部制度，是一项重大的突破。

(二) 定商律以除积弊

商部-商局系统若组建成功，它们将以何为依据来履行其职责？郑观应认为必须先定商律（商法）以为措施工具。他曾多方介绍西方国家的商律，并于光绪二十四年（1898年）向协办大学士孙家鼐建议晚清政府颁定商律。

郑观应认为晚清政府速定商律可扫除诸多积弊，促进中国商务的兴旺。他说："中国不重商务，不讲商律，于是市井之徒彼此相欺，巧者亏逃，拙者受累，以故视集股为畏途，无怪乎不能与洋商争衡也……况遇商务讼案，华欠洋商，则领事任意要索不止，累及身家。洋欠华商，则领事每多偏视。于是华商或附洋行股份，坐沾余利，或雇无赖以为护符。故欲兴商务，必先能卫商护商……须延访深明商律之人，将东西洋商律参定颁行，俾可遵循，庶奸商无弊可舞。"①郑观应强调："今欲整顿商务，必须仿照西例，速定商律……中国只有刑律，无民律、商律、报律、航海诸律，故商民讼事律多未载，地方官与胥吏随意判断，商民负屈甚多。国家非有商律，如篇中所论，商务必不能旺……择其善者编定若干条，颁行天下。凡创商贾公司，必须具禀，列明股董何人，股本若干，所办何事，呈请地方官注册。如不注册，有事官不准理。庶几上下交警，官吏不敢剥削，商伙不敢舞弊。公司所用之人，无论大小皆须熟悉利弊，方准采用，当道不得滥荐，举从前积弊一律扫除。"②

在商律的上述功能中，郑观应格外强调商律是划定政府官权与商民私权的界标，以此避免官吏对商民的剥削。郑观应初期曾对官督商办抱有一定的信心，他在谈及开矿时曾说："全归商办则土棍或至阻挠，兼倚官威则吏役又多需索。必官督商办，各有责成：商招股以兴工，不得有心隐漏；官稽查以征税，亦不得分外诛求。则上下相继，二弊俱去。"③但是

---

① 《盛世危言》，第316页。
② 《盛世危言》，第311~312页。
③ 《盛世危言》，第378页。

经过长期参加官督商办企业的亲身实践，他逐渐认识到其弊端。他说："近日朝廷虽有通饬各省督抚振兴商务，及各制造局准招商承办之谕，惟官商积不相能，积不相信久矣！纵使官吏精明，愿为保护，恐继之者贤否莫卜，或有要求不遂，更速其祸。孰肯以自有之利权，反为官长所执？故殷商大贾更事我者，明知有利，亦趑趄而不敢应召；即有应之者，恐其假托殷商认办某事，实则别有所图。十余年来，时有劣员串同奸商，或禀请当道承领某行捐费（广东各业炮台捐费，皆招商承办），或仿西法创办一事，托词业已集股若干，奉札到手，始设局招股，以公济私，既非殷实，亦无长技，事终难成，而为其所累者已不鲜矣。"① 而"今中国禀请大宪开办之公司，虽商民集股，亦谓之局。其总办稍有牵涉官事者，即由大宪之札饬，不问其胜任与否，只求品级较高，大宪合意即充当。所以各局总办、道员居多（所学非所用，西人无不讪笑）。迨至关防、札副次第到手，即全以官派行之，位尊而权重，得以专擅其事，假公济私；位卑而权轻，相率听命，不敢多言。公司得有盈余，地方官莫不索其报效，越俎代谋。其小公司之总理，虽非大宪札委，亦皆侵蚀舞弊。股商畏其势，因无商律，不敢上控。是以数十年来获利者鲜，亏累者多也"②。晚年时，郑观应曾作诗云："名为保商实剥商，官督商办势如虎。华商因此不及人，为丛驱雀成怨府。"③ 因此，郑观应主张，"凡通商口岸、内省腹地，其应兴铁路、轮舟、开矿、种植、纺织、制造之处，一体准民间开设，无所禁止。或集股，或自办，悉听其便，全以商贾之道行之，绝不拘以官场体统"④。在此基础上，郑观应建议速定商律，明确划定商权与官权的界限，为商民提供法律支持和保障，避免官权的肆意干扰和剥削。

总之，在郑观应眼中，商律不仅是裁判商事纠纷的依据、防止奸商舞弊的工具和监督洋商越权的手段，还是避免官吏剥削的准绳。郑观应相信通过上述"卫商护商"功能的充分发挥，商律将激励商民投资商务，促进商务兴旺。郑观应是提出制定商法的第一人，他对商法功能的正确认识和对制定商法的鼓吹，对后世商法的制定乃至经济法治建设都产生了积极而深远的影响。

---

① 《盛世危言》，第 310~311 页。
② 《盛世危言》，第 311 页。
③ 郑观应：《罗浮待鹤山人诗草》（卷二），上海著易堂，1909。
④ 《盛世危言》，第 307 页。

（三）设商会以集商力

郑观应认为晚清中国商务不兴，在上是因为政府的"困商之虐政"①，在下则是因为商民人心涣散导致商力分散。他说："华商人心涣散，各自怀私挟诈，致使外人乘暇蹈隙，坐收渔利。若茶价跌，则说货不对样，非退则大割价，所磅斤两吃亏尤多。凡华商买洋商之货，无不先银后货；洋商买华商之货，则先货后银。竟有延至日久不清者。商务种种吃亏，皆由人心不齐，亦地方官无以鼓励之所致也。"②

为了设立商会以集合商力，郑观应认为可借鉴德国等西方国家的成功经验。他指出："昔年德国商人虽贸易有方，亦迫于官税烦苛，更迫于匪人劫掠。谋什一者无所得利，反我折耗，因而通国商人聚议立约，歃血会盟。每埠必有商会，彼此声气相联，互相保护，名曰保护会，亦名商会。如有爵员及官兵、盗贼恃强以害商者，会中人必协办御侮，不受欺陵；或有劫掠等事，缄知四处，严搜密访，务使就获；倘国家有害商虐政，亦准其具禀，申诉裁革。此会一兴，商务大振。于是荷兰、瑞典、璐威等国首效之，而英、法、西等国朝廷知其法善，亦准商人在本国设立公会，自为保护，以名他虞。"③

但是，郑观应认为由于晚清中国商民人心涣散且没有设立商会等民间组织的传统，中国设立商会不能照搬西方国家"通国商人聚议立约"的做法，而应更多地依靠"地方官鼓励"。因此，郑观应建议"由各府、州、县札饬各工商设立商务公所"④。他强调地方政府只是起到鼓励的作用，不得干涉商会的设立及其事务的处理。他说："当听工商仿西法，投筒自举商董。所举商董或一月一会，或一月两会。会日洞启重门，同业咸集，藉以探本业之隆替，市面之赢绌，与目前盛衰之故，日后消长之机。勿作浮谈，勿挟私意，何者宜补救，何者宜扩充，以类相从，各抒己见。司董择其切当可采者，汇而记之于册，一存会所，一存商务局。每年每季仿外国商务工艺报刊成编，分遗同业户各一本，俾考市廛之大局，知趋避之所宜。夫而后百货通，百废举矣。"⑤

---

① 《盛世危言》，第 309 页。
② 《盛世危言》，第 309 页。
③ 《盛世危言》，第 305 页。
④ 《盛世危言》，第 315 页。
⑤ 《盛世危言》，第 315 页。

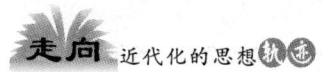

郑观应强调了商会为民间组织的属性，那么作为民间组织的商会与作为政府机构的商部－商局系统的关系应如何处理？在郑观应看来，商会为商务局提供各类商务信息，商务局将商会的各种诉求上达商部，即"商务局凡有所见，咨禀于南北洋通商大臣。倘遏抑不通，径达商部，一年一次汇禀情形。商部统计盈余，上达天听"①。郑观应认为通过此种信息交流机制和利益诉求表达机制，可"兴废当，谋画周，上下之情通，官商之势合，利无不兴，害无不革。数十年后，中国商务之利有不与欧西并驾者，吾不信也"②。

（四）设银行以输商力

"西例凡集股创设公司，譬如股银十万两，提存银行五万。既经注册登记，公司办货贩运他处，即将提单及成本清单向银行押七八成，买两三个月汇票，货到埠期内沽出，将银交银行，取提单出货。转输易，故贩运多。"③有感于此，郑观应认为"中国亟宜劝谕银行仿照办理"，"设银行以输商力"④。

郑观应对银行在资金融通领域的作用有一定的认识，并建议晚清中国自设银行。他说："泰西各国多设银行，以维持商务，长袖善舞，为百业之总枢，以浚财源，而维大局。"⑤而对于晚清中国而言，自设银行获益颇多。"银行之盛衰，隐关国本，上下远近，声气相通。聚通国之财，收通国之利，呼应甚灵，不形支绌，其便一。国家有大兴作，如造铁路、设船厂，种种工程，可以代筹，其便二。国家有军务、赈务缓急之需，随时通融，咄嗟立办，其便三。国家借款不须重息，银行自有定章，无经手中饱之弊，其便四。国家借款重叠，即或支应不敷，可以他处汇通，无须关票作押，以全国体，其便五。中国各殷实行家、银号、钱庄，或一时周转不灵，诸多窒碍，银行可力为转移，不至败坏市面，商务藉可扩充，其便六。各省公款寄存银行，需用之时支应，与存库无异，而岁时入息仍归公项，不致被射之徒暗中盘算，其便七。官积清俸，民蓄辛资，存款生息，断无他虑，其便八。出洋华商可以汇兑，不致如肇兴公司，动为洋人掣肘，其便九。市面银根短绌，可藉本行汇票流通，以资挹注，其便十。有

---

① 《盛世危言》，第315页。
② 《盛世危言》，第315页。
③ 《盛世危言》，第312页。
④ 《盛世危言》，第312页。
⑤ 《盛世危言》，第260页。

此种种便益，是民生国计所交相倚赖者也。"① 郑观应还强调了晚清中国自设银行的紧迫性。他说："闻英商汇丰银票在粤通用之票百余万，该行已获利二百余万之谱。虽有华商股份，不与华商往来，即有殷实华商公司股票，亦不抵押，惟外国公司货物、股票均可抵押。西商操其权，而华商失其利；华商助以资，而西商受其益。强为区别，是诚何心？中国钱庄资本二三万，放款数十万，稍有倒欠，呼应不灵。所谓倒持太阿，授人以柄者，非欤？今为之计，非筹集巨款创设银行，不能以挽救商情，而维持市面也。"② 正是基于以上认识，他声称："夫洋务之兴，莫要于商务；商务之本，莫切于银行。"③

如果要自设银行，筹款就成为首先必须要解决的难题。郑观应清醒地认识到筹款的艰难。他说："纵竭力筹集，而中国人情向多疑阻，迩来集股亏折，闻者咸有戒心。始疑其不成，继疑其不稳，终疑其不能长久。惑之者半，沮之者半，而事终不成矣。"④ 但是，郑观应乐观地相信，"筹款亦无难也。何则？数百万之成本，在民间集之不易，在国家筹之，即亦无难。应请先设官银行于京师，简派户部堂官督理，即将四成洋税拨作银行成本，约得库平银九百万两（查各海关岁收洋税银二千二百余万两）。其外省分行（即将该省洋关税饷、地丁钱粮归其代收候解，其中入息不少），仍由藩司督理，以专责成。此官银行之法也。设票十万，每股百金，不分官民，悉听入股，各督抚札饬府县，劝谕富商，集办尤易（准其行钞票，官银行亦许通融，并不勒索）。此商银行之法也"⑤。为了方便集股，郑观应建议："今既自设银行，收回利权，当先存国本，然后再集商股，乃足取信于民。至集股之法，首当保定官利。中国自矿股亏败以来，上海倾倒银号多家，丧资百万，至今视为厉阶。盖中国公司集股时，官则代为招徕，股散时官则置之不理，是以视为畏途，无敢再与股份者。查西国定例，倘国家欲举一大事，而力有未逮，则听民间纠集股份，国家让以利益，且为保利若干，亏则官为赔补，多则官取赢余，故虽数百万金，咄嗟可办。中国能设商部，当仿此法，奏明国家，保定官利，每年由

---

① 《盛世危言》，第260页。
② 《盛世危言》，第262页。
③ 《盛世危言》，第260页。
④ 《盛世危言》，第263页。
⑤ 《盛世危言》，第263页。

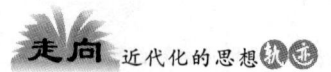

官给发，则人人倚信，而集股自易矣。"①

关于银行的运行和管理，郑观应认为"至于一切条规，悉仿西法"②。他说：西方银行"虽有亏累，为数不多。所在官司亦多认真护持追究，不似中国官吏动以钱债细故膜外置之也。其所放之款，月梢必结，以视中国之曲徇私情，彼此往来漫无限制，终至被累不堪者，判如霄壤矣"。因此，他建议，"似宜令出使大臣将各国银行详细章程遍行翻译，然后准酌情理，择善而从，以官护商，以商辅官，用商务之章程，屏官场之习气，内外合力，期在必成，上下同心，联为一体，则通之四海，行之百年，度支无匮竭之忧，亿兆有转输之利，而国家万世之业，亦且有苞桑之固、磐石之安矣"③。

（五）开学堂以启商智

长期经营工商业的郑观应从实践中深刻地认识到，商务振兴离不开智力支持，取得现代通商知识是晚清中国振兴商务的急需，而知识来自教育与经验，其中教育更具有重要意义。他指出："夫泰西诸国富强之基，根于工艺，而工艺之学，不能不赖于读书，否则终身习之，而莫能尽其巧。"④ 因此，培养各类现代商务人才成为晚清中国振兴商务、决胜于商战的根本所在。郑观应说："我国欲安内攘外，亟宜练兵将、制船炮，备有形之战以治其标；讲求泰西士、农、工、商之学，裕无形之战以固其本。如广设学堂，各专一艺精益求精，仿宋之司马光求设十科考士之法，以示鼓励，自能人才辈出，日臻富强矣。"⑤ 他强调："我中国宜标本兼治，若遗其本而图其末，貌其形而不攻其心，学业不兴，才智不出，将见商败而士、农、工俱败，其孰能力与争衡于富强之世也耶？"⑥

郑观应认为传统的教育体制无法培养出高素质的商务人才，无力为商务振兴提供充分的智力支持。他指出："中国于工作一门，向为士夫所轻易，或鄙为雕虫小技，或詈为客作之儿。明熹宗以天子之尊而刻木飞鸢，史册犹多遗议。致天下有志之士，不敢以艺自鸣，国家何能致富乎？"⑦

---

① 《盛世危言》，第 266 页。
② 《盛世危言》，第 263 页。
③ 《盛世危言》，第 265 页。
④ 《盛世危言》，第 508 页。
⑤ 《盛世危言》，第 344 页。
⑥ 《盛世危言》，第 345 页。
⑦ 《盛世危言》，第 516 页。

他说:"中国袭崇本抑末之旧说,从古无商政专书。但知利权外溢,而不究其所以外溢之故;但知西法之美,而不究西法之本原。虽日日经营商务,而商务总不能兴。凡大小学堂,只知教习举业,不屑讲求商贾、农工之学。"① 郑观应感叹道:"中国不乏聪明材智之士,惜士大夫积习太深,不肯讲习技艺,深求格致,总以工商为谋利之事,初不屑与之为伍……虽欲商务之兴,安可得哉?"② 因此,郑观应积极倡导改革教育体制以启商智。他说:"中国亟宜参酌中、外成法,教育人材,文武并重,仿日本设文部大臣,并分司责任(一蒙学、一普通、一专门、一编译、一会计、一典试、一巡查)。聘中外专门名家,选译各国有用之书,编定蒙学、普通、专门课本,颁行各省。并通饬疆吏督同地方绅商就地筹款,及慨捐巨资,相助者报部奖励。各使各州县遍设小学、中学,各省设高等大学,一体认真。"③

在各类新式学校中,郑观应尤其重视"工艺学堂"等各类专门学校的设立。主要形式有以下几种:第一,工艺院。郑观应认为:"第商务之战,既应藉官力为护持;而工艺之兴,尤必藉官权为振作。法须先设工艺院,延欧洲巧匠以教习之,日省月试以督责之,技成厚给禀饩以优奖之,赏赐牌匾以宠异之,或具图说明请制作者,则借官体以兴助之,禁别家仿制以培植之。工既别类专门,艺可日新月异。"④ 第二,商学院。郑观应说:"至于下则必于商务局中兼设商学,分门别类,以教殷商子弟。破其愚,开其智;罚其伪,赏其信;劝其创,戒其因;务其大,箴其注,使豁然于操奇逐赢之故。而后分者可合,散者可聚,小者可大,拙者可巧,诈者可信,贫者可富,废者可兴。"⑤ 第三,实业学堂。郑观应认为:"如欲振兴工艺,必须各省均设实业学堂,兼置机器。选各省俊颖子弟,年二十左右,通中外文字算法者数十人。聘外洋专门工师,分类教习,数年卒业。将其所读之书,翻译汉文,即请毕业之际学生,另招通华文兼晓算学者数十人,以汉语教授,自然人材日多,将来开矿、造路、铸炮、装船,精益求精,技艺日巧矣。"⑥ 第四,工艺学堂。郑观应建议:"宜开工艺学

---

① 《盛世危言》,第307页。
② 《盛世危言》,第309页。
③ 《盛世危言》,第90页。
④ 《盛世危言》,第341~342页。
⑤ 《盛世危言》,第315页。
⑥ 《盛世危言》,第90页。

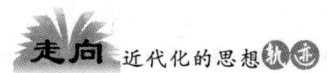

堂也……今宜仿欧西之例，设立工艺学堂，招集幼童，因才教育，各分其业，艺之精者以六年为学成，粗者以三年为学成。其教习各师由学堂敦请，凡声、气、电、光、铁路、熔铸、雕凿等艺，悉责成于工部衙门。"① 郑观应认为此举利国利民，他说："苟专设艺学一科，延请名师，广开艺院，先选已通西文算法者学习，读书、学艺两而化，亦一而神，则小可开工商之源，大可济国家之用。"② "且中国向无工艺院，故贫民子女无业谋生者多。倘各处设院，教其各成一艺，俾糊口有资，自不至流为盗贼……中国生齿日繁，生计日绌，所以工艺学堂亦今世之亟务也。"③ 总之，他认为："国家欲振兴商务，必先通格致，精制造；欲本国有通格致、精制造之人，必先设立机器、技艺、格致书院，以育人材。"④ 郑观应一再强调："我国亟宜筹款，广开艺院，教育人材，以格致为基，以制造为用。庶制造日精，器物日备，以之通商则四海之利权运之掌上也，以之用兵则三军之器械取诸宫中也。此国富民强之左券也。"⑤

除创设各类新式学校外，郑观应还强调了现代工商业知识在学校之外传播的重要性。他说："尝闻泰西保国之道在国强，国强之方不尽在兵力，犹要教育。教育之道不尽在学校，犹要立会。故泰西各国有道学会，有农学会，有商学会，有工学会。心百事业，无不有会研究。老子有云：乘众人之智者，即无不任也；用人之力者，即无不胜也。处二十世纪竞争之舞台，合群立会顾不重哉！"⑥

郑观应"开学堂以启商智"的思想，强调了现代工商业知识和现代教育的重要性。对郑观应本人而言，其目的在于"启商智"，以振兴商务，"决胜于商战"，但是该思想中蕴涵的重视现代教育和改革传统教育体制等因子对后世"教育救国"等思想产生了深远的影响。

四 "减厘税以恤商艰"

郑观应认为晚清政府的财政税收制度是"借端而朘削"的"困商之

---

① 《盛世危言》，第 516 页。
② 《盛世危言》，第 509 页。
③ 《盛世危言》，第 90 页。
④ 《盛世危言》，第 320 页。
⑤ 《盛世危言》，第 512 页。
⑥ 《盛世危言》，第 90 页。

虐政"，倘若中国要"决胜于商战"，必须全面改革财政税收制度，"减厘税以恤商艰"，使之变成"护商良法"之一。

（一）整顿传统财政收入

1. 漕务：停漕折银

郑观应认为漕运自古就非善政。他说："三代以上有贡道，而无漕运。"漕运最初源于军事需要，他说："秦攻匈奴，飞刍挽粟，率三十钟致一石。武帝灭朝鲜，转运甚远，率十余钟致一石。此漕务因军务而起也，初未闻官俸、民食概仰给于遐方也。古之良法，一州之米即以供一州之食，求转输于数千里之外，迂矣！"在他眼中，"唐初漕运，岁不过二十万石，藉以养兵。元行海运，无甚劳费。明永乐九年，会通河成，遂废海而用河，劳民伤财，几竭天下之全力"①。

清代摊丁入亩后，大部分地丁均折银征收，但为确保京师食粮需求，江浙一带仍征漕粮，郑观应认为漕粮成本过高，不敷实用，应予停止。根据他的计算，因为漕运，清政府设"有漕督，有中军副将以下各弁，有漕标兵，有各省督粮道，有仓场总督，有坐粮厅，有巡漕御史，有卫守备四十人，千总六十人，运丁数万，运河官、闸官四十一人，闸夫数千。其给漕费也，运丁各授屯田使耕，每船给田千亩，少亦数百亩。其船三年一小修，五年一大修，十年拆造，皆给例价，头舵、水手有工食，家口有月粮，运丁有行粮诸费。凡运米百石，例给耗米五石，银十两，以不敷用，州县给以兑费，积渐至七八百两，民力竭矣。各衙有千总领运，漕督又岁委押官，分为一人押重，一人押空。每省有粮道督押，又别委帮丞悴为总运。沿途有地方官催趱，又有漕委、河委、督抚委，自瓜州抵淀津，不下数百员。员越多费越广，一总运费二三万金，一重运费二三千金，一空运、一催趱，费皆逾千金。至淮安盘粮，则有漕督之弁兵；通州上仓，则有仓督之经纪；加以黄河口额设官驳船，山东、直隶、通州、武清皆有之，合算不下三千艘；以及浚河、建闸、筑坝。通盘筹算，非四十金不能运米一石入京仓"②。因此郑观应感叹清廷"仍沿明制，二百四十余年，帑项之耗于漕与河者，不可数计"③。但是"查京仓支用，以甲米为大宗，

---

① 《盛世危言》，第290页。
② 《盛世危言》，第290页。
③ 《盛世危言》，第290页。

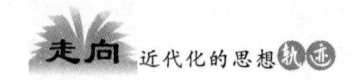

官俸仅十分之一。八旗兵丁不惯食米,往往由牛录章京领米易钱,折给兵丁,转买杂粮。约南米一石仅合银一两有奇,官俸亦然,四品以上尚多赴领,其余领票转卖于米铺,石亦一两有奇。夫南漕自催科征调查,督运验收,经时五六月,行路数千里,竭万姓无数之脂膏,聚吏胥无数之蟊贼,耗国家无数之开销,险阻艰难,仅而得达京仓,每石之值约需四十两,或二十两,或十八两不等。而及其归宿,乃为每石易银一两之用"[1]。以四十两一石的成本运送到京城的漕米最终却仅"易银一两之用",难怪郑观应感慨"此实绝大漏卮,徒以冗官蠹吏所中饱。相沿不改,此真可为长太息者也"[2]。

南漕北运,除漕粮本身负担外,还有浮收、漕项、漕项之浮收、给丁耗米等不下13项的收费,加之官吏胥役中饱勒索,漕粮成为该地区的沉重负担。数百年来,明清学者倡议改革漕政的意见颇多,但大多雷同,成效不大。魏源和包世臣等人推行南漕海运,节省了运费,减少了损失。而郑观应主张停止漕运,改为征银,他说:"应请通饬各省改征折色,其耗费一概带征,并归藩库起解。至旗丁、就官应领俸米,或援照成案,每石折银一两四钱,或按照市价,则每石折银亦不过二两有奇。如是则南民所完之数,即北兵所得之数,国家无毫厘之损,闾阎节赍送之资,而一切漕河之工程,海运之经费,漕督、粮道以下之员弁、兵丁,仓场侍郎、监督粮厅以下之胥吏、差役,皆可一律裁汰蠲除。是国家开销,岁省奚啻千万?而反多数百万盈羡,官兵两项所领实银,且较增于从前领票转卖之值。公私两途,一举而均得大利,有益于国,无损于民,亦何惮而不为哉!"[3]

为了打消清政府的顾虑,郑观应指出停漕折银不会造成京中无米或漕务人员无所仰食等问题。针对前者,郑观应认为漕政"推原其故,朝廷深思远虑,以为岁无南漕二百万石流通,则一切杂粮必牵掣而骤贵,兵民必有受其饥者,故不惜繁费而为此"[4]。但是"自轮船畅行以后,商米北来源源不绝,利之所在,人争趋之。市中有米局,官中有米局,则少米之患,在今时可以无虑"[5]。况且"即使虑及岁饥乏食,则每年提出盈余银

---

① 《盛世危言》,第291页。
② 《盛世危言》,第291页。
③ 《盛世危言》,第291页。
④ 《盛世危言》,第291页。
⑤ 《盛世危言》,第291页。

数十万两,在津兑买南米,存储通仓,新陈互易,以为有备无患之计。其事亦轻而易举"[1]。针对后者,郑观应认为:"当轴者所为鳃鳃焉顾虑者,岂以漕务人员、夫役无所仰食,难免滋事,故不敢发此难欤?"他建议将由此而节省的大量经费用于修铁路等生产事业,认为:"不知此实无足虑也。将来铁路既成,道途开辟,如开矿、垦土、筑路、地利迭兴,需人甚重,又何虑难以安置耶?"[2] 在此基础上,他指出停漕还将有利于漕运沿线的农业生产。他说:"况漕运废,则淮安农田不致因蓄水济运之故,乏水插秧,有不荒于天而荒于人之叹(淮安农田五月初栽秧,取水悉资运河,故江、安粮船例于二月过淮,四月过竣。如迟至六月过竣,漕督饬属闭闸蓄水,济漕上驶,淮地插秧无水,顿成荒年)。"[3]

停漕折银的实质是以货币税取代实物税,以市场供应取代政府配给,从根本上废除坚持了两千余年的漕运制度。这反映出郑观应对市场机制的充分信任,客观上有利于市场经济的发展。不过停漕折银并非郑观应的首创。明清曾分别断续地实行了一段时间的"折漕"或"漕折",例如明代正统六年(1436年),明政府已将部分漕粮折征银两,经苏淞等府实行后曾一度(约在1491年)在全国推行。晚清学者冯桂芬在其著作《校邠庐抗议·折南漕议》中也基于"但令市中有米,即不必官中有米"[4] 的信念,主张南漕折银,即将苏淞地区应解漕粮按每亩折银若干上缴京师,京师所需粮则以南方上缴漕银向市场购买。这样,既可以保障京师官兵食粮需求,又可以大大减轻南方漕粮省份的负担,国家还可节省巨额的漕粮运输和仓储费用。实质上是以货币税取代实物税,以市场供应取代政府配给,是对封建王朝坚持了两千余年的漕运制度的根本废除。这是对市场机制的充分信任,客观上有利于市场经济的发展。但是郑观应所处的时代,由于商品经济的发展,京师食粮已不取决于官府机构供给,郑观应适时提出停漕折银,已有长期实行的可能性,客观上也有利于市场经济的发展,适应了时代发展的步伐。

2. 盐课

盐课源远流长,"《管子》煮海为盐,知盐为民生日用所必需。齐擅其利,遂霸山东。后世盐归官榷,盐课为国家入息之大宗,久与正赋同隶

---

[1] 《盛世危言》,第291页。
[2] 《盛世危言》,第292页。
[3] 《盛世危言》,第292页。
[4] 冯桂芬:《校邠庐抗议·折南漕议》,中州古籍出版社,1998年。

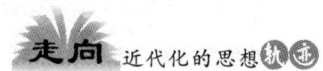

司农之册"。郑观应说:"夫盐产于海,民食之,而国收其税;谷生于地,民食之,而官征其粮,其理一也。"① 此语承认了盐课的正当性和重要性。一直以来,盐课是清政府财政收入的重要来源之一。清代前期的盐课收入,每年约700万两。晚清光绪末达到2400万两,宣统三年(1911年)财政预算中盐税收入为4500万两。

　　清政府的盐课收入主要包括场课、引课、杂项、浮费、加价和盐厘等,其中盐厘虽是对盐抽课的厘金,但其收入不编于厘金项内,而计于盐课之中。盐厘征收次数多少不等(一二次至三四次),征收方法各地不同(有入境税、出境税、落地税等),运盐越远,抽厘越多。盐课因其税基广泛、税负严重而成为晚清财政收入的大宗,但是它导致盐价腾贵,巨大的利润空间也引致私盐泛滥。对此,郑观应深感盐课"耗费日巨,设官愈众,商困益深,巡缉加严,私贩益盛",而"世之贪小利而不顾大局者,反袒私贩而仇官禁,势必私盐与官盐并行",加之"差役且受私贿而不报长官,国课亏于胡底?"②

　　"盐课一项自来多弊"③,历代诸多学者倡议改革,例如唐代刘晏提出就灶榷盐法;明末清初李雯提出就场定额之说。但郑观应认为"粮可就田以征,以谷之所出不外于田也。盐不能就灶而收,以濒海数千里随时随处可以为盐",因此在他看来刘晏的就灶榷盐之法"可暂行而不可奉为常法",李雯的就场定额之说"势亦有所扞格"④。至郑观应所处时代,倡导改革盐课的声音日盛,其中最具代表性的观点如下。第一,改为专卖。"或曰官既严禁之无益,不若令盐务诸员招集盐商,详议章程,凡民间私煮之盐,悉令收买,惟不准民间私相买卖,而为私贩者,亦不至流为盗贼。此一说也,行之必未能见效。"第二,就场定税。"昔陶文毅公有鉴于此,奏裁盐院,节商家之费,使利源涓滴归公。陆公建瀛亦于淮南踵行之,课额不缺,号善理财。顾至今仍未能概行禁绝,官盐因之不旺。不如悉罢诸局,而听民贩卖,国家但当妥议新章,于出盐之地,每场、每井每岁酌收银若干,而听其所之,自无偷漏之弊。其法虽可行,而未善也。"第三,改征盐赋。"或谓不如悉去官私之名,但就出盐之地编入正赋,谓之盐赋,犹田地之有赋,税由州县按亩征收。若州县不暇,则略留一二盐

---

①《盛世危言》,第282页。
②《盛世危言》,第282~283页。
③《盛世危言》,第284页。
④《盛世危言》,第283页。

官，以佐其成，其余盐官悉行裁汰。如是办理，既无私盐，又安用缉私？凡捕役、兵勇、巡船尽可裁去，既裕国，又便民。此节用之要图也，特恐巡缉既废，私将多于官矣。"第四，摊盐入丁。"或谓盐摊之于丁，丁摊之于地，官煮之而官运之，人不能不食盐，每人日食盐几何，皆有定数，但令每人岁完盐课若干，计口而授，绝不取民间分文，则私盐自无所售矣。"① 在这些方案中，郑观应认为："或仿正赋而税盐田，或就场定税，不问所之，较为平允。"②

与此同时，郑观应认为"印度就场征课之法，已著成效"，应予以借鉴。印度准许民间自制自售盐，规定"如民人有拟制盐者，应向盐务专官领取准单，并呈明设灶何地。其领单制盐之人既无定额，所设盐灶之地亦无限制……至领单制盐采用何法，听商家自便，惟盐成应存官栈，或储于盐垣之内。应完之税未清，概不准运出"，但是"应完税项一经缴清"，"永无再完他税之虞"，"即可随意转运他境。售价高低，亦听商家之便"③。除民间自制自售外，"尚有官家自行制盐一法。即以所费薪金及建造房屋等项合计算明，再加以应完税项，定立盐价。不期获利，其立意专为免领单商家合议抬价而垄断也"④。

在借鉴前人盐政思想和印度成功经验的基础上，郑观应提出了改革盐政的方案。他认为短期之内，严厉稽私仅可治标。他说："治之之法，当密购线索，探知其私运约在何时，行往何地，预调大队水师如期四集，务擒所谓头目者，立行正法，再进兵搜其巢穴。如是略可安静，额销之引庶几渐复，国课或从此裕；然亦不过数年之间耳，非长策也。"⑤ 而长期之中，通过降低官盐价格可使私盐不禁自绝。他说："淮盐虽贱而路遥，闽盐一斤值钱八文，淮盐出处亦不满十文。乃盐入江西，辗转相贩，贵至斤值七八十文。国课于一斤盐中所得无几，其所以昂贵者，盐商之息钱，盐船之运钱，盐贩之脚钱也。诚能设法造轮船、通火车，用以运盐，则盐至江西稳而且速，余费皆省，江西盐价必减大半。私贩自无所利，不禁自绝。私贩惟以官之本轻利重，于中猎取赢余，若官盐以改运而减价，则民

---

① 《盛世危言》，第284页。
② 《盛世危言》，第284页。
③ 《盛世危言》，第284~285页。
④ 《盛世危言》，第285页。
⑤ 《盛世危言》，第282页。

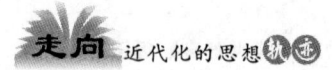

皆买官盐而不买私盐。私贩无利可图，亦将别谋生理。"① 但是，郑观应认为从根本上而言，"我中国能借证印度之成效，辟陶文毅之前议，而复中国就场征课之旧法"②，"即就出盐之地编入正赋，谓之盐赋，如田地之有赋税，由州县官按亩征收。各官兵及兵勇巡船悉行裁撤，则节省耗费甚巨"③，"使宿弊廓清，利源益广，何虑课日衰，费日巨，官商交困乎？"④

郑观应就场征课的主张，打破了国家专营专卖的纲盐制度，倡导民间自制自售。该主张客观上有利于市场经济的发展，适应了时代发展的步伐。

3. 捐纳

"捐纳一途，昉于汉之纳粟得官。"⑤ 清代前期，政府对捐银数额和功名、官职的数量有较严格的规定。太平军兴起后，清政府为了增加捐纳收入，多次放松捐纳制度，其主要举措如下。第一，大幅度增加生员数额，生员数额由军兴前的 25089 名增加至军兴后的 30113 名。第二，允许捐纳实职。清前期捐纳一般限于虚衔，军兴后，清政府于 1851 年和 1853 年先后颁行《筹饷事例条款》和《推广捐例章程》，准允捐纳实职。第三，捐银折扣收取。清政府于 1851 年和 1853 年先后规定捐银可按 1826 年定额九折、八折收取。1854 年又减按七五折收捐银，如捐京外官道员一职，1826 年需捐银 13120 两，1854 年时仅需捐银 7084.8 两⑥。这些措施刺激了捐纳收入的增长，如咸丰五年（1855 年）至咸丰十年间（1860 年），仅安徽省徽州府、宁国府捐纳实职、虚衔、贡生和监生衔的银数就约为 160 万两。1911 年财政预算案中，捐输各款共 565 万余两。捐输收入成为晚清财政收入的重要补充来源。对此，郑观应认为捐纳"本衰世之政，而行之于今，几视为终南捷径。窃以为此必须改革者也"⑦。

在郑观应的眼中，此种捐纳并非国家筹集财政收入的良策，其主要原因如下。第一，此种捐纳败坏吏治。郑观应认为，"官所以维持公道，若私心不绝，则必公道不明。捐纳者仕版未登，债台先筑，势必剥民偿欠，蠹国肥家"⑧。他认为："官之大患曰贪，捐纳者输资于国，而欲取偿于

---

① 《盛世危言》，第 283 页。
② 《盛世危言》，第 285 页。
③ 《盛世危言》，第 257 页。
④ 《盛世危言》，第 285 页。
⑤ 《盛世危言》，第 287 页。
⑥ 彭泽益：《十九世纪后半期的中国财政与经济》，人民出版社，1983，第 147 页。
⑦ 《盛世危言》，第 287 页。
⑧ 《盛世危言》，第 287 页。

民，求其不贪，安可得乎？"在他看来，"故捐纳行，虽欲求好官，决不能得"①。现实表明，"夫捐纳之弊，其害已至于不可问。即使旅进旅退，无所短长，而捐纳之例存，则为官失治平之本领；捐纳之例废，则从政得称职之真才。张弛之机，实系于此"②。因此他强调："今当振奋之初，事求实效，必自官场始。而官尚清廉，必自废捐纳始。"③ 第二，此种捐纳减少了实业投资，不利于经济发展。他认为："夫国家不患有谋利之人，而特患其谋得之不善。盖利赖不兴，则民生不遂，民生不遂，则国势必衰。则何不令捐官之人转为商贾？"若能如此，"民既不捐官而为商，宜令民间纠合公司，大兴商务。如利薮可兴，办有成效者，国家给以称颂功碑。若生意不前折阅负累者，国家许其报穷免究。如此而商务不振未之有也。今华商之善贾，虽西人亦自愧弗如。捐纳一废，则善攻心计之流，皆转而为斗智投时之举，而国家之阴受其利者多矣"④。

当时有人认为捐纳不失为一种遴选人才的良法，说："捐班中正多奇士，明白世事或胜于科甲之人。今欲一旦骤行废之，天下怀示求仕者，得毋因此而觖望？"⑤ 对此，郑观应承认"且夫捐纳之中，亦有数等。抱理烦治剧之长，而屡试不售，怀御侮折冲之略，而资格不符；捐纳不行，则其人何以表现？矧与其奔竞权门，夤缘窃爵，孰若输资国帑，得遂明扬？此捐纳之实情也"⑥。郑观应本人于同治八年（1868年）捐员外郎，次年捐候补郎中，光绪四年（1878年）捐候补道员。但是，郑观应认为遴选人才的最佳方法并非捐纳，而是"公之以选举"。他说："夫取才者，视其法之真伪。以真法取才，则真才出，而伪才去矣；以伪法取才，则伪才进，而真才亡矣。"但是"若存捐纳之一途，财才将以无所鼓励而自废。以废才而授之政，非所以重名器也"⑦。他建议"今吾将于数等之中，为取才之方，而公之以选举"⑧。郑观应认为以公举替代捐纳将有以下优势。第一，"将以无限量者收才，才皆入吾夹袋之中"。他认为，公举之下，"则凡人一技之长、一艺之擅，皆可以为官，而有志于技艺者，无不见其

---

① 《盛世危言》，第289页。
② 《盛世危言》，第288页。
③ 《盛世危言》，第288页。
④ 《盛世危言》，第288~289页。
⑤ 《盛世危言》，第287页。
⑥ 《盛世危言》，第287页。
⑦ 《盛世危言》，第287~288页。
⑧ 《盛世危言》，第288页。

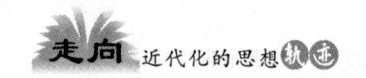

专长独擅；凡一法之善、一事之能，皆可以入政，而留心者愈众。孰得而掩其所善，没其所能？"郑观应坚信，"捐纳废，则才广而公，必然之势也"①。第二，吏治清明，官民一气。他说：公举之下，"官者，出与民间办一切公事者也，其人而有能，则人必乐其为官。是官无求于人，而人有求于官。夫至人求而后为官，名器之重则真重矣，其能孚乎民望可知也，其能善于从政可知也。以是治民，民必蒙其福。盖其人地与民相近，情与民相亲，必能视民事为己事，而于职自无废弛，民自日征其悦服矣。官民一气，而世或不治者，未之有也"②。"故捐纳行，虽欲求好官，决不能得；捐纳废，虽不欲求官，而官将辞之不得矣。且也捐纳废而后好官出，好官出而后公道明，公道而后民志畅，民志畅而后国运昌。我国家宜知所务矣。"③第三，激励商贾。郑观应认为："且夫人之所重，惟利与名，使为贾者不得为官，则人或以商务为浊流，而鄙夷不屑；乃为官者正不嫌其为贾，则人将以商务为正路，而黾勉以图。"公众选举制度下，"商贾中如有品行刚正、行事中节者，人必举以为议员，以办公事，是求利不失其求名之望，求名中可遂其求利之心。况官由众举而来，磊落光明，比捐纳者之婢膝奴颜，声价百倍矣"④。

退步而言，郑观应认为清政府如果一定要保留捐纳制度，则应规定"捐纳者当给以虚衔，而不畀以实官，是或一道也。至于豪商大贾、巨室富家，或乐善好施，或急公奉上，亦宜宠之以簪缨，荣之以衣顶，以励庸流，用知劝勉，亦为情理兼尽，惟不可使之身临民事"⑤。除"捐纳若设，则国家亦有所资"的财政功能外，郑观应试图将捐纳改造为激励商贾的机制。

（二）厘金

郑观应说："厘卡之设，由于发逆之乱，军饷不继，征及毫芒，原属朝廷不得已之举。故议曰：'军务敉平，即行裁撤。'屈计发、捻肃清，垂三十余年，屡经奉旨裁并。无如疆臣总以安置冗员为事，初则藉口于善后，继则借名于海防"⑥，并未裁撤。诚如其言，厘金（主要指百

---

① 《盛世危言》，第288页。
② 《盛世危言》，第287页。
③ 《盛世危言》，第289页。
④ 《盛世危言》，第288页。
⑤ 《盛世危言》，第288页。
⑥ 《盛世危言》，第253页。

货厘）始于1853年，原为筹集镇压太平军的饷银而临时征收。但军平之后，非但未止，反而推广至全国。各省厘卡林立，例如江西一度设局卡65个，湖北则设有480余局卡。据镇江英国领事卫尔斯称："镇江至淮安，不过130英里，已有厘卡12；淮安至邳州，不过100英里，又有12。"厘金名目繁多，例如卡捐、饷捐、房捐、铺捐、船捐、炮船捐、盐捐、米捐、板厘捐、草捐、芦荡捐、落地捐、钱捐、牙厘捐、树木捐、茶捐、串捐等。由于其课税对象广泛（举凡一切日用所需之物，均属其课税对象之列），税率不断提高（由初始的1%提高至4%~10%，最高可达20%以上），厘金收入不断增加。1891年厘金收入为1631万余两，1910年增至4318万余两，成为晚清岁入的重要来源之一。表4-2为清代赋税结构简表。

表4-2 清代赋税结构

单位：万两，%

项目	田赋		盐税		厘金、关税		其他		总计	
年份	金额	比重	金额	比重	金额	比重	金额	比重	金额	比重
1766	3986	71.83	574	10.34	540	9.73	449	8.09	5549	100
1903	3546	33.80	1250	11.91	5340	50.90	356	3.39	10492	100

资料来源：周志初：《晚清财政经济研究》，齐鲁书社，2002，第187页。

1. 厘金的弊端

郑观应认为"厘金之弊，罄竹难书"[1]，主要体现为以下几点。

第一，政出多门，税法不一。厘金各地各自为政，各有不同，例如"广东有海防捐、筹防捐、台炮捐、牙帖捐等名目，上海有落地捐、筹防捐"[2] 等。纳税人难以尽知，往往被罚，并引致其他损失。例如"有客自远方返里，携带行李辎重，不知捐例，因被执罚，然倾箱倒箧为匪类所窥，中途被劫"[3]。

第二，重复征税，导致"物价日昂，民生日匮"[4]。郑观应指出："近

---

[1] 《盛世危言》，第257页。
[2] 《盛世危言》，第253页。
[3] 《盛世危言》，第256页。
[4] 《盛世危言》，第257页。

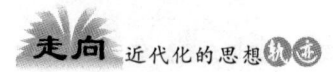

来内地局卡林立，往往数十里之遥，其间多至数卡"，"今乃过一卡有一卡之费，经一卡抽一卡之厘"。重复课征之下，"土产之物逢卡纳税，运之远方，甚有税款视成本反巨者，土物不能远流"①。

第三，征税范围过广，"苦民"太甚。郑观应说："尝闻某处厘卡，凡食物及箕帚无不加捐，虽一二件亦必捃，不捐即强携以去。有内地设落地捐局，民间抱布入市，每匹抽厘八文，向章五匹起捐，少则不捐，今则一匹亦捐。有设海防捐者，一巾、一扇、一鞋、一袜亦捐，民皆苦之。试思大商巨贾资本重盈，稍稍捐取尚不致大害，独此肩挑小贩，资本能有几何？亦任意苛求，毫无顾忌，或携其物，或取其钱。"②郑观应认为，官吏胥役"倚势肆法，任意抽收，以致穷乡僻壤搜括无遗，负贩肩挑苛索不免"的做法③，苦民太甚。他说："虽饮食日用之微，西人带入中国尚不纳分毫之税，况民间琐屑之物，顾可一一抽厘乎？"④

第四，官吏胥役中饱，税款流失严重，征税成本高昂。郑观应指出："厘抽十分，国家不过得其二三，余则半饱私囊，半归浮费，国家何贪此区区之利，而纵若辈殃民乎？"⑤郑观应在《厘捐》一文中引用杨然青的话："讵知候补人员皆视厘局为利薮，钻营者有之，奔竞者有之，甚至贿赂公行，苞苴迭进，差一到手，便以为此乃生财之地，机会不可失也。于是以多报少，百计弥缝，而司事、差役又层层克扣，其实数上解者，大约不过十之三四耳。"⑥郑观应指出："其实资军饷者十之二三，饱私橐者十之七八，是以候补人员百计钻营，视为利薮，而大宪亦藉以此项差使调剂属员，几若有其举之莫敢废焉矣。况多设一局，即有一局之开销，多立一卡，即有一卡之费用，上至总办、委员，下至司事、巡丁，一切薪水、工食，其果取诸厘乎？抑不取诸厘乎？此中耗费，不问可知。"⑦

第五，征管混乱，"害商"不浅。郑观应指出："迩来趋巧商人，多有陋规之献，委员得其费，则任意放行，否则必多方挑剔，司事、巡丁更同恶相济，狼狈为奸。商船之过卡者，每月赠以银钱若干，则查舱时便潦

---

① 《盛世危言》，第 255 页。
② 《盛世危言》，第 253 页。
③ 《盛世危言》附言，第 270 页。
④ 《盛世危言》，第 256 页。
⑤ 《盛世危言》，第 253 页。
⑥ 《盛世危言》，第 254 页。
⑦ 《盛世危言》，第 257~258 页。

草从事，所载货物十成有以二三成完厘者；其有不先纳贿者，则视之如寇仇，待之如奴婢，揩留刁索，无恶不为。"① 每当"丝、茶上市，则派扦手多人，如遇行人之有铺盖箱笼者，必饬之停车，翻箱倒箧，行同劫盗。其搜捕情形，有令人不堪者，致行旅为之裹足"。"有渡船搭客，报关之货斤两不符，不但该货被罚，更要全船充公。所以粤东佛山昔年有罢市之事。""更闻不肖司巡，更巧立各色名目剥削商民，如饭食等名色不一而足，无非为营私之计。即与辩论，彼且藉口于定章如是，并非格外索取。是使商民于正项厘捐外，又多几许私派，谓商力能不日艰乎？"② "其余无故留难，得贿私纵，因苛罚而致商贾罢市者，不胜枚举。"③ 因此郑观应强调："所以论者谓病民之端，莫甚于厘卡。然而落地之有捐犹微也，莫患乎不肖委员从中勒索；照章之科罚犹浅也，莫甚于司事、巡役故意为难。此皆积弊之宜除者也。"④

第六，内外不一，厚外薄内。例如"上海因有筹防捐，凡华商报关者，须照洋关税纳半，所以华商之货概托洋人代报，免抽筹防捐，所谓为丛驱爵耳"⑤。自"咸丰八年十一月中西重订条约，始定洋货、土货一次纳税，可免各口征收者，每百两征银二两五钱，给半税单为凭，无论运往何地，他子口不得再征。其无半税单者，逢关过卡照例纳税抽厘"。在这种"体恤洋商，格外施恩"的税收体制下，"洋商获利，华商裹足不前，迫令纳费洋人（论厘捐之轻重，纳报费之多少），托其名认为己货（如洋人亏空，凡代华商报关之货不能控追，及代华人出名在租界所买之地，亦弄假成真矣），洋人坐收其利"。而"同一洋货，在洋人手则无厘捐，在华人手则纳厘捐，无异为渊驱鱼，为丛驱爵，不独诪张为幻，流弊日多，且先失保护己民之利权，于国体亦大有关碍也"⑥。

综上，郑观应认为"病民之端莫甚于厘卡"，"厘捐不撤，商务难以振兴"⑦。

2. 改革建议

郑观应认为"厘捐一日不撤，商困一日不苏"，但是"无如军饷所

---

① 《盛世危言》，第253~254页。
② 《盛世危言》，第256页。
③ 《盛世危言》，第256页。
④ 《盛世危言》，第253页。
⑤ 《盛世危言》，第253页。
⑥ 《盛世危言》，第244页。
⑦ 《盛世危言》，第256页。

91

出,若将局卡悉行裁撤,则各省善后经费何从措置?亦有万不得已之苦衷也"①。因此,郑观应认为短期之内可从以下方面着手改进厘金。第一,裁撤厘卡,避免重复征税。郑观应提出:"欲纾商困,则宜示限制。凡商贾过冲要之卡,既完厘后即给以凭单,所经分卡一体查验放行,不得重捐。倘前卡未及完厘,准在后卡补完,以示体恤。将无关紧要之卡一律裁撤,既可便民,亦可省费焉。"② 第二,缩小征税范围,"琐屑之物"免税。鄂抚谭敬帅曾出示免抽杂厘,凡鲜鱼、鸡、鸡蛋、青菜、柴薪、果品、布匹等物,估值五串以内的,皆准免厘捐。郑观应认为此举实为"法良意美",并建议"拟请各处厘卡均照此行,无论何种琐屑之物,凡值五串以内,一概不准抽厘,则小民受惠良多,而于库款仍无损。盖琐屑物件捐与不捐,原与国课无关轻重也"③。第三,强化对官吏胥役的监管。郑观应提出:"为今之计,尤须严除积弊。除弊之法,首在选诚正委员。示之以赏罚,严之以考成。委员得其人,自能严以驭下,而司事、巡丁亦不敢作弊。其有愿充巡丁、司事者,须纳银为质,并觅妥实保人,倘有不法事情,除罚去质银,惟保人是问外,即行斥革,严加治罪,庶几罚一儆百,或不至鱼肉乡民也。"④

但是从长期而言,郑观应认为"厘捐不撤,商务难以振兴","欲救此弊,莫如以厘金并入关税,一次抽收",即"将所有厘卡一律裁撤,并归洋关。鄙见:于土货出产之处,加抽落地捐,及至出口时,再抽一洋关税后,则任其所之,绝不再征"⑤。郑观应认为:"今设一例,华商、洋商一律以值百抽二十为断。凡洋货进口,纳税于海滨之通商正口。土货出口,纳税于第一子口,悉照新章完纳,一征之后任其所之,不复重征。而遂将厘卡概行裁撤,是举从前积弊一扫而清之也。在国家可省无穷之耗,在商民可免到处之征,实于公私两便。"⑥ 为了保证撤厘入洋关后的财政收入,郑观应还提出了"仿外国行印花税之法","其印花本有两种:一、活用印花粘贴各项单契之上;二、以印花暗纹造入纸内,即为各单契之用。其征税亦有按纸及按值两法。事虽琐屑而利益于民颇多"。他认

---

① 《盛世危言》,第 258 页。
② 《盛世危言》,第 253 页。
③ 《盛世危言》,第 256 页。
④ 《盛世危言》,第 256 页。
⑤ 《盛世危言》,第 256~257 页。
⑥ 《盛世危言》,第 258 页。

为:"惟印税所取,务宜从轻。英国一本土之税已岁收至一千数百万镑,中国地广人繁,所收当不亚此数。闻总理衙门曾向数大国录取章程,已极详备,胡不饬总税务司先从通商口岸试行,兴利除弊,以纾吾民之积困乎?"①

厘金虽然是晚清政府财政收入的主要来源之一,但由于它只对土货征收,并且局卡林立,道道重复课税,整体税负沉重等诸多弊病,严重抑制了国内需求,削弱了中国产品的竞争力,极大地阻碍了民族工商业的发展。郑观应主张废除厘金以促进国内工商业发展无疑是正确且在当时具有积极意义的,但是他裁厘入关的改革方案在外人掌控中国海关关税权的现实条件下,并非妥当。

(三) 海关关税 (以下简称关税)

"洋关之设,自五口通商始。前此虽有洋商来粤贸易,惟遵章向常关纳税而已。"② 随着《南京条约》一系列不平等条约的签订,清政府被迫对外开放通商口岸,中国的海关设置权、关税立法权、海关行政管理权、关税支配权等国家主权渐次丧失。在西方列强的掌控下,晚清关税税目渐增,涵盖了进口税、出口税、子口税(子口半税)、复进口半税(沿岸贸易税)、机器制造货出厂税、船钞和洋药厘金等七个税目。除洋药厘金外,晚清关税税率普遍极低。但是伴随着西方列强对华的大量商品输出以及鸦片输出,晚清关税收入不断扩张。1861年关税收入为490万余两;1874年增长至1140余万两;1887年增为2050余万两;1908年增至3290余万两;1911年增加至3617万余两。③ 关税成为晚清财政收入的大宗。但是郑观应敏锐地看到晚清关税制度存在的诸多弊病,并提出了颇有见地的改革建议。

1. 关税立法权自主

清代自康熙二十三年(1684年)开海禁,在广州、漳州(不久移置厦门)、宁波和云台山四处设置海关,对贸易征税。关税一直由清政府自主管理、自主征税。但是第一次鸦片战争失败后,清政府就丧失了关税立法权。1842年,中英签订《江宁条约》,清廷被迫开放广州、厦门、福

---

① 《盛世危言》,第257页。
② 赵尔巽:《清史稿》(第125卷),中华书局,1976。
③ 赵尔巽:《清史稿》(第129卷),中华书局,1976。

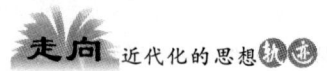

州、宁波、上海五口通商，双方议定："英国商民居住通商广州等五处，应纳进口、出口货税、饷费，均宜秉公议定则例，由部颁发晓示，以便英商按例交纳。"1843年，中英《五口通商章程》和《五口通商附粘善后条款》进一步规定："凡属进口新货，例内不能赅载者，即按价值若干，每百两抽银五两。"1844年，《中美望厦条约》规定："倘中国日后欲将税例更变，须与合众国领事等官议允。"① 上述条约基本确定了中国关税税则，关税的课税对象、税目、税率等主要税法要素均由西方列强而定，中国关税立法权因之落入西方列强的手中。

郑观应认为协定关税侵害了中国的主权，违背了国际公法，有失公允。他说："同治八年总署与英、法更修条约各节，所论洋货入内地税单一事，只能保单内所开之货由通商口岸至单内所指之地，沿途免征税厘，若已到单内所指之地后，该货即与无单之货无异。厘捐一事，中国既为自主之国，其如何征收应听自便，如他国前来干预阻碍，实不能谓之公允。"② 他明确指出："查我国有自主之权，凡外人托庇宇下，自应归我管辖，税务亦应在我权衡"③，"盖税则者，国之内政，议加、议禁，固可以自主焉"④。关税"其定税之权操诸本国，虽至大之国不能制小国之重轻，虽至小之国不致受大国之挠阻。盖通行之公法使然也"⑤。

郑观应看到协定关税对我国经济造成了严重影响。他说："我国昔与外国所立条约，受害甚深，事事悉为人所掣肘⑥……至税务又格于条约，不得我行我法。我国货物至彼入口，则任彼重税。是我有权，彼则夺之；是彼重征，我则依之。此我商务、技艺之难以振兴，国库之所以日削者，职是故也。"⑦ 诚如其言，由于"在中国农业与手工工场业直接结合，这就大大节省钱财又节省时间，因此就给大工业生产品以最顽强的抵抗"⑧，"利益均沾原则"下的西方列强为了扩大中国市场，通过条约体系下攫取的中国关税立法权，不断降低中国关税。1858年，《中英天津条约》规定10年后方可"续定商约"，并再一次大幅度降低进口税率，主

---

① 王铁崖：《中外旧约章汇编》（第1册），上海三联书店，1957，第32、41页。
② 《盛世危言》，第70页。
③ 《盛世危言》，第71～72页。
④ 《盛世危言》，第71页。
⑤ 《盛世危言》，第246页。
⑥ 《盛世危言》，第70页。
⑦ 《盛世危言》，第72页。
⑧ 〔德〕马克思、恩格斯：《马克思恩格斯论中国》，人民出版社，1953，第4页。

要进口货物税率比1843年又降低了13%～65%①。该条约还规定了协定子口税制度，即洋货进入内地或洋商从内地收购土货出口，只需交纳一次2.5%的子口税，就可"遍运天下"，而不必像中国商品一样"逢关抽税，遇卡抽厘"。1880年新的一轮续订条约开始。清政府先后与德、法、英、俄、美等国分别续订商约，其内容主要是开放新的通商口岸，降低关税。西方列强掌控下的中国关税使得外国商品税负远远低于本国产品税负（见表4-3），协定关税成为西方列强人为增强其商品竞争力的工具。

表4-3 中国进出口实际税率（1864～1894年）

年　份	1864	1869	1874	1879	1884	1889	1894
进口税率	5.22	5.17	5.93	5.89	6.01	5.29	4.04
出口税率	9.24	9.10	10.02	10.22	11.59	8.47	6.89

资料来源：姚贤镐：《中国近代对外贸易史资料》（第2册），中华书局，1962，第796～797页。

郑观应认为，"昔年风气未开，通商条约初具，所定各货税则，我国大受其损"②。"推其初与外国订约，不深虑于日后，而苟安于目前。想当日秉钧大员，未深谙外国情形，率尔立约，致有此掣肘之患。"③但今日"岂可因仍隐忍，虚与委蛇！"④他建议："嗣后遇换约之期，宜为弥缝补苴之计，所有牵掣我国之款，亟图更改。"他建议："一、请外人在日本居住者，必须由日国管辖。二、税务如何征收，皆系我朝自立主意，外国不得预闻，条约不能限制。三、有约之国通商口岸，我国均沾其利，不得畸轻畸重。四、我国政治，外人不得干预。以上四款，伏求皇上睿智如神，俯加俞允。他年条约更换之期，望将四款增入。"⑤郑观应要求收加关税立法权的主张无疑是对的，但他寄希望于"俟届修约之期，照会各国，指明应改条约，彼此各派洞明商务之使臣，会议妥订，以期彼此有益，而交谊可以永久"，落于空想。

2. 关税行政管理权自主

清前期各海关直属户部。各海关分别任命正副监督各一人，管理对外

---

① 孙健：《中国经济通史》（中卷），中国人民大学出版社，2000，第683、684、695页。
② 《盛世危言》，第73页。
③ 《盛世危言》，第72页。
④ 《盛世危言》，第73页。
⑤ 《盛世危言》，第72页。

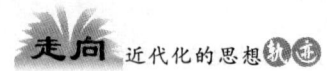

贸易和征收关税事务,当时关税收入归属皇室内府。但是第一次鸦片战争失败后,中英议定:"英国商船运货进口发完税红单,该商船呈送英国管事官验明,方准发还船牌,令行出口。"① 从此西方列强染指中国关税征收管理,并成为定例。虽然"表面上各海关关税仍由海关监督负责征管,但实质上已发生很大变化"②,中国关税行政管理权已经不再独立。五口通商以来,每签订一个新的中外条约,中国就被迫增加若干个对外通商口岸,进一步丧失关税自主权。对外通商口岸从最初的 5 个,增加至 1897 年的 31 个,1911 年的 60 个。这些对外通商口岸,已由最初的沿海城市扩展至沿江、沿河城市,甚至深入中国腹地。由于对外通商口岸增加迅速,海关监督无暇过问。"加之外商阻挠,所以海关税的征管一般均由各国驻华官员自行征收,所征款项定期向海关监督报解。"③ 借由攫取的关税行政权和遍布中国各地的海关,西方列强向中国的经济渗透迅速由沿海扩展至沿江和腹地。不过此时清政府的海关监督部门至少在表面上还拥有监督权。

不久随着外国人掌控下的税务司的建立,海关监督的监督权全然被架空。1853 年 9 月,小刀会占领了上海老城,令海关监督无法理事。对关税行政管理权垂涎已久的英国驻上海领事阿礼国(Rutherford Alcock)与美国驻华公使马沙利(Humphrey Marshall)乘机联手设计了一套所谓的临时制度。据此,两国领事代中国政府,从他们各自国家的公民那里征集关税。英、法、美三国领事担心其他地区商务会受损,与两江总督达成协议,在上海成立了一个外国税务司,"帮助"清政府对所有洋商征收海关关税。1854 年,英国的威妥玛(Thomas Wade)、美国的贾流意(Lewis Carr)、法国的史亚实(Arthur Smith)就任上海海关税务司(英、法、美三国领事馆各荐一人,由主管江海关的苏松太道吴健彰委派为上海税务司,其委员的任免由领事馆控制,成为领事馆的附属机构),税务司实际上成了江海关的实权机构。1858 年,清政府与英、美、法签订的《天津条约》第 10 条规定:"(通商)各口划一办理,由总理外国通商事务大臣或随时亲诣巡历,或委员代办。任凭总理大臣邀请英人帮办税务。"上海模式的洋人监督制度推广到其他一些条约口岸。1861 年,恭亲王奕䜣

---

① 王铁崖:《中外旧约章汇编》(第 1 册),上海三联书店,1957,第 41 页。
② 孙文学:《中国关税史》,中国财政经济出版社,2003,第 176 页。
③ 国家税务局编著《中国工商税收史》,中国财政经济出版社,1990,第 367~368 页。

以总理衙门主持人的身份，任命李泰国（H. N. Lay）为海关总税务司，责成他："总理稽查各口洋商完税事宜，帮同各口监督委员，务将出口、进口各货分晰清楚，勿得牵混，且约束各口税务司及各项办公外国人等秉公尽力，如有不妥，惟李泰国是问。"这项任命使得洋人监督海关税务的成例得以正式确认和制度化。1863年英人赫德（R. Hart）继任，他在任总税务司期间（1863~1907年）增设税务司30多处。至1875年，中国海关雇用了252名英国人及156名其他外国人①。1865年清政府在北京设总税务司署，总税务司署名义上隶属于总理各国事务衙门，但是海关被委任以管理外国船只和外商货物的权力，两方面都在中国的法权之外，并受列强条约的严格支配。实质上，海关行政管理权一直掌握在由英国人控制的税务司手中。

对此，郑观应指出："京都特设总税务司，各口海关则设正、副税务司，帮同监督经理权政。税务司下又有帮办，自头等以至四等，每等皆分正、副。此外更有扦手，皆以西人承充。"②他认为："夫创始之时，实以洋人货价非华人所谙，故不得不藉外人之力以助其成。"③但是，"今日大非然矣！税则既定专条，章程尽人能解，何用碧眼黄发之俦，越俎而代治乎？且既设一总税司以辖之，则凡为税司者皆自以为不归关道辖治，俨成分庭抗礼之势，辄以细事动致龃龉。而所用洋人扦手，类皆袒护洋商，而漠观华商。同为一色之货，竟估二种之价。于是华商怏怏而控之关道，关道皇皇而问之税司，税司茫茫而委之扦手，率从初议，使纳重税。关道瞠视之无如何也。于是转贿嘱洋商为护符，而华商之货皆洋商之货矣。华商既贿托洋商，则货本较重，不增价则本亏，价增而华商之货日滞，洋商之货畅销矣！"④"且广东各口往来港、澳等处轮船，经过关口必须停锚，俟税关人役下舱查验。如系西人船主，则无庸候验。何薄于土人而厚于外人如此？而要皆一税务司阶之厉之。"⑤郑观应认为洋人掌控下的税务司"袒护洋商"，"漠观华商"，人为造成华商的竞争劣势，不利于中国商务的发展。

---

① John K. F., Bruner K. F., Matheson E. M, *The IG. In Peking*. Cambridge, Mass, 1975, Vol. 2.
② 《盛世危言》，第247页。
③ 《盛世危言》，第248页。
④ 《盛世危言》，第248页。
⑤ 《盛世危言》，第248页。

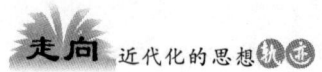

郑观应建议晚清政府仿效日本的做法，渐易华人负责税务司。他说："彼日本小国耳，昔海关权税亦用外人，今则悉举而代之以本国官矣。"① 有鉴于此，他认为："方今天下洋务日兴，不乏深明税则、畅晓条规之我，苟使任关道者留心人才，时与税务司考究，选择干员而荐举之，以为税务司之副，责其学习数年，有效则渐裁外人，而使代之。我华人皆知奋勉，次第迭更，不十年而各关皆无外族矣。然税务司乃总税务司所辖也，不先去其总，则必多方挠阻，而关道终无事权，各税务司必存私心，此议卒不能行。"② 对于总税务司，郑观应建议："应请明定章程，择三品以上官员曾任关道、熟悉情形者为总税务司。其各口税司、帮办等皆渐易华人，照章办理，庶千万巨款权自我操，不致阴祖西人阻挠税则，不特权政大有裨益，而于中华政体所保全者为尤大也。"③

3. 关税对等

郑观应认为："盖税则者，国之内政，议加、议禁，固可以自主焉。"④ 关税自主之后，应如何确定税则？郑观应指出应坚持关税对等原则。他说："其或某国重收本国某货之税，则本国亦重收某国之税以相抵制；某国轻收本国某货之税，则本国亦轻收某国某货之税以相酬报。此又两国互立之法也。"⑤ 在他看来，关税对等是关税立法的基本原则。

郑观应指出西方列强在关税方面对中国给予歧视待遇，"如进口各物，凡有夺我民生计者，不准免税，而彼不计也。烟、酒害我民者也，即使重征其税，彼应无辞。而今不然也，我国之货到彼国，则任彼重征；我国之人到彼国，则任彼抽税。较之日本与外国更修条约，诚有天渊之隔"⑥。他说："今外国所来杂物为行船行旅所需者，如美之麦面，岁至中国数十万包，概不征税。烟、酒两项，在外国且加以极重之税，而今亦免之，则藉口于食用所必需者也。而美廷则于中国之白米、药材、衣服，凡入美国口者，其征税过于成本。类此者甚多。不平之事，令人为之气塞。"⑦

---

① 《盛世危言》，第248～249页。
② 《盛世危言》，第248页。
③ 《盛世危言》，第247页。
④ 《盛世危言》，第71页。
⑤ 《盛世危言》，第246页。
⑥ 《盛世危言》，第70页。
⑦ 《盛世危言》，第71页。

98

对于西方国家的这些关税歧视待遇，郑观应认为中国应坚持关税对等原则。他指出："通商之约，必曰两国均益。今益于人而损于我，则我亦以损人益我者报之。其人如愿，则我以抵制者增我国所收于人之税；其人如不愿，则我亦以抵制者裁彼国所收于我之税。必使持平，方不至朘我而肥彼也（今各国薄待我中国者，如人则抽税，货则重征之类，可援例争之）。"① 他认为，"盖泰西各国不讳言利，所以兢兢相持者，恐利源之耗于外国，而欲自保其利源也。入口免税之物，皆本国所急需，故以此招徕，非有所加惠于他国也。若酒、若烟，非民生之所恃以养者，则重其税，使食之者寡，则亦自保其利源也"②。援用西方国家的惯例，郑观应建议晚清政府开征"抵制之税，防他国之税朘吾民之利。如他国重征我国土产入口之税，则土产无所销，而产于天者失其利，成于人者失其业，则我国亦必以重税报之，使不致独擅利权"③。针对时人"或谓强国之于入口税，议加、议禁，他国不敢置喙"的顾虑，郑观应以"日弱于法，何以加法货入口之税；墨弱于美，何以加美货入口之税；欧洲小国多禁鸦片入口者，非强于英也"等实例加以反驳④。

4. 实行保护关税

协定关税下，中国进口外国商品税负畸轻，远低于本国产品税负。当时英国人所办的《北华捷报》都说："（中国）现行的制度是荒谬的……没有一个国家能这样牺牲自己的生存来保护外国的货物。"⑤ 对此，长期从事商务的郑观应深有体会。他指出，"自道光二十二年大开海禁"，洋货"过关只按估价每百两加税不得过于五两"，中国"税额轻于各国四五倍，或七八倍"⑥。加之协定子口半税，"洋货入中国则输半税，土货出外洋则加重征。资本纵相若，而市价则不相同，洋货可平沽，而土货必昂其值。颠倒错綜，华商安得不困？洋商安得不丰？"⑦

郑观应认为保护关税是西方各国的通行做法。他说："尝考泰西各国税额（各国之税无不随时变通：大约本国所必需之物，其税必轻，或免

---

① 《盛世危言》，第71页。
② 《盛世危言》，第70~71页。
③ 《盛世危言》，第70~71页。
④ 《盛世危言》，第71页。
⑤ 转引自黄天华《WTO与中国关税》，复旦大学出版社，2002，第133页。
⑥ 《盛世危言》，第244页。
⑦ 《盛世危言》，第306页。

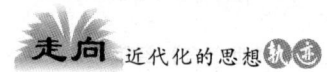

税,以招徕之。夺本国土产之利者,其税必重,所以保本国之利。凡无益于日用之物者,其税必重,以其糜费于无用之地,欲民间恶而绝之。凡物有害于民生,如鸦片之类,不准入口。至于税则随各国自定,而他国不能置议,欲增则增之,欲禁则禁之,以其货为内政而不妨由己订也),大致以值百取二十,或取四十、六十为率,最多则有值百取百者。美国进口货税,值四征三,商虽非之,然不能违抗。亦有全不征税者。盖于轻重之中,各寓自便之计。如洋酒、烟卷等物,外洋征税极重,在国中列肆卖烟酒者,尚需纳规领牌。"①他一再申明:"按西例:出口货税或轻或免,以期畅销土货,重征进口货税,以遏来源,保我黎民,毋侵害农工。未有舍己芸人、抑内护外者也。"② "总之,泰西税法,于别国进口之货税恒从重,于本国出口之货恒从轻,或全免出口之税。今日本已仿行之矣。其税于国中者,烟、酒两项特从其重,他货或免或轻,专以遏别国之利源,广本国之销路,便吾民之日用生计为主。国君须保百姓利权,不为外人所夺,庶免生计日绌。"③

有鉴于此,郑观应建议晚清政府"重订税则,厘正捐章,务将进口之税大增,出口之税大减,则漏卮可以渐塞,膏血可以收回",实行保护性关税政策。其实质是最大限度地利用关税建立起有效的工商业保护机制,借助政府的扶助以抵御外国竞争,发展民族工商业。郑观应认为:"今宜重订新章,一律加征。又如中国各种烟、酒、珠玉、古玩等物,本非日用所必需,虽加数倍亦不为过(查旱烟、水烟、皮丝、净丝、黄条、青条,各种岁销数十万箱,亦可谓巨矣),而土货出洋者税宜从轻(最妙莫如出口全行免税,进口则加重,庶已货可以畅行,而来货自形壅滞,然恐一时难于办到,则加重入口税,减轻出口税,似宜并行者也)。凡我国所有者,轻税以广去路;我国所无者,重税以遏来源。收我权利,富我商民,酌盈剂虚,莫要于此。"④

至于改革的方法,郑观应认为:"如我力量不足,当忍辱负重,姑与委蛇;待力量既足,权操必胜,有机可乘之时,则将平日所立和约,凡于国计民生有碍者,均可删改。如彼重税我出口货者,我亦重税彼进口货以

---

① 《盛世危言》,第 245 页。
② 《盛世危言》,第 247~248 页。
③ 《盛世危言》,第 246 页。
④ 《盛世危言》,第 246 页。

报之，亦以恤我商者制彼商也。"① 他建议："是宜由各海关聘深明各国税章、灼知洋货价值之人，并由商务大臣通饬商务局董，各将税则详细考究，何者我亏，何者彼利，何者应加，何者应改，一一核定，草本呈上总署名，集议酌定。俟届修约之期，照会各国，指明应改条约，彼此各派洞明商务之使臣，会议妥订，以期彼此有益，而交谊可以永久。"② 郑观应虽然担心"或虑西人不允"，但是他认为"中外互市，贵取其平，免则均免，税则均税。苟取旧章而更定之，酌一进出皆税之则，坚持定论，彼必无词"③。他乐观地相信"俟届修约之期，照会各国，指明应改条约，彼此各派洞明商务之使臣，会议妥订，以期彼此有益，而交谊可以永久"④。郑观应不敢直接要求废除平等条约，而是寄希望于"嗣后遇换约之期，宜为弥缝补苴之计，所有牵掣我国之款，亟图更改"⑤。

综上，郑观应所主张的无区别的保护性关税政策具有一定的片面性，他主张通过与西方列强商酌"修约改章"的方式实现保护关税性政策具有一定的空想性。但是他清楚地认识到关税的保护功能，认识到西方列强的经济侵略本质和中国民族工商业的幼弱现状，主张"用官权以助商力所不逮"，实行保护关税政策，以促进民族工商业的发展。该观点具有一定的合理性，因为"任何一个民族，如果被剥夺了工业，从而沦为单纯是庄稼汉的集合体，都是不能与其他民族在文明上并驾齐驱的"⑥。而"要建立这样一个工业体系就需要有一套完善的、适用于一切受到外国竞争威胁的部门而且经常随着工业状况而改变自己形式的保护关税制度"⑦。

（四）国债

1. 内债

对于内债，郑观应并不排斥，他说："泰西各国无不有国债，凡由议院公议准借者，其国虽为别人所得，仍须照还。故各国兴大役、出大军，

---

① 《盛世危言·商战下》，第 345 页。
② 《盛世危言》，第 73 页。
③ 《盛世危言》，第 247 页。
④ 《盛世危言》，第 73 页。
⑤ 《盛世危言》，第 72 页。
⑥ 〔德〕马克思、恩格斯：《马克思恩格斯全集》（第 19 卷），人民出版社，1971，第 290 页。
⑦ 〔德〕马克思、恩格斯：《马克思恩格斯全集》（第 4 卷），人民出版社，1971，第 61 页。

国用不敷,即向民间告贷,动辄数千百万。或每年给息,或按年拨本。君民上下,缓急相济,有无相通,隐寓藏富于民之义,而实不欲授利权于别国也。"① 以英国为例,他介绍道:"昔英国政府因库帑充溢,欲将国债全数归清,而英之富民咸谓存之于家,不若存之于国,不乐收领,再三禀请,愿将利息减轻而后已。"② 他认为,"较前日之开捐例以授爵,借洋债以损国,设厘卡以病民",举借内债"其利弊得失之相去,有不可以道里计者"③。因此他建议晚清政府"苟能示以大公,持以大信,试借民债以给度支,成一时济变之良规,即以葆万世无疆之盛业"④。

光绪二十年(1894年),为筹措甲午战争经费,清政府向"富商巨贾"借款,是为"息借商款"。这是晚清第一笔内债。这笔内债未规定发行总额,也无统一制度规定,各地发行方法多有不同。此次内债没有完备的现代公债形式,性质上类似捐输,近于勒索,弊窦丛生,故于1895年即告停借。此次共借到款项1100余万两。光绪二十四年(1898年),为偿付马关赔款,清政府发行"昭信股票",总额1亿两,年息5厘,期限20年,以田赋、盐税作担保。股票准许抵押售卖,凡一人应募1万两以上者赏给官衔。但因清政府信用薄弱,不到一年即不得不中止,共借到款项不到2000万两。宣统三年(1911年),辛亥革命爆发,为应对时局,清政府发行"爱国公债",总额3000万元,年息6厘,期限9年,以部库收入为担保。此次公债除王公世爵、文武百官略有认购外,绝大部分由清皇室以内帑现金购买,实际发行总额不到1200余万。与外债相比,晚清内债次数少、金额小。受清政府信用度过低及国内资本有限等影响,内债发行并不成功,无法满足清政府的财政需求。

2. 外债

对于外债,郑观应的心态复杂。一方面,他认为"我国家量入为出,本有常经,前时借债外洋,权应一时之用。金镑高下既受巨亏,嗣后洋债一端,自应永行停止"⑤。另一方面,他深知政府财政入不敷出,认为"万一贷之己民,而缺仍有不足,始可酌以微息,转贷邻封"⑥。由于内债

---

① 《盛世危言》,第294页。
② 《盛世危言》,第294页。
③ 《盛世危言》,第294页。
④ 《盛世危言》,第294页。
⑤ 《盛世危言》,第296页。
⑥ 《盛世危言》,第294页。

发行困难，郑观应承认"今筹办海防，购船置炮，须款甚巨，非借洋款不足以应急需"①。郑观应认为，"今息借洋款，以海关作抵，其诚其信为天下万国所无，乃以此绝大利权不授于己民，而授之于外国，且不授于外国殷实之富户，而授于外国奸狡之牙商。此所以洋款一事，遂为通商以来绝大漏卮"②。在举借外债时，清政府实际收到的款项远远低于名义金额。其原因有二：第一，折扣。债权国贷款不是全额付给，均打一定折扣。例如1898年英德续借款，名义金额为1600万英镑，折合银约11278万两，折扣83%，清政府实收银仅8072万两。第二，镑亏，即债权国利用各国货币的比值变动及市场价格的涨落所造成的差价，对中国进行的勒索。如1895的克萨镑款，名义金额为100万英镑，镑亏本息达173万余两，占实收额570余万两的30%。

有鉴于此，郑观应认为晚清政府"万不得已而再借洋债，亦须统筹全局，审慎周详"，并提出以下具体建议。第一，直接向外国银行或名厂举借，以免折扣之亏。他说："不必再托在中国诸银行经手，以免辗转扣折，亏累无穷。但饬驻英使臣径向劳士、斋乃德博令等大银行熟商，行息不过四五厘。"如果借外债以修筑铁路，"可径向外国名厂矿企业如德之克鹿伯、法之科鲁苏、英之塞斐尔，与之订约。凡铁道所需轮机、轨辙照市作价，俟工竣后按年拨还，则称货（贷）之款可减，转折之耗亦省矣"。第二，向美国借债，以免挟制。"国债借自英、俄、法，不如借自美利坚"，因为"尽英、俄、法属地与中国毗连，时有交涉之事，恐一有龃龉，为彼挟制要求。若借自美国，则无此虑"。第三，借银数，以免镑亏。他认为，"借镑数不如借银数，因镑价已昂，似有跌无涨之势，不如借银还银，免再蹈前辙镑价吃亏也"③。从技术层面而言，郑观应的上述建议具有一定的合理性。

但是，郑观应认为"借数十亿不如借数百亿"，因为"借百数十亿，利息须四厘至六七厘。如借数百亿，利息不过三厘"④。"且也贷债既多，则中外之交欢愈固，而国本愈坚，几有休戚相关之势，亦情理之出于自然者也。"⑤ 这表明他对晚清外债的认识有限。1853年苏松太道吴健彰为镇

---

① 《盛世危言》，第298页。
② 《盛世危言》，第294页。
③ 《盛世危言》，第296~297页。
④ 《盛世危言》，第297页。
⑤ 《盛世危言》，第296页。

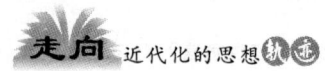

压上海小刀会起义,向上海洋商借款,史称上海洋商借款,是晚清第一笔外债①。自此,为应付急需,清政府不断借入外债,至1895年以前共借外债64笔,总额约为5260万两。总体而言,甲午战争以前的晚清外债次数少、金额小、期限短,随借随还,一般以海关税为担保,但未附加的其他超经济条件。但甲午战争爆发,财政拮据的清政府开始接受西方列强所附加各种苛刻的政治经济条件,大举全面借入外债,外债成为西方列强对中国进行经济剥削和超经济剥削的工具。1895~1911年,清政府借入外债144笔,金额为13.6亿余两。巨额外债的借入缓解了晚清政府的财政危机,但是它加深了清政府对外债的依赖性,使清政府陷入了赤字泥沼而无法自拔。更严重的是,它使晚清中国付出了让渡经济利益和国家主权的沉重代价,加深了中国殖民化程度。

(五) 财政预算

郑观应认为"度支者,国家预筹出入数也"②。他大略地介绍了西方国家的预算制度,他说:"泰西各国每岁出入,度支皆有定额,不能逾限。如明岁出款若干,进款若干,两抵之外尚欠若干,户部即于今岁预为之备。若有军务急需,则辟院集议另筹。所有进出各款,岁终刊列清帐,布告天下,以示大公。"③预算制度成为西方国家的通例,"观泰西各国之筹国用,盖无论土地大小,人民之众寡,未有不如此者"④。在他看来,除却"朝廷所征,大都烟酒及贵重之物,得自富家,无损小民"外,公开透明的预算制度是"外国税重,百姓不怨"的重要原因⑤。

鉴于"惟中国尚无度支清帐颁示国中"的现实,郑观应建议晚清政府编制财政预算。他认为编制财政预算时,应先定财政支出,再定财政收入。其主要原因是"然而财活物也,未定所生之数,必先定所用之数。定之奈何?欲明养廉之原,请先自定官禄始。官禄丰,足以养其妻孥,而后贪酷之风可革也。欲官不朘削民财,必先自定君用始。君用俭,内府无所中饱,而后深宫不萌侈泰之私,上下一德,内外同风,而小民之急公奉

---

① 孙翊刚:《中国财政问题源流考》,中国社会科学出版社,2001,第279页。
② 《盛世危言》,第298页。
③ 《盛世危言》,第298页。
④ 《盛世危言》,第299页。
⑤ 《盛世危言》,第298页。

上，弥心悦而诚服矣。安见中国有财匮之足患哉！"[①] 晚清财政日益拮据，但是统治者依然豪奢。例如光绪皇帝大婚，提拨京饷银 550 万两[②]；慈禧太后为修建颐和园，耗费了海军军费的十之八九，其数额不少于 6000 万两[③]。最高统治者的豪奢引致统治阶级的腐化，不合理的财政支出迅速膨胀。郑观应的建议有利于约束统治者的奢侈挥霍，防止财政支出的不合理膨胀，从源头上避免了由此而导致的人民财政负担的加重。

在"未定所生之数，必先定所用之数"的原则下，郑观应建议："当仿泰西国例，议定一国岁用度支之数。先举其大纲，次列其条目，畴为必需，畴为可省，畴属无益，畴尚缺乏。滥者节之，乏者增之。必需者补之，无益者削之，合京省内外而通计，则常经之出数可得也。次则核查行省二十一部，每岁田赋所入者几何，地丁所入者几何，洋关税所入者几何，常关税所入者几何，厘捐所入者几何，盐政所入者几何，沙田捐、房屋捐、海防捐、筹防台炮捐所入者几何，油捐、茶税、丝税及一切行帖、典帖、契尾杂款所入者又几何。"[④] 至于"所谓加摊、火耗、部费、平余一切浮费"，郑观应认为应"悉空之，明定为制钱之数，或定为自铸银钱之数。而后商民不用加纳，胥吏不得上下其手，官司不得中饱其囊橐，部书无由驳沮其报销矣！"他认为："凡一出一入，编立清册，综核比较，为赋财出入表。出有逾则节之，不可任其渐亏也；入有余则储之，不可供其虚耗也。此合国内各省为通盘现财之法也。"[⑤] 对于关税，郑观应建议："更令各官岁呈简明清册一本，实记一关之出入盈虚，关册汇齐，乃会合而详核之。要知中国之财流出外洋者若干，外洋之财入我中国者若干，两两核较，而其出入之大数可得知也。出入惟均，则姑任之。出浮于入者，则必详究其所以失之故，当兴何项商务以补救之。入加于出者，亦必详究其所以得之故，当若何是赏以鼓励之。此合中外各国为通盘理财之法也。"[⑥]

郑观应是较早提出财政预算思想的学者，他十分重视预算的公开性，建议"每省分立一清册，核定入款，详列其条目，刊布天下"，务必"使

---

① 《盛世危言》，第 299 页。
② 刘锦藻：《清朝续文献通考》（第 63 卷），商务印书馆，1955。
③ 胡钧：《中国财政史》，商务印书馆，1920，第 335 页。
④ 《盛世危言》，第 298~299 页。
⑤ 《盛世危言》，第 299 页。
⑥ 《盛世危言》，第 299 页。

官绅百姓家喻而户晓，了然于国家之所取于民者，固有一定之数"①。他对预算公开性和透明性的强调对后世财政思想产生了深远的影响。随着预算思想的不断发展，清政府于1908年批准宪政编查馆、资政院提出的清理财政计划、预决算进程和《清理财政章程》，明确规定"清理财政，以截清旧案，编订新章，调查出入确数，为全国预算、决算之准备"。②1909年度支部奏定《清理财政处办事章程》和《各省清理财政局办事章程》，设清理财政处，并向各省派出正、副监理，负责"稽察督催"各省清理财政工作；各省设立清理财政局，专办清理财政事宜。1909～1910年，各省《财政说明书》陆续编定并咨送到部。按照九年宪政准备期的安排，宪政编查馆原定1913年试办全国预算，1916年确定预决算。由于各省清理财政与《财政说明书》的编成以及宪政的提前，1910年奉上谕："现在开设议院即已提前，所有筹备清单各项事宜，自应将原定年限，分别缩短"，宪政编查馆将预算提前至1912年进行。1911年度支部奏定《试办全国预算简明章程》《试办特别预算暂行章程》和《宣统三年预算案实行简章》，着手试办全国预算。1911年全国财政预算案是中国首次编制预算，它的完成标志着传统奏销制度的终结，标志着传统财政体制向现代财政体制的转折。

五 结论

身兼商人和学者双重身份的郑观应，敏锐地认识到西方列强船坚炮利之"兵战"的根本目的是经济侵略的"商战"。当此"千古未有之非常变局"，他深知晚清中国必须掌握其转变关键，审慎应变，以免贻害后世。他建议政府一方面"法泰西"，练兵将、制船炮、讲武备，"为有形之战"以应对"兵战"；另一方面"法日本，振工商以求富，为无形之战"③，以"决胜于商战"。而晚清中国若要"决胜于商战"，郑观应认为必须摒弃传统封闭经济下的"以农立国"，改为"立为商国"，即以商为中心的国民经济发展战略。为了扭转中国对外贸易的逆差，他积极倡导"以机器为先"，"以制造为急"，使得"彼需于我者，自行贩运；我需于彼者，

---

① 《盛世危言》，第298～299页。
② 《大清光绪新法令》（第2册，铅印本），商务印书馆，1910。
③ 《盛世危言》，第298页。

自行制造"①，即采取进口替代策略和出口扩大策略优先发展商业尤其是对外贸易，以此带动整个国民经济的发展。与此同时，"初学商战于外人，继则与外人商战"的郑观应深刻地认识到要想"决胜于商战"，仅凭商人之力是远远不够的，必须"用官权助商力所不逮，而后战本固，战力纾也"。他建议政府实行一揽子"护商之良法"，即设商部以达商情；定商律以除积弊；设商会以集商力；设银行以输商力；开学堂以启商智；减厘税以恤商艰等。

郑观应的上述经济思想内容丰富，涵盖了产业、外贸、金融、财政等多个方面，并涉及政治、法律、军事、外交和教育等多个领域，但这些思想均围绕着"商战"这一特定范畴展开。"千古未有之变局"的论断深入剖析了"商战"的时代背景和现实约束；"习兵战不如习商战"的论断揭示了"兵战"与"商战"的内在联系；"立为商国"的论断指出了"商战"的纲领；"彼需于我者，自行贩运；我需于彼者，自行制造"的论断标示出了"商战"的路径；"以制造为急，以机器为先"的论断给出了"商战"的方式；"商部以达商情"旨在为"商战"提供官方的组织支持；"设商会以集商力"旨在为"商战"提供民间的组织支持；"定商律以除积弊"旨在为"商战"提供法律支持体系；"设银行以输商力"旨在为"商战"提供金融支持体系；"开学堂以启商智"旨在为"商战"提供智力和技术支持；"减厘税以恤商艰"旨在为"商战"提供财政支持体系。而这些"护商之良法"均是为了"用官权助商力所不逮"，固战本，纾战力，以"决胜于商战"。从这个意义上讲，郑观应的经济思想似可概括为"商战"论。

商战观念始形成于同治初年，最早为曾国藩所提示，1862年，曾国藩在致湖南巡抚毛鸿宾的函中，称"商鞅以耕战二字为国"，而"西洋以商战二字为国"。"而作深入解析，发明其精义者则应首推郑观应。在近代思想家中，固各有重要表现，特在郑氏之居于商贸直接接触之敏觉，最能感受西方工商侵略之剧烈，最能见出中国受害之根本动因。故于商战观念把握最切，特辟专章，详加论列，并即题名'商战'。在近代思想史上，以'商战'一词立为专文题旨者，仅郑氏与汪康年二人，此外，欧阳巨源与旅生合撰之《维新梦》传奇，其中一出亦以'商战'为剧目。"②此后，中国

----

① 《盛世危言》，第519页。
② 王尔敏：《近代经世小儒》，广西师范大学出版社，2008，第162页。

人长期以"商战"一语表达反对西方列强经济侵略的要求。甲午战争以后，康有为说："古之灭国以兵，从皆知之；今之灭国以商，人皆忽之。以兵灭人，国亡而民犹存；以商贾灭人，民亡而国随之。"谭嗣同也说："西人以商为战，足以灭人之国于无形。"直至 20 世纪 40 年代，民间仍可见"商战胜全球"的春联联语。

  郑观应的"商战"论充分肯定了商的重要性，将商抬到了一个前所未有的高度，颠覆了传统教条对商的轻视。这在一定程度上唤起了时人对商的重视。1897 年，与顽固派共事多年的大地主出身的保守派御史褚成博上疏力言传统轻商之害，极力主张发展近代工商业以解救中国免受侵略。旧式士人孙宝瑄认为："商业者，组织社会之中心点也……苟无商以运输之，交易之，则农工无可图之利，而其利荒矣。是故，富之本虽在农与工，而其枢纽则在商……故曰：商业者，组织社会之中心点也。"到 1900 年，有那么多人亦官亦商。经商活动已经变成仕途以外另一个受人尊重的选择了，例如状元张謇亦投身于商界。郑观应等人对商的重视和倡导，在一定程度上促使了社会风气的转变，扩大了商人的影响，使重商不仅仅是少数人的口号，而形成了具有广泛影响的社会思潮。1901 年，清廷发布上谕，宣布决心开展新政，拉开了振兴工商实业的帷幕。两江总督刘坤一、两湖总督张之洞于 1901 年 7 月会奏建议"修农政""劝工艺""讲求农工商"。1902 年 1 月，山西巡抚岑春煊奏请"振兴农工商以保利权"。1903 年，清廷设立商部。1904 年，有人撰文"商业者，古今中外强国之一大关键也，上古之强在牧业，中古之强在农业，至近世则强在商业。商业之盈虚消长，国家之安危系之"，故"商兴则民富，民富则国强，富强之基础，我商人宜肩其责"。清政府、地方大吏、资产阶级和人民大众振兴工商的呼声彼此交织，构成了 20 世纪初重商主义的主流。

张之洞《劝学篇》经济思想研究

彭立峰

《劝学篇》的作者张之洞（1837~1909），字孝达，号香涛、香严，别号壶公、无竞居士、抱冰等，直隶南皮人（今河北南皮）。道光十七年（1837年）生于贵州兴义府。同治二年（1863年）考中一甲三名进士（探花），历任翰林院编修、国子监司业、湖北学政、四川学政、内阁学士兼礼部侍郎衔。光绪七年（1881年）出任山西巡抚。光绪十年（1884年）升任两广总督。中法战争期间，他同彭玉麟等一起部署抗法战争，起用冯子材等名将，在谅山击败了法国侵略军。这是鸦片战争以来清政府反侵略战争中一次罕见的胜利。光绪十五年（1889年）因督办芦汉铁路，调任湖广总督。从此除两度暂署两江总督外（其中二十至二十一年，二十八年至二十九年两度署理两江总督），他任湖广总督达十八年之久。光绪三十三年（1907年），张之洞奉调进京，升任体仁阁大学士、军机大臣，兼管学部。次年任督办粤汉铁路大臣兼督办鄂境川汉铁路大臣。宣统元年（1909年）病故，后谥"文襄"。他的著作和奏议、公牍、函电等均编入《张文襄公全集》。

《劝学篇》成书于1898年4月。该书共4万余字，分为《内篇》和《外篇》，共计24篇文章。其中，《内篇》包括9篇文章，分别为《同心》《教忠》《明纲》《知类》《宗经》《正权》《循序》《守约》《去毒》；《外篇》共有15篇文章，分别为《益智》《游学》《设学》《学制》《广译》《阅报》《变法》《变科举》《农工商学》《兵学》《矿学》《铁路》《会通》《非弭兵》《非攻教》。大体而言，"《内篇》务本，以正人心；《外篇》务通，以开风气"。此书撰成后，由张之洞的门生、翰林院侍卫读学士黄绍箕进呈光绪帝，受到光绪帝和慈禧太后的一致赞誉。1900年，纽约出版了乌特勒来基（Samuel Wood Bridge）译本，名为《中国唯一之希望》（China's Only Hope）。另外，热罗姆托贝尔还译有法文本。该书内容丰富，涵盖了政治、经济、军事、文化和教育等多个方面，此处主要探讨其中蕴涵的经济思想。

张之洞（1827~1909）

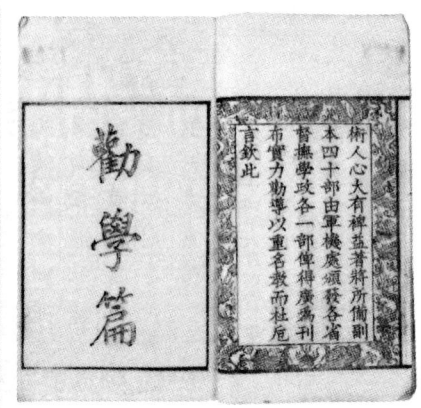
《劝学篇》

一　经济改革指导思想

（一）"保种必先保教，保教必先保国"

甲午战争后，德占胶澳，俄占旅大，列强瓜分中国之势初具。张之洞深感时势的危急，称："今日之世变，岂特春秋所未有，抑秦、汉以至元、明所未有也。语其祸，则共工之狂、辛有之痛，不足喻也。"[①] 他感叹道："一儆于台湾生番，再儆于琉球，三儆于伊犁，四儆于朝鲜，五儆于越南、缅甸，六儆于日本，祸机急矣，而士大夫之茫昧如故，骄玩如故。天自牖之，人自塞之，谓之何哉？"[②] 在此种危急关头，他指出国人应知耻，"耻不如日本，耻不如土耳其，耻不如暹罗，耻不如古巴"；应知惧，"惧为印度，惧为越南、缅甸、朝鲜，惧为埃及，惧为波兰"[③]；应知亡，"惟知亡，则知强矣"[④]。可见，他对时势危急的强调旨在鼓舞国民自强之志，当是出于本心，其见识显然高于当时那些或"狃于晏安而不知祸之将及"或"甘于暴弃而不复求强"的士大夫[⑤]。

---

① 张之洞：《劝学篇》，李凤仙评注，华夏出版社，2002，第1页（以下简称《劝学篇》）。
② 《劝学篇》，第82页。
③ 《劝学篇》，第3页。
④ 《劝学篇》，第4页。
⑤ 《劝学篇》，第4页。

当时救亡图存之论，固已为士大夫所奔走呼号。保全国家政权土地、保种族之自立和保圣教之不失成为当时共同致力的目标。张之洞对此加以综合，并提出"保种必先保教，保教必先保国。种何以存？有智则存。智者，教之谓也。教何以行？有力则行。力者兵之谓也，故国不威则教不循；国不盛则种不尊"①。但是张之洞的保国、保教、保种自有其含义。他所谓的"保国"，以"尊朝廷、卫社稷为第一义"，保的是满族封建统治下的清王朝。张之洞所谓的"保种"，若似民族主义，但它与后来孙中山等革命派所提倡的"民族主义"迥然不同。张之洞说："西人分五大洲之民为五种"，其中"亚细亚洲人为黄种"，"皆三皇五帝声教之所及，神明胄裔种族之所分"②，所谓"保种"保的是"黄种""华种"。借西人成说，张之洞有意扩大中华民族范围，巧妙地掩饰过满汉对立的民族意识，曲为清室回护。他所谓的"保教"，保的是"圣教"。他说："我圣教行于中土数千年而无改者，五帝三王明道垂法，以君兼师；汉唐及明，宗尚儒术，以教为政；我朝列圣尤尊孔、孟、程、朱，屏黜异端，纂述经义，以躬行实践者教天下。"而"三纲为中国神圣相传之至教，礼政之原本，人禽之大防，以保教也"③。可见，张之洞之保教，实自限于极狭窄之义，旨在护卫儒家道统，而非中国全部固有文化遗产。而其对儒家道统的护卫旨在"激发忠爱"，令民众自觉地"以亲上死长为事"④。因此张之洞强调"保国、保教、保种，合为一心，是谓同心"⑤，其实质就是维护清王朝的封建统治。

（二）"中学为体，西学为用"

在此危难之际，如何保国、保教、保种？张之洞认为从经济层面而言，"讲求富强"为"第一义"⑥。那么如何才能求得富强？张之洞认为，"种宜土化，农具粪料，农之智也。机器之用，物化之学，工之智也。访新地，创新货，察人国之好恶，较各国之息耗，商之智也。船械营垒，测绘工程，兵之智也。此教养富强之实政也，非所谓奇技淫

---

① 《劝学篇·内篇》，第2页。
② 《劝学篇》，第39页。
③ 《劝学篇》，第2页。
④ 《劝学篇》，第12页。
⑤ 《劝学篇》，第2页。
⑥ 《劝学篇》，第12页。

巧也。华人于此数者，皆主其故常，不肯殚心力以求之。若循此不改，西智益智，中愚益愚，不待有吞噬之忧，既相忍相待，通商如故，而失利损权，得粗遗精，将冥冥之中举中国之民，已尽为西人所役矣。役之不已，吸之朘之不已，则其究必归于吞噬而后快"①。因此国人必须"知变"，"不变其习，不能变法。不变其法，不能变器"②。无论是"变习""变法"还是"变器"，张之洞强调都必须遵循一条根本的原则："中学为体，西学为用。"

"中学为体，西学为用"之说并非张之洞首创。早在1861年，冯桂芬就在《校邠庐抗议》中提出："如以中国之伦常名教为原本，辅以诸国富强之术，不更善之善者哉！"此后随着洋务运动的开展，从体用、道器、本末、主辅等角度谈论中学、西学关系的人渐渐多了起来。例如郭嵩焘在《致李傅相》一文中明言："虽使尧舜生于今日，必急取泰西之法推而行之，不能一日缓也"，但是"要之国家大计必先立其本，西学其末也。本者何？纪纲、法度、人心、风俗是也"。薛福成则在《出使奏疏》中提出，"夫道德之蕴，忠孝之怀，诗书之味，此其体也。而论致用于今日，则必求洞达时势之英才，研精器数之通才，练习水陆之将才，联络中外之译才。体用兼赅上也，体少用多次也"。王韬在《弢园文录外编》中称："西学西法，非不可用，但当与我相辅而行之可已。"而郑观应在《盛世危言》中明确提出："中学其本也，西学其末也，主以中学，辅以西学。"至19世纪90年代末期，此种认识更为显著而且广泛。例如汤寿潜在《危言》中称："盖中国所守者，形上之道；西人所专者，形下之器。中国自以为通，而渐失其所谓器；西人毕力于器，而有时暗合于道……比而论之，愿人善用其议，善发其愤，求形之下器，以卫形上之道。"陈宝箴在招考时务学堂时出示："查泰西各学，增有精微，而取彼之长，辅我之短，必以中学为根本。惟所贵者，不在务博贪多，而在修身致用。"都察院都事长庆称："说者谓中学为体，西学为用，是学有本末，不容越俎。要在先中后西，方为通体达用之才，否则中学未通，欲讲西学，是犹南辕而北辙，舍本而求末也。"③江宁地方绅士徐垫锡认为："总之，以圣教为根本，以西学为枝叶，培养日久，斯在堂为体用兼全之士，

---

① 《劝学篇》，第82~83页。
② 《劝学篇》，第3页。
③ 国家档案局明清档案馆：《戊戌变法档案史料》，中华书局，1958，第311页。

除官见折冲御侮之才,圣教之绝续,气运之转移,争此一间。"① 1896 年,工部尚书孙家鼐在奏陈中称:"今中国京师创立大学堂,自应以中学为主,西学为辅;中学为体,西学为用。"② 1898 年的《京师大学堂章程》称:"夫中学体也,西学用也。二者相需,缺一不可,体用不备,安能成才?"江苏苏学会的立会宗旨为"以中学为主,西学为辅;中学为体,西学为用。中学有未备者,以西学补之;中学有失传者,以西学还之。以中学包罗西学,不能以西学凌驾中学,此是立会宗旨"。

在《劝学篇》成书之时,中体西用之说已成为当时的"流行语"。但是由于"中西学术之分判,当时学人几乎全取对立互证之法,进而求一调和之途,而入于'中学为体,西学为用'。是以体用二字所涵的意义,是包罗当时人所讲论的一切新义。故不能单自体用本身的训诂求之"③。在"保种必先保教,保教必先保国"的目标下,张之洞的"中学为体,西学为用"自有其义。张之洞称:"图救时者言新学,虑害道者守旧学,莫衷于一。旧者因噎废食,新者歧多而亡羊。旧者不知通,新者不知本。不知通,则无应敌制变之术;不知本,则有非薄名教之心。夫如是则旧者愈病新,新者愈厌旧,交相为愈,而恑诡倾危、乱名改作之流,遂杂出其说,以荡众心。学者摇摇,中无所主,邪说暴行,横流天下。"④ 可见,其提出"中学为体,西学为用"的初衷有二:一是防止"守旧学",以致"无应敌制变之术";二是防止"言新学邪说",以致"非薄名教"。二者之中,后者尤重。他说:"知外不知中,谓之失心;知中不知外,谓之聋瞽。"⑤ 而"今欲强中国,存中学,则不得不讲西学,然不先以中学固其根柢,端其识趣,则强者为乱首,弱者为人奴,其祸更烈于不通西学者矣"⑥。因此他一再强调"西学必先由中学","今日学者,必先通经,以明我中国先圣行师立教之旨,考史以识我中国历代之治乱,九州之风土,涉猎子集,以通我中国之学术文章。然后择西学之可以补吾阙者用之,西政之可以起吾疾者取之"⑦。在"固中学根柢"的前提下,如何择取"西

---

① 国家档案局明清档案馆:《戊戌变法档案史料》,中华书局,1958,第 63 页。
② 盛康:《皇朝经世文新编》(卷五),文海出版社,1972,第 18 页。
③ 王尔敏:《晚清政治思想史论》,广西师范大学出版社,2007,第 42 页。
④ 《劝学篇》,第 1 页。
⑤ 《劝学篇》,第 15 页。
⑥ 《劝学篇》,第 59 页。
⑦ 《劝学篇》,第 59 页。

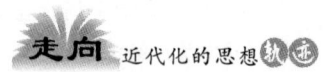

学""西政"为用？张之洞称："中学为内学，西学为外学，中学治身心，西学应世事，不必尽索于经文，而必无悖于经义。如其心圣人之心，行圣人之行，以孝悌忠信为德，以尊主庇民为政，虽朝运汽机，夕驰铁路，无害为圣人之徒也。"①

"孝悌忠信"的"圣教"、"尊主庇民"的"中政"成为张之洞判断西学是否可用的标准。正因为如此，张之洞强烈抨击西方的民权理论和民主政治制度，他说："五伦之要，百行之原，相传数千年，更无异义。圣人之所以为圣人，中国所以为中国，实在于此。故知君臣之纲，则民权之说不可行也；知父子之纲，则父子同罪、免丧、废祀之说不可行也；知夫妇之纲，则男女平权之说不可行也。"② 在他眼中，"民权之说，无一益而有百害"。若立议院，"中国士民至今安于固陋者尚多，环球之大势不知，国家之经制不晓，外国兴学、立政、练兵、制器之要不闻，即聚胶胶扰扰之人于一室，明者一，暗者百，游谈呓语，将焉用之……此无益者一"③。若立公司、开工厂，"有资者自可集股营运，有技者自可合伙造机，本非官法所禁，何必有权？且华商陋习，常有借招股欺骗之事，若无官权为之惩罚，则公司资本无一存者矣。机器造货厂无官权为之弹压，则一家获利百家仿行，假冒牌名，工匠哄斗，谁为禁之？此无益者二"④。"将以开学堂欤？从来绅富捐资创书院、立义学、设善堂，例予旌奖，岂转有禁开学堂之理？何必有权？若尽废官权，学成之材既无进身之阶，又无饩廪之望，其谁肯来学者？此无益者三。""将以练兵御外国欤？既无机厂以制利械，又无船澳以造战舰，即欲购之外洋，非官物亦不能进口，徒手乌合岂能一战？况兵必需饷，无国法岂能抽厘捐？非国家担保岂能借洋债？此无益者四。"⑤ 而张之洞最担心的是"方今中华诚非雄强，然百姓尚能自安其业者，由朝廷之法维系之也。使民权之说一倡，愚民必喜，乱民必作，纪纲不行，大乱四起……昔法国承暴君虐政之后，举国怨愤，上下相攻，始改为民主之国。我朝深仁厚泽，朝无苛政，何苦倡此乱阶以祸其身而并祸天下哉！此所谓有百害者

---

① 《劝学篇》，第 148 页。
② 《劝学篇》，第 13 页。
③ 《劝学篇》，第 52 页。
④ 《劝学篇》，第 52~53 页。
⑤ 《劝学篇》，第 53 页。

也"①。因此当他"近日微闻海滨洋界有公然创废三纲之议者",张之洞深感"怵心骇耳,无过于斯"②。

(三) 小结

张之洞的"中学为体,西学为用"意在通过有限地采用"西学""西政"来维护以"孝悌忠信"为本的"圣教"和以"尊主庇民"为本的"中政",实质是以"西用"捍卫"中体",即在不触动封建统治及其思想意识形态的框架内,引进西方先进的生产方式,以"讲求富强",实现封建统治的长治久安。它契合了清政府的利益要求,因此光绪帝"详加批览"后,大加赞赏其"持论平正通达,于学术人心,大有裨益。著将所备副本四十部,由军机处颁发各省督抚学政各一部,俾得广为刊本,实力劝导,以重名教而杜危言"。其影响遂及于全国。与同时代名卿官宦相比,张之洞提出"中学为体,西学为用",对"西学""西政"持开放的态度,并身体力行洋务,学习和引进西方国家的先进技术和科学知识,促进了新式生产力在晚清中国的生成和发展。也许正是从这一意义出发,《劝学篇》英文译者认为《劝学篇》标志着"长时期以来习惯于孔夫子的陈词滥调下变得死气沉沉的中国人,终于在时代的现实面前苏醒过来"。但是,张之洞的"中学为体,西学为用"曲意为清朝封建统治做回护,以现有政治体制为满足,显见其保守与偏颇。因此1899年,何启、胡礼垣在合撰的《劝学篇书后》中称:"终足以阻新政之行者,莫若《劝学篇》。"

二 产业思想

为了保国、保教、保种,张之洞认为必须在"中学为体,西学为用"的原则下进行经济改革。伴随着"农本"-"重商"-"工本"的思想转变,张之洞力行"湖北新政",尝试建立起一个以钢铁、枪炮、采矿和纺织为主体的轻重并举、军工民用并举的"自相挹注"的近代工业体系。这客观上为我国近代工业化开辟了道路,但是"中学为体,西学为用"的严格框架注定了张之洞的种种努力逃脱不了失败的命运。

---

① 《劝学篇》,第53页。
② 《劝学篇》,第34~35页。

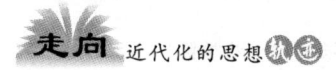

（一）"农本"－"重商"－"工本"的思想转变

1876年，张之洞由四川学政调往京师。当时清廷内部清流党与洋务派正处于斗争之中。清流党有北、南之分，北清流以协办大学士、军机大臣池鸿藻为首，在他的周围聚集了许多北方籍京官，如张佩纶、陈宝琛等。南清流先后以军机大臣沈桂芬、户部尚书翁同龢为首。北、南清流的共同主张就是反对洋务。自从1877年加入北清流后，张之洞和张佩纶、宝廷、盛昱等人一起，坚守传统的农本思想，对李鸿章等洋务派人士讲求洋务讥讽颇多。光绪五年（1879年）钦差大臣崇厚同俄国订立《伊犁条约》后，作为清流党健将的张之洞提出弹劾，并要求朝廷"严饬李鸿章"备战。他责问说："李鸿章高勋重寄，风靡数百万金钱以制机器而养淮军，正为今日。若并不能一战，安用重臣？"他还批评洋务派说："自咸丰以来，无年不办洋务，无日不讲自强，因洋务而进用者数百人，因洋务而糜耗者数千万"，而"阅三朝积弱如故"。①

光绪七年（1881年），张之洞补授山西巡抚。在外任封疆大吏期间，张之洞逐步由清流党健将转变为洋务派代表。受英国浸礼会教士李提摩太的影响，张之洞接触到一些有关西方天文、地理、医药卫生、工艺技术等近代科学知识，对"西技""西艺"有了初步的认识。而在办理吏治、经济、民生等各项具体事务的过程中，张之洞深感固有的封建统治方式已很难应付时局，于是他开始萌发了洋务思想，认为对"西事"应"仿照兴办，极力讲求"，并在太原设立了洋务局。中法战争失败后，时任两广总督的张之洞称"洋务最为当务之急"②。在广州期间，张之洞筹办枪炮厂、织布局、炼铁厂等，并用机器铸造银元，但此时其认识并没有超出重商主义思想的范畴。

1889年，调任湖广总督的张之洞认识到"就外洋富强之术统言之，则百工之化学、机器、开采、制造为本，商贾行销为末，销土货敌外货为先，征税裕饷为后"③。甲午战争后，张之洞进一步认识到"世人皆言外洋以商务立国，此皮毛之论也。不知外洋富民强国之本，实在于工。讲格致，通化学，用机器，精制造，化粗为精，化贱为贵，而后商贾贸迁之

---

① 王树楠：《张文襄公全集·奏议》（卷二）。
② 王树楠：《延访洋务人才启》，《张文襄公全集·公牍》（卷八九）北京文华斋刻本，1928。
③ 王树楠：《张文襄公全集·奏议》（卷二七），北京文华斋刻本，1928。

资，有倍蓰之利"①，并得出了"富民强国之本，实在于工"②的结论，提出"宜讲求工政"。"富民强国之本，实在于工"这一思想的提出，反映了张之洞已超越了重商思想。

张之洞最终能超越重商思想，认识到"富民强国之本，实在于工"，可能主要是基于以下认识。第一，以农立国已不可行。张之洞认为"无农以为之本，则工无所施，商无可运"③，但是"中国生齿繁而遗利少，若仅仅恃农业一端，断难养赡。以后日困日蹙，何所底止？"④他认为中国传统上以农立国，但"田谷之外，林木果实，一切种植，畜牧养鱼，皆农属也。生齿繁，百物贵，仅树五谷，利薄不足以为养"⑤。第二，"恃商为国本"徒流于表。他认为："世人朋谓西国之富以商，而不知西国之富实以工。盖商者运已成之货，工者造未成之货，粗者使精，贱者使贵，朽废者使有用。有工艺然后有货物，有货物然后商贾有贩运"⑥，"工商两业，相因而成，工有成器，然后商有贩运，是工为体，商为用也"⑦。这表明张之洞已经认识到商业繁荣、利润丰厚的背后是靠发达的机器工业支撑，商业不过是分工业之利而已。第三，唯"工"能成"天下大利"。张之洞称："查西洋入中国之货，皆由机器捷速，工作精巧。较原来物料本质，价贵至三四倍、十余倍不等⑧……至如驼羊之毛、鸡鸭之羽，皆弃材也，马牛之皮革，皆贱货也，西商捆载而去，制造而来，价三倍矣。水泥、火砖、火柴、火油、洋毡、洋纸、洋蜡、洋糖、洋钉，质贱用多而易造者也，事事仰给外人，而岁耗无算矣。"⑨因此，张之洞认为要"养九州数百万之游民"，要"收每年数千万之漏卮"，关键不在商，而在"工"，"故尤宜专意为之……中国人数最多，甲于五洲，但能于工艺一端蒸蒸日上，何至有忧贫之事哉？此则养民之大经、富国之妙术，不仅为御侮计，而御侮自在其中矣"⑩。

---

① 王树枏：《张文襄公全集·奏议》（卷三七），北京文华斋刻本，1928。
② 王树枏：《张文襄公全集·奏议》（卷三七），北京文华斋刻本，1928。
③ 王树枏：《张文襄公全集·奏议》（卷五四），北京文华斋刻本，1928。
④ 王树枏：《张文襄公全集·奏议》（卷三七），北京文华斋刻本，1928。
⑤ 《劝学篇》，第126页。
⑥ 王树枏：《张文襄公全集·奏议》（卷三七），北京文华斋刻本，1928。
⑦ 《劝学篇》，第126~127页。
⑧ 王树枏：《张文襄公全集·奏议》（卷三七），北京文华斋刻本，1928。
⑨ 《劝学篇》，第127~128页。
⑩ 王树枏：《张文襄公全集·奏议》（卷三七），北京文华斋刻本，1928。

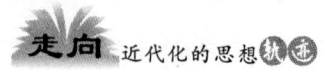

张之洞从"养民""富国"和"御侮"的高度,强调了工业的极端重要性,但是张之洞发展机器工业是以"西学为用",实现"中学为体",即引进西方的新式工业,增强国家的经济实力,维护巩固清政府的统治。由于他人为地割裂了生产力与生产关系,割裂了经济基础与上层建筑,幻想在不触动封建统治的前提下,发展资本主义条件下成长起来的社会化生产力,注定归于失败。

(二) 产业结构思想

与早期洋务派人士相比,张之洞对国民经济各产业之间的关系有着整体性、综合性的认识。这为张之洞有意识地统一筹划自己要兴办的洋务企业提供了理论基础。

第一,工业为枢纽。张之洞认为:"工者,农商之枢纽也。内兴农利,外增商业,皆非工不为功。"① 一方面,"田谷之外,林木果实,一切种植,畜牧养鱼,皆农属也。生齿繁,百物贵,仅树五谷,利薄不足以为养"②。而工业可以为农产品提供广阔市场,增加其附加值,从而提高农户收入,以"养民"。另一方面,"工商两业,相因而成,工有成器,然后商有贩运,是工为体,商为用也"③。发达的机器工业,可以"粗者使精,贱者使贵,朽废者使有用",为商业提供用以流通的商品。是以农、商"皆非工不为功",工业成为国民经济的枢纽。

第二,农业为基础。张之洞认为:"中国以农立国,盖以中国土地广大,气候温和,远胜欧洲,于农最宜,故汉人有天下大利必归于农之说。夫富民足国之道,以多出土货为要义,无农以为之本,则工无所施,商无可运。"④ 可见,他所言"农",不再是传统意义上自给自足的、以满足食粮需求为主要目的的农业,而是为满足"工有所施""商有可运"需求的,与工业化、商品化、市场化紧密联系的近代农业。因此他才感叹"丝、茶、棉、麻四事,皆中国农家物产之大宗也。今其利尽为他人所夺,或虽有其货而不能外行,或自有其物而坐视内灌,愚懦甚矣"⑤。正

---

① 《劝学篇》,第126页。
② 《劝学篇》,第123页。
③ 《劝学篇》,第126页。
④ 王树楠:《张文襄公全集·奏议》(卷五四),北京文华斋刻本,1928。
⑤ 《劝学篇》,第125页。

是从这一意义出发,张之洞一再强调"富国之本,耕农与工艺并重"①;"利民之事,以农为本,以工为用,中国养民急务,无过于此"②。张之洞所说的"以农为本",主要是从农业为工业提供原材料的作用出发,强调农业的基础性作用。"从轻工业原料的角度重农,实际上是把发展新式工业作为国民经济的中心环节来看"③,这与专重于在自给自足封建经济条件下从民食的角度来强调农业重要性的传统农本思想有着本质区别。

第三,商业为纽带。张之洞在认识到"工为体,商为用"的同时,也认识到商业对工业生产有着积极的促进作用。这主要表现为以下两个方面:一是商业通过"速行程、省运费"④之利以"劝工"。因为"货畅路快,运商多,则业此工者自多,制此货者日精。故必商学既博则工艺自盛,若无运商,无销路,则工亦安以劝哉?"二是"商为主,工为使"。张之洞认为:"其精于商术者,则商先谋之,工后作之。先察何器利用,何货易销,何物宜变新式,何法可轻成本,何国喜用何物,何术可与他国争胜,然后命工师思新法,创新器,以供商之取求。"⑤这其实是强调通过商业搜集市场信息,可以有效引导工业生产。正是从这一意义出发,张之洞提出工与商"二者相益,如环如端"⑥。

综上所述,张之洞认为"农之利在畅地产,工之利在用机器,商之利在速行程、省运费"⑦,并初步形成了以工业为主导,以农业为基础,以商业为纽带的产业结构思想,强调"大抵农工商三事互相表里,互为钩贯。农瘠则病工,工钝则病商,工商聋瞽则病农,三者交病不可为国矣"⑧,"然必将农工商三事合为一气贯通讲求,始能阜民兴利"⑨。

(三)轻重工业并举的工业化战略

张之洞提出"以湖北所设铁厂、枪炮厂、织布厂自相挹注,此三厂

---

① 王树楠:《张文襄公全集·公牍》(卷一二一),北京文华斋刻本,1928。
② 苑书义:《张之洞全集》(第2册),河北人民出版社,1998。
③ 赵靖:《中国经济思想通史续集》,北京大学出版社,2004,第392页。
④ 《劝学篇》,第141页。
⑤ 《劝学篇》,第126~127页。
⑥ 《劝学篇》,第127页。
⑦ 《劝学篇》,第141页。
⑧ 《劝学篇》,第127页。
⑨ 王树楠:《张文襄公全集·奏议》(卷三五),北京文华斋刻本,1928。

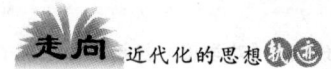

联成一气,通盘筹划,随时斟酌,互相协助,必能三事并举,各睹成功"①。这其实是指出了一条中国实现工业化的道路,即通过优先发展钢铁业和纺织业,走重工业和轻工业同时并举、军事工业和民用工业齐头并进的道路,实现工业化。这与欧美国家的工业化道路不同,欧美各国的工业化均是从以棉纺织业为中心的轻工业开始,经过相当长的时期,积累了大量资本,而工业设备需要全面更新,这就使得以钢铁为中心的重工业的建设和发展日益提到日程上来,并且逐渐超过轻工业成为工业体系的中心。但是作为后进国家的中国,不能沿袭欧美国家的既定模式,否则技术上和设备上就永远只能依赖于先进国家,不可能赶超对方。因此后进国家要实现工业化,必须从一开始就兼重重工业,尤其是重工业的基础钢铁工业。但是后进国家也不能只重视重工业,这是因为重工业以生产生产资料为主,投资多、周期长、收效慢。如果没有以生产消费品为主、投资少、周期短、收效快的轻工业配合,后进国家根本无法筹集到用于重工业投资的足够资金。因此,张之洞为实现政治上"图自强",军事上"御外侮",经济上"挽回利权",提出的"专就湖北铁、布、枪炮三厂通筹互济,相机赶办,期于必成,以仰副圣主开物成务,力图自强之至意"②的轻重工业并举的工业化道路是符合后进国家工业化规律的。

1. 以钢铁业为中心的重工业体系

张之洞的"湖北新政"最初始于军事重工业。中法战争失败后,张之洞认为"必须设厂自铸枪炮,方免受制于人,庶为自强持久之计"③。他于1892年开工建设湖北枪炮厂,1894年该厂正式建成投产,1904年改名为湖北兵工厂。厂内分厂林立,先后设有枪厂、炮厂、罐子钢厂、无烟火药厂、炮弹厂、枪弹厂等,规模宏大,全部员工估计在3000人以上。1894~1907年,该厂共造步马枪11万余支,枪弹4000万余颗,各种快炮740余尊,前膛钢炮120余尊,各种开花炮弹63万余颗,枪炮器具各种钢胚44.6万余磅,无烟火药27万余磅,硝镪水200余万磅④。湖北枪炮厂成为当时国内规模最大、设备最先进的军工企业,其生产的改进型

---

① 王树枏:《张文襄公全集·奏议》(卷三三),北京文华斋刻本,1928。
② 王树枏:《张文襄公全集·奏议》(卷三三),北京文华斋刻本,1928。
③ 王树枏:《张文襄公全集·奏议》(卷二五),北京文华斋刻本,1928。
④ 陈真:《中国近代工业史资料》(第3辑),生活·读书·新知三联书店,1961,第246页。

德国1888年七九步枪（又称"汉阳造"），为全国最优良的步枪。但是由于清廷害怕新式军火流入民间，因此湖北枪炮厂的资金全部来源于财政资金，其中部分源于户部拨款，更多的源于地方自筹。由于清政府财政日益枯竭，无法满足军事工业对资金流充足、稳定、连续的要求，张之洞出于节省财政支出、增加财政收入、减轻对外国的依赖以及保障军事工业可持续发展等多方面的考虑，逐渐将重工业的重心由军事工业转向民用工业。

在民用重工业中，张之洞非常重视钢铁工业。这主要是源于以下认识：①"铁为富国首务"[①]。1889年，张之洞在向清廷所呈《筹设炼铁厂折》中，以广东为例，详细地算了一笔账，光绪十二年（1886年）中国进口钢铁和铁针共计银240万两；同期出口铜铁锡等总计银11.8万两，不及进口额的1/20。针对"民间竞用洋铁，而土铁遂至滞销"而致的漏卮，张之洞认为铁为"富国首务"，"兴利之法，诚无急于此者"[②]。"而地球东半面凡属亚洲界内中国之外，自日本以及南洋各国各岛暨五印度，皆无铁厂……中国创成此举，便可收回利权。各省局厂商民所需，即已甚广。且闻日本确已筹备巨款，广造铁路，原拟购之西洋，若中国能制钢轨，彼未必舍近图远。是此后钢铁炼成，不患行销不旺。"[③] 因此，从钢铁工业产品的广大销路和巨大利润角度而言，"采铁炼钢一事，实为今日要务"[④]。②铁为"振兴工艺商务之始基"。张之洞认为"举凡武备所资，枪炮军械轮船炮台火车电线等项，以及民间日用农家工作之所需，无一不取资于铁"[⑤]。而"各省制造军械轮船等局，所需机器及铁钢各料，历年皆系购之外洋。上海虽设炼钢小炉，仍是买外洋生铁以炼精钢，并非华产。若再不自炼内地钢铁，此等关系海防边防之利器，事事仰给于人，远虑深思，尤为非计"[⑥]。张之洞从国防角度强调钢铁工业是军事工业的基础，从民用角度强调它是民用企业、交通业的根本，视钢铁业为整个工业体系的基础，认识到发展钢铁业对增强国家经济实力的重要作用，提出自建铁厂为"今日讲求西法之大端，振兴工艺商务

---

① 王树楠：《张文襄公全集·奏议》（卷二七），北京文华斋刻本，1928。
② 《劝学篇》，第138页。
③ 王树楠：《张文襄公全集·奏议》（卷三三），北京文华斋刻本，1928。
④ 王树楠：《张文襄公全集·奏议》（卷三三），北京文华斋刻本，1928。
⑤ 王树楠：《张文襄公全集·奏议》（卷二七），北京文华斋刻本，1928。
⑥ 王树楠：《张文襄公全集·奏议》（卷三三），北京文华斋刻本，1928。

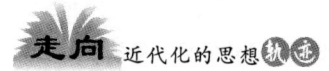

之始基"①。

基于以上认识,张之洞视创办铁厂为兴办洋务企业的重心,并为建立钢铁工业耗费了大部分精力。早在1885年7月,张之洞就曾建议开采广东清远、惠州等地的铁矿,自行冶炼钢铁,为军事工业提供原材料。1889年9月,他再次提出在广州城凤凰岗建炼铁厂,"必须自行设厂,购置机器,用洋法精炼,始足杜外铁之来"。调任湖广总督后,张之洞决定于湖北武汉创立汉阳铁厂。通过部款、省款、借省款、挪借枪炮厂款、挪借织布局款、借商款以及捐款等多方筹集资金②,汉阳铁厂于1891年1月动工,1894年6月正式建成投产。汉阳铁厂是我国近代第一家钢铁企业,开中国近代钢铁工业的先河。它比日本八幡制铁所早7年,而当时"地球东半面、亚洲之印度、南洋、东洋诸国均无铁厂,止中国新创铁厂一处"③,作为当时亚洲第一家名副其实的大型钢铁联合企业,汉阳铁厂引起了国际社会的关注。

汉阳铁厂投产近1年半的时间中,由于燃料供应不足等原因,产量仅相当于两个月的生产能力。张之洞曾经多方呼吁:"中国铁厂尤宜多方护持振兴以期畅旺。所有北洋铁路局及各省制造机器、轮船等局需各种钢铁物料,或开明尺寸,或绘寄图样,汉阳铁厂均可照式制造,与外洋物料一律适用。工本或先付一半,或三分之一,或酌付定银,与各省商办。"④但是由于产品质量不高、成本不低、外洋铁厂"故意减价求售"等原因,汉阳铁厂的产品销路一直不好。李鸿章也曾以汉阳铁厂轨价"工本运费每吨至40两之多",而外洋价格仅30两为由,拒绝使用汉阳铁厂所产钢轨。截至1895年9月,汉阳铁厂各类钢铁产量为8780余吨,本厂自用3870吨,外售外用1498吨,枪炮厂用396吨,积压3020吨⑤。汉阳铁厂陷入困境,而日本八幡制铁所后来居上,其规模设备和管理"远在汉厂之上,实东方劲敌"。

为挽救汉阳铁厂,张之洞原本打算招洋商承办,英法商人表示愿以500万两合股,但由于清廷和国人反对,该方案被搁置。张之洞转为以下

---

① 王树楠:《张文襄公全集·奏议》(卷三九),北京文华斋刻本,1928。
② 孙毓棠:《中国近代工业史资料》(第1辑,下册),科学出版社,1957,第885~887页。
③ 王树楠:《张文襄公全集·奏议》(卷三九),北京文华斋刻本,1928。
④ 苑书义:《张之洞全集》(第2册),河北人民出版社,1998,第933页。
⑤ 孙毓棠:《中国近代工业史资料》(第1辑,下册),科学出版社,1957,第796~797页。

途径：一是改官办为官督商办，解决资金问题。1896年5月，张之洞饬委盛宣怀督办铁厂，在《铁厂招商承办章程》中规定"嗣后需用厂本，无论多少，悉为商办"①。但是民间资本响应并不积极，盛宣怀只得调用自己控制的轮船招商局、电报局及中国通商银行等洋务企业资金，资金紧张仍是制约汉阳铁厂发展的瓶颈。这为后期汉阳铁厂过分依赖外债埋下伏笔。二是建成萍乡煤矿，解决汉阳炼铁厂的能源供应问题。张之洞称："西人谓煤矿之利国利民，实在五金之上。五金若乏，可以它物代之，煤则孰能代之：煤源一断，机器立停，百事俱废，虽有富强之策，安所措手哉？"②而"若炼铁炼钢，必须焦炭，非佳煤不能炼焦炭，非西炉西法，所炼亦不能精，此又煤矿之相因递及者"③。张之洞提出"募西人之曾办矿厂确有阅历者，与议包办"，"一切用人购器，听其主持，不掣其肘，约定出矿后，优给余利"或是"与西人合本开采，本息按股匀分，但西本止可十之三四，不得过半"④，但是遭清廷拒绝。盛宣怀接办汉阳铁厂后，借外债建成萍乡煤矿，解决了汉阳铁厂的燃料供应问题。自此，汉阳铁厂的产量和质量均有较大提高。1905年生铁产量为3.2万吨，1907年为6.2万吨。其生产的钢材，经英、德工程师检验，均为头等钢材。三是修建铁路，解决汉阳铁厂产品的销路问题。张之洞重视铁路建设，但认为"储铁宜急，勘路宜缓"，因此坚持先办铁厂，后开铁路。汉阳铁厂的销路困境促使张之洞加快了修建铁路的步伐。在张之洞的极力争取和亲自督办下，芦汉铁路于1904年建成通车。汉阳铁厂所产钢轨主要用于芦汉、粤汉、津浦等铁路干线。经过上述努力，汉阳铁厂逐步扭亏为盈，尤其是1908年汉阳铁厂、大冶铁矿和萍乡煤矿于合并为汉冶萍公司后至1910年期间，公司产销两旺，获得丰厚。可惜的是，由于后期过分依赖外债，汉冶萍公司最终被日本帝国主义控制，张之洞"力图自强"的努力以失败告终。但是张之洞的心血没有白费，因为从一定意义上而言，汉阳铁厂奠定了我国重工业的基础，因此毛泽东称："要说中国近代工业，不能忘记搞重工业的张之洞。"⑤

---

① 陈真：《中国近代工业史资料》（第3辑），生活·读书·新知三联书店，1961，第386页。
② 王树楠：《张文襄公全集·奏议》（卷二二），北京文华斋刻本，1928。
③ 《劝学篇》，第139页。
④ 王树楠：《张文襄公全集·奏议》（卷三九），北京文华斋刻本，1928。
⑤ 凌耀伦、周永林：《卢作孚研究文集》，北京大学出版社，2000，第1页。

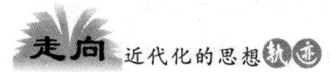

2. 以纺织业为中心的轻工业体系

在大力主张建铁厂、开煤矿、修铁路的同时，张之洞积极主张建立以纺织业为中心的各种轻工业。他认为"华民所需外洋之物，必应悉行仿造。虽不尽断其来源，亦可渐开风气……我多出一分之货，即少漏一分之财，积之日久，强弱之势必有转移于无形者"①。而轻工业投资少，"盈利丰多"，可以为投资大、周期长的铁厂、铁路等提供资金支持，"互相挹注"。因此张之洞始终重视创办各类轻工业企业，他亲自创办的纺织企业主要有：

第一，湖北织布局。张之洞认为"棉、布本为中国自有之利，自有洋布、洋纱，反为外洋独擅之利。耕织交病，民生日蹙，再过十年，何堪设想？今既不能禁其不来，惟有购置机器，纺花织布，自扩其工商之利，以保利权"②。张之洞于1890年正式开始建设湖北织布局，1893年建成投产，成为华中地区第一座新型的近代纺织企业。全局拥有织布机1000台，纱锭3万枚，工人2500名，并聘用数名外国技师作技术指导。《申报》（光绪二十年十月十三日）曾称："近来织造局所出棉纱、棉布甚合华人之用，通行各省，购取者争先恐后，以故货不停留，利源日广。"张之洞自己也称："自湖北设织布局以来，每年汉口一口进口之洋布，已较往年少来十四万匹。"③湖北织布局的设立在一定程度上实现了张之洞"土产抵洋货"的进口替代战略，并曾给予湖北枪炮厂一定的资金支持。

第二，湖北缫丝局。张之洞考察上海、广东等地时，见该地区多用机器缫丝，"专售洋商，销流甚旺，实为畅销土货之一大端"。而"湖北产丝甚多，惟民间素未见机器缫丝之法"④，"第以人工缫制，未能精细，以致销路尚未大见畅旺"⑤。张之洞遂于1895年建成湖北缫丝局，同时为保证原料供应，张之洞在武昌设立蚕丝局。湖北缫丝局投产当年"每日制出上等品三十斤，普通品十八九斤"⑥，其制成品全部输于上海。19世纪末，国际丝绸市场发生变化，人造丝逐渐取代蚕

---

① 王树枬：《张文襄公全集·奏议》（卷二七），北京文华斋刻本，1928。
② 王树枬：《张文襄公全集·奏议》（卷二六），北京文华斋刻本，1928。
③ 《劝学篇》，第125页。
④ 王树枬：《张文襄公全集·奏议》（卷三五），北京文华斋刻本，1928。
⑤ 孙毓棠：《中国近代工业史资料》（第1辑，下册），科学出版社，1957，第951页。
⑥ 孙毓棠：《中国近代工业史资料》（第1辑，下册），科学出版社，1957，第956页。

丝，国际市场丝价由每担 700 元跌至 200 元，给湖北缫丝局造成很大压力。

第三，湖北纺纱局。张之洞认识到洋纱的冲击甚于洋布，因为"北自营口，南至镇南关，洋纱一项进口日多，较洋布行销尤广。川楚等省或有不用洋布之区，更无不销洋纱之地。开源塞漏，断以此为大宗"①。而纺纱厂投资少、利润丰、收效快，"既能辅佐布局之不逮，兼可协助铁厂之需要"②，既能堵洋纱之漏卮，又可为汉阳铁厂提供资金支持。张之洞遂拨官款 30 万两，招商股 30 万两，并通过驻英公使薛福成，与英商谈判，用分期付款的方式订购纺纱机，于 1897 年建成湖北纺纱局。开工后，经营效益不错，1899 年获利约 5 万金。

第四，湖北制麻局。湖北盛产苎麻，因为"商民不谙制造，视为粗质，悉以贱值售诸洋商"③，而洋商以机器精加工后，高价返销中国。张之洞从海关进口货物统计资料中，见到苎麻布一项"为数不赀"，遂萌生在湖北设立制麻厂的想法。1894 年，张之洞上折称"查麻即系湖北土产宜可机制之货，亟宜钦遵谕旨，在省城设立制麻专厂。官先筹款设局以为之倡，民再集股份办以为之继，当必有如今日之设局纺织织布各事者，通商惠工之道无逾于此"④。湖北制麻局于 1897 年开工筹建，于 1906 年建成。

张之洞相继创办织布、缫丝、纺纱、制麻四局后，本想建成完整的纺织工业体系，但因资金困难，难以为续，上述四局也于 1902 年出租给广东应昌公司商办。武汉逐渐成为华中地区最大的纺织工业中心，这其中张之洞的首创功不可没。

（四）小结

伴随着"农本"－"重商"－"工本"的思想转变，张之洞力行"湖北新政"，在督鄂的 18 年内，亲自主持和督办 11 家工业企业，涉及钢铁、枪炮、棉纺、缫丝、麻纺、皮革等行业，职工人数最多时达到 1.6 万余人，占我国当时工人总数的 1/9，在他所管辖的湖北境内初步形成了轻重工业并举的体系和框架。虽然"中学为体，西学为用"的指导思想

---

① 孙毓棠：《中国近代工业史资料》（第 1 辑，下册），科学出版社，1957，第 940 页。
② 王树楠：《张文襄公全集·奏议》（卷三五），北京文华斋刻本，1928。
③ 王树楠：《张文襄公全集·公牍》（卷一二），北京文华斋刻本，1928。
④ 王树楠：《张文襄公全集·公牍》（卷一二），北京文华斋刻本，1928。

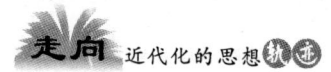

决定了张之洞工业化的努力归于失败,但是他所主张的轻重工业并举的工业化道路是符合规律的,尤其是他建立了汉阳铁厂,第一个把钢铁工业引进中国,促进了中国近代重工业的发展。

三 企业思想

张之洞的"湖北新政"涉及钢铁、铁路、采矿、纺织等诸业,资金需求巨大,但捉襟见肘的清政府已无足够的财力进行全面投资。为了筹集充足的资金以兴办新式民用工业,张之洞认为除官办外,可采用官督商办、官商合办、官倡商办等多种形式来创办新式企业,并提出"利权分离论"为之辩护。

(一)"官督商办"-"官倡民办"-"官商合办"

官督商办的形式并非张之洞首创。早在甲午战争前,李鸿章就倡导采用该形式,其主要是出于以下考虑:第一,弥补财政资金缺口。李鸿章办军事工业已感支绌难继,在"求富"的口号下试图创办新式工商业以"筹饷",其投资范围涵盖了纺织、采矿、交通运输等行业,资金需求庞大。但清政府财政困难,无力单独投资。而当时实业外债备受质疑,李鸿章对之亦审慎,故希望借助于民间资本,建议"或由官筹借资本,或劝远近富商凑股合立公司"①。第二,扶持商力,渐开风气。李鸿章在筹办轮船招商局时曾称:"诚以商务应由商任之不能由官任之。轮船商务牵涉洋务,更不便由官任之也,与全项设立官局开支公款,迥不相同。"但是"各省在沪股商,或置轮船,或挟资本,向各口装载贸易,向俱依附洋商名下","若由官设立商局招徕,则各商所有轮船股本必渐归并商局"②。他认为"惟因此举为收回中国利权起见,事体重大,有裨国计民生,故须官为扶持,并酌借官帑以助商力之不足"③,还可借此"渐开风气以利民用"④。第三,限制私人资本。李鸿章担心:"逮其久风气渐开,凡人心

---

① 吴汝纶:《李文忠公全集·奏稿·筹议海防折试办招商轮船局折》,光绪三十一年刻本。
② 吴汝纶:《李文忠公全集·奏稿·筹议海防折试办招商轮船局折》,光绪三十一年刻本。
③ 吴汝纶:《李文忠公全集·奏稿·复陈招商局片》,光绪三十一年刻本。
④ 吴汝纶:《李文忠公全集·奏稿·筹议海防折》,光绪三十一年刻本。

126

智慧之同，且将自发其覆。臣料数十年后，中国富农大贾，必有仿造洋机器制作以自求其利益者，官法无从为之区处。"① 他说：若"漫无钤制"，"久恐争利滋弊"②，故须"官为维持"③。因此李鸿章在筹建上海机器织布局时，一方面为其争取到"其应完税厘一节，该局甫经倡办，销路能否畅旺，尚难预计，自应酌轻成本，俾得踊跃试行，免被洋商排挤，拟俟布匹织成后，如在上海本地零星销售，应照中西通例，免完厘税"的税收优惠。另一方面，他强调："10 年以内，只准华商附股搭办，不准另行设局。"④

面对地方督抚的强烈要求，清廷出于减少财政支出和增加财政收入的双重考虑，予以首肯。在得到清廷的明确肯定后，以李鸿章为首的洋务派开始在各自的辖区内以地方财政资金创办或支持创办民用企业。据不完全统计，1873~1894 年，洋务派共创办和支持创办了 47 家新式民用企业，投资范围包括采矿、冶炼、铁路运输、轮船运输、通信、纺织等诸业。受制于"以浚饷源"的目的，这些企业以从事采矿业为主，并且具有浓重的为军事和军用工业服务的色彩。但当时很多商人、富民以及与这些人有联系的人士曾对官督商办表示过肯定和拥护。这是因为一方面，当时反对新技术、办新式工业的封建顽固守旧势力十分强大，有投资兴办新式工业要求的商人、富民无力单独对抗这种强大的压力，他们希望得到手握重权的洋务派大官僚的支持和保护。另一方面，这些商人、富民资力薄弱、分散，要自行组织起来办企业，困难重重，希望得到政府的倡导和支持。官督商办的形式在一定程度上契合了他们的需求。

在新式民用工业的开创时期，官督商办这种形式推动了风气的渐开，带动了民间的投资热情。根据 1882 年 8 月 12 日《申报》的记载，当时出现过"每一新公司起，千百人争购之，以得股为幸"的可喜局面。所以当时李鸿章没有对官督商办进行较系统的理论辩护。但是随着官督商办企业运营的不断恶化，其官僚垄断、限制私人资本等诸多弊病逐渐暴露，日益严重阻碍和限制新式工业的发展。甲午战争后，很多曾经肯定和拥护过官督商办这种形式的人士转而否定官督商办，

---

① 吴汝纶：《李文忠公全集·奏稿·筹议海防折置办外国铁厂机器折》，光绪三十一年刻本。
② 吴汝纶：《李文忠公全集·朋僚函稿·复翁玉甫中丞》，光绪三十一年刻本。
③ 吴汝纶：《李文忠公全集·朋僚函稿·复丁稚璜宫保》，光绪三十一年刻本。
④ 吴汝纶：《李文忠公全集·奏稿·试办织布局折》，光绪三十一年刻本。

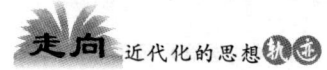

饱受"官督"之害的新式企业中的商股以及社会上要求投资兴办新式工商业的"商民"日益反对和抵制"官督",要求自办新式工业。"千百人争购之,以得股为幸"的盛况不再,代之而起的是"群商裹足"。

甲午战争后张之洞仍然坚持官督商办的企业形式,但其初衷与当年的李鸿章有所区别。对于张之洞而言,官督商办更多的是迫于财政压力下的无奈之举。由于甲午战争后社会民众对官督商办普遍不满,张之洞提出将"官督商办"改为"官倡民办",即先以官办形式设立企业,然后再"招集商股,归还官本"①。但由于商股招募不足,张之洞不得不保留一部分官股,再改为"官商合办"。由于企业的经营管理权始终牢牢地掌握在官府手中,因此所谓的"官倡民办""官商合办"不过是"官督商办"的翻版而已。张之洞在死前向清廷所上的《遗折》中,仍念念不忘"官商合办"的主张,并一再强调在官商合办中必须"官为主持"。可见,"官督商办"-"官倡民办"-"官商合办"等名称万变不离其宗:民资官控。

(二)"利权分离论"-"官商分权论"

由于是在众人唾弃的情形下坚持官督商办,张之洞不得不对之进行理论上的辩护。为此,张之洞在"中学为体,西学为用"的指导思想下提出了"利权分离论"。在他看来,企业的"利"和"权"应相互分离,"商能分利",但权由官专。其主要理由有:第一,商不必有权。他说:"将以立公司、开工厂欤?有资者自可集股营运,有技者自可合伙造机,本非官法所禁,何必有权?"②第二,官必须有权。在他眼中,"且华商陋习,常有借招股欺骗之事,若无官权为之惩罚,则公司资本无一存者矣。机器造货厂无官权为之弹压,则一家获利百家仿行,假冒牌名,工匠哄斗,谁为禁之?"③况且"大抵商人自谋,约有数弊:一不能延聘真师,二不能考寻善地,三不能烹炼得法,四能得货即售。如官为聘师、寻地、授法、考工,所产之矿收归官用……二者相辅,商得其利,官收其功"④。由此他得出结论:"筹款招股无妨

---

① 王树楠:《张文襄公全集·奏议》,(卷二七),北京文华斋刻本,1928。
② 《劝学篇》,第 52~53 页。
③ 《劝学篇》,第 52~53 页。
④ 王树楠:《张文襄公全集·奏议》(卷二七),北京文华斋刻本,1928。

借资商办，而其总持大纲，考核利弊之权，则必操之于国家"，"盖国家所宜与商民公之者利，所不能听商民专之者权"①。"利权分离"论的实质是将企业利润分配权与企业的经营管理权相分离，商民有按占有股权参与企业赢利分配之"利"，但是企业的经营管理权必须全部由官方控制和掌握，出资的商民无权参与企业的经营管理。这导致"商民虽经入股，不啻途人，即岁终分利，亦无非仰他人鼻息；而局费之当裁与否？司事之当用与否？皆不得过问"②。因此"商民愈涉疑惧，一闻官办，动辄蹙额，视为畏途"。③

由于"利权分离论"赤裸裸地剥夺了出资商民的经营管理权，商民拒绝出资入股，张之洞进一步将"利权分离论"修改为"官商分权论"，称官、商各有其权。凡"用人、用财及一切买地、购料、雇工，凡计费、筹款、管理、出纳之事，皆以股东公议为定，此商之权也"；"至于地段之宜与不宜，公司所办之事与法律合与不合，以及铁路与地方他项民业、商业有关涉之事，此省与他省有关涉之事，皆由官统筹而裁断之；将来行车章程有应限制者，有应妨禁者，有应变通减价者，则由官按照国家法律，各国铁道通规，合之本省地势商情，酌采而施行之，此官之权也"。在此基础上，他说："商权官断不侵，官权商亦不抗，乃能相济而成功"。④ 表面上看，商权与官权划分清晰，商民基本能掌握企业的经营管理权。但是另一方面，张之洞强调，"官虽不干预其银款，而用款必须报知；官虽不干预其用人，而所用之人有不合礼法者，官亦可公司撤换"⑤；并且"公司总理人由股东公举，呈候本省督抚会同总办大臣核准，方能任事，仍定以年限，并由本省督抚另委实缺司道充该公司监督。凡财政、工程、贸易、用人等事，虽由股东公举之总理人酌办，仍应事事通知监督，听监督随时考察"⑥。在"商不能抗官权"的前提下，张之洞就这样借助官力将商权一一架空，"官商分权论"至此与无异于"利权分离论"。

"利权分离论"充分暴露了张之洞对民间资本的真实态度，即利用和

---

① 王树枬：《张文襄公全集·奏议》，（卷六八），北京文华斋刻本，1928。
② 贺长龄：《皇朝经世文编》（第26卷），台北：文海出版社，1972。
③ 朱寿朋：《光绪朝东华录》（第185卷），中华书局，1958。
④ 王树枬：《张文襄公全集·奏议》（卷六八），北京文华斋刻本，1928。
⑤ 王树枬：《张文襄公全集·奏议》（卷六八），北京文华斋刻本，1928。
⑥ 王树枬：《张文襄公全集·电牍》（卷二六三），北京文华斋刻本，1928。

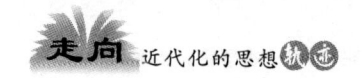

压制。一方面迫于财政压力,张之洞希望对民间资本加以利用。他曾坦言:"盖铁路为全国利权所关,不甘让利于商",但"若统归官办,则经费较巨,筹款不易,且无以慰商人欣羡之情,更无以开干路招股之局。莫若官商合办,通力合作,计本分息,庶大局有益,而商情亦顺"①。可见为了"筹款"而对民间资本加以利用,张之洞虽然"不甘",但还可以接受"让利于商"。另一方面,张之洞并不信任民间资本,"不肯让权于商",希望对之牢牢地加以限制。以铁路为例,他称"若统归商办,则利权固嫌下移"②。因此他宣称:"官督商办之要义,大率不过两端:权限必须分明,而维持必须同心。商无利则无人入股,官无权则隐患无穷。"③张之洞害怕商办导致"利权下移",民权兴起,"官权"落空,"纪纲不行,大乱四起",危及清政权的统治。这是张之洞绝对不能容忍的。因此允许商民投资兴办新式工商企业,但不得享有企业经营管理权,就成为张之洞的底线。

(三) 小结

官督商办等形式,本可为政府与民间资本的通力合作提供可能。张之洞原本能够以此为平台,借助行政力量整合民间资源,加速经济现代化进程。但是张之洞的官督商办企业以官方控制方式压制民间资本,阻碍了民间资本投资和创新机制的形成。他对民间资本的严格防范和深深戒备,最终导致了彼此的对立。这不仅决定了张之洞所兴办的洋务企业的最终失败,还导致了张之洞对外债的深深依赖。

四 外债思想

为了保国、保教、保种,张之洞认为必须创办新式工业,但是政府财政支绌,"利权分离论"下的官督商办令"群商裹足",张之洞于是将目光转向外债,视举借外债为"自强之机",并大力付诸实践。在张之洞等人的鼓吹和带动下,甲午战争后"大举借债之潮流,乃如黄河横决不可遏抑矣"④,清政府全面大肆举借外债。据不完全统计,

---

① 王树枏:《张文襄公全集·奏议》(卷六八),北京文华斋刻本,1928。
② 王树枏:《张文襄公全集·奏议》(卷四四),北京文华斋刻本,1928。
③ 王树枏:《张文襄公全集·奏议》(卷一一),北京文华斋刻本,1928。
④ 曾鲲化:《中国铁路史》,燕京印书局,1924,第97页。

甲午战争后清政府共向列强举借外债144笔，金额总计约13.6亿两，其中实业外债73笔，金额总额为4.7亿两。外债次数之多、金额之巨、利息之高、期限之长、条件之苛刻，均远远超出甲午战争以前的水平。这给晚清中国的政治、经济和社会带来了严重、广泛而深远的影响。

（一）"自强之机"

甲午战争后至清王朝灭亡之前，各式"借债救国"的论调不绝于耳。其中张之洞倡导外债为"自强之机"，"不若多借一二"的论调最具影响力。张之洞力主"借债救国"，主要是基于以下考虑。

第一，从经济层面而言，张之洞认为"不若多借一二"。对于实业外债，张之洞向来不排斥。他初办新式工业，就是利用中法战争期间向汇丰银行的借款余额100万两进行的，正如他自己所说，这笔外债余额为他解决了"粤省学堂、枪厂、电厂之需"①。随着洋务活动的不断扩展，张之洞举借外债的规模逐渐扩张。甲午战争的失败，使张之洞认识到中国修筑铁路的重要性和紧迫性。他说："有一事而可以开士、农、工、商、兵五学之门者乎？曰：'有。铁路是已'……西法富强，尤根于此。"②他认为"士有铁路，则游历易往，师友易来。农有铁路，则土苴粪壤，皆无弃物。商有铁路，则急需者应期，重滞者无阻。工有铁路，则机器无不到，矿产无不出，煤炭无不敷。兵有铁路，则养三十万精兵，可以纵横战守四海……若铁路不成，五学之开未有日也。"③他深叹："及今图之，为时已晚，若再因循顾虑，恐尽为他人代我而造之矣。"④张之洞遂放弃甲午战争前原定的10年乃至更长的愚公移山式的筹款计划，转而认为："时阅五年，拨官款为数甚微，拓集民股，亦仅百数十万元，毫无济事，诚以中国财源枯竭，商办未定，欲成此纵横两大干路工程，舍借款无速兴修之方"⑤。在他看来，借外债修路"其尤便者，凡借洋款，皆须抵押，独修铁路一事，借款即以此路作抵，无须他物，商为之则利在商，国为之则利在国"⑥。

---

① 王树楠：《张文襄公全集·奏议》（卷一一），北京文华斋刻本，1928。
② 《劝学篇》，第141页。
③ 《劝学篇》，第141~142页。
④ 《劝学篇》，第142页。
⑤ 王树楠：《张文襄公全集·奏议》（卷二七），北京文华斋刻本，1928。
⑥ 《劝学篇》，第142页。

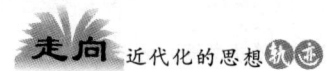

因此当甲午战争失败后,清廷为支付对日赔偿而大量举借外债时,张之洞联合刘坤一提出了一个在赔款之外,再举外债以训练海陆新军、修筑铁路、制造枪炮、开设学堂等的计划。张之洞认为,"此数事乃中国安身立命之端,万难缓图,若必待筹有巨款始议施行,则必至一切废沮自误而后已。今日赔款所借洋债已多,不若多借一二,乃于此创巨痛之际,一举行之,负累虽深,而国势仍有蒸蒸日上之象,此举所借之款,尚可从容分年筹补。果可以经有自强之机,自不患无还清之法"①。此种不顾偿还能力而盲目大肆借债的做法,为清廷外债政策的失败埋下隐患。

第二,从外交层面而言,张之洞视外债为实现外交均势的手段,主张"厚集洋债,互均势力",试图以此达到"以夷制夷"的目的。1901年,张之洞提出:"开门通商","惟恃各国牵制"②。在借债修路之际,张之洞最初一再向英方借款,后认为"专借英款,将来无论如何搜括,亦不能还清,英国必索我地方作抵,是又生一患矣"。他于是提出向外国"共同借款",除英国外,还向德、比、法、美、日等国借款,试图利用外国资本之间的矛盾,互相牵制,以夷制夷。当俄国据有东清铁路和南满支线特权后,张之洞立即建议借英款建关东铁路,以"使俄从中有阻隔,彼尚有所顾忌牵制"③。张之洞的这一策略思想,最终发展为主张东北"门户开放","许各国开门通商",让各国共管,"惟恃各国牵制",以禁绝俄人独吞满洲④。此种外债政策貌似巧妙,实则懦弱。西方列强在瓜分晚清中国的过程中,彼此之间确实存在着某些利益冲突,这为晚清中国外交提供了一定的斡旋空间。但是此种空间极其有限,因为在瓜分晚清中国这一点上,西方列强有着共同的根本利益。因此张之洞不是着眼于增强自身综合实力,而是妄图以大举借债来"互均势力","以夷制夷",实在是懦弱而愚蠢,非但不可能达到救亡图存的目标,反而为列强加强对中国的控制和剥削提供了渠道。

基于以上认识,张之洞大力举借外债(见表5-1)。在张之洞所举借的外债中,实业外债占很大比重。与军需外债相比,这些实业外债并不属于财政应急的范畴。虽然张之洞在举借实业外债时在选择债权人等方面存

---

① 王树柟:《张文襄公全集·奏议》(卷三五),北京文华斋刻本,1928。
② 王树柟:《张文襄公全集·奏议》(卷三七),北京文华斋刻本,1928。
③ 范文澜:《中国近代史》(上册),人民出版社,1955,第332页。
④ 《宣统政纪》(第40卷,石印本),辽海书社,1934,第13页。

在被动的成分,但远非"城下之盟",它反映出张之洞在举借实业外债时有一定的主动性。

表 5-1 张之洞举借外债简况

序号	类别	债项名称	时间	债权人	金额（库平银:两）	利率
1	铁路外债	芦汉铁路借款	1898	（比）比利时铁路公司	33056186	年息5厘
2		粤汉铁路借款	1900	（美）合兴公司	9965620	年息5厘
3		芦汉铁路短期借款	1901	（比）比利时铁路公司	1700000	
4		沪宁铁路借款(1)	1903	（英）中英公司	23443803	年息5厘
5		京汉路完工小借款	1905	（比）比合股公司	3597100	年息5厘
6		赎回粤汉铁路借款	1905	（英）香港总督府	7913620	年息4厘5毫
7		津浦铁路借款(1)	1908	（德）德华银行	25819605	年息5厘
8		津浦铁路借款(2)	1908	（英）华中铁路公司	15163895	年息5厘
9	其他实业借款	粤订炼铁机借款	1889	（英）汇丰银行	131670	
10		鄂织布局借款(1)	1890	（英）汇丰银行	100000	年息5厘
11		鄂织布局借款(2)	1890	（英）汇丰银行	60000	年息5厘
12		萍乡煤矿借款(1)	1899	（德）礼和洋行	1428146	年息7厘
13		萍乡煤矿借款(2)	1902	（德）礼和洋行	1224637	年息7厘
14		萍乡煤矿借款(3)	1904	（俄）华俄道胜银行	131917	
15		萍乡煤矿借款(4)	1905	（日）大仓组	216540	
16		萍乡煤矿借款(5)	1907	（日）大仓组	1227060	年息7厘5毫
17		汉阳铁厂借款(1)	1903	（日）大仓组	187000	
18		汉阳铁厂借款(2)	1904	（日）兴业银行	2165400	年息6厘
19		汉阳铁厂借款(3)	1906	（日）三井物产会社	721800	年息7厘5毫
20		汉阳铁厂借款(4)	1907	（日）正金银行	216540	年息7厘
21	军需借款	广东海防借款(3)	1884	（英）汇丰银行	1000000	月息7厘5毫
22		滇桂借款	1885	（英）宝源洋行	1000000	年息8厘5毫
23		广东海防借款(4)	1885	（英）汇丰银行	2012520	
24		援台规越借款	1885	（英）汇丰银行	2988861	月息7厘5毫
25		张之洞购械借款	1895		1000000	

资料来源:许毅:《从百年屈辱到民族复兴——清代外债与洋务运动》(第1卷),经济科学出版社,2006。

133

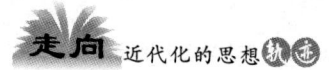

（二）芦汉模式："权自我操，利不外溢"的落空

张之洞所举借的实业外债用途多样，除铁路外债外，还有矿业外债、钢铁外债等其他外债。其中，铁路外债无疑最为重要。与甲午战争前李鸿章所倡导的"审慎借债"不同，甲午战争后的张之洞在"自强之机""不若多借一二"的思想指导下，另创芦汉模式。

1. 芦汉模式的形成

1896年，张之洞在"权自我操，利不外溢"的思想指导下，开始筹划芦汉铁路借款。他有意选择了比利时这一小国作为债权人，认为："比究是小国，不过图工作之利，别无他志。若用大国之款办此中权干路，实多不便，千万宜防"①。在"路权第一，利息次之"的口号下，张之洞称："路可造，被迫而权属他人者不可造；款可借，被迫而贻害大局者不可借。"②他明确提出如下五项借款条件：第一，利息4厘。第二，不打折扣。第三，物料各国投标，物好价廉者定，不能必用比料。第四，借款与路工截然两事，路工章程利益，比国不得干预。第五，借款唯以路为抵，需先借银后造路，不能待造成之路作抵。"比商皆允如议"，双方遂于1897年5月签订借款草约。

但是不出王文韶所料，比利时"兜揽时通融异常，定议时要挟特甚"③，以较宽松的条件成立草约只是比利时精心设计的骗局。而且比利时银团本有俄、法两国的资本，俄、法、比三国在远东国际关系中又已结成同盟。借款草约签订后，比利时就在俄、法的支持下，步步紧逼，不断提出各种苛刻的经济和超经济条件。张之洞虽然一再觉得不满，甚至"愤闷之至"④，但是面对比利时"不如此，便决裂"的威胁，张之洞担心："此款不成，他事难办；改借他国，必须再奏必致枝节横生"，于是步步退缩。他认为："稍认吃亏，赶紧定局为是"，甚至表示"可先画押，以免反覆"⑤。在张之洞的委曲求全下，双方最终于1898年6月26日订立了正式的借款合同。合同规定：借款总额为450万英镑，年息5厘，9扣，自1905年起分20年偿还，以该铁路的全线产业和中国政府的财政总

---

① 苑书义：《张之洞全集》（第9册），河北人民出版社，1998，第7313页。
② 苑书义：《张之洞全集》（第9册），河北人民出版社，1998，第7295页。
③ 盛宣怀：《愚斋存稿》（第27卷），思补楼，1939，第11页。
④ 顾廷龙、叶亚廉：《李鸿章全集》（三），上海人民出版社，1987，第854页。
⑤ 盛宣怀：《愚斋存稿》（第27卷），思补楼，1939，第22页。

收入为担保。余利年给二成。铁路由比利时总工程师负责监造,全线的调度、经理、行车等事项均由比利时银团指定的代表办理;借款债票的发行、存储、支付等事项,都归华俄道胜银行承办;因合同而发生争执时,由法国公使评断等。根据合同的这些规定,俄、法、比三国集团取得了铁路的修筑权、路成后的经营管理权和匀分二成余利的收益权;俄国通过华俄道胜银行控制了财务权;法国则通过其驻华公使享有合同的解释权与纠纷的裁判权。这条名为"中国国有"的铁路,事实上完全落入了俄、法、比三国手中。张之洞"权自我操,利不外溢"的设想沦为空想,西方列强对中国路权的争夺自此全面展开。

2. 芦汉模式的负面影响

"芦汉铁路无论在让与权方面,还是在借款的操作上,都是一个恶例"①。1910年5月4日的《外交报》称它是"世界上任何其他国家所决不能忍受的一种成例"。对俄国、法国和比利时而言,芦汉借款是它们在"没有费一枪一弹并且没有任何不必要的吵闹或骚扰下取得的"无可争辩的胜利②。对于英、美等其他西方国家,芦汉借款成为它们攫取中国铁路利权、瓜分势力范围的蓝本。1898年粤汉铁路借款、1899年津镇铁路借款以及1902年正太铁路借款等铁路外债均以芦汉借款为"底本"③。借由"悉照芦汉铁路办法"的铁路外债,西方列强开始从"一条牛身上剥下两张皮"。

其一,西方列强基于债权即可获得丰厚的经济利益。除到期收回本金外,西方列强还可通过以下多种渠道获得各种收益,主要包括:第一,折扣。中国铁路外债的折扣一般在90左右,有的为85。而同期欧美金融市场借款折扣一般是97左右,日本95左右。第二,利息。晚清中国所借铁路外债一般年息为五厘至六厘,最低为四厘五,且多预扣。而当时欧美各国外债利息为三厘左右,日本为四厘左右。第三,酬劳费、经理费等。该项费用,各笔外债的具体数额不等。以《天津浦口铁路借款合同》为例:中方向英国华中铁路公司和德国德华银行借款500万镑,折扣93,四年,五厘息,酬劳费20万镑,经理费0.25万镑。中方实际得到款项仅为344.75万镑,西方债权人于转手之际就可得155.25万镑纯利,超过实付

---

① 马陵合:《清末民初铁路外债观研究》,复旦大学出版社,2004,第50页。
② 〔英〕菲利浦·约瑟夫:《列强对华外交(1894~1900)——对华政治经济关系的研究》,胡滨译,商务印书馆,1963,第53页。
③ 中国人民银行总参事室:《中国清代外债史资料》,中国金融出版社,1991,第318页。

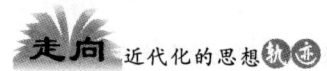

额的 45%，而这一借款在当时还被夸为"最公道"。

其二，西方列强享有双重担保权。一方面西方列强对所建铁路的全线产业拥有抵押权。所谓全线产业包括铁路所有车道、车辆、一切产业及其营业收入。如果债务人届期未清偿所借外债，西方列强有权自由处置该抵押物。另一方面西方列强对其出借款项还享有晚清中国所提供的国家担保权。当债务人届期未清偿所借外债时，西方有权要求中国政府予以偿还，而当时国家担保的最主要的担保品为关税。

其三，西方列强攫取了中国的铁路修筑权和经营管理权。由于提供贷款的西方国家对待建铁路拥有修筑权，对建成铁路拥有经营管理权，因此在铁路的修筑和经营管理过程中，西方列强任意为之，中方无法监理。西方列强的各行其是致使建成的中国铁路技术标准紊乱低下。例如京奉、京汉、津浦等铁路采用英国标准，轨距四英尺八英寸半；正太铁路依据法国标准，轨距 1 米；胶济铁路采用德国标准，轨距 1485 毫米；中东铁路采用俄国标准，轨距五英尺，其南满支路转由日本修筑时，改用日本标准，轨距为三英尺六寸。技术标准的混乱，导致晚清中国铁路"交而不通"，"失去了使铁路联络成网的最基本的技术基础"[1]。另外，西方列强凭借铁路修筑权和经营管理权，垄断了铁路的设计和材料的供应，中方只能"价格听其自定，货色不问良窳"[2]，导致中国铁路设计粗糙、施工简陋、质量低劣、成本虚高。以 1908 年竣工的沪宁铁路为例，该铁路每公里成本高达 9 万多元，是商办的沪甬铁路的 2.57 倍[3]。且因其排斥中国产品，中国相关产业严重受损，即使是张之洞原为建筑铁路而筹建的汉阳铁厂也每况愈下，失去市场。

其四，西方列强享有利润分配权。对于铁路通车运行所获得的利润，西方列强有权参与分配。其具体做法多种多样，主要包括：第一，明确规定利润分成比例，一般为二成。例如比利时公司"代办"京汉铁路时，在行车期间享有提取 20% 利润的权利。第二，明确规定固定的利润额。例如《广九铁路借款合同》规定借款期间每年以"津贴"的名义给贷款公司 1000 镑。第三，预提利润。例如《天津浦口铁路借款合同》规定"为免提红利"，从头次发售的债票内"提留 20 万镑"。第四，发给"余

---

[1] 宓汝成：《帝国主义与中国铁路（1847~1949）》，经济管理出版社，2007，第 289 页。
[2] 王铁崖：《中外旧约章汇编》（第一册），生活·读书·新知三联书店，1957，第 784 页。
[3] 王铁崖：《中外旧约章汇编》（第一册），生活·读书·新知三联书店，1957，第 739~740 页。

利凭票"。例如沪宁铁路则按照铁路成本（即借款数额）的 1/5 发给"余利凭票"，在此后 50 年内，无论该铁路是否有余利，也无论该笔债务是否已经清偿，债权公司都可以持"余利凭票"每年支取"余利"。西方列强基于债权而享有利润分配权，实在是匪夷所思。而且无论是否盈利、是否清偿债务均可获得所谓的"余利"，近于强取豪夺。

其五，西方列强拥有矿产开采权。1898 年中俄《东省铁路公司续订合同》规定："准公司在此枝路经过一带地方，开采、建造、经理铁路需用之煤矿，计斤纳价。"西方列强开始染指中国矿权，但此时尚无专营矿务权。同年德国借修筑胶济铁路之机，获得铁路两侧沿线 15 公里地区内"允许德商开挖煤斤""矿务章程""另行妥议"的特权。从此西方列强获得铁路沿线两侧各 15 公里地区内的专营矿务权。芦汉借款沿用此做法，使之成为定例。以不长的胶济铁路为例，该铁路全长 445 公里，以沿线两侧各 15 公里计算，中国所失矿权面积就高达 13300 余平方公里。难怪当时的一些清政府官员都感慨"矿权所及，占地之广，全球所无"！但是西方列强仍不满足，在此后的铁路借款中不断扩大其矿产开采权。例如 1902 年中俄《黑龙江开挖煤斤合同》规定：俄方在中东铁路两旁各 15 公里内有"勘挖煤矿之专权"，且在铁路两侧 15 公里外的煤矿，"铁路有尽先之权"，"如遇洋人，或别项公司，或华洋合股"，欲勘挖时需由地方当局"于未准之前，先与铁路公司商议"[①]。其矿权已突破 15 公里的限制。

其六，其他特权。例如税收优惠的特权。京汉、正太、道清、汴洛、陇海、中东、滇越、沪宁、广九、四郑等铁路的借款合同都明文载有对进口铁器器材给予免纳关税、厘金的优惠。除了本路所需器材免税外，西方列强对铁路所占地亩，向来不纳地税。俄国还迫使清政府准许东省铁路公司取得的收入、不动产免税，另外"凡有货物行李，由俄国经此铁路仍入俄国界者，免纳一切税厘"；凡"经此铁路运往中国"或由中国运往俄国的货物，按中国关税税章减收三分之一"。除此之外，西方列强以满足管车需要为由，拥有在铁路沿线一定范围内架设电话、电报的权利。以保护铁路为名，西方列强享有派兵保护以及设巡捕队的权利。事实上，1897 年俄国就派驻了 500 人的护路军，1900 年护路军增至 2500 人，1901 年扩至 25000 人，成为驻扎中国的一种特殊的殖民军事组织[②]。而西方列

[①] 王铁崖：《中外旧约章汇编》（第一册），生活·读书·新知三联书店，1957。
[②] 宓汝成：《帝国主义与中国铁路（1847~1949）》，经济管理出版社，2007，第 333 页。

强认为需要时，有干路延展权，即有权将所营干路予以续展再建。借此西方列强可将其各项特权肆意扩张。

在芦汉借款模式下，张之洞"权自我操，利不外溢"的设想沦为空想。对此利权损失，时人多有感触。1903~1904年任粤汉铁路广东购地局总办外方的郑观应称："窃思我国路矿频为外要求承办，名曰为我，实欲图我，借我之力，制我之民，事事占我便宜，处处夺我权利，有强权而无公理。"① 而杨度更是一针见血地指出："铁道之所至，即商务政权兵力之所并至，质言之，则瓜分线之所至，势力范围之所至。"② 外债成为西方列强攫取中国主权、控制晚清政府和加强对中国经济渗透的有力工具。从此"只要借款一经成立，某一国家在华的政治势力，即使不能用债务数目来测量，也可用债务数目来表示"③。而外债数目同时也成为衡量清政府贫弱程度的重要指标。此时的清政府，如同马克思所说的奥斯曼帝国一样，"它陷入了这样一个地主的境地，这个地主不仅抵押土地来进行贷款，而且必须让抵押的持有者有权力支配贷给他的钱款。他剩下要做的惟一事情就是把地产本身也交给抵押物的持有者。"④

（三）"挽救之方"的落空

20世纪初，芦汉模式的弊端不断暴露，广大人民群众自发地开始了抵抗帝国主义疯狂掠夺路权的斗争。此时张之洞不得不反思，"谋挽救之方"，并最终开出了两个"挽救之方"："高价赎约"和"浦口条件"。

1. 高价赎约

与各省绅商强烈要求废约自办不同，张之洞、盛宣怀等人主张"赎约"。张之洞一再指责绅商废约的要求，"措词不免过于忿激"⑤。他强调，"声言废约，美政府断不允"，只能"赎约"⑥。以"与各国办事不能不持之以信"为由，盛宣怀称，"已办者只能迅筹还款。盖还一款销一合同，便足为各路表式。"⑦ 一些地方官员也倡议赎回，例如吴慈让、魏允恭、

---

① 夏东元：《郑观应集》（下册），上海人民出版社，1982，第648页。
② 刘晴波：《杨度集》，湖南人民出版社，1986，第113~126页。
③ 宓汝成：《中国近代铁路史资料》（第2册），中华书局，1963，第404页。
④ 《马克思恩格斯全集》（第11卷），人民出版社，1972，第424~425页。
⑤ 苑书义：《张之洞全集》（第9册），河北人民出版社，1998。
⑥ 苑书义：《张之洞全集》（第9册），河北人民出版社，1998。
⑦ 盛宣怀：《愚斋存稿》（第12卷），思补楼，1939，第25~26页。

张鸣歧等倡者甚多。在赎约过程中，张之洞、盛宣怀等人曲意回护西方列强。1904年粤汉铁路赎约时，张之洞一再强调，"此举重在收回路权，不争银数多少。"① 张之洞还着重指出，赎约必须"于美国体面毫无伤损"②。为了"使合兴公司不致受亏"，对于合兴公司的"浮索甚多"，张之洞明知"吃亏过甚"，仍全盘答应③。最终晚清政府接受了675万美元的"补偿费"这一"简直高得使人不能购买的价格"④。

但是，清政府此时已无力支付此笔高昂的"补偿费"。为了筹措此笔"补偿费"，张之洞向英国借款110万英镑，年息四厘五，期限10年，以湘、鄂、粤三省烟土税捐为担保。事实上，高价赎约最终又回到了外债的老路上。1905~1906年道清铁路"赎回"，转变成向英国福公司80万镑的借款。时人指出，"我国徒贪收回路政之名，每年负三十余万之亏累而管理又不得人，丧钱益以丧权"⑤。1908年京汉铁路赎回款项的80%，源于向英国汇丰银行和法国汇理银行的借款，不啻"前门拒虎，后门进狼"⑥。此种借债赎约方式显然不是"挽救良方"。

2. "浦口条件"

1907年，津镇铁路预定经过地区的绅商纷纷要求"废约自办"。张之洞受清廷之命办理此事，他认为，"此路当京畿门户，关系根本安危，前者约已谬，续约尤谬……断不能不谋挽救之方"⑦。这其实是否定了此前的芦汉模式，但是他并不同意绅商"废约"的主张。他称，"不过欲借三省绅民为抵制，庶彼族肯将章程多改，多收回几分利权耳"，"至若废约，即万办不到。且不如改约"⑧。改约过程中，张之洞在"让利争权"的主导思想下，一再强调，"华官管事之权宜重"，"存款之权宜操"，并称"以他项的款为抵押，此节最重要"⑨。1908年，清政府与英国华中铁路公司和德国德华银行签订《津浦铁路借款合同》。

---

① 宓汝成：《中国近代铁路史资料》（第2册），1963年，第771页。
② 苑书义：《张之洞全集》（第9册），河北人民出版社，1998。
③ 宓汝成：《中国近代铁路史资料》（第2册），中华书局，1963，第772页。
④ 王立新：《美国对华政策与中国民族主义运动（1904~1928）》，中国社会科学出版社，2000，第49页。
⑤ 袁德宣：《中国铁路史》，集益书社，1907，第12页。
⑥ 武汉大学历史系中国近代史教研室：《辛亥革命在湖北史料选辑》，湖北人民出版社，1981，第461页。
⑦ 宓汝：《中国近代铁路史资料》（第2册），中华书局，1963，第803页。
⑧ 宓汝：《中国近代铁路史资料》（第2册），中华书局，1963，第799页。
⑨ 宓汝：《中国近代铁路史资料》（第2册），中华书局，1963，第800页。

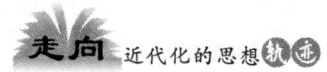

与芦汉模式相比,《津浦铁路借款合同》增加了"借款并不是以铁路的收入,而是以某几项指定的省库收入为担保"以及"铁路建造工程以及管理一切之权,全归中国国家办理"的条件,即"浦口条件"(Tientsin Pukow Terms)。"浦口条件"反映了张之洞寻求改善借款条件、削弱外国资本控制的努力,成为后来清政府铁路借款的样本。但是以指定省库收入为担保,外方不但可确保其债权实现,还可乘机控制中国的地方财政权。1908年3月,英德银行就借口要在借款招贴中明确写明担保物的数量,而中国"向无如各国之官家财政综计表可查",要求中国政府将直隶、山东、南京厘税局和江苏淮安关1905~1907年的平均税厘进款数目呈交外方。中方均予以满足。而且张之洞强调,"路虽系自办,工仍须包与洋工师"①,坚持任用外方工程师。因此汇丰银行的阿迪斯认为:"只要有合适的工程师,无论是在铁路建筑过程中还是通车后,对铁路的管理实际上仍可掌握在外国辛迪加手中。"②此路开工后,徐世昌在1908年10月1日的《申报》上称该铁路虽名"为自办之路,仍多掣肘"。唐绍仪在1910年10月19日的《申报》上也称"浦口条件"依然"利隐害显"。显然,"浦口条件"并不能从根本上解决问题。

(四)"借债救国"失败的原因分析

在芦汉模式下,张之洞"权自我操,利不外溢"的设想变成"权自他操,利多外溢"的结果;在高价赎约和"浦口条件"下,张之洞在"让利"之下仍然不能真正做到"权自我操"。芦汉模式、高价赎约和"浦口条件"的失败,其成因复杂,主要包括以下几点。

1. 混淆洋股与洋债

张之洞只是模糊地认识到"洋债与洋股迥不相同。路归洋股则路权倒持于彼,款归借债则路权仍属于我"③,将之进行了形式上的区分,但是由于金融理论的缺乏,张之洞并不真正懂得股权与债权的区别。他之所以反对"专恃洋股",不是基于对股权与管理权、收益权的密切相关性的认识,而是害怕"一旦有事,倘于转运兵械等藉口刁难,是自强者不转

---

① 宓汝:《中国近代铁路史资料》(第2册),中华书局,1963,第808页。
② Frank H. H. King:*The History of the Hong Kong and Shanghai Banking Corporation*,Vol. 2,Cambridge University Press, 1988, p.371.
③ 王树楠:《张文襄公全集·奏议》(卷四四),北京文华斋刻本,1928。

以为自困乎"①。他虽已知道比方贷款公司中有法股，但以为"即有法股，乃法商，非法国也。法商但能分比商之利，岂能出关揽我铁路之权哉？"②后来，由于芦汉铁路为比、法、俄集团所控制，张之洞认为"比用法款，权即属法，芦汉铁路即已如此。"③ 虽有所醒悟，但他又将债权人等同于股权人，所以事实上张之洞仍未理解股权与债权的真正区别。因此在借款过程中，张之洞始终也未能就债权人与股权人在铁路的建筑权、经营权和收益权的差异上作出明晰的界定。西方列强由此以债权人的身份拥有了许多原本属于股权的权益，如铁路的建筑权、管理权以及余利分成的收益权等，西方列强得以"有洋股利益，无洋股之风险"。

2."借用某国之款，即订用某国总工程师代为营造"

张之洞认为中国官员不谙铁路问题事务，常致"欲速而反迟，求省反转费"，因此应与外商"坚明约束，订明期限，借用某国之款，即订用某国总工程师代为营造。"④ 张之洞认为"虽借资洋款，雇用洋匠，权利仍在中国"，⑤ 其本意或在借助西方列强的技术力量，速造中国铁路。但是，借款合同约定外人"其事权略如海关税务司，一切购料办公用人理财悉资经理"⑥，外方由此获得事权、人权和财权，中国想行监理之权，已无可能。诚如梁启超所言，"借何国之款即用何国之人"，"代我借款之人即监督工程之人，监督工程之人即将来管理全路之人，夫是以全权皆在彼，而我复无容喙之余地也"，以致"一分之外资即一枚之割地快刀也"⑦。

3."以路作抵"与国家担保

晚清外债自产生之日起，"向指关税作抵"，以致国人观念中凡借外债，必须提供关税担保。而张之洞认为："外洋风气，若办铁轨，借款既易，利息亦轻，可用铁路作押，不必海关作保。"⑧ 在他看来，不用关税作抵，不涉及国家财政主权，已为不易。而"以路作抵"只是将铁路作为抵押物以取得外方贷款，铁路的所有权仍属于借款人，并无弊病。但是

---

① 王树楠：《张文襄公全集·奏议》（卷四四），北京文华斋刻本，1928。
② 王树楠：《张文襄公全集·公牍》（卷一五三），北京文华斋刻本，1928。
③ 王树楠：《张文襄公全集·公牍》（卷一五三），北京文华斋刻本，1928。
④ 曾鲲化：《中国铁路史》，燕京印书馆，1924，第77页。
⑤ 苑书义：《张之洞全集》（第9册），河北人民出版社，1998。
⑥ 曾鲲化：《中国铁路史》，燕京印书馆，1924，第77页。
⑦ 梁启超：《饮冰室文集》（第16卷），中华书局，1925，第77~79页。
⑧ 王树楠：《张文襄公全集·奏议》（卷七八），北京文华斋刻本，1928。

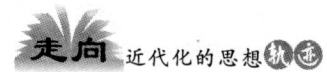

《芦汉铁路借款合同》明确规定"用以抵押的收入届时不能兑现,抵押品将归债权方支配",这一"流质条款"实质上就已经否定了债务人对抵押物的所有权。而用以抵押的收入包括"铁路及车辆料件行车进款",且为了确保抵押权的实现,合同约定"由比公司选派妥人,将该路代为调度经理,行车生利"①,比方借此掌握了铁路的建造权和管理权。20世纪初,杨度对"以路作抵"进行了深刻的批判,认为这是"以铁路及全路产生归美公司所有而已",因为外人由于债权而获得"造路权""管理权",结果只能是"彼为我借债,即为我造路,路成之后,即为我管车,一切全权皆在彼手。至将来偿债赎路之期,无论我之财力能偿债与否,而此路已先落于债主之手。"②

据1910年5月4日《外交报》的记载,当时外人认为"如以铁路溢利或他项实业溢利为借款之质,殊不足恃"。为了打消外人的此种顾虑,张之洞同意比、法、俄集团提出在"以路作抵"的基础上,再以国家信用提供担保的要求。为取得清廷的同意,张之洞上书称,"今以未成之铁路作抵,虽由公司签押,洋人知铁路现属公司,而后来之予夺之权仍在国家,故非国家作保不可。如不写作保字样,必须照抵押常规写明'如公司本利不敷,铁路均归债主执业。'措辞既不得体,流弊亦复难知。"③清廷最终以奉旨批准代替在合同上御笔批准。张之洞设想国家信用和"以路作抵"的双重担保,既便于获得借款,又给路权归我加上双重保险。但是"以路作抵"已将铁路的建筑权、经营权和所有权置于债权人手中,国家信用的介入使中国所享有的所有权变成与势力范围相关的外国实际享有的"让与权",外国几乎剥夺了中国对某些事业的全部控制权和全部利润,经济控制变成了政治控制。

在高价赎约和"浦口条件"时,张之洞意识到"以路作抵"的危害,断然拒绝再以铁路作为担保。但是张之洞代之以某几项指定的省库收入为担保,如中英津浦铁路就指字以河北、山东、江苏、安徽四省的厘金为担保。这为西方列强铁路贷款提供了新的担保方式。清政府同英、美、法、德四国签订的粤汉川铁路借款,除以路产担保外,又指定以湖北厘金、湖北川淮盐新加二文捐和湖南厘金作为担保。为提前清偿京汉铁路比法银团

---

① 王铁崖:《中外旧约章汇编》,生活·读书·新知三联书店,1957,第773~782页。
② 刘晴波:《杨度集》,湖南人民出版社,1986,第116页。
③ 苑书义:《张之洞全集》(第9册),河北人民出版社,1998。

借款而新借之款提供的担保中,有浙江的房捐、当捐、契税、盐斤加价,江苏的房捐、盐斤加价,湖北、河北两省的烟、酒、糖税,以及川淮盐斤加价等。这些地方省库收入成为铁路外债的担保,为债权公司所属国家控制中国税务和财政提供了有利条件。

4. 对外债的依赖

何启、胡礼垣称,"夫民者,内也,官既失于内,则必求诸外,民者亲也,官既失于亲,则必向诸疏,此洋款之所由借也。"① 诚如其言,张之洞对民族资本的压制,造成官商之间的对立,强化了他对外国资本的依赖。他在筹建钢铁厂时,认为"华商素鲜巨资",国内"巨款难筹",主张"专借一款以供铁厂之用"②。在筹建芦汉铁路时,张之洞认为"官款商股一时力绌",首先想到的是招洋股,被清廷拒绝后,他改为建议举借洋债,并认为借债筑路"商为之则利在商,国为之则利在国"③,"款由官借,路由官造,使铁路之利全归于官,策之上也"④。筹建粤汉、粤川汉铁路时,更是直言"舍借款无速能兴修之方"⑤。

正是因为内心深处对外债的依赖性,张之洞在外方"不如是,便决裂"的要挟下,很快就丧失了自主筑路的意向,转为消极地保持现存路权,或共同借债,"以夷制夷",即所谓"救联缀之蔽,宜牵制,故铁路对于借款营造之国,不与其占夺保护之地相连,以毒攻毒,中策也"⑥。张之洞最初一再向英方借款,后认为"专借英款,将来无论如何搜括,亦不能还清,英国必索我地方作抵,是又生一患矣"⑦。他于是提出向外国"共同借款",除英国外,还向德、比、法、美、日等国借款,试图利用外国资本之间的矛盾,互相牵制,以夷制夷。因此当俄国据有东清铁路和南满支线特权后,张之洞即建议借英款建关东铁路,以"使俄从中有阻隔,彼尚有所顾忌牵制"⑧。张之洞的这一策略思想,最终发展为主张东北"门户开放","许各国开门通商",让各国共管,"惟恃各国牵

---

① 何启、胡礼垣:《新政真铨》,辽宁人民出版社,1994,第78页。
② 王树枏:《张文襄公全集·奏议》(卷四四),北京文华斋刻本,1928。
③ 《劝学篇》,第142页。
④ 王树枏:《张文襄公全集·奏议》(卷四四),北京文华斋刻本,1928。
⑤ 王树枏:《张文襄公全集·奏议》(卷七十),北京文华斋刻本,1928。
⑥ 北京大学历史系近代史教研室:《盛宣怀未刊信稿》,中华书局,1960,第57页。
⑦ 王树枏:《张文襄公全集·奏议》(卷八十),北京文华斋刻本,1928。
⑧ 王树枏:《张文襄公全集·奏议》(卷八十),北京文华斋刻本,1928。

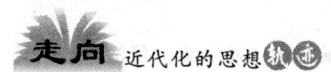

制"①,以禁绝俄人独吞满州。但是这一策略非但不足以保护中国利权,反而进一步加重了外债对中国的危害。"以官办压商办,以外资压内资",晚清政府对外国资本的依赖日深,受其控制亦日深,外债不可避免地成为西方列强经济侵略、政治扩张的工具。

(五) 小结

张之洞为了保国、保教、保种,倡导并大力创办新式工业,囿于财政力量的不足和其对民间资本的不信任,张之洞寄希望于实业外债来实现"自强",但是他以外债创办的新式企业最终多破产或是为外国所控制。1907年中国84%的航运业、34%的棉纺业及100%的钢铁生产,处于外国控制之下;1911年外国控制了中国铁路的93%;外国影响的范围几乎同中国近代经济部门一样广泛②。外债由预期的"自强之机"变成西方列强经济侵略、政治扩张的工具,其中固然有技术层面的原因,但更重要的是深层次的制度原因。这就是张之洞坚持的官督商办下对民间资本的压制和对外债的深深依赖,即时人所称的"以官办压商办,以外资压内资"③。

五 结论

为了保国、保教、保种,张之洞在"中学为体,西学为用"的原则下力行"湖北新政"。在"富民强国之本,实在于工"的产业思想下,张之洞在他所管辖的湖北境内建成汉阳铁厂、湖北枪炮厂、湖北织布局等新式工业企业,初步形成了轻重工业并举的经济体系和框架。其示范作用在客观上激励了民间资本,冲破了封建传统经济思想的束缚,使西方移植过来的现代生产方式得以在中国生根,它标志着中国工业化的开始,并在中国播下了现代化的种子。

但是张之洞的"中学为体,西学为用"人为地割裂了生产力与生产关系、经济基础与上层建筑的关系,试图把资本主义条件下成长起来的社会化生产力与封建主义的腐朽生产关系和上层建筑强制地结合在一起。它反映出张之洞的改革主要是为了使国家能够抵御外来侵略、镇压国内动

---

① 赵靖、易梦虹:《中国近代经济思想资料选辑》,中华书局,1982,第400页。
② Hou, Chi-ming, *Foreign Investment and Economic Development in China*, 1840–1937. Cambridge, Mass, 1965, p. 103.
③ 刘晴波:《杨度集》,湖南人民出版社,1986,第112页。

荡，并加强自己的权位，他从未梦想要把中国锻造成一个新式国家，事实上他竭力巩固而非取代现存的秩序，全然没有工业革命的概念和民主政治的理念。这从根本上"限制了现代化的范围"[①]，决定了其经济改革不可能实现"讲求富强"的预期目标。而他对民间资本的压制和对外债的依赖，阻碍了国内民间投资和创新机制的形成，弱化了民族经济的自主性，压制了国家自强求富的真正原动力，阻碍了中国本土资本主义的自发成长，并将中国的工业降低到依从、附属的地位。

---

① 〔美〕徐中约：《中国近代史：1600~2000》，《中国的奋斗》，计秋枫、朱庆葆译，世界图书出版公司，2008，第227页。

谭嗣同《仁学》经济思想研究

何炼成

谭嗣同（1865～1898），字复生，号壮飞，湖南浏阳县人氏，是"在中国共产党出世以前向西方寻找真理的一派人物"中的著名代表之一，是戊戌变法运动中最激进的主将，并为了变法而英勇就义。他的祖先原居福建省清流县，可能是客家人。明嘉靖十四年（1535年）其祖先谭纶以总兵官守湖广（今湖北武汉市），后奉命镇压湖南九溪少数民族的反抗，就留居在湘西，后迁居长沙县；明朝末年再迁居浏阳牛石乡，成为浏阳人。谭的祖父字学琴，为浏阳县吏，家渐裕，但到他父亲继洵时，已成为破落的地主家庭。咸丰九年（1859年），谭继洵考取进士，逐渐封官发财，从而成为有权有势的官僚地主家庭。

谭嗣同（1865～1898）

谭嗣同的母亲叫徐五缘，其父韶春为国子监生，亦属书香门第。同治四年（1865年）二月十三日（农历3月13日），谭嗣同诞生于北京宣武城南兰眠胡同官邸。10岁时其父谭继洵任清户部员外郎，迁居北京浏阳会馆，不久又升任户部郎中，嗣同随父往通州任所，但时常往返京师。不久北京流行白喉症，其母和大哥、大姐相继死亡，他也染病"短死三日，仍更苏"，故更名"复生"。

生母死后，在他的父亲和庶母的白眼下，他"遍遭纲伦之危"，甚至濒于死的威胁，因此他对不合理的封建纲伦无比憎恨，他想去追求一种能帮助别人摆脱"纲伦之危"的伦理道德观念，建立一种新的符合"平等"原则的人与人之间的关系。为此，他非常羡慕"任侠"的思想，结交

"义侠"王五（即王正谊），跟他学习剑侠术，深受其慷慨、倔强性格和敢于反抗的精神的影响。

光绪三年（1877年），其父继洵由京官外放，补授甘肃巩秦阶道，加二品衔，趁机回浏阳老家修墓。在此期间，嗣同认识了浏阳另一英杰唐才常，后成为莫逆之交；两人同拜当时浏阳名儒欧阳中鹄为师，成为当时两湖变法维新的闯将。

光绪四年（1878年），谭继洵带着嗣同和幕客等到甘肃去上任，到达陕州后遇到了严重的旱灾，"赤地数千里，勾萌不生，童木立槁"，庄稼颗粒无收，饿死人无数，发生大瘟疫，到八月间才抵达兰州。

在兰州期间，他曾到新疆谒见巡抚刘锦棠，"刘大奇其才，将荐之于朝"，但刘因"养亲去官，不果"。这一年中国遭受法国侵略，嗣同愤而作《治言》，其中已包含了变法思想，认为西方各国"出一令而举国奉之若神明，立一法而举国循之若准绳，君与民相联若项领，名与实而相副若形影"。谓"若测算，若制造，亦志士所有事，而诋之者，拘也"。他主张"立中国之道，得夷狄之情，而驾驭柔服之，方因事会以为变通，而道之不可变者，虽百世而如操左券"，认为儒家的诚意、正心、修身、齐家、治国、平天下是"治"之根本。

在兰州期间，他还曾数次回两湖参加科举考试，但都落第，在北京应试期间，遇见家乡著名学者刘人熙（字蔚庐），拜其为师，学习张横渠《正蒙》与《船山遗书》，吸取了张载以气为本体的唯物主义思想和衡阳王子精义之学，提倡为学在于"致用"和"济世变"，强调"事功"，主张进行革新，励精图治，整军练武，抗拒金兵侵略，捍卫民族国家利益，从而丰富了变法维新理论。

光绪十九年（1893年），谭嗣同又到北京，与四川达县的吴樵相遇。"片言即合，有若夙契"，因为吴樵"于学无所不窥"，"精算学"，而于"格致学"也能"习其器而名其物"。更重要的是他对现状不满，有要求改革的思想，所以谭嗣同与其畅谈，即成为知己，并引起了他对自然科学的浓厚兴趣，也促进了他的革新思想的发展。

光绪二十年（1894年），谭嗣同已过"而立"之年，他系统地研读了《船山遗书》和广学会翻译的"西学"书籍，尤致力于"算学"，也懂得一些物理、化学知识，"西学"逐渐成为他学习的重点，成为后来他撰写《仁学》的内容之一。

1894年的中日甲午战争，中国惨遭失败，清政府被迫签订了丧权辱国的《马关条约》，中国赔偿日本军费白银二亿两，并割让台湾岛和辽东半岛给日本，这激起了全国人民的愤怒。以康有为等为首的各省举人对清政府"公车上书"，提出应当"筹自强之策，计万世之安，非变通旧法，无以为治"。这对谭嗣同是一个极大的激励，坚定了他"变法图强"的决心和信心，也成为后来他编写《仁学》的目的和方向。

首先，为了变法图强，必须"尽变西法"，学习西方的"算学"和"格致"之学。根据他的老师欧阳中鹄的教导和好友贝元征的意见，谭嗣同认识到"只有变法，才能挽救危亡"，并系统地提出了变法的主张和办法。

其次，康有为在"公车上书"无效后，在帝党翁同龢等人支持下，在北京成立强学会，认为人们不思改革，主要由于"风气未开，人才乏绝"，所以设立强学会，力求补救，备制图书仪器，邀人来观，并创刊《中外纪闻》，宣传变法的必要性。同时，设强学书局于京师，印行宣传变法的书刊。这一举措，也被权臣李鸿章奏请皇上查禁，慈禧太后强迫光绪帝下诏取缔强学会，并将强学会改为官书局，从而彻底粉碎了康有为等人的迷梦。

经过了以上挫折以后，谭嗣同又先后回到湖北、湖南，后又上北京，下南京，并经常到上海参加社会活动，结识了一个年轻而学识丰富的社会活动家吴樵，该人和谭嗣同颇有交谊，对其盛称梁启超的才能，梁是康有为的得意门生，就将康的学术思想具体向谭介绍，使其对康非常钦佩，甚至自称为康的"私淑弟子"，找到了他当时认为可以与之共同策划并实现革新理想的主要依靠。从那时起，谭嗣同就开始从事变法维新的理论研究，着手撰写《仁学》著作。他在给其战友唐才常的信中写道："若夫近日所自治……颇思共相发明，别开一种冲决网罗之学。"[①]

"望门投止思张俭，忍死须臾待杜根，我自横刀向天笑，去留肝胆两昆仑。""中国以变法流血者，请自谭嗣同始！"维新志士谭嗣同慷慨就义，但其思想与革命精神永远在启迪和照耀着后来者。

谭嗣同的一生，不但在政治上写下了光辉的一页，而且在学术思想上也有相当的贡献，对我国近代革命思想的发展起到了可贵的促进作用。从他的代表作《仁学》及其他论著中，可以看出他对我国历代的学术思想都有过研究，并接触了些一些西洋资产阶级学术思想和印度佛学，从而创立了自己的一套思想体系，包括哲学、经济、社会、政治、文学等思想。

---

① 《谭嗣同全集》，生活·读书·新知三联书店，1954，第343页（以下简称《谭嗣同全集》）。

谭嗣同的《仁学》不是一本经济学著作，但也充满着经济观点，本文仅就其经济思想做一概略探讨。

一 经济观和"两通"理论

《仁学》中的经济观点的主要内容就是"人我通"和"中外通"。

（一）从"奋兴商务"到"人我通"和"中外通"

在中日甲午战争后，由于外国资本主义侵略引起中国对外贸易严重入超和白银外流问题，谭嗣同认为西方资本主义国家"以商为战，足以灭人之国于无形"，中国为了自救，只有"奋兴商务"，来和外国竞争，以减少入超。为了发展商务，他主张实行"出口免税，入口重税"的保护贸易政策。由于当时中国失去了关税自主权，无法实行保护关税政策，他极力呼吁废除"协定关税"，"夺回税务司包办海关之权"。他还主张"开公司""抬民股"，以开办工业、开矿、银行、铁路等企业，为私人资本主义活动创造条件。他把商业（特别是对外贸易）看作发展的重点和中心，而把工业放在"与商通力合作"的从属地位。但在写《仁学》时，他已完全抛弃了这种观点。

（二）"人我通"——向新式工业投资要求的理论

"人我通"和"中外通"是《仁学》中经济理论的两个基本概念。而"人我通"又是其经济思想的核心。"中外通"实际上也是"人我通"的一个方面，正如他在《仁学》中指出的：中外通也是"通人我之一端"。

什么是"人我通"呢？他把其解释为在人和人之间做到"其财均以流"。这里所说的"均"，不是指平均财富，而是劝从事工商企业的人投资建立新式工商企业，以促进社会财富的增长，并使劳动者获得更多的就业机会，也就是做到"其财均以流"了。

由此可见，谭嗣同这时所特别强调的已不是"商务"而是大工业，认识到大工业是迅速增值财富、活跃流通、实现贫富"两利"的主要措施，是实现"人我通"的关键。因此他号召富人把自己的财富拿出来开设多种工厂，"大富则设大厂，中富附焉，或别设分厂"。这是利国、利民和利己的事情。"富而能设机器厂，穷民赖以养，物产赖以盈，钱币赖以流通，已之富亦赖以扩充而愈厚。"

149

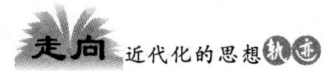

(三) 对"黜奢崇俭"论和"机器夺民之利"论的批判

"黜奢崇俭"论和"机器夺民之利"论是当时顽固派的两个主要观点。前者认为：有财富的人应该"崇俭""尚俭"，而不应该"崇奢""尚奢"。谭嗣同指出：这实际上是为了维护地主、资产阶级的利益和封建主义生产方式，把财富积累起来，扩大对劳动人民的剥削，自己不投资办新式工商业，也反对社会上其他人"兴工作役"，目的是堵塞贫民的其他出路，迫使贫民依附于他们，忍受他们的高地租高利贷剥削。

谭嗣同指出："这种黜奢崇俭论，是一种主张用地租、高利贷的罗网来束缚贫民的理论，它对整个国家、社会有害，对富人也决无好处。"它反对发展新式工业，就会阻碍社会经济的发展和进步，使中国总是处于"民智不兴""物产凋窳"的贫困落后状态；它断绝了贫民的生路，会迫使他们铤而走险，引起社会动乱。他劝告富人不应该"崇俭""尚俭"，而应该"崇奢""尚奢"。他指出：资本主义社会"尚奢"，因而做到"其财均以流"和"通人我"，而封建主义社会"尚俭"，只会造成"共财偏以壅"，是"不通"和"不仁之甚"。

谭嗣同也对"机器夺民之利论"进行了批判：他指出采用机器生产，可以使劳动生产率成十倍、百倍增长，使社会财富迅速增加，因而不会使人民贫困，而是使人民富裕；使用机器会减少对劳动力的需要，因而会造成大量劳动者"失业坐废"的情况。

谭嗣同为大工业的发展大唱赞歌。说它"一日可兼十数日之程"，"一年可办十数年之事"，"一世所成就可抵数十世"，"一生之岁月，恍阅数千年"。他赞叹地发问："试问在过去哪一个世纪能够料想到竟有这样大的生产力潜伏在社会劳动里面呢？"他强调指出："要以'兴民权'作为实现'人我通'的根本政治前提。"

(四) "中外通"，即主张对外自由贸易

谭嗣同认为当时中国之所以不断有贸易逆差，并不是实行自由贸易的过错，而是由于中国工业不发达，因而没有足够的产品出口。只要中国工业发达起来，实行自由贸易就不会为中国造成"无穷之漏卮"，就不会"通商致贫"。他因此得出结论：要减少和消除贸易逆差，上策是"奖工艺，惠商贾，速制造，蕃货物，而尤拚重于开矿"，而不是实行保护关税。

（五）大同理想

在《仁学》中，谭嗣同把"大同"描写为一个没有国家、没有战争、没有权谋猜忌、没有君主专制和封建等级制度、没有严重贫富差别的社会。到了大同时代，就会"无国则畛域化，战争息……君主废则贵贱平，公理明则贫富均。千里万里，一家一人"[①]。为了实现大同理想，他认为关键是"尽改民主"和"行井田"。前者能够做到国和国之间，人和人之间的平等，可消灭国家和战争，消除君主专制压迫和封建等级压迫；后者可做到均贫富，而且能够解放生产力，能够"御天灾，尽地力"。很明显，这是一个发展资本主义的经济纲领，也可说是他的"小康社会"理想。

"尽改民主"和"行井田"是他关于"大同社会"的两大纲领，即大同的政治纲领和经济纲领。"尽改民主"就是世界上一切国家都用资产阶级的民主共和国来代替封建君主专制，这是一个资产阶级的政治纲领；"行井田"的具体内容是什么，他没有具体说明，其性质也只能是资产阶级的土地国有化。

很显然，就当时来说，"尽改民主"和"行井田"这两大纲领是比较激进的资产阶级政治纲领和经济纲领，如能实现，只会促进资本主义更迅速发展，而不可能实现消灭国家、消灭战争和均贫富的大同理想，更不是实现社会主义社会，而是一个被理想化了的资本主义社会。

（六）《仁学》中的人口观点

从谭嗣同批判马尔萨斯人口理论中可以看出来。他认为当时世界上并不存在什么"人满"（即绝对人口过剩），存在的只是人口分布不均的"土满"现象（即相对人口过剩）。他不相信马尔萨斯关于生活资料的增长必然落后于人口增长速度的论点，认为科学技术发展可使劳动生产力的增长远超过人口增长率，认为地球上的人口"再加百十倍，犹易生活"[②]。但是，他不懂不同的社会制度有不同的人口规律，因而也不可能真正从理论上驳倒马尔萨斯。最后他只有求助于宗教幻想，设想人类本身也会进化成为一种"纯有灵魂，不有体魄"的"灵人"，可以不受空间限制，真是令人啼笑皆非。

---

① 《谭嗣同全集》，第85页。
② 《谭嗣同全集》，第83页。

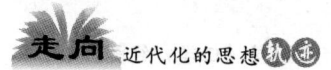

二 为资本主义鸣锣开道的发展观

谭嗣同经济思想的基本出发点，是他的社会历史发展观。他借取了孔子的"日新"思想，《周易》中关于"穷则变，变则通"的观点，今文经学家的公羊三世说，以及王夫之的"道不离器"的唯物主义思想，后又吸收了西方输入的庸俗进化论等，提出了自己的社会历史发展观，来论证变法维新（即发展资本主义）的必然性，有力地批评了当时封建顽固派以"天不变，道亦不变"的观点来反对变法维新的谬论。

在谭嗣同的发展观中，首先是其日新变化思想。他说："天不新，何以生？地不新，何以运行？日月不新，何以光明？四时不新，何以寒暑发敛之迭更？草木不新，丰缛者歇矣；血气不新，经络者绝矣，以太不新，三界万法皆灭矣。"① 又说："昨日之新，至今日而已旧；今日之新，至明日而又已旧。"② 因此，他同意孔子的说法，把"日新"称为"盛德"，把"日新"与"不日新"作为善与恶的划分标准。正是根据以上观点，他主张"革去故，鼎取新"③，坚决揭露和批判了顽固守旧派反对变法维新的言行。谭嗣同揭露顽固守旧派反对变法维新的实质是"挟其荣敝惰怯之私"，即为了少数封建官僚地主的私利，指出他们的行动是违背事物发展变化规律的，是必然要失败的，最终不过变成一堆"极旧极敝一残朽不灵之废物"④。由此可见，谭氏的日新变化思想，就成为他批判封建制度和对顽固守旧派进行斗争的锐利武器。

从以上日新变化思想出发，谭嗣同提出了主动反静说。他认为世界上万事万物都在动，因此才有事物的不断变化和发展。正是根据这个观点，他极力主张"动"，主张"取象于狮子"，而批判了老子的"言静而戒动，言柔而毁刚"，认为这是"鬼道"，是"愚黔首之惨术"，因为这种思想会使人流于"惰气"，而"惰归之暮气"，"惰则愚"，结果就会"乱中国"⑤。因此，他强调"鼎之革之，先之劳之，作之兴之，废者举之，敝

---

① 《谭嗣同全集》，第 34 页。
② 《谭嗣同全集》，第 137 页。
③ 《谭嗣同全集》，第 34 页。
④ 《谭嗣同全集》，第 35 页。
⑤ 《谭嗣同全集》，第 36 页。

者易之"①。可见，作为我国近代资产阶级代表人物的谭嗣同，充分表现了这一新兴阶级的积极事业心和发展资本主义的强烈愿望。

根据以上主动反静观，谭嗣同猛烈抨击了顽固守旧派的主静反动观，指出："统政府台谏六部九卿督抚司道之所朝夕孜孜不已者，不过力制四万万人之动，挚其手足，涂塞其耳目，尽驱以人契乎一定不移之乡愿格式。夫群四万万之乡愿以为国，教安得不亡，种类安得而可保也。"② 这就深刻地揭露了顽固守旧派的主静反动观的实质及其危害性。但是，谭嗣同断言，顽固守旧派的这种做法是一定要失败的，因为"以太之动机，以成乎日新之变化，夫固未有能遏之者"③。这说明，谭嗣同的主动反静观，也是他批评封建主义和论证资本主义必然性的理论根据，是他对顽固守旧派进行斗争的有力武器。

应当特别指出的是，谭嗣同在对顽固守旧派的斗争中，还跨出了他的唯心主义哲学体系，在一定程度上接受了王夫之的"道不离器""道寓于器"的唯物主义思想，提出了"器既变，道安得独不变？变而仍为器，亦仍不离乎道，人自不能弃器，又何以弃道哉"④的光辉论断。从谭嗣同的有关论述中可以看出，他这里所说的"器"，主要是指农工商等业，即物质资料的生产与交换等，他所说的"道"是指各种"法度"，含有各项政治经济制度的意思⑤。也就是说，在谭嗣同看来，"器"和"道"都是经常在发展变化的，现在"器"既然发展变化了，因此"道"也应当随之发展变化。用政治经济学语言来说，就是物质资料的生产和交换是经常发展变化的，社会政治经济制度也是经常发展变化的，当前者已经发展变化了，后者也应随之发展变化。如果以上理解不错的话，那么可以说，谭嗣同已模糊地意识到人类社会政治经济发展的一般规律。这是谭嗣同作为中国近代新兴资产阶级初期代表人物的突出表现，也是他的经济思想的基本出发点。正是根据这个观点，谭嗣同对变法维新做了有力的论证，给顽固守旧派以致命的批判。如果他能再前进一步，就很可能由资产阶级改良主义转向资产阶级的革命民主主义。但是，由于谭嗣同终究是一个从封建主义到资本主义转化中的思想家，因此他不可能再向前跨越一步，同时也

---

① 《谭嗣同全集》，第37页。
② 《谭嗣同全集》，第37页。
③ 《谭嗣同全集》，第38页。
④ 《谭嗣同全集》，第390～391页。
⑤ 《谭嗣同全集》，第392～397页。

没有将他的这个观点始终贯彻到他的整个经济思想中去。

总之，谭嗣同的主新反旧、主动反静、道随器变的发展观，是他的进步经济思想的基本前提和出发点。正是根据这个前提和出发点，他提出了一套发展资本主义的经济思想和方案。

三　基本经济观点

谭嗣同的基本经济观点是什么，我国学术界有不同的看法。早在20世纪40年代，我国著名历史学家侯外庐教授认为：谭嗣同的《仁学》是"完全基于商业交易……是多么深厚商业心理的公羊学……他有一个基本出发点，即商业资本主义是王霸皆宜"①。新中国成立后，赵靖等主编的《中国近代经济思想史》一书提出：谭嗣同在甲午战争前虽具有重商主义色彩，但是后来在他的代表作《仁学》中所反映出来的却是以"人我通""中外通"两个概念表现出来的经济自由主义观点②。笔者认为，这两种看法都有一定的道理，但都没有确切地概括谭嗣同经济思想的基本特点。为什么这样说呢？

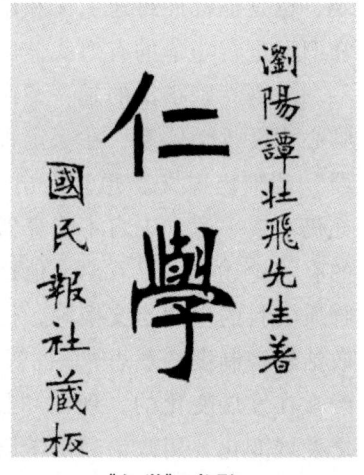

《仁学》书影

首先，我们来看看谭嗣同的基本经济观点是否是商业资本主义或重商主义。为了说明这个问题，有必要先说明一下重商主义产生和发展的历史条件及其基本论点。根据马克思的分析，西欧国家的重商主义观点，是在所谓资本原始积累时期形成的一种政策和思想体系，它反映了当时西欧一些国家在经济生活中有"压倒一切影响"的商业资本的利益，是"对现代（指资本主义——引者注）生产方式的最早的理论探讨"③。其基本论点是：金银即货币是财富的唯一形态；商品流通是财富的源泉，而且只有对外贸易才是财富的源泉；对外贸易必须遵守多卖少买的原则；为此，国家应当积极干预经济生活。

---

① 侯外庐：《中国近代经济学说史》（下卷），重庆三友书店，第654、656页。
② 参见赵靖、易梦虹主编《中国近代经济思想史》（下册），中华书局，1980，第364~365页。
③ 《马克思恩格斯全集》（第25卷），人民出版社，1974，第376页。

根据马克思关于重商主义的论述，我们来看看我国封建主义末期是否具备了形成重商主义的历史条件。应当说这种可能性是存在的。由于我国封建社会末期发展的特点，例如商品货币经济远不如西欧国家发达，商业资本并没有形成"压倒一切的影响"，也没有出现过像西欧封建社会末期那样典型的资本原始积累，特别是在鸦片战争以后，由于外国资本主义的侵略，打断了中国资本主义发展的自然进程，走上了半殖民地半封建的畸形道路。这些特点，决定了我国封建社会末期没有产生像西欧国家那样典型的重商主义理论及其代表人物，而是呈现出极不纯的复杂情况。谭嗣同在甲午战争以前的经济思想就是这样。

谭嗣同在甲午战争前夕指出："西人虽以商战为国，然所以为战者，即所以为商。以商为战，足以灭人之国于无形，其计至巧而至毒。"① 因此，他提出："西人既以商为国，即以商贫我之国，我欲与之相持，万不能不讲求商务。"② 为了发展商务，他主张实行"出口免税，入口重税"的保护关税政策，并呼吁废除协定关税，"夺回税务司包办海关之权"。同时提出了一系列"惠商贾"的措施，如主张提高物价、废除关卡、行印花税、开设银行、统一行钞等；并强调"商务"（特别是对外贸易）是一切经济改革的中心③。以上这些思想，反映了当时中国新兴的商业资本的利益，从这个意义上说，其中包含不少重商主义观点。但是，谭氏强调商务的目的及其论证，与西欧近代初期的重商主义基本论点鲜有相同之处。

特别是在谭嗣同甲午战争后的代表作《仁学》一书中，以上这些重商主义因素也大大减少了，而且提出了一些与重商主义相反的观点。例如，重商主义认为货币是财富的唯一形态，而谭氏则明确指出农工产品也是财富，而且是更为重要的财富，因为"金银则饥不可食寒不可衣"④。又如，重商主义认为商品流通是财富的源泉，而谭氏则认为，"货财之生，生于时也"⑤，明确提出财富是由生产中所耗费的劳动时间形成的，虽然他还不懂得劳动创造价值的道理。再如，重商主义特别强调对外贸易是财富的源泉，主张少买多卖，而谭氏虽然也主张开展对外贸易，认为这

---

① 《谭嗣同全集》，第422页。
② 《谭嗣同全集》，第229页注〈14〉。
③ 《谭嗣同全集》，第409~412页。
④ 《谭嗣同全集》，第44页。
⑤ 《谭嗣同全集》，第43页。

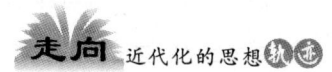

是"相仁""两利"之道，但并不把它当作财富的源泉，而认为这是"以无用之金银，易有用之货物，不啻出货佣彼而为我服役也"①。由此可见，认为谭嗣同的基本经济观点是重商主义，是不符合谭氏的实际思想情况的。

然则，谭嗣同的基本经济观点是否属于经济自由主义呢？首先应当明确经济自由主义的基本内容是什么。我们知道，西欧的经济自由主义观点是由资产阶级古典经济学家亚当·斯密提出并确立起来的，它代表了当时英国由工场手工业向机器大工业过渡时期的产业资本的利益。其基本出发点是资产阶级个人利己主义，理论基础是分工和自然秩序论。其主要观点是：反对封建制度对资本的束缚，保证资本对雇佣劳动剥削的自由；认为要增加一个国家的财富，就必须给私人资本以完全的自由；提出"互通有无""互相交易"，是人类的本性，应当顺其自然，而不应当人为地加以限制，反对一切妨碍对外贸易自由的政策，批判重商主义的观点。

现在我们来看看谭嗣同的经济思想是否具有以上的内容。应当说，谭氏提出过一些类似经济自由主义的观点。例如，他坚决揭露和批判了顽固守旧派的"黜奢崇俭论"，历数了其危害，指出"惟俭故陋，陋又愚"，"愈俭则愈陋，民智不兴，物产凋窳"；因此，他把"俭"与"静"都看成是"愚黔首之惨术，而挤之于死也"②。他揭露了顽固守旧派宣扬"黜奢崇俭"论的目的——"是为了私垄断天下之财"③，针对顽固守旧派的这一谬论，谭嗣同提出了"黜俭崇奢"论。他写道："夫岂不知奢之为害烈也，然害止于一身家，而利十百矣。锦绣、珠玉、栋宇、车马、歌舞、宴会之所集，是固农工商贾从而取赢，而转移执事者所奔走而趋附也。"因此他主张"大富则设大厂，中富附焉，或别为分厂"，这样，"富而能设机器厂，穷民赖以养，物产赖以盈，钱币赖以流通，己之富亦赖以扩充而愈厚。不惟无所用俭也，亦无所用其施济，第就天地自有之利，假吾力焉以发其覆，遂至充溢溥遍而收博施济众之功"④。正是在批判"崇俭"提倡"崇奢"的基础上，谭氏提出必须使人人能够"从容谋议，各遂其生，各均其利"⑤，即要求给予资本家以经营企业和剥削雇佣劳动的充分

---

① 《谭嗣同全集》，第44页。
② 《谭嗣同全集》，第42页。
③ 《谭嗣同全集》，第40页。
④ 《谭嗣同全集》，第40～41页。
⑤ 《谭嗣同全集》，第43页。

自由。后来他在给唐佛尘的一封信中，更明确指出："西人于矿务铁路及诸制造，不问官民，只要我有山有地有钱，即可由我随意开办，官即予以自主之权，绝不来相禁阻。一人获利，踵者纷出，率作兴事，争先恐后。不防民之贪，转因而鼓舞其气，使皆思出而任事，是以趋利若鸷禽猛兽之发，其民日富，其国势亦勃兴焉。此欧洲各国政府倚为奇策者也。夹乎各大国之间，欲与之争富强，舍此无以求速效也。"① 谭氏的这些思想，可以用他自己的话来概括："一曰'平等'；二曰'自由'；三曰'节宣惟意'。总括其义，曰不失自主之权而已。"② 也就是主张政治上的自由平等，经济上的自由竞争。这显然与西欧的经济自由主义有共通之处。

但是，笔者认为不能把它们等同起来，而应注意它们之间的原则区别。第一，谭嗣同的出发点虽然也包括人性论，但他不是公开宣扬个人利己主义，而是主张"人性平等论"，即把"相成相爱"说成是人的天性，从而引出"仁"－"通"－"平等"的思想。第二，谭嗣同的经济自由主义思想带有浓厚的伦理色彩，例如他把"通商"说成是"相仁之道"，他提出"平等""自由""节宣惟意"的口号，是为了强调"五伦"之中的"朋友之道"，而很少从经济上加以论证③。第三，谭氏提出经济自由主义的理论基础，就是他所谓的"仁"－"通"－"平等"思想，而不是像亚当·斯密那样是分工和自然秩序论。第四，谭氏提出经济自由主义的目的，不是增进表现为货币价值形态上的国民财富，而是取得"千百种之货物"，即着眼于商品的使用价值，因为在他看来，"货物必皆备手用，金银则饥不可食而寒不可衣"④。第五，谭嗣同的经济自由主义观点，不是作为重商主义观点的对立面而出现的，而是在与代表封建主义的顽固守旧派的斗争中提出来的，因此他批判的矛头并不是重商主义而是顽固守旧派的谬论。总之，谭嗣同的经济自由主义与西欧的经济自由主义是有着重大的差别的。

那么，谭嗣同的基本经济观点是什么呢？根据以上分析，笔者认为既不是重商主义观点，也不完全是经济自由主义观点，而是由前者向后者转化并偏重于后者的观点；确切地说，是代表我国早期民族资本主义工商业利益的混合观点，而且带有当时中国具体历史条件和他本人思想形成的具体特点。

---

① 《谭嗣同全集》，第 444 页。
② 《谭嗣同全集》，第 66 页。
③ 《谭嗣同全集》，第 44、66 页。
④ 《谭嗣同全集》，第 44 页。

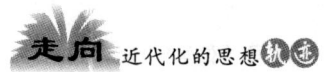

四 发展资本主义工商业的蓝图

根据以上的基本经济观点,谭嗣同认为要发展资本主义经济,关键在于"讲求维持挽救农工商贾之道"。其具体方案是:兴机器,奖工艺,惠商贾,速制造,蕃货物,重开矿。这实际上提出了一幅发展资本主义工商业的蓝图。

首先,谭嗣同热烈地赞扬了机器的好处,极力主张在国民经济各个部门中采用机器,认为这是速制造、蕃货物、省时利民的"治平"之道。他说:"假如有货焉,百人为之不足,用机器则一人为之有余,是货百饶于人也。一人百日为之不足,用机器则一人一日为之有余,是货百饶于日也。日愈益省,货愈益饶,民愈益富。饶十则富十倍,饶百则富百倍。"接着谭氏批判了顽固守旧派宣扬的机器"夺民利"的观点,指出机器不但不夺民利,而且大大利民。为什么这样说呢?他提出两点理由:第一,机器可以"多造货物,以广民利",用机器"所省之人工日工,又将他有所兴造,利源必推行日广,岂有失业坐废之虞"[①]。第二,"小民穷岁月之力,拮据辛劳,以成一物,岂不欲多得值哉……苟或不贵,固不急求售,亦将不复造。且民皆富矣,虽多出值,复何吝?然非机器,又何由皆富厚若此?"因此,"机器兴而物价贵,又以见机器固非夺民利矣"[②]。同时,谭氏特别强调用机器可以节省时间的重要意义,指出:"夫货财之生,生于时也。时縻货财歉,时啬货财丰,其事相反,适以相成。机器之制与运也,岂有他哉,惜时而已,惜时与不惜时,其利害相去,或百倍,或千倍,此又机器之不容缓者也。时积而成物,物积而值必落,于是变去旧法,别造新法,以新而救积……而值日上,又有新者值又上。人巧奋,地力尽,程度谨于国,苦窳绝于市,游惰知所警,精良偏于用。"[③]

谭嗣同以上赞扬机器的观点,当然是从他的阶级立场出发的,因此具有很大的局限性,其中包含不少庸俗的说法。例如,他把采用机器所得之利,说成是全民之利,他不了解机器的资本主义利用的结果,只是增加资产阶级的财富,而对无产者来说则会带来失业和贫困。同时,他也不了解

---

① 《谭嗣同全集》,第 41 页。
② 《谭嗣同全集》,第 42 页。
③ 《谭嗣同全集》,第 43 页。

资本主义制度下机器兴而物价贵的道理，认为用机器所造之"新物"，"而值自上"，这是"性之本然"。可见，他根本不懂得使用价值、价值与价格的区别，不了解使用机器提高劳动生产率的结果，只是使用价值量的增加，而单位使用价值的价值量反而会降低。按照物价"性之本然"，应当是单位产品价格的降低，至于物价上涨，是由于资本主义制度下商品价格有上涨趋势，并不是由于使用机器制造了"新物"，而是资本家采用不等价交换以及通货膨胀的结果。但是，尽管谭嗣同对使用机器的分析存在以上局限性和庸俗观点，但他提倡采用机器、节省时间、增加物质财富的思想，也应当说是正确的、进步的；他所说的"货财之生，生于时也""时积而成物"，已模糊地含有劳动创造财富的意思，虽然他并不了解劳动创造价值的道理。

其次，谭嗣同强调指出，要"讲求维持挽救农工商贾之道"，首要任务在于大力发展"矿务商务"，而"尤扼重于开矿"[1]。作为中国近代新兴资产阶级的代表，他对帝国主义和封建买办势力压抑和摧残民族工商业的行为深为不满，特别对帝国主义利用各种优势和特权对我国进行经济侵略的严重性忧心忡忡。他沉痛地写道："且彼抑知天下之大患有不在战者乎？西人虽以商战为国，然所以为战者即所以为商。商之一道足以灭人之国于无形，其计至巧而至毒，人心风俗皆败坏于此。"[2] 他指出："中国必先自开其矿以图富强，始能制人，不然人将夺我之矿以制我矣。"因此，"今之矿务商务，已成中西不两立不并存之势……是以矿务商务，力与争盛，即为下手处"[3]。他主张"尽开中国所有之矿，以裕富强之源"[4]，认为"他日中国挟其煤铁二宗，即足制外洋之死命"[5]。同时他主张与外国通商，反对闭关绝市，主张"振兴商务"，提出"以其人之道，还治其人之身"[6]。

谭嗣同的以上观点虽然有其片面性，例如他对帝国主义的武装侵略的严重性认识不够，认为这不是大患，他将中国的富强说成是为了"制外洋之死命"等。但是，从这些观点中可以看出，谭嗣同深刻地感到帝国

---

[1] 《谭嗣同全集》，第45页。
[2] 《谭嗣同全集》，第292页。
[3] 《谭嗣同全集》，第293页。
[4] 《谭嗣同全集》，第408页。
[5] 《谭嗣同全集》，第293页。
[6] 《谭嗣同全集》，第292页。

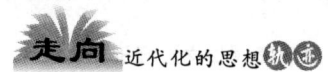

主义对我国进行经济侵略的严重性，看出了中国与帝国主义"不两立不并存之势"，他不甘心处于受帝国主义奴役和掠夺的殖民地附属国的地位，主张我们自己开矿和振兴商务来同帝国主义作斗争，敢于提出"以其人之道还治其人之身"来和帝国主义的经济侵略针锋相对等，这些当然都是正确的、进步的思想，在我国近代经济思想的发展中具有重要的意义和作用。

最后，谭嗣同提出了一套"讲求维持挽救农工商贾之道"的具体措施与方案。其内容主要有：第一，"尽开中国所有之矿，以裕富强之源"。第二，"多修铁路，多造浅水轮船"。第三，"设商部，集商会，立商总，开公司，招民股，兴保险，建官银行"。第四，"讲求工艺制造"，"工与商通力合作，以收回利权"。第五，"岁始预算，岁终决算，丝毫皆用之于民，而不私于府库，以明会计之无欺"。第六，"出口免税，入口重税，涓滴皆操之自我，而不授于外洋，以杜漏卮之有渐"。第七，"食盐与诸土货，则一征于出产之地，而不问所之。税坐商而不税行商，以归简易而塞弊窦"。第八，"研覃税务之学，缕晰中外税则，查验章程，始可夺回税务司包办海关之权"。第九，讲求各种自然科学，兴办各种公共事业。第十，"筹变法之费""利变法之用""严变法之卫""求变法之才"。总之，"各国之长并取之，各国之弊立去之……谨权量，审法度，一道德，同风俗，法立而教自存焉矣"①。

由此可见，谭嗣同实际上提出了一幅比较完整的发展资本主义工商业的蓝图。这个蓝图，不但集中了比他早些时候的进步思想家龚自珍、魏源、王韬、薛福成、郑观应等人的进步观点和改革意见，而且集中了与他同时期的维新派领袖康有为和梁启超的进步思想和设想，并在此基础上加以系统化和发展。从这方面来说，谭氏大大超过了这些思想家。当然，谭嗣同的这个蓝图，和后来的伟大的革命民主主义者孙中山的建国方略和实业计划比较起来，却又远逊一筹；至于和社会主义的经济计划相比，更是有着本质的区别，不可同日而语。但是不管怎样，在当时中国的具体历史条件下，谭嗣同提出的这个蓝图，比较集中地反映了当时中国人民要求独立富强的愿望，虽然它没有也不可能付诸实践，但却起到了振奋人心、发人深省的历史作用，增强了中国人民反对帝国主义侵略、实现祖国独立富强的信心和决心。正如谭嗣同当时满怀信心指出的："以中国地宝之富，

---

① 《谭嗣同全集》，第408~409、427~429页。

人民之众多而聪慧，必将为五大洲三十余国之冠。"① 当然，中国人民的这种愿望和信心，在资产阶级的领导下是不可能实现的，只有在中国共产党的领导下，才能逐步付诸实践。

五　发展农业的"普鲁士道路"

如上所述，谭嗣同在论述"讲求维持挽救农工商贾之道"时，着重阐明了如何发展资本主义工商业的问题。显然，这与他所处的历史时代和阶级地位有关，因为资本主义关系的发展，一般是从工商业开始，然后才逐步及于农业，而在中国当时的具体历史条件下，摆在我国新兴资产阶级面前的问题，是如何摆脱帝国主义和封建势力对民族资本主义工商业的压抑和摧残。因此，谭嗣同把重点放在论证资本主义工商业的问题上，基本上符合当时中国的客观情况。但是，这并不是说谭嗣只注重工商业而忽视农业，其实他和几乎所有的中国近代进步思想家一样，对农业的发展也是十分重视的，提出不少看法和设想。

谭嗣同从王夫之的"道不离器"的唯物主义观点出发，曾强调指出"言王道，则必以耕桑树畜为先。无其器则无其道。圣人言道，未有不依于器者"②。同时，谭嗣同认为"言理财，悉以养民为主义"③，而"养民不如农"④。他提出了许多发展农业生产的具体办法，如在农业中使用机器，发展农村的商品经济，用钞纳赋完税，兴修水利，开垦荒地，"讲求植物学，以裨农政，以丰材木。讲求动物学，以蕃马政，以溥畜牧"⑤等。由此可见，谭嗣同的"讲求维持挽救农工商贾之道"，是以"农"为首的，他所提出的这些具体办法，是为了使农业能保证资本主义工商业发展的条件，因而是具有进步意义的。当然，对农业在国民经济中的地位和作用与国民经济各部门之间的关系等问题，谭嗣同没有也不可能给予科学的分析，这是由他所处的时代和阶级的局限性所决定的，我们不能苛求于他。

应当指出，谭嗣同在说明发展农业的重要意义时，还提出了所谓

---

① 《谭嗣同全集》，第413页。
② 《谭嗣同全集》，第403页。
③ 《谭嗣同全集》，第99页。
④ 《谭嗣同全集》，第424页。
⑤ 《谭嗣同全集》，第409页。

"人满""土满"的问题。他认为:"地球之治,必视农学为进退……夫治而有乱,其必有大不得已之故,而保治之道未善也。大不得已之故,无过人满。地球之面积,无可展拓,而人类之蕃衍,代必倍增,所产不敷所用,此固必乱之道也。今幸轮船铁路,中外尽通,有余不足,互相酌剂,总计荒地正多,即丁口再加百十倍,犹易生活……故人满之患,必生于他日之土满,非真满也。土满之患,必生于居住之不均,垦辟之不讲,亦未能定为真满也。"① 从谭嗣同以上观点可以看出,他把农业与人口和国家治乱联系起来了,一方面指出了农业生产必须与人类的繁衍相适应,如果"所产不敷所用",就必然要出现"乱";另一方面也指出了在农业生产力提高、人口分布合理、大量垦辟荒地的条件下,"即人口再加百十倍,犹易生活"。因此,所谓"人满""土满",实质上都是"非真满也"。谭嗣同的这些观点,在中国当时的历史条件下,应当说是一种杰出的观点,因为它既高于中国封建地主阶级思想家的人口理论(如清乾隆时期思想家洪亮吉的人口论),也和欧美资产阶级的人口理论(以马尔萨斯的人口论为代表)有着本质的差别。当然,谭嗣同没有也不可能科学地论证资本主义制度下的人口规律问题,把他的观点与马克思的科学人口理论相提并论也是不对的。

关于采用什么生产形式来发展农业的问题,谭嗣同没有明确的论述。在他较早期的著作中认为:"井田与封建同为天之所废,无能复兴。惟限田之法,差近治理,然亦必行之于开始之时。"② 又说:"若井田封建宗法又断断不能复。"③ 而他在后期的著作中则提出:"由合一之说推之;西人深赞中国井田之法,为能御天灾,尽地利,安土著,平道路,限戎马,均贫富……故尽改民主以行井田,则地球之政,可合而为一。"④ 谭氏以上两种说法,表面看来似乎是矛盾的,其实并不矛盾,因为前者说的是反对恢复"井田封建宗法",即反对封建割据和豪强兼并,而后者则带有"均贫富"的空想因素。但是,如果从谭嗣同的整个经济思想来看,他所主张的发展农业的形式,实质上是资本主义的形式,这从他主张在农业中采用现代技术、发展商品经济和用钞纳赋完税等具体措施中可以看出来。当然,谭嗣同并没有提出废除封建土地私有制的主张,也没有提出"平均

---

① 《谭嗣同全集》,第 82～84 页。
② 《谭嗣同全集》,第 266 页。
③ 《谭嗣同全集》,第 292 页。
④ 《谭嗣同全集》,第 69 页。

地权"和"耕者有其田"的要求,他所主张的"行井田"是和"均贫富"的空想联系的,而且认为"以目前而论,贫富万无可均之理",只有到很长时间以后,"地球教化极盛之时",才能逐步实现"均贫富"的地步①。因此,有人把谭嗣同"行井田"的思想与孙中山的"平均地权"和"耕者有其田"的思想等同起来,笔者认为是不妥的②。其实,谭嗣同对待农业的发展形式问题,和许多自由资产阶级思想家一样,都是主张在不废除封建土地私有制的基础上,通过封建地主阶级的自愿,逐步转到资本主义的经营道路上来,即走"普鲁士式"的发展资本主义农业的道路。当然,就当时中国的具体历史情况来说,主张普鲁士道路,也是具有进步意义的。

六　结论

总结谭嗣同以上的经济思想,可以看出其中贯穿一条主线,就是批判封建顽固守旧派,论证在我国发展资本主义经济的必要性和必然性。这是我国近代资产阶级进步经济思想的鲜明标志,从而使他成为中国资产阶级早期思想家的著名代表人物之一。当然,由于谭嗣同所处的历史时代和他的阶级局限性,以及受他所接触的各种思想的影响,在他的经济思想中,也包含了一些落后的甚至反动的观点。如谭嗣同提出要把封建主义的三纲五常一律废除,而以"朋友"一伦来代替,认为只有"朋友"之间相处的原则,才合乎自然"本性"和人的"本性",从而表现了"仁－通"。他认为:"五伦中于人生最无弊而有益,无纤毫之苦,有淡水之乐,其性朋友乎……所以者何?一曰'平等',二曰'自由',三曰'节宣惟意'。总括其义,曰不失自主之权而已矣。"谭嗣同幻想在这种自由独立的社会结构下,在工商业和物质文明十分发达的经济基础上,建立一个普遍幸福的理性国度、地上的天国:"君主废则贵贱平;公理明则贫富均。千里万里,一家一人。"这样一种空想的"社会主义"大同世界,岂不是"缘木求鱼"也。关于这方面的分析,限于篇幅,有待今后专文论述③。

---

① 《谭嗣同全集》,第444页。
② 参见杨荣国《谭嗣同哲学思想》,人民出版社,1957,第33~34页。
③ 之前这一部分原载《湘潭大学社会科学学报》1984年第3期,载入本文时把相关注释改为脚注,并在内容结构上进行了一些调整。

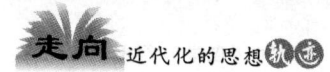

　　作为一名研究者，对研究对象的深刻了解更激发了对其研究的兴趣，现附录一首笔者感慨而发的有关谭嗣同的随笔小诗聊表胸臆。

敬颂英豪谭嗣同
2012 年中秋节

　　一代英豪出浏阳，变法维新意志刚。
　　一部《仁学》传天下，唤醒国民起四方。
　　维新变法虽失败，引出英雄千百万。
　　辛亥革命大功成，君主制度被埋葬。

梁启超《变法通议》经济思想研究

彭立峰

梁启超（1873~1929），字卓如，号任公，别号饮冰室主人，广东新会县人。1889年广东乡试中举人。1890年师从康有为。1895年5月2日，梁启超追随康有为一起发动了"公车上书"。同年6月，梁启超出任《中外公报》的主编。此后，他先后主持、参与了《时务报》《知新报》《上海农学会报》《萃报》等报刊的筹建和出版工作。1898年，梁启超作为核心力量积极参与了"百日维新"。"百日维新"失败后，梁启超流亡日本。在日本期间，梁启超陆续创办了《清议报》《新民丛报》等报刊。清廷"预备立宪"开始后，梁启超组建了政闻社，先后创办了《政论》杂志和《国风报》，以在舆论上支持立宪运动。1906年，《民报》发起论战，梁启超和革命派互相进行激烈的辩论

梁启超（1873~1929）

和攻击。1912年10月8日，梁启超结束了14年的流亡生活，从日本回国。袁世凯篡夺政权后，梁启超组织进步党，并参加袁世凯政权，先后任司法总长、币制局总裁等职。段祺瑞执政府成立后，梁启超作为再造共和的功臣加入新政府，出任财政总长兼盐务处督办。1916年11月15日，段祺瑞向政府辞职，梁启超也递交辞呈。从此梁启超退出政界，担任清华大学等校的教授，并主持了《改造》等杂志的编辑、写作等工作。梁启超著作卷帙浩繁，被编为《饮冰室合集》。

《变法通议》是梁启超在戊戌变法时期撰写的重要政论文章。其中

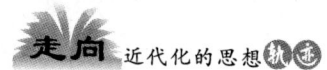

《自序》《论不变法之害》《论变法不知本原之害》《学校总论》《论科举》《论学会》《论师范》《论女学》《论幼学》《学校余论》《论译书》和《论金银涨落》12 篇文章发表在 1896~1898 年的《时务报》上；《论变法必自平满汉之界始》《论变法后安置守旧大臣之法》2 篇论文发表在 1898 年底到 1899 年初的《清议报》上。《变法通议》的发表，使《时务报》在众多报刊中脱颖而出，成为当时影响最大的维新派刊物，梁启超本人也因此得到了"舆论之骄子，天纵之文豪"的美誉。1898 年，光绪皇帝召见梁启超，命他呈上《变法通议》，赏六品衔，办理京师大学堂译书局事务。胡思敬的《戊戌履霜录》称："当《时务报》成行（即《变法通议》连载期间），启超名重一时，士大夫爱其言语之妙，争礼下之。自通都大邑，下至僻壤穷陬，无不知有新会梁氏者。"《变法通议》涉及了当时中国的政治、经济、文化、教育等各个领域，本文试从中国经济思想史的角度对之进行粗浅的解读。

一 "变亦变，不变亦变"

（一）变法的必要性

梁启超在《变法通议》中指出当时中国的处境十分危险。以工商业而论，中国"工艺不兴，商务不讲，土货日见减色，而他人投我所好，制造百物，畅销内地，漏卮日甚，脂膏将枯"①。以农业而论，"地利不辟，人满为患。河北诸省，岁虽中收，犹道殣相望。京师一冬，死者千计。一有水旱，道路不通，运赈无术，任其填委，十室九空"②。以教育而论，"学校不立，学子于帖括外，一物不知，其上者考据词章，破碎相尚，语以瀛海，瞠目不信。又得官甚难，治生无术，习于无耻，惛不知怪"③。以吏治而论，"官制不善，习非所用，用非所习，委权胥吏，百弊猬起。一官数人，一人数官，牵制推诿，一事不举。保奖蒙混，鬻爵充塞，朝为市侩，夕登显秩。宦途壅滞，候补窘悴，非钻营奔竞，不能疗饥。俸廉微薄，供亿繁浩，非贪污恶鄙，无以自给。限抽绳格，虽有奇

---

① 梁启超著，何光宇评注：《变法通议》，华夏出版社，2002，第 6~7 页（以下简称《变法通议》）。
② 《变法通议》，第 6 页。
③ 《变法通议》，第 7 页。

才，不能特达，必俟其筋力既衰，暮气将深，始任以事，故肉食盈廷，而乏才为患"①。以社会而论，"驯者转于沟壑，黠者流为盗贼，教匪会匪，蔓延九州，伺隙而动"②。以国防而论，"兵学不进，绿营防勇，老弱癖烟，凶悍骚扰，无所可用……偏裨以上，流品猥杂，一字不识，无论读图。营例不谙，无论兵法。以此与他人学问之将、纪律之师相遇，百战百败，无待交绥"③。内忧外患中的晚清中国就如同"以一羊处群虎之间，抱火厝之积薪之下而寝其上者"④。

在这样的危难中，中国应如何自处？梁启超在《变法通议》中反复阐述不变法的危险和变法的必要。他说："印度，大地最古之国也，守旧不变，夷为英藩矣。突厥，地跨三洲，立国历千年，而守旧不变，为六大国执其权分其地矣。非洲广袤，三倍欧土，内地除沙漠一带外，皆植物饶衍，畜牧繁盛，土人不能开化，拱手以让强敌矣。波兰为欧西名国，政事不修，内讧日起，俄、普、奥相约，择其肉而食矣。中亚洲回部，素号骁悍，善战斗，而守旧不变，俄人鲸吞蚕食，殆将尽之矣。西班牙、荷兰，三百年前属地遍天下，而内治稍弛，遂即陵弱，国度夷为四等。"⑤ 而"今夫俄宅苦寒之地，受蒙古钤辖，前皇残暴，民气凋丧，岌岌不可终日，自大彼得游历诸国，学习工艺，归而变政，后王受其方略，国势日盛，辟地数万里也。今夫德列国分治，无所统纪，为法所役，有若奴隶，普人发愤兴学练兵，遂蹶强法，霸中原也。今夫日本，幕府专政，诸藩力征，受俄、德、美大创，国几不国，自明治维新，改弦更张，不三十年，而夺我琉球，割我台湾也"⑥。

有鉴于上述世界历史的经验和教训，梁启超认为："法行十年，或数十年，或百年而必敝，敝而必更求变，天之道也。故一食而求永饱者必死，一劳而求永逸者必亡。今之为不变说者，实则非真有见于新法之为民害也。"⑦ 而"法者，天下之公器也；变者，天下之公理也。大地既通，万国蒸蒸，日趋于上，大势相迫，非可阏制。变亦变，不变亦变；变而变

---

① 《变法通议》，第7页。
② 《变法通议》，第6页。
③ 《变法通议》，第7页。
④ 《变法通议》，第7页。
⑤ 《变法通议》，第5~6页。
⑥ 《变法通议》，第6页。
⑦ 《变法通议》，第14页。

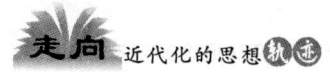

者,变之权操诸己,可以保国,可以保种,可以保教。不变而变者,变之权让诸人,束缚之,驰骤之"①。

因此,梁启超称当时的中国如"巨厦,更历千岁,瓦墁毁坏,榱栋崩折,非不枵然大也,风雨猝集,则倾圮必矣。而室中之人,犹然醵嬉鼾卧,漠然无所闻见。或则睹其危险,惟知痛哭,束手待毙,不思拯救。又其上者,补苴罅漏,弥缝蚁穴,苟安时日,以觊有功。此三人者用心不同,漂摇一至,同归死亡"②。要想避免死亡,唯有大刀阔斧地进行全面改革,"去其废坏,廓清而更张之,鸠工庀材,以新厥构。图始虽艰,及其成也,轮焉奂焉,高枕无忧也"③。

(二) 对不变法论调的驳斥

中国陷于"羊处群虎"的危难之中,梁启超力倡变法自强。但当时各种不变法论调不绝于耳,梁启超对之进行了有力的驳斥。

1. 对"成法不可变论"的驳斥

当时部分不变法者称:"今日之法,匪今伊昔,五帝三王之所递嬗,三祖八宗之所诒谋,累代率由,历有年所,必谓易道乃可为治,非所敢闻。"④ 这种论调在当时可谓不绝于耳。当少数先进的中国人力倡发展新式工商业时,部分时人就以"重农抑商为祖宗成法""祖宗成法不可变"为由加以强烈反对。例如丁立钧说:"古来圣君贤相讲富强之道者,率皆重农抑商,不务尽山泽之利,盖所称为极治者,亦曰上下相安,家给人足,足以备豫不虞而已。"⑤ 方浚颐在《二知轩文存》中称:"而所谓天锡勇智,表正万邦者,要不在区区器械机巧之末也。曰,有本在。本何在?在民。"针对此种"成法不可变论",梁启超予以有力驳斥,其主要理由如下。

第一,"本朝变前代之法"。梁启超指出:"上观百世,下观百世,经世大法,惟本朝为善变。"⑥ 他说:"入关之初,即下薙发之令,顶戴翎枝,端罩马褂,古无有也,则变服色矣。用达海创国书,借蒙古字以附满

---

① 《变法通议》,第15页。
② 《变法通议》,第5页。
③ 《变法通议》,第5页。
④ 《变法通议》,第8页。
⑤ 中国史学会:《洋务运动》(一),上海人民出版社,1961,第253页。
⑥ 《变法通议》,第8~9页。

洲音,则变文字矣。用汤若望、罗雅谷作宪书,用欧罗巴法以改《大统历》,则变历法矣。圣祖皇帝永免滋生人口之赋,并入地赋,自商鞅以来计人之法,汉武以来课丁之法无有也,则变赋法矣。举一切城工河防,以及内廷营造、行在治跸,皆雇民给直,三王于农隙使民,用民三日,且无有也,则变役法矣。平民死刑别为二等,曰情实,曰缓决,犹有情实而不予勾者,仕者罪虽至死,而子孙考试入仕如故,如前代所沿夷三族之刑,发乐籍之刑,言官受廷杖,下镇抚司狱之刑,更无有也,则变刑法矣……凡此皆本朝变前代之法,善之又善者也。"①

第二,"本朝变本朝之法"。梁启超指出,清朝"内而治寇,始用坚壁清野之法,一变而为长江水师,再变而为防河圈禁矣。外而交邻,始用闭关绝市之法,一变而通商者十数国,再变而命使者十数国矣"②。无论内政外交,本朝一直在不断变法,故梁启超称"此又以本朝变本朝之法者也"③。

第三,"泥祖宗之法"实为"戾祖宗之意,是乌得为善法祖矣乎?"④梁启超认为:"祖宗之法,非祖宗所自创也,因前代之弊而已。前代又因其前代之弊而已,推而上之,以至于古人立法之始,则其法固未尝如是也。历代相沿不思振刷,逐渐流变遂成今日。然则所谓法者,不过成于泄沓庸臣之手,而非祖宗之意,以为不如是不可为治也。今乐于师庸臣而惮于法先王,此太平之道所以千岁而不一遇也。"⑤既然"后世去古既远,不明先王之意,徒据今日之弊政以绳古制,宜其以为笑矣"⑥。

第四,法应随时势而变。梁启超认为:"中国自古一统,环列皆不蛮夷,但虞内忧,不患外侮。故防弊之意多,而兴利之利少,怀安之念重,而虑危之念轻。秦后至今,垂二千年,时局匪有大殊,故治法亦可不改……使能闭关画界,永绝外敌,终古为独立之国,则墨守斯法,世世仍之,稍加整顿,未尝不足以治天下。"⑦但是,"无如其忽与泰西诸国相遇也。泰西诸国并立,大小以数十计,狡焉思启,互相猜忌,稍不自

---

① 《变法通议》,第8~9页。
② 《变法通议》,第10页。
③ 《变法通议》,第10页。
④ 《变法通议》,第10页。
⑤ 《变法通议》,第56页。
⑥ 《变法通议》,第54~55页。
⑦ 《变法通议》,第10页。

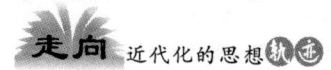

振,则灭亡随之矣。故广设学校,奖励学会,惧人才不足,而国无与立也。振兴工艺,保护商业,惧利源为人所夺,而国以穷蹙也。将必知学,兵必识字,日夜训练,如临大敌,船械新制,争相驾尚,惧兵力稍弱,一败而不可振也。自余庶政,罔不如是。日相比较,日相磨厉,故其人之才智,常乐于相师,而其国之盛强,常足以相敌"①。面对如此强敌,梁启超认为晚清中国要想避免印度等国的覆辙,就必须应势而变。因此,梁启超宣称:"吾闻圣者虑时而动,使圣祖世宗生于今日,吾知其变法之锐,必不在大彼得(俄皇名)、威廉第一(德皇名)、睦仁(日皇名)之下也。"②

2. 对"迁地弗良论"的驳斥

另有部分不变法者称:"法固因时而易,亦因地而行。今子所谓新法者,西人习而安之,故能有功,苟迁其地则弗良矣。"③ 这种论调表面上承认法应因时而变,但是它以新法为西人"习而安之",移植到中国则"迁地弗良",不能成功为由反对变法。这种手法为部分不变法者所惯用。例如当李鸿章、郑观应等人倡导自筑铁路时,丁立钧即以此为由加以反对。丁立钧认为外国地旷人少,"惟地旷,则一国所出不止供一国之用,且其人心思巧幻,能竭地力,故国产有余,得旁渔他国之利以致富。惟人少,则国用无所出,故必助成富商大贾之势,使权一资厚,而一切军国经费皆于此取赢"。而"中国户口繁盛,而地产所出止足以养欲给求,故古来圣君贤相讲富强之道者,率皆重农抑商,不务尽山泽之利"。因此"中国立国之本在安民,外国立国之本在利商,彼以利商安其民也"。正因为"立国之本不同",故铁路、轮船等行于外国,"不得谓非经国之善政也。然行于外国则可,而行于中国则断断不可者"。他请求清廷"特降谕旨,将中国开行铁路一节,永远禁止,明著为令,庶以利民生而遏乱萌"④。

针对"迁地弗良论",梁启超予以反驳。第一,新法并非西人"习而安之"的固有之物,而是改造旧法的产物。梁启超说:"吾所谓新法者,皆非西人所故有,而实为西人所改造。"⑤ 他说:"泰西治国之道,富强之

---

① 《变法通议》,第 10~11 页。
② 《变法通议》,第 10 页。
③ 《变法通议》,第 11 页。
④ 中国史学会:《洋务运动》(一),上海人民出版社,1961,第 264 页。
⑤ 《变法通议》,第 11~12 页。

170

原，非振古如兹也，盖自百年以来焉耳。"① 他指出西方各国兴汽机之制于乾隆三十四年（1769年）；行海轮船于嘉庆十二年（1807年）；创议院"举官新制"、兴"民兵之制"于嘉庆十七年（1812年）；轻减刑律于嘉庆二十五年（1820年）；创工艺会于道光四年；筑铁路于道光十年（1830年）；国家拨款以兴学校于道光十三年（1833年）；邮政售票、架电线于道光十七年（1837年）；兴农学会于道光二十八年（1848年）。"自余一切保国之经，利民之策，相因而至，大率皆在中朝嘉、道之间。盖自法皇拿破仑倡祸以后，欧洲忽生动力，因以更新。"② 第二，法"改而施之西方，与改而施之东方，其情形不殊"。梁启超指出，西方"至其前此之旧俗，则视今日之中国无以远过。惟其幡然而变，不百年间，乃勃然而兴矣"。而此前弱小的日本因变致强，明治维新后"蒸蒸然起于东土"③。可见，法"改而施之西方，与改而施之东方，其情形不殊，盖无疑矣"④。

3. 对"用夷变夏论"的驳斥

还有部分不变法者称："伊川被发，君子所叹，用夷变夏，究何取焉？"⑤ 即以"用夷变夏"为由反对变法。此种论调，由来已久。例如当李鸿章、丁日昌等人主张引进西方先进机器以提高社会生产力时，方浚颐称：西方人"无礼乐教化，无典章文物，而沾沾焉惟利是视，好勇斗狠，恃其心思技巧以此为富强之计。而我内地奸民遂与之钩结煽惑，陈书当道，几几乎欲用夷变夏"⑥。于凌辰说："是古圣先贤所谓用夷变夏者，李鸿章、丁日昌直欲不用夷变夏不止。"⑦ 当洋务派奏请选取科甲正途官员到同文馆肄习天文、算学时，李慈铭称："选翰林及部员之科甲出身年三十以下者学习行走，则以中华之儒臣而为丑夷之学子，稍有人心，宜不肯就，而又鲜焉趋之。盖学术不明，礼义尽丧，士习卑污，遂至于此。驯将夷夏不别，人道沦丧，家国之忧，非可言究。"⑧ 大学士倭仁上折称："立国之道，尚礼义不尚权谋；根本之图，在人心不在技艺。今求之一艺之末，而又奉夷人为师，无论夷人诡谲未必传其精巧，即使教者诚教，学者诚学，

---

① 《变法通议》，第11~12页。
② 《变法通议》，第11~12页。
③ 《变法通议》，第11~12页。
④ 《变法通议》，第11~12页。
⑤ 《变法通议》，第12页。
⑥ 方浚颐：《二知轩文存》（第1卷），光绪四年自刻本。
⑦ 中国史学会：《洋务运动》（一），上海人民出版社，1961，第121页。
⑧ 李慈铭：《越缦堂日记》，同治六年七月初三，文海出版社，1963。

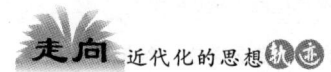

所成就者不过术数之士，古今来未闻有恃术数而能起衰振弱者也。"他说："举聪明隽秀、国家所培养而储以有用者，变而从夷，正气为之不伸，邪气因之弥炽，数年以后，不尽驱中国之众咸归于夷不止。"①

"用夷变夏论"根源于中国传统的世界观。该世界观认为"中国不是亚洲的一部分，更不是'远东'的一部分；它是指体现文明本身的中心王国"②。因此，华夏中国是内部的，既崇高又伟大；"蛮夷"外族是外部的，既渺小又低贱。在这些"用夷变夏论"者眼中，西方人是蛮夷之族，根本不值得学习。若要效仿西方进行变革，中国数千年文明礼仪之邦，即将沦为蛮夷之国。"用夷变夏论"者以卫道者自居，从文化和道德层面猛烈抨击新法，阻碍了新法的实行。当初"用夷变夏论"者的阻挠就致使投考同文馆者寥寥无几。

针对"用夷变夏论"，梁启超予以反驳。梁启超认为，"孔子曰：'天子失官，学在四夷。'《春秋》之例，夷狄进至中国，则中国之。古之圣人，未尝以学于人为惭德也"③。"今不以不如人为耻，而独以学其人为耻，将于不如而终不学，遂可雪其耻乎。"④除此之外，梁启超不遗余力地论证"法为天下之公器"。他说："有土地焉，测之，绘之，化之，分之，审其土宜，教民树艺，神农后稷，非西人也。度地居民，岁杪制用，夫家众寡，六畜牛羊，纤悉书之。《周礼·王制》，非西书也。八岁入小学，十五就大学，升造爵官，皆俟学成，庠、序、学、校，非西名也。谋及卿士，谋及庶人，国疑则询，国迁则询，议郎、博士，非西官也（汉制博士与议郎议大夫同主论议，国有大事，则承问，即今西人议院之意）。流宥五刑，疑狱众共，轻刑之法，陪审之员，非西律也。三老、啬夫，由民自推，辟署功曹，不用他郡，乡亭之官，非西秩也。尔无我叛，我无强贾，商约之文，非西史也。交邻有道，不辱君命，绝域之使，非西政也。邦有六职，工与居一，国有九经，工在所劝，保护工艺，非西例也。"⑤他强调："故夫法者，天下之公器也。征之域外则如彼，考之前古则如此，而议者犹曰夷也、夷也，而弃之，必举吾所固有之物，不自有

---

① 中国史学会：《洋务运动》（二），上海人民出版社，1961，第30页。
② 〔美〕费正清、刘广京：《剑桥中国晚清史》（下卷），中国社会科学出版社，2007，第142页。
③ 《变法通议》，第12页。
④ 《变法通议》，第65页。
⑤ 《变法通议》，第12~13页。

之，而甘心以让诸人，又何取耶？"①

在此之前为应对"用夷变夏论"，郑观应等人提出"西学中源论"，即认为西方的新法皆源于中国。郑观应说："自《大学》亡《格致》一篇，《周礼》阙《考工》一册，古人名物、象数之学，流徙而入泰西，其工艺之精，遂远非中国所及。盖我务本，彼逐其末；我穷事务之理，彼研万物之质。秦汉以还，中原板荡，文物无存，学人莫窥制作之原，循空文而高谈性理。于是我坠于虚，彼征诸实。不知虚中有实，实者道也；实中有虚，虚者器也。合之则本末兼赅，分之乃放卷无具。"②张自牧在《边事续钞》中称："今天下竞谈西学矣，蒙以为非西学也。天文历算，本盖天宣夜之术，彼国谈几何者，亦译借要方为东来法，畴人子弟类能知之。"陈炽认为："中国大乱，抱器者无所容，转徙而之西域。彼罗马列国，《汉书》之所谓大秦者。乃于秦汉之际，崛兴于葱岭之西，得先王之绪余，而已足纵横四海矣。阅二千年，久假焉而不能不归也。第水陆程涂，逾数万里，旷绝而无由自通。天乃益资彼以火器、电报、火轮舟车，长驱以入中国，中国弗能禁也。"③既然西方新法本源自中国，中国就没有必要排斥。因此张自牧在《边事续钞》说："然名之为西学，则儒者动以非类为羞，知其本出于中国之学，则儒者当以不知为耻，是在乎正其名而已。"陈炽称："知彼物之本属乎我，则无庸显立异同；知西法之本出乎中，则无俟概行拒绝。"④

郑观应等人的"西学中源论"，强调西学源出中国，欲使西学之还我固有，以为中国自用。"西学中源"的虚构，与其说郑观应等人真的相信西学源于中学，不如说这是为了应对"用夷变夏论"的良苦用心。"西学中源论"一方面是由于热爱自己固有文化而自然夸大，以增强民族自信心；另一方面是有意使民众相信西学中源，没有必要基于"华夷之辨"而排斥学习西法。

与郑观应等人不同，梁启超不再强调西学源出中国，而是认为"法者，天下之公器也"，而"考之前古"是中国之成法，"征之域外"是西方之新法。两者表现形式虽然不同，但是均源于"天下之公器"，其意相通。学习西方的新法，其实是恢复中国古法的真意。"法为天下

---

① 《变法通议》，第13页。
② 《盛世危言》，第18~19页。
③ 赵树贵、曾丽雅：《陈炽集》，中华书局，1997，第1~2页。
④ 赵树贵、曾丽雅：《陈炽集》，中华书局，1997，第2页。

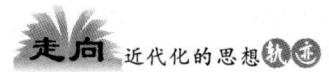

公器"的论断旨在融合中西,为托古改制提供理论基础。这与王韬的"道器观"有异曲同工之处。王韬说:"形而上者曰道,形而下者曰器。道不能即通,则假器以通之,火轮舟车皆所以载道而行者也。东方有圣人焉,此心同此理同也;西方有圣人焉,此心同此理同也。盖人心之所向,既天理之所示,必有人焉,融会贯通而使之同。故泰西诸国今日所挟以凌辱我中国者,皆后世圣人有作,所取以混同万国之法物也。"①

4. 对"无力变法论"的驳斥

另有部分不变法者称:"然中国当败衄之后,穷蹙之日,虑无余力克任此举。强敌交逼,眈眈思启,亦未必能吾待也。"② 该种悲观论调在当时并不偶见。当时人倡导自造新式军火以御外侮时,于凌辰等人即以此为由予以反对。例如于凌辰说:"学于敌人以为胜敌之策,从古未有",故"不可仿照制造,暗销我中国有数之帑,掷之汪洋也"③。而刘锡鸿称:"若效洋人制船以与洋人水战,则是效彼所长之万一,返以攻击其所长矣;夫学者之不能骤及其师,岂但轮船机器为然哉!"在刘锡鸿看来,"我以独力制船,必不能如其多,以陋习既深之人力制船,必不能如其坚,不坚不多犹欲与坚且多者校战以求必胜"根本不可能。"就令火炮轮船我果校而胜,一往莫御矣,然剿破彼国后岂能越重海而郡县之,图令遗育衔仇日图报复,贻海内无穷之患耳。"④ 因此,他声称:"赏罚之令既乖,种种设施无非枉耗财用,反不如储以赍寇,犹足暂缓其兵。"⑤

针对"无力变法论",梁启超首先以日本为例增强国人的信心,激励国人变法自强。他说:"日本败于三国,受迫通商,反以成维新之功。法败于普,为城下之盟,偿五千兆福兰格,豁口奥斯、鹿林两省,此其痛创过于国今日也。然不及十年,法之盛强,转逾畴昔。然则败衄非国之大患,患不能自强耳。"⑥ 其次,梁启超指出中国在此"败衄"之际变法自强并不迟。他说:"泰西各国,磨牙吮血,伺于吾旁者固属有人;其顾惜商务,不欲发难者,亦未始无之。徒以我晦盲太甚,历阶孔繁,用启戎

---

① 王韬:《弢园文录外编》(卷一),中州古籍出版社,1998,第2页。
② 《变法通议》,第13~14页。
③ 中国史学会《洋务运动》(一),上海人民出版社,1961,第121页。
④ 刘锡鸿:《刘光禄遗稿·读郭廉使论时事偶笔》(第2卷),文海出版社,1988。
⑤ 刘锡鸿:《刘光禄遗稿·复李伯相书》(第2卷),文海出版社,1988。
⑥ 《变法通议》,第14页。

心，亟思染指。及今早图，示万国以更新之端，作十年保太平之约，亡羊补牢，未为迟也。"①

二　"一切要其大成，在变官制"

梁启超认为："变之途有四，其一如日本，自变者也。其二如突厥，他人执其权而代变者也（埃及、高丽等国皆是）。其三如印度，见并于一国而代变者也（越南、缅甸等国皆是）。其四如波兰，见分于诸国而代变者也。"② 既然"变亦变，不变亦变，与其待他人之变，而一切澌灭以至于尽，则何如吾自变之，而尚可以存其一二也"③。那么接下来要解决的问题就是中国应如何自主变法。

当时部分国人仍"惟兵之为务，以谓外人之长技，吾国之急图，只此而已"，认为仅需变革军事即可自强，梁启超对此予以反驳。梁启超指出："国之强弱在兵，而所以强弱者不在兵。"例如美国"内治修，工商盛，学校昌，才智繁，虽无兵焉，犹之强也……美国兵不过二万，其兵力于欧洲，不能比最小之国，而强邻眈眈，谁敢侮之？"而土耳其"内治斁，工商窳，学校塞，才智希，虽举其国而兵焉，犹之亡也……土耳其以陆军甲天下，俄土之役，五战而土三胜焉，而卒不免于今日"④。因此梁启超称："当知西人之所强者兵，而所以强者不在兵，不师其所以强，而欲师其所强，是由欲前而却行也。"⑤ 他指出仅变革军事根本不可能自强。

另有部分时人认为"中兴以后，讲求洋务，三十余年，创行新政，不一而足。然屡见败衄，莫克振救，若是乎新法之果无益于人国也"⑥。梁启超指出，"中体西用"的洋务"新政"，"非真能变也，即吾向者所谓补苴罅漏，弥缝蚁穴，漂摇一至，同归死亡；而于去陈用新，改弦更张之道，未始有合也"⑦。洋务派说练兵，但"将率不由学校，能知兵乎？选兵不用医生，任意招募……能用命乎……图学不兴，厄塞不知，能制胜

---

① 《变法通议》，第 14 页。
② 《变法通议》，第 15 页。
③ 《变法通议》，第 39 页。
④ 《变法通议》，第 25~26 页。
⑤ 《变法通议》，第 144 页。
⑥ 《变法通议》，第 21 页。
⑦ 《变法通议》，第 21 页。

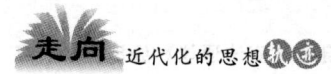

乎？船械不能自造，仰息他人，能如志乎？"洋务派讲开矿，但"矿务学堂不兴，矿师乏绝，重金延聘西人，尚不可信，能尽利乎？机器不备，化工不精，能无弃材乎？"洋务派说通商，但"商务学堂不立，罕明贸易之理，能保富乎？工艺不兴，制造不讲，土货销场，寥寥无几，能争利乎？道路梗塞，运费笨重，能广销乎？厘卡满地，抑勒逗留，朘膏削脂，有如虎狼，能劝商乎？领事不报外国商务，国家不护侨寓商民，能自立乎？"①梁启超认为洋务派如此"创行新政"，"则练兵如不练"，"开矿如不开"，"通商如不通"②。"自余庶政，若铁路，若轮船，若银行，若邮政，若农务，若制造，莫不类是。盖事事皆有相因而至之端，而万事皆同出于一本原之地，不挈其领而握其枢，犹治丝而棼之，故百举而无一效也。"③

既然变法是涉及经济、政治、文化、科技、军事等各方面的"全变"，那么变法的"领"和"枢"是什么？梁启超认为"变法之本，在育人才"④。在他看来，"人才乏绝，百举具废，此中国所以讲求新法三十年而一无所成"的根本原因⑤是洋务派"创行新法"，或责成于肉食官吏之手，或"以为黄种之人，无一可语，委心异族，有终焉之志"⑥。但前者"肉食官吏""不足任事"⑦；后者"西官之为中国谋者，实以保护本国之权利耳"⑧。"无惑乎言变法数十年，而利未一见，弊已百出，反为守旧之徒，抵其隙而肆其口也。"⑨ 因此，梁启超说："今之言治国者，必曰仿效西法，力图富强，斯固然也。虽然，非其人莫能举也。"⑩ 他说："吾闻之《春秋》三世之义，据乱世以力胜，升平世智、力互相胜，太平世以智胜。"而"近百年间，欧罗巴之众，高加索之族，藉制器以灭国，借通商以辟地，于是全球十九，归其统辖，智之强也。世界之运，由乱而进于平；胜败之原，由力而趋于智。故言自强于今日，以开民智为第一义"⑪。

那么应如何开民智、兴人才呢？梁启超认为"欲求新政，必兴学

---

① 《变法通议》，第21~22页。
② 《变法通议》，第22页。
③ 《变法通议》，第22页。
④ 《变法通议》，第24页。
⑤ 《变法通议》，第74页。
⑥ 《变法通议》，第23页。
⑦ 《变法通议》，第23页。
⑧ 《变法通议》，第27页。
⑨ 《变法通议》，第24页。
⑩ 《变法通议》，第35页。
⑪ 《变法通议》，第32页。

校",因为"变法之本,在育人才;人才之兴,在开学校"①。而人才的培养,重在兴学校,"夫人才者,国民之本。学校者,人才之本,兴学所以安国而长民也"②。在他看来,"亡而存之,废而举之,愚而智之,弱而强之,条理万端,皆归本学校"③。梁启超认为兴学校应"远法三代,近采泰西"④,"采西人之意,行中国之法;采西人之法,行中国之意。其总纲三:一曰教,二曰政,三曰艺。其分目十有八:学堂、科学、师范、专门、幼学、女学、藏书、纂书、译书、文字、藏器、报馆、学会、教会、游历、义塾、训废疾、训罪人"⑤。在总纲的教、政、艺中,梁启超强调"变法则独先学校,学校则首重政治",认为"今中国而不思自强则已,苟犹思之,其必自兴政学始。宜以六经诸子为经,而以西人公理公法之书辅之,以求治天下之道;以历朝掌故为纬,而以希腊罗马古史辅之,以求古治天下之法;以按切当今时势为用,而以各国近政近事辅之,以求治今日之天下所当有"⑥。

但是"科举不改,聪明之士,皆务习帖括,以取富贵,趋舍异路,能俯就乎?"⑦ 马端临说:"古者户口少而才智之民多,今户口多而才智之民少。"梁启超认为其原因在于"先王欲其民智,后世欲其民愚……秦始皇之燔诗书,明太祖之设制艺,遥遥两心,千载同揆,皆所以愚黔首,重君权,驭一统之天下"⑧。愚黔首的故技就是科举制度。科举初创之时乃"法之最善者也",因为"古者世卿,《春秋》讥之,讥世卿所以立科举也……故世卿为据乱世之政,科举为升平世之政"⑨。但自秦始皇燔诗书后,"迄于今世,揣摩腔调,言类俳优,点名对簿,若待办房,担簦累累,状等乞丐,搜索挟书,视同穿窬,糊名摸索,乃似赌博。归本重书,若选钞胥……徒使怀才之徒,欱奇抑郁,不能自达,駸駸白首,才气销磨"⑩。因此,梁启超认为"故欲兴学校,养人才,以强中国,惟变科举

---

① 《变法通议》,第24页。
② 《变法通议》,第54页。
③ 《变法通议》,第40页。
④ 《变法通议》,第60页。
⑤ 《变法通议》,第40页。
⑥ 《变法通议》,第134~135页。
⑦ 《变法通议》,第22页。
⑧ 《变法通议》,第33~34页。
⑨ 《变法通议》,第56~57页。
⑩ 《变法通议》,第60页。

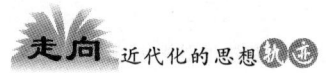

为第一义,大变则大效,小变则小效"。

即使变科举,但是"官制不改,学成而无所用,投闲散置,如前者出洋学生故事,奇才异能,能自安乎?"① 梁启超指出:"今内之有同文、方言之馆舍,外之有出洋学习之生徒,行之数十年,而国家不获人才之用,盖有由也。"② 其主要原因就在于官制不变,使得人才"置散投闲,瓠落不用,往往栖迟十载,未获一官,上不足以尽所学,下不足以救饥寒……人亦何乐而为此劳哉?"③ 既然"顾乃束之高阁,听其自穷自达,不一过问,于是有美国学生,糊口无术,投入某洋行为买办者,有制造局匠师月俸四十金,而为西国某厂以二百金聘去者,豪杰之士,安得不短气,有志之徒,安得不裹足?"④ 这无异于渊鱼丛爵。因此梁启超认为:"变法之本,在育人才;人才之兴,在开学校;学校之立,在变科举;而一切要其大成,在变官制。"⑤

就这样,通过"变法之本,在育人才;人才之兴,在开学校;学校之立,在变科举;而一切要其大成,在变官制"的层层递进,梁启超巧妙地将变革的"挈其领而握其枢"由练兵、开矿、通商等转向了政治体制改革。这就直接指向了经济改革的政治前提这一重要问题。

梁启超在《变法通议》中没有明确提出"变官制"的具体方案,而只是"微引其绪"。"远法三代,近采泰西";"采西人之意,行中国之法;采西人之法,行中国之意"是梁启超变法的基本原则。在他看来,西方"举官新制,起于嘉庆十七年(1812年)(先是欧洲举议院及地方官惟拥赀者能有此权,是年拿破仑变西班牙之政,始令人人可以举官)"⑥。而中国三代古法"谋及卿士,谋及庶人,国疑则询,国迁则询","汉制博士与议郎议大夫同主论议,国有大事,则承问,即今西人议院之意"⑦。这些表述隐约透露出梁启超政治改革的民权导向。至于如何实现民权政治,梁启超主张和平方式。要顺利地以和平方式实现民权政治,在上需要执政者的锐意变革,在下需要民众普遍的觉悟和支持。而民众对民权政治的普

---

① 《变法通议》,第22页。
② 《变法通议》,第58页。
③ 《变法通议》,第60页。
④ 《变法通议》,第59~60页。
⑤ 《变法通议》,第24页。
⑥ 《变法通议》,第11页。
⑦ 《变法通议》,第13页。

遍觉悟和支持始于民众对民权政治的认知和接受。梁启超指出:"欧人知之,而行之者三:国群曰议院,商群曰公司,士群曰学会。而议院、公司,其识论业艺,罔不由学;故学会者,又二者之母也。学校振之于上,学会成之于下,欧洲之人,以心智雄于天下,自百年以来也。"① 因此梁启超强调要变科举,开学校以兴人才、开民智,认为:"今日之学,当以政学为主义,以艺学为附庸;政学之成较易,艺学之成较难;政学之用较广,艺学之用较狭;使其国有政才而无艺才也,则行政之人,振兴艺事,直易易耳。即不尔而借才异地,用客卿而操纵之,无所不可也。使其国有艺才而无政才也,则绝技虽多,执政者不知所以用之,其终也,必为他人所用。"② 一再主张废科举兴学校的《变法通议》,其实际所企图的,并非普及西洋方式的学校教育,而是普及民权政治的基本理念,希望通过报刊将其在不知不觉中渗透进民众的脑中以养成风气,为"远法三代,近采泰西"以"变官制"奠定民意基础。

正因为如此,梁启超的《变法通议》遭到了守旧派的强烈抨击。例如叶德辉在《时务学堂课艺批》中说:"案中国自古为君主之国,其权不可下移,虽其间暴主迭兴,中原多故,而圣清之治,则固远轶汉唐,比隆三代也。作者(梁启超)因秦始皇之愚黔首,元太祖之勤远略,明太祖之黜孟子兴制义,隐肆诋諆,论其心迹,何止蔑古",而是"隐持民主之说,煽惑人心"。宾凤阳等8人合撰的《上王益吾(王先谦)院长书》称:"方今康梁所用之惑世者,民权耳,平等耳。试问权既下移,国谁与治,民可自主,君亦何为,是率天下而乱也。平等之说蔑弃人伦,不能自行而顾以立教,真悖谬之尤者。"宾凤阳在《长兴学记驳斥》中说:"康梁之书,所以煽动一时之耳目者,其立法至简,其卒业至易,其居心至巧,外假大同之说,内溃名教之防,而其推行之速也,则以上有奥援,下有党众。"

三 变法的哲学依据

梁启超早年接受中国传统教育,后又接触西方文化,他试图融会中国传统文化和西方外来文化,于中求变。

---

① 《变法通议》,第72~73页。
② 《变法通议》,第133页。

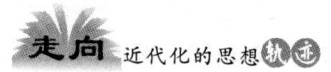

（一）简单的循环"变易"观念

梁启超认为，"法何以必变？凡在天地之间者，莫不变"①。他说："上下千岁，无时不变，无事不变，公理有固然，非夫人之为也。"② 以自然而论，"昼夜变而成日，寒暑变而成岁；大地肇起，流质炎炎，热熔冰迁，累变而成地球；海草螺蛤，大木大鸟，飞鱼飞鼍，袋兽脊兽，彼生彼灭，更代迭变，而成世界"③。以社会而论，不同时代的社会制度和政治制度必然会发生变化。这是人类社会发展的必然趋势，是人力不能抗拒和阻挠的。例如中国的赋税制度，"贡助之法变为租庸调，租庸调变为两税，两税变为一条鞭"④。因此，梁启超强调："故夫变者，古今之公理也。"⑤

基于此种观念，梁启超批判："为不变之说者，动曰守古守古，庸讵知自太古、上古、中古、近古以至今日，固已不知万百千变。今日所目为古法而守之者，其于古人之意，相去岂可以道理计哉！"⑥ "为不变之说者，犹曰守古守古，坐视其因循废弛，而漠然无所动于中。呜呼，可不谓大惑不解者乎？"⑦ 在此基础上，梁启超指出："今夫自然之变，天之道也，或变则善，或变则敝，有人道焉，则智者之所审也。"⑧ 那么智者应如何变法？梁启超称："《诗》曰：'周虽旧邦，其命维新。'言治旧国必用新法也。其事甚顺，其义至明，有可为之机，有可取之法，有不得不行之势，有不容少缓之故。"⑨ "《语》曰：'学者上达，不学下达。'惟治亦然，委心任运，听其流变，则日趋于敝；振刷整顿，斟酌通变，则日趋于善。"⑩ "《易》曰：'穷则变，变则通，通则久。'伊尹曰：'用其新，去其陈，病乃不存。夜不秉烛则昧，冬不御裘则寒，渡河而乘陆车者危，易证而尝旧方者死。'"⑪ 因此，他强调："不能创法，非圣人也，不能随时，

---

① 《变法通议》第1页。
② 《变法通议》，第1页。
③ 《变法通议》，第1页。
④ 《变法通议》，第1页。
⑤ 《变法通议》，第1页。
⑥ 《变法通议》，第1页。
⑦ 《变法通议》，第2页。
⑧ 《变法通议》，第1页。
⑨ 《变法通议》，第2页。
⑩ 《变法通议》，第1~2页。
⑪ 《变法通议》，第1~2页。

180

非圣人也。"①

这种简单的循环"变易"观念,曾经为诸多倡导变革者提供了理论基础。例如魏源以"法无久不变,运无往不复"②为由力倡经济变革。洪仁玕认为:"夫事有常变,理有穷通。故事有今不可行,而可豫定者,为后之福;有今可行,而不可永定者,为后之祸,其理在于审时度势、与本末强弱耳。然本末之强弱适均,视乎时势在必行之变通为律,则自今而至后,自小而至大,自省而至国,自国而至万国,亦无不可行矣。其要在于因时制宜,审势而行而已。"③以此为依据,洪仁玕作《资政新篇》。而郑观应基于"非常之变局"倡导"商战"。与魏源等人不同的是,梁启超并没有止步于简单的循环"变易"观。

(二) 三世之义

所谓三世之义,即"据乱世""升平世"和"太平世"。"这是今文学家一派自中国典籍中发掘出来的救时主张,康南海据为政治运动的理论。康南海以为人类社会的演进,由据乱而升平而太平,有一定的程序。他不承认中国古代的尧舜之治。他说尧舜之治,是孔子托古改制的假设;孔子是个政治改革家,也是社会改造家,设尧舜之治为理想的社会——太平盛世——而已。既然如此,他认为二、三千年的中国历史,是一部据乱之史。自许有改进世运责任的康南海,不容中国长此永为据乱,他要将中国变为升平之世。"④三世之义反映出康有为朴素的历史进化论。梁启超师从康有为后,康有为"乃告之以孔子改制之义……既而告以尧舜三代之文明,皆孔子所托……又告以天地界中三世,后此大同之世,复有三统"⑤。梁启超接受三世之义后,在自修中接受了西方的人权言论,又将中西的相同之处融会贯通,欲全面变革中国。

三世之义是梁启超求变的理论基础。施之于经济,梁启超主张平货齐物之道,称:"观时变者,商之事也……据乱以至升平之事也,若太平世

---

① 《变法通议》,第 8~9 页。
② 魏源:《圣武记》(下),中华书局,1984,第 552 页。
③ 洪仁玕:《资政新篇》,国立北京大学文科研究所、国立北京图书馆编《太平天国史料》,开明书店印行,1950,第 30 页。
④ 张朋园:《梁启超与清季革命》,吉林出版集团有限责任公司,2007,第 10~11 页。
⑤ 康有为:《康南海自编年谱》,广文书局,1971,第 22 页。

必无是……太平之世,自有平货齐物之道。"① 施之于教育,他主张开民智,说:"吾闻之《春秋》三世之义,据乱世以力胜,升平世智、力互相胜,太平世以智胜……世界之运,由乱而进于平,胜败之原,由力而趋于智,故言自强于今日,以开民智为第一义。"② 施之于法律,他主张变法以因时制宜,称:"孔子圣之神也,而后世颂其莫大功德,在作春秋。文成数万,其指数千,有治据乱世之律法,有治升平之律法,有治太平之律法,所以示法之当变,变而日进也。"③ 施之于政治,梁启超将三世之义加以推衍,主张"民权政治",称:"治天下者有三世:一曰多君为政之世,二曰一君为政之世,三曰民为政之世。多君世之别又有二:一曰酋长之世,二曰封建及世卿之世。一君世之别又有二:一曰君主之世,二曰君民共主之世。民政世之别亦有二:一曰有总统之世,二曰无总统之世。多君者据乱世之政也,一君者升平世之政也,民者太平世之政也。此三世六别者,与地球有人类以来之年限有关之理,未及其世,不能躐之,既及其世,不能瘀之。"④

三世之义是梁启超一切论辩的原理根据。论及科举时,梁启超说:"科举敝政乎,科举法之最善者也。古者世卿,《春秋》讥之,讥世卿所以立科举也……故世卿为据乱世之政,科举为升平世之政。"⑤ 论及西方文明时,他说:"泰西学者,分世界人类为三级:一曰蛮野之人,二曰半开之人,三曰文明之人。其在春秋之义,则谓之据乱世,升平世,太平世,皆有阶级顺序而进化之公理。"⑥ 论及"群"与"独"时,梁启超称:"据乱世之治,群多以独,太平世之治,群必以群。以独术与独术相遇,犹可以自存,以独术与群术相遇,其亡可翘足而待也。"⑦ 论及"陵人"与"公理",他说:"吾闻之,春秋之义,以力陵人者,据乱世之政也,若升平世、太平世,乃无是矣。地球今日之运,已入升平,故陵人之恶风渐消,而天然之公理渐出。"⑧ 论及"中外一体"时,梁启超说:"孔子之作春秋,治天下也,非治一国也;治万世也,非治一时也,故张

---

① 《史记货殖列传今义》(第37册),《时务报》,1897,第4页。
② 《变法通议》,第32页。
③ 《论中国宜讲求法律之学》,《清议报》(第5册),1899,第1页。
④ 《论君政民政相嬗之理》,《时务报》(第41册),1897,第1页。
⑤ 《变法通议》,第47页。
⑥ 《自由书——文野三界之别》,《清议报》(第27册),1899,第1页。
⑦ 《说群自序》,《时务报》(第26册),1897,第1页。
⑧ 《戒缠足会序》,《时务报》(第16册),1896,第4页。

三世之义。所传闻世治尚粗粗，则内其国而外诸夏。所闻世治进升平，则内诸夏而外夷狄。所见世治致太平，则天下远近大小若一，彝狄进至于爵，故曰有教无类。又曰洋溢乎中国，施及蛮貊，凡有血气，莫不尊亲其治之也，有先后之殊，其亲之也，无爱憎之异，故闻有用夏以变彝者矣，未闻其攘绝而弃之也。今论者持升平之义，而谓春秋为攘彝狄也，则亦何不持据乱世之义而谓春秋为让诸夏也。"① 论及强权时，他说："一人群之初立，其统治者与被统治者之差别殆无有，故君主对于人民之强权亦几于无有，是第一界，亦谓之据乱世。其后差别日积日显，而其强权亦次弟发达，贵族之对于平民亦然，男子之对于妇人亦然，是第二界，亦谓之升平世。至世运愈进步，人智愈发达，而被治者与平民与妇人，昔之所谓弱者，亦渐有其强权，与昔之强者抗，而至于平等，使极大之强权，变为温和之强权，是为强权发达之极则，是为第三界，亦谓之太平世。"②

梁启超以三世之义为变法依据，力图在中国传统文化中求变。他借孔子立言，称："孔子立小康之义，以治二千年以来之天下，在春秋亦谓之升平，亦谓之临一国之言。"③ 孔子"立大同之义，以治今日以后之天下，在春秋亦谓之太平，亦谓之临天下，孟子所述皆此类也。大同之义，有为今日西人所已行者，有为今日西人所未行者，可决他日之必行者"④。梁启超借孟子的仁政、保民等说演述三世之义，倡导民权自由。他说："孟子言民为贵，民事不可缓，故全书所言仁政，所言王政，所言不忍人之政，皆经为民也。泰西诸国今日之政，殆庶近之。"⑤ 孟子无义战为大同之起点。"此义本于春秋，为孔子特立大义，后之儒家，惟孟子能发明之……泰西诸国，惟美洲庶近之。"⑥ 孟子井田为大同之纲领。"井田为孔子特立之制，所以均贫富，论语所谓不患寡而患不均。井田者，均之至也，平等之极则也……孟子一切经济，皆从此出，深知其意，可语于道。"⑦ 孟子言性善为大同之极致。"孔子之言性也，有三义，据乱世之民

---

① 《春秋中国彝狄辨序》，《时务报》（第36册），1897，第3页。
② 《强权论》，《清议报》（第31册），1899，第3页。
③ 《读孟子界说》，《清议报》（第21册），1899，第1b页。
④ 《读孟子界说》，《清议报》（第21册），1899，第1b页。
⑤ 《读孟子界说》，《清议报》（第21册），1899，第2a页。
⑥ 《读孟子界说》，《清议报》（第21册），1899，第2a页。
⑦ 《读孟子界说》，《清议报》（第21册），1899，第2a~2b页。

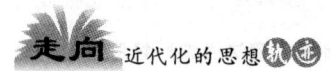

性恶,升平世之民性有善有恶,亦可以为善,可以为恶,太平世之民性善。荀子传其据乱世之言,宓子、漆雕子、世子传其升平世之言,孟子传其太平世之言。各尊所闻,因而相争,苟通于三世之义,可以了无窒阂矣。"① 梁启超以三世之义阐述孟子的学说,深信孟子获得孔子的真传,具有与西方人权思想家相同的民治思想,遵奉孟子的学说,便可实行孔子大同之治的思想,便可实现西方的民权政治。他在《蔡松坡遗事》一文中曾说:"进到时务学堂以后,谭壮飞先生嗣同、唐绂丞先生才常和我都在堂中教授。我们的教法有两面旗帜:一是陆王的修养论,一是借公羊、孟子发挥民权的政治论。从今日看来,教法虽很幼稚,但是给同学们的'烟士披里纯(inspiration)'却不小。"

(三) 西方的民权、自由、进化思想

梁启超对于西方的认识始于光绪十六年(1890年)"下第归,道经上海,从坊间购得《瀛寰志略》读之,始知有五大洲各国"。后来,他师从康有为,康有为"乃教以陆王心学,而并及史学西学之梗概"。根据《曼殊室戊辰笔记》的记载,梁启超20岁时"于国学书籍外,更购江南制造局所译之书及各星轺日记,与英人傅兰雅所辑之格致汇编等书"②。光绪二十一至二十二年间,梁启超担任李提摩太的秘书。李提摩太翻译麦肯西(Robert Mackenzie)的《泰西新史览要》(Nineteenth Century: A History)时,梁从旁参与中文意见,无意中接受了若干西方的政治历史见识。在此西学的基础上,梁启超在阐述三世之义时间或杂有西方民权、自由和进化思想。例如在《论变法必自平满汉之界始》一文中,梁启超称人类历史的演进,"始焉蛮野之人与蛮野之人争,继焉文明之人与蛮野之人争,终焉文明之人与文明之人争……此生存相竞之公例,虽圣人无如之何者也"③。而"一世界中,其种族之差别愈多,则其争乱愈甚,而文明之进愈难;其种族之差别愈少,则其争乱愈息,而文明之进愈速,全世界且然"④。"故世界之进化愈盛,则恃力者愈弱,而恃智者愈强"⑤ 等语中就暗含西方进化思想。但在著《变法通议》时,梁启超多将若干西方言论

---

① 《读孟子界说》,《清议报》(第21册),1899,第2b页。
② 转见丁文江《梁任公先生年谱长编初稿》,世界书局,1958,第19页。
③ 《变法通议》,第162页。
④ 《变法通议》,第162页。
⑤ 《变法通议》,第164页。

184

与传统文化相合之处融会贯通，纳入三世之义的分析框架，西方文化尚未成为其变法的独立依据。

流亡日本后，梁启超渐感传统文化不足以济时艰，也缺少求变的具体方案，渐渐转趋求助于外来者。自此，梁启超的西学大进。他在《三十自述》中称："戊戌九月至日本……自此居东者一年，稍能读东文，思想为之一变。"他说：自己"哀时客（梁在《清议报》的笔名）既旅日本数月，肄日本之文，读日本之书。畴昔所未见之籍，纷触于目，畴昔所未穷之理，腾跃于脑，如幽室见光，枯腹得酒，沾沾自喜。"[①] "我等读日本书所得之益，极多极多，他日中国万不能不变法，今日正当多读些书，以待用也。"[②] 随着对西学认识的深入，梁启超发觉西方的富强，不出民权、自由、进化三大极则，开始对孟德斯鸠、卢梭、达尔文作深入研读，希望在西洋文化中求变。

梁启超认为孟德斯鸠是"政法学之天使"，因为"18世纪以前，政法学之基础甚薄，一任之于君相之手，听其自腐败自发达，及孟德斯鸠出，始分别三种政体，论其得失，使人知所趋向。又发明立法行政司法三权鼎立之说，此后各国，靡然从之，政界一新，渐进以迄今日"[③]。他认为卢梭的天赋人权学说奠定了"民权世界"的基础，称："欧洲古来，有阶级制度之习，有一切政权教权，皆为贵族所握，平民则视若奴隶焉，及卢梭出，以为人也者，生而有平等之权，即生而当享自由之福，此天之所以与我，无贵贱一也。于是著民约论（Social Contract），大倡此义，谓国家之所以成立，乃由人民合群结约，以众力自保其生命财产者也，各从其意之自由，自定约而自守之，自立法而自遵之，故一切平等，若政府之首领及各种官吏，不过众人之奴仆，而受托以治者耳。自此说一行，欧洲学界，如旱地起一霹雳，如暗界放一光明，风驰云卷，仅十余年，遂有法国大革命之事。自兹以往，欧洲列国之革命，纷纷继起，卒成今日之民权世界。民约者，法国大革命之原动力也，法国大革命，19世纪全世界之原动力也。"而"自达尔文出，然后知物竞天择，优胜劣败，非图自强，则决不足以自立。达尔文者，实举19世纪以后之思想，彻底而一新之者也，是故凡人类智识所能见之现象，无一不可以进化之大理贯通之。政治法制之

---

① 《论学日本文之益》，《清议报》（第10册），1899，第3a页。
② 丁文江：《梁任公先生年谱长编初稿》，世界书局，第87页。
③ 《论学术之势力左右世界》，《新民丛报》（第1号），1902，第71~72页。

变迁,进化也;宗教道德之发达,进化也;风俗习惯之移易,进化也;数千年之历史,进化之历史;数万里之世界,进化之世界也。故进化论出,而前者宗教迷信之论,尽失所据。教会中人,恶达氏滋甚,谓有一魔鬼住于其脑云。非无因也,此义一明,于是人人不敢不自免为强者为优者,然后可以立于此物竞天择之界。无论为一人为一国家,皆向此鹄以进,此近世民族帝国主义(National Imperialism)所由起也。此主义今始萌芽,他日且将磅礴充塞于本世纪而未有已也。虽谓达尔文以前为一天地,达尔文以后为一天地可也,其关系于世界何如也?"①

自此,西方的民权、自由、进化思想逐渐成为梁启超变法的理论依据。他以进化论解释人类历史的发展,用进化论说明中国自强之道,依据自由思想为国人要求自由,依据民权思想为国人要求政治权利。梁启超认为人类的发展是一部竞争史。"盖自人群初起以来,人类别为无量之小部落;小部落相竞争,进为大部落;大部落相竞争,进而为种族;种族相竞争,进而为大种族;复相竞争,进而为国家,进而为大国家;复相竞争,进而为帝国,进而为大帝国。自今以往,则大帝国与大帝国竞争之时代也。"② 而中华民族的发展也是一部竞争史。"第一上古史,自黄帝以迄秦之一统,是为中国之中国,即中国民族自发达自竞争自团结之时代也……第二中古史,自秦一统至清代乾隆之末年,是为亚洲之中国,即中国民族与亚洲交涉繁赜,竞争最烈之时代也,又中央集权之制度日就完整,君主专制政体全盛之时代也……第三近世史,自乾隆末年以至于今日,是为世界之中国,即中国民族合同全亚洲民族与西人交涉竞争之时代也,又君主专制政体渐就湮灭,而数千年未经发达之国民立宪政体,将嬗代兴起之朝代也……实则,近世史者,不过将来史之楔子而已。"③ 随着时代的发展,民众的权利和自由不断进化。"凡人群进化之阶段,皆有一定。其第一级,则人人皆栖息于一小群之中,人人皆自由,无有上下尊卑强弱之别者也,亦名为野蛮自由时代。其第二级,因与他群竞争,不得不与群中之有智勇者,以为临时酋长,于是有所谓领袖团体者,出以指挥其群,久之遂成为贵族封建之制度者也,亦名贵族帝政时代。其第三级,则竞争日烈,兼并盛行,久之,遂将贵族封建一

---

① 《论学术之势力左右世界》,《新民丛报》(第1号),1902,第74~75页。
② 《论民族竞争之大势》,《新民丛报》(第4号),1902,第25页。
③ 《中国史叙论》,《清议报》(第91册),1901,第4a~4b页。

切削平，而成为郡县一统者也，名为君权极盛时代。其第四级，则主权既定后，人群之程序已巩固，君主日以专制，人民日以开明，于是全群之人共起而执回政权，名为文明自由之时代。此数种时代，无论何国何族，皆循一定之天则而递进者也。"①"而以吾中国史观之，则自黄帝以前为第一级野蛮自由时代，自黄帝至秦始皇为第二级贵族帝政时代，自秦始皇至乾隆为第三级君权极盛时代，而自今以往，则将交入第四级文明自由时代者也。"②

四 结论

中日甲午海战之后，为了应对"敌无日不可以来，国无日不可以亡"的危机，梁启超作《变法通议》力倡自主变法自强。他于中国传统文化和西方外来文化的融会中求变，通过"变法之本，在育人才；人才之兴，在开学校；学校之立，在变科举；而一切要其大成，在变官制"的层层递进，巧妙地将变革的"挈其领而握其枢"由练兵、开矿、通商等转向了以民权为导向的政治体制改革。

《变法通议》语言生动，文字流畅，成为《时务报》中最受欢迎的文章，被人传诵一时。梁启超在该书中对当时中国的政治、经济、文化、教育等方面的形势做了深刻论述，有力地驳斥了当时社会上各种不变法论调，在近代史上第一次卓有成效地向全国民众宣扬了维新派全面自主变法的主张。该书在维新运动之前发挥了启迪民智的作用，为后来维新派的变法奠定了舆论基础，对戊戌变法的一些措施起到了指导作用。

从中国经济思想史的角度来看，梁启超的《变法通议》具有重要的历史地位。该书承继了魏源、郑观应等人的经济变革思想，并在以下方面加以发展。第一，该书突出了变革的紧迫性。甲午战争以后，中国处于瓜分豆剖的危险境地。在这种情形下，梁启超尖锐地把"救国""救亡"作为变革的根本出发点，而不再是"御外侮"或"求富""保富"，这就加强和突出了变革的紧迫性。第二，该书为经济变革奠定了较为坚实的哲学依据。魏源、郑观应等人的经济变革思想多以简单的循环"变易"观念为依据，而梁启超在《变法通议》中糅合了简单的循环"变易"观念、

---

① 《尧舜为中国中央君权滥觞考》，《清议报》（第100册），1901，第3a～3b页。
② 《尧舜为中国中央君权滥觞考》，《清议报》（第100册），1901，第4a页。

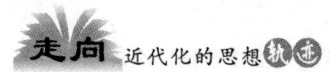

公羊三世说的朴素进化论历史观和西方的民权、自由、进化理念，夯实了变法的理论基础。第三，该书直接指向了经济改革的政治前提这一重要问题。此前郑观应虽提出创开议院，但在"中学其本也，西学其末也，主以中学，辅以西学"的理念下，"不失君权"的议院不过是咨询机构而已。郑观应相信政治上只要进行片面、局部的调整，就足以保障经济改革，"振兴商务"，"决胜于商战"。但是与之不同，梁启超认为若无政治上的根本变革，经济变革的成功无从谈起，"变如不变"。梁启超在《变法通议》中明确地将政治改革纳入变法范畴，视为全面改革的核心，试图以民权政治替代君主专制，为经济改革提供必要的政治前提。这就把民权导向的政治改革作为改革和发展中国的根本前提提出来了，为近代中国的经济改革标示出了正确的方向。

康有为《大同书》经济思想研究

彭立峰

《大同书》的作者康有为（1858~1927），别名祖诒，字广厦，自号长素、天游化人等，广东南海人。1876年师从大儒朱次琦，接受"济人经世"之学。1879年结识翰林院编修张鼎华，开始接触西学。1888年上清帝第一书，主张变法，不得上达。1891年开讲堂于广州长兴里，1893年迁于广州府学宫仰高祠，始称万木草堂。1895年4月22日，联合应试的各省举人千余人发动公车上书。同年中进士第五名，授工部主事。1895年8月27日创办《万国公报》双周刊，后更名《中外纪闻》。1898年，作为核心力量积极参与了"百日维新"。康有为"百日维新"于失败后流亡日本，后又游历欧美。1913年创办《不忍》杂志。1914年回国定居上海。1917年宣统复辟，康有为出任弼德院副院长。1926年于上海创办天游学院。1927年病逝于青岛。康有为一生著作颇多，除《大同书》，另有《新学伪经考》《孔子改制考》《诸天讲》等。

康有为（1858~1927）

《大同书》成书于1902年，全书约21万字，由10个部分构成，分别用10个天干之数名其部类。1913年的《不忍》杂志首次刊布了《大同书》甲部《入世界观众苦》和乙部《去国界合大地》。1914年康有为于上海演讲大同学说。1919年上海长兴书局将甲、乙两部合刊成单行本，正式题名为《大同书》。康有为在自序中说："此书有甲乙丙丁戊己庚辛壬癸十部，今先印甲乙两部，盖已刊《不忍》，取而印之，余则尚有待也。"1935年，康有为的弟子钱定安校订全书并交上海中华书局出版，这是最早的全文刊本。《大同书》问世以来，很快被译成多种语言在世界各国流传。例如德国传教士卫礼贤在其德文著作《中国精神》中向西方介绍了《大同书》甲、乙两部。1958年，美国学者汤普森在伦敦出版了《大同书》英译本。1959年，苏联学者齐赫文斯基在莫斯科出版的《中国变法运动和康有为》一书中详细介绍评论了《大同书》的内容。1974年，联邦德国学者赫斯特·库贝在科隆出版了德文本《大同书》。多年来，众多国内外学者从不同角度对《大同书》进

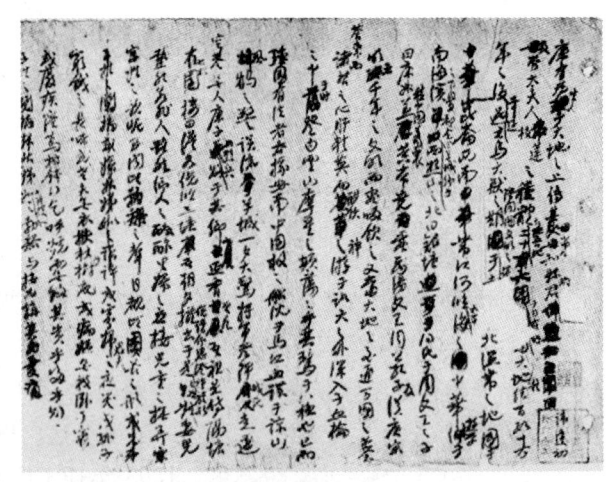

康有为《大同书》

行深入研究。本文尝试从中国经济思想史的角度对之进行粗浅的探讨。

一 西方经济的局限

对于西方的物质文明，康有为深为赞叹。他说："人生之所赖，农出之，工作之，商运之，资生之学日精，则实业之依倍切。至于近世，奖劝日加，讲求日精，凡农工商皆有学校，农耕皆用机器化料。若工事之精，制造之奇，汽球登天，铁轨缩地，无线之电渡海，比之中古，有若新世界矣。商运之大，轮船纷驰，物品交通，遍于五洲，皆创数千年未有之异境。文明日进，诚过畴昔。"[①] 但是，康有为敏锐地看到"新业虽然瑰玮，不过世界之外象，于民生独人之困苦，公德之缺乏，未能略有补救也"[②]。在他看来，西方经济存在以下诸多局限。

（一）竞争局限

康有为指出："近自天演之说鸣，竞争之义视为至理，故国与国陈兵

---

① 康有为著，陈得媛、李传印评注：《大同书》，华夏出版社，2002，第273页（以下简称《大同书》）。

② 《大同书》，第273页。

相视,以吞灭为固然;人与人机诈相陷,以欺凌为得计。百理万业,皆祖竞争,以才智由竞争而后进,器艺由竞争而后精,以为优胜劣败,乃天则之自然,而生计商业之中,尤为竞争为大义。"他认为:"此一端之说耳,岂徒坏人心术,又复倾人身家,岂知裁成天道,辅相天宜者哉!"①

首先,竞争可能"倾人身家"。以商业为例,康有为说:"同一物也,不足则昂涌,有余则贱退,虽有狡智亿中致富之人,而因此败家失业者多矣……败家失业,则全家之忧患疾病中之,甚且死亡继之而人不能乐。"②而"以工业言之,又工人各自为谋。各地工人多少不同,多则价贱,少则价昂,资本家既苦之。而工人同一操业,而价贱者无以足用;若其求工不得者,不能谋生,饥寒交迫则为盗贼,其害益甚矣"③。他感叹:"夫强弱无常,智愚无极,两商相斗,心有败者。一败涂地,资本尽倾,富者化而为贫,则全家号啕而无赖。生计既失,忧患并生,身无养而疾病丛起,家无养而死亡相从,吾见亦夥矣。"④

其次,竞争"徒坏人心术"。以商业为例,康有为指出:"即在百物有余,壅积久,必腐败,高人好利,必不轻弃饰欺作伪,仍售于人,虽有律限,不能尽察。以腐败之食物药物与人,则可致疾病而卫生有碍,以腐败之机器与人,则其误害之在尤不可言矣。即自食物、药物、机器外一切用器之腐败者,误人误事,作伪生欺,岂可令其存于天壤而为太平之蠹哉!"⑤他感叹:"若夫商业之途,竞争尤烈,高才并出,骋用心计,穿金刻石,巧诈并生。由争利之故,故造作伪货以误害人,若药食、舟车,其害尤烈矣。即不作伪,百以劣楛之货妄索高资,欺人自得,信实全无,廉耻暗丧。及其同业之争,互相倾轧,甲盛则乙妒之,丙弱则丁快之;当其争利,跃先恐后,虽有至亲,不相顾恤;或设陷阱,机诈百生,中于心术,尽其力之所至而已,无余让以待人矣。资性之日坏,天机之日丧,积久成俗。"⑥

最后,竞争"坏人品格"。康有为认为"循竞争之道",必然"有贫富之界"。而"富相什则下之,富相百则事之,富相千则奴之,在富者则

---

① 《大同书》,第 276 页。
② 《大同书》,第 279 页。
③ 《大同书》,第 281 页。
④ 《大同书》,第 276 页。
⑤ 《大同书》,第 279 页。
⑥ 《大同书》,第 276 页。

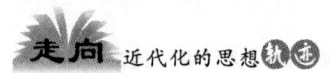

骄,在贫者是谄,骄极则颐指气使,谄极则舐痔吮痈,盖无所不至矣。故骄与谄,非所以养人性而成人格也"①。

综上,康有为认为竞争导致"倾败之致忧患、困乏、疾病、死亡","巧诈倾轧之坏心术"和"骄谄之坏人品格","其祸至剧"②。因此他称:"近世论者,恶统一之静而贵竞争之嚣,以为竞争则进,不争则退,此诚宜于乱世之说,而最妨害于大同太平之道者也。"但是他同时指出竞争是生产资料私有制的产物,只要生产资料私有制存在着,竞争就不可避免,因此他说:"主竞争之说者,知天而不知人,补救无术,其愚亦甚矣……虽然,不去人道有家之私及私产之业,欲弭竞争,何可得也,不得不能竞争为良术也。"③

(二) 资源浪费

康有为认为在西方的经济模式下,由于生产资料私有,"独人营业"而"无从预算",导致"暴殄天物而劳于无用",浪费严重。

以农业论,康有为认为"独农"为"独人之营业,则有耕多者,有耕少者,其耕率不均,其劳作不均,外之售货好恶无常,人之销率多少难定,则耕者亦无从定其自耕之地及种植之宜,于是有余粟滞销者矣。木材果实,畜牧渔鱼,销售与否,多寡孰宜,无从周知,无从预算,于是少则见乏而失时,多则暴殄天物而劳于无用"④。康有为认为如果全球均采用此种方式进行农业生产,其浪费不可胜数。他说:"合大地之农人数万万将来则有十百倍于此数者,一人之乏而失时,一人之殄物而枉劳,积之十百万万人,则有十百万万人之殄物、失时、枉劳,则百事失其用,万品失其珍,以大地统计学算之,其所失败,岂恒河沙无量数而已哉!"⑤

以商业论,康有为认为"独商""各自经营,各自开店用伙,无能统一,于一地之人口,所需什器,不能得其统算之实。即能统算,而各店竞利,不能不预储广蓄以待人之取求,所储蓄者,人未必求,人所求者未必储蓄,不独甲店有余而乙店不足,抑且人人皆在有余不足之中"。若有余而不售,"则必弃之,是为暴殄天物。以一店之余物已不可言,若合大地

---

① 《大同书》,第276页。
② 《大同书》,第277页。
③ 《大同书》,第277页。
④ 《大同书》,第278页。
⑤ 《大同书》,第278页。

之商店余货而统算之，其为恒河无量数，殆不知加几零位而不能尽也"①。他认为"万品千汇为人所需者，出之于地，作之于人，皆有定数，而徒供无量之腐败弃掷，非徒大地不给，亦治大地统计学为国人谋利益所大失策也"。若能"以全地商店久积有余之货皆当弃地者，而一一移而为有用，以供生人之需，其所以为同胞厚生者增几倍哉！以此为恤贫，复何恤贫之有？"②

以工业论，康有为认为"独工""各自为谋，亦不能统算者也。不能统算矣，是则各自制物，则必至甲物多而有余，乙物少而不足，或应更新而仍守旧，或已见弃而仍力作。其有余而见弃者则价必贱，不足而更新者价必昂；既有贵贱，则贫富必不均而人格不平，无由致太平之治。且其有余见弃者，必作伪欺人，坏其心术；若机器药物之有诈伪，有腐败，贻害无算。夫凡百什器，皆岂有腐败而欺人哉！若不欺人而不售，则必弃之。夫以全地之工人统算，其作器之见弃。其为恒河沙无量数，不知加几零位矣。夫工人之作器，费日力无算，弊精神无算，费备用之百器无算，无量数之工人之需衣食器用者无算；若以之作器，器必有用，必不虚作，其益于全地同胞岂有涯量！而今以无量之工人之作器而弃之，是弃无量数之人，弃无量数之日力，弃无量数之精神及其他一切无量数之衣食宫室器用也，又岂止暴殄天物而已哉！"③

（三）贫富悬殊

在西方既有的经济体制下，康有为称"农不行大同则不能均产而有饥民"。他说："既使农学遍设，物种大明，化料具备，机器大用，与欧美齐；而田区既小，终难均一，大田者或多荒芜，而小区者徒劳心力；或且无田以为耕，饥寒乞丐，流离沟壑。"④ 在他看来，农业的机械化或良种、化肥等会带来农业产量的增加，但无法杜绝饥民的出现，其根源在于"既各有私产，则贫富不齐，终无由均"⑤。因此他认为："故以今之治法，虽使机器日出精奇，人民更加才智，政法更有精密，而不行大同之法，终无致生民之食安乐、农人之得均养也。或亦能倡共产之法，而有家有国，

---

① 《大同书》，第279页。
② 《大同书》，第279~280页。
③ 《大同书》，第281页。
④ 《大同书》，第273页。
⑤ 《大同书》，第274页。

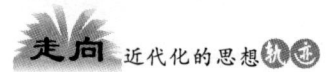

自私方甚；有家则一身而妻子待养，有国则陈兵而租税日增，以此制度而欲行共产之说，犹往南而北其辙也。"①

而"今者一大制造厂、一大铁道轮船厂、一大商厂，乃至一大农家，皆大资本家主之。一厂一场，小工千万，仰之而食；而资本家复得操纵轻重小工之口食而控制之，或抑勒之，于是富者愈富，贫者愈贫矣"②。以"号称富盛"的欧、美为例，因为"工厂商本皆归大富，小本者不足营业，故贫者愈贫"③。康有为认为，在这种经济体制下，随着生产力的发展，贫富的差距将日益扩大。他称："机器之在今百年，不过萌芽耳，而贫富之离绝如此；过是数十年，乃机器发达长上之秋，树干分枝布叶之时也。自尔之后，资本家之作厂商场，愈大愈远；银行周国土，铁道贯大地，商舶横五洲，电线裹大地，其用工人至为亿为兆而不止，如小国焉。其富主如国君，其百执事如士大夫，其作工如小民"，其"贫富之不均远若天渊"④。

对于贫者之苦，康有为深表同情。他说："衣食家室之需，迫人至急，半日不食，即受之饥，痘褐不完，朔风刮肌，疾病恶苦，卧床无医，风雨怒号，屋破瓦飞，大雪行道，指落肤脮，夜寒无毡，瑟缩卷衣。""为贫所欺"者，或"屈身为奴"或"甚且卖儿"或"寻死自尽"⑤。而"试观东伦敦之贫里，如游地狱，巴黎、纽约、芝加哥贫里亦然。菜色褴褛，处于地窖，只为丐盗。小儿养赡不足，多夭者。聚成大团，风俗愈坏，监狱愈苦，病须医愈多。英国特立部，岁费千万镑以恤之，终无补也。他日即机器极精，谋生较易，而贫民终不能免，议者至比为人之排泄物，尤为惨矣"⑥。

至于富者，康有为认为富人亦有其苦。例如"多田翁"有"水旱之苦，加税之苦"。"多营商业"的富者，"外变之牵连无尽，地、水、火、风既皆有劫，而国土争乱，盗贼纵横，在皆与富之境遇相乖刺者。富无终身之可保，则忧患即随时以纷乘"。因此"富者终日持筹，日以心斗，一

---

① 《大同书》，第274页。
② 《大同书》，第282页。
③ 《大同书》，第43页。
④ 《大同书》，第275页。
⑤ 《大同书》，第42页。
⑥ 《大同书》，第43页。

处有失,蹙眉结心,谁能超度之哉?"① 在这样的经济体制之中,富者也难以"宜无不乐"。

(四) 社会动荡

康有为认为在西方既有的经济体制下,科技的进步、机器的更新等不能避免贫民的出现,反而只会加剧贫富之间的差距,而这种贫富悬殊将可能导致社会的动荡。他不无焦虑地指出当"贫富之不均远若天渊"之时,"更虑昔者急土地、论贵贱之号为国者,改而争作厂、商场以论贫富为国焉,则旧国土之争方息,而新国土之争又出也,此其贻祸于人群,岂可计哉!"② 他说:"人事之争,不平则鸣,乃势之自然也。故近年工人联党之争,挟制业主,腾跃于欧美,今不过萌蘖耳。又工党之结联,后此必愈甚,恐或酿铁血之祸,其争不在强弱之国,而在贫富之群矣。从此百年,全地注目者必在于此。故近者人群之说益昌,均产之说益盛,乃为后此第一大论题也。"③ 康有为于此预见到了共产主义思潮的风起云涌,不过马克思主义冲击中国的速度之快、来势之猛似乎超出他的预料。

(五) 小结

自第一次鸦片战争以来,国人或言闭关锁国,或言改革开放。言经济改革者承继了魏源"师夷"的思路,均主张以西方经济模式为样板改革中国经济。而康有为在《大同书》中明确指出西方经济模式虽然造就了发达的物质文明,但是"农不行大同则不能均产而有饥民"④"工不行大同则工党业主相争将成国乱"⑤"商不行大同则人种生诈性而多余货以珍物"⑥。他认为西方经济模式诸多局限的根源在于资本主义制度之私有本质,"夫以有家之私及私产之业,则必独人自为营业,此实乱世之无可如何者也"⑦。此种认识在当时殊为难得,对于今日中国的经济发展仍不失借鉴意义。

---

① 《大同书》,第 63~64 页。
② 《大同书》,第 282 页。
③ 《大同书》,第 275 页。
④ 《大同书》,第 273 页。
⑤ 《大同书》,第 275 页。
⑥ 《大同书》,第 276 页。
⑦ 《大同书》,第 277 页。

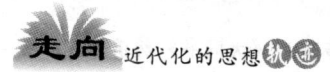

二 大同的经济理想

存在诸多局限的西方经济显然不是康有为的理想,康有为认为"大同之道,至平也,至公也,至仁也,治之至也,虽有善道,无以加此矣"①。在他看来,理想的经济应具备以下基本特征。

(一)"至仁":高度发达的物质文明

1. "免苦求乐"

康有为性尚乐利,充分肯定人类追求物质享受的正当性。他认为:"夫生物之有知者,脑筋含灵,其与物非物之触遇也,即有宜有不宜,有适有不适。其于脑筋适且宜者则神魂为之乐,其与脑筋不适不宜者则神魂为之苦。况于人乎,脑筋尤灵,神魂尤清,明其物非物之感入于身者尤繁夥、精微、急捷,而适不适尤著明焉。适宜者受之,不适宜者拒之。故夫人道只有宜不宜,不宜者苦也,宜之又宜者乐也。故夫人道者,依人以为道。依人之道,苦乐而已。"② 在他看来,乐就是仁,仁与乐合而为一。既然"普天之下,有生之徒,皆以求乐免苦而已,无他道矣"③,那么"为人谋者,去苦求乐而已,无他道矣"④。

康有为认为快乐永远是一切社会制度的最终目标,他说:"一切政教,无非力求乐利生人之事;故化之进与退,治之文与野,所以别异皆在苦乐而已。其令民乐利者,化必进,治必文;其令民苦怨者,化必退,治必野,此天下之公言,亦已验之公理也。"⑤ "求乐免苦"成为他评判一切社会制度的准绳。他说:"立法创教,令人有乐而无苦,善之善者也;能令人乐多苦少,善而未尽善者也;令人苦多乐少,不善者也。"⑥ "虽有圣人,立法不能不因其时势风俗之旧而定之。大势既成,压制既久,遂为道义焉。于是始为相扶植保护之善法者,终为至抑压至不平之苦趣,于是乎则与求乐

---

① 《大同书》,第 12 页。
② 《大同书》,第 9 页。
③ 《大同书》,第 10 页。
④ 《大同书》,第 9 页。
⑤ 《大同书》,第 193 页。
⑥ 《大同书》,第 11 页。

免苦之本意相反矣。"① 因此在他看来，"尽诸圣之千方万术，皆以为人谋免苦求乐之具而已，无他道矣。能令生人乐益加乐，苦益少苦者，是进化者也，其道善；其于生人乐无所加而苦尤甚者，是退化者也，其道不善"②。

2. "至仁"的想象

既然一切社会制度的进步皆在"免苦求乐"，康有为设想中"至仁"的大同社会自然要建筑在高度发达的物质文明基础之上。以衣食住行为例，康有为热情洋溢地想象着未来物质文明的高度发达。他说：大同社会的衣服"裹身适体，得寒暑之宜，藏热反光，得养生之要……其时虽严寒盛暑，必有一新制足以一衣而却寒纳凉者"。另有"燕居游乐，裙屐蹁跹，五采杂沓，诡异形制，各出新器，以异为尚，其时雾縠珠衣，自有新物，非人所能拟议矣"③。食品"听人择取"，"以机器为鸟兽之形而传递饮食之器。私室则各有电话，传之公厨，即可飞递。或于食桌下为机，自厨输运至于桌中，穿窿忽上；安于桌面，则机复合；抚桌之机，即能开合运送去来。食堂四壁，皆置突画，人物如生，音乐交作则人物交舞，用以侑食"④。住宅中"其下室亦复珠玑金碧，光彩陆离，花草虫鱼，点缀幽雅；若其上室，则腾天架空，吞云吸气，五色晶璃，云窗雾槛，贝阙珠宫，玉楼瑶殿，诡形珠式，不可形容"⑤。车速"比于今者或百千倍焉，其可增坐人数者或十百焉，或借电力，或炼新质，飘飘如御风焉"⑥。"大小舟船皆电运，不假水火，一人司之，破浪千里，其疾捷亦有千百倍于今者。其铺设伟丽，其大舟上并设林亭、鱼鸟、花木、歌舞、图书，备极娱乐，故人亦多舟以泛宅浮家焉。"⑦ 而"其他舟车之奇妙敏灵，用器之便巧省事，日有所进，千百万倍，以省人之日力、目力、心力、记事者，殆不可量也"⑧。

除衣食住行外，大同社会其他各方面的物质文明亦高度发达。小者如沐浴，"太平世之浴池，纯用白石，皆略如人形，而广大数倍，滑泽可鉴，可盘曲坐卧，刻镂花草云物以喷水，冷热惟意。水皆有妙药制之，一浴而酣畅欢欣，如饮醇酒，垢腻立尽。浴衣亦然，且带香气，不须别置熏

---

① 《大同书》，第12页。
② 《大同书》，第343页。
③ 《大同书》，第348页。
④ 《大同书》，第346～347页。
⑤ 《大同书》，第345页。
⑥ 《大同书》，第346页。
⑦ 《大同书》，第346页。
⑧ 《大同书》，第348页。

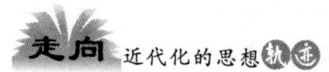

笼也"①。大者如医疗,"大同之世,每人日有医生来视一次,若有病则入医院,故所有农牧、渔场、矿工、作厂、商店、旅馆,处处皆有医生主焉,以其人数多寡为医生之数"。而且"太平之世无疫。太平之世,人皆乐游无有忧虑,体极强壮,医视详密,故太平世无疾……故太平之世,虽有病院而几无人"②。由于"医术神明,不可思议。养生日精,服食日妙,人寿日长,不可思议,盖可由一二百岁而渐至千数百岁焉"③,且"人人皆色相端好,洁白如玉,香妙如兰,红润如桃,华美如花,光泽如镜,今世之美人尚不及太平世之丑人也"④。

3. "尚工"

康有为认为大同成就之时物质文明高度发达,而物质文明的高度发达依赖高度的工业化社会大生产。他说:"夫野蛮之世尚质,太平之世尚文。尚质故重农,足食斯已矣;尚文故重工,精奇瑰丽,惊犹鬼神,日新不穷,则人情所好也。故太平之世无所尚,所最尚者工而已。"⑤ 他强调:"野蛮之世,工最贱,最少,待工亦薄;太平之世,工最贵,人之为工者亦最多,待工亦最厚。"⑥ 在此,康有为将工业的地位提到了前所未有的高度。

在此基础上,康有为进一步指出高度的工业化社会大生产有赖于发达的科学技术,科学技术的发展对物质文明的发达具有极端的重要性。他说:"世愈平乐,机器愈精,则作工之时刻愈少。"⑦ 而"太平之世无所尊高,所尊高者工之创新器而已……缩地、飞天、便人、益体、灵飞捷巧之异器乃日新。政府之所奖励,人民之所趋向,皆在于新器矣。凡能创新器者,给以宝星之荣名,如今之科弟焉;赏以千万之重金,如今之商利焉。当是时,举全地人民之所以求高名、至大富者,舍新器莫致焉"⑧。由于科学技术的发展没有限制,乐观的康有为坚信大同社会的物质文明有不断提高的必要与可能。他说:大同社会中"其工皆学人,有文学知识者也。太平之世,人既日多,机器日新,足以代人之劳、并人

---

① 《大同书》,第 349~350 页。
② 《大同书》,第 350 页。
③ 《大同书》,第 350 页。
④ 《大同书》,第 349 页。
⑤ 《大同书》,第 289 页。
⑥ 《大同书》,第 289~290 页。
⑦ 《大同书》,第 285 页。
⑧ 《大同书》,第 289 页。

之日力者日进而愈上,以今机器萌芽,而一器之代手足者以万千倍计;过千数百年后,人既安,学既足,思想日进,其倍过于今者不可以亿兆思议"①。由此可见,康有为设想的大同并非封闭静止的社会,而是处于不断的进步之中。

(二)"至平":全球民众平等共享物质文明

仅仅是物质文明的高度发达不能成就大同社会,康有为认为大同社会还要求高度发达的物质文明由全球民众平等共享。他说:"生于大地,则大地万国之人皆吾同胞之异体也。"②而全球民众人人平等,他在《孟子微》中称:"尧舜与人人平等相同,此乃孟子明人人当自立,人人皆平等,乃太平大同世之极。"既然"夫大同太平之世,人类平等,人类大同,此固公理也"③,那么大同社会中全球民众理应平等共享高度发达的物质文明。康有为认为"夫人道不外生育、教养、老病、苦死",大同社会中"其事皆归于公,盖自养生送死皆政府治之"④,全球民众自胎儿至坟墓平等地享受着高度发达的物质文明,其主要框架如下。

1. 公养

第一,人本院。妇女怀妊之后皆入公立人本院,"人本院专为胎教以正生人之本,厚人道之源"。在人本院,孕妇的居室"由医者考察其最宜,无有愆阳伏阴之虞,无有引湿闭风之患,无有藩溷秽污之迫";孕妇的衣服冠履"随时由医生考察其最宜于孕妇身体者,辨其寒带温带之殊,山海原隰之异";孕妇的饮食"由医者选择食品之最能养胎健体而后给之,并各因其人之强弱、精壮、动静以定其多寡之数及消受之宜,每日开单,如给药然"。"孕妇每日有二医者晨夕察视二次,务慎之于疾之先,令有胎时无使小疾之侵,以弱其体而感其胎。"人本院"专求安胎、保胎、养胎及生子最易无苦之新法","务令孕妇绝无痛苦"。待胎儿断母乳之后,众母即可出院⑤。

第二,育婴院。婴儿断母乳后转入公立育婴院。育婴院的"管院事

---

① 《大同书》,第290页。
② 《大同书》,第7页。
③ 《大同书》,第145页。
④ 《大同书》,第228页。
⑤ 《大同书》,第230~236页。

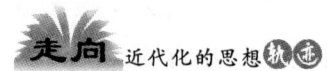

者皆以医生充之,由众公举,在选仁质最厚、养生学最明者"。照顾婴儿的女保"皆由本人自愿,而由总医生选其德性慈祥、身体强健、资禀敏慧、有恒性而无倦心、有弄性而非方品者,乃许充选"。至于女保人数,"婴儿数月以上者,一人专抚之;其两年以上者,或以一人而看护二三人,随时酌议"。而"本院婴儿,早暮有医生诊视二次,其衣服若何而宜儿体,饮食如何而适儿童,嬉戏安息如何而合儿神,务令得宜以壮儿体,一切皆由医者节度而女保受命奉行"。另外,"本院凡弄儿之物,无不具备,务令养儿体,乐儿魂,开儿知识为主"①。

综上,凡人从胎儿至六岁均由社会公养,"同育公家"②,平等地接受公立人本院、公立育婴院提供的科学、细致的照顾。人本院中对孕妇的悉心照顾、育婴院中对婴儿的细心养育,连今人也向往不已吧!

2. 公教

第一,小学院。凡人6岁入小学院,"小学之数,以人数多寡随时增设"。"择山水佳处,爽垲广原之地,以资卫生,以发明悟"建筑小学院。院内"体操场、游步场无不广大适宜,秋千、跳木、沿竿无不具备,花木、水草无不茂美,足以适生人之体";"图画雏形之器,古今事物莫不具备,既使开其知识,而须多为仁爱之事以感动其心,且以编入学课中,使之学习"。小学院的"司理及教者皆为女子,号曰女傅",所有女傅"非止教诲也,实兼慈母之任",故"当选德性仁慈威仪端正、学问通达、诲诱不倦者为之"。"是时专以养体为主,而开智次之;令功课稍少而游嬉较多,以动荡其血气,发扬其身体,而又须时刻监督,勿贡非几。故女傅之任至重,其管理人数亦不能过多也。"③

第二,中学院。凡人11岁入中学院,中学院"当择广原爽垲近海近沙之地,令基宇极广,可容万数",食堂、藏书楼、体育场、游步园、实验室等莫不毕备,"中学每所可藏万人或数万人。食堂及起居出入,皆有部位,分班序列,俨如军队"。"中学之师,尤当妙选贤达之士,行谊方正,德性仁明,文学广博,思悟通妙,而又诲人不倦,慈幼有恒者,方当此任";"不论男女皆得为师,惟才德是视。导之以正义,广之以通学,绳之以礼法,虽于慈惠之中而多用严正之气"。"管学总理之人

---

① 《大同书》,第247~249页。
② 《大同书》,第255页。
③ 《大同书》,第250~252页。

皆由公推，须学行并高，经验甚深，慈爱普被者，方许充之"。入此学，"可习高等普通学，各视其人资禀之敏钝好尚以为学级学类，随时增议"。中学应"杂列各学"，但是因为此时学生身体尚弱，"不能专事于智思，故德性当令养之益熟，知识当令导之益开，有节有度以养其正可也"①。

第三，大学院。凡人16岁入大学院，"此时之学，于育德强体之后，专以开智为主，人人各从其志，各认专门之学以就专科之师"。因此，大学院之师"不论男女，择其专学精深奥妙实验有得者为之"。"大学分科之多，备极万有，又于一科之中擘为诸门，一门之中分为诸目，皆各有专门之师以为教焉，而听人自择"。大学五年之中，"虽有事于虚文，而必从事于实验。若学农必从事于田野，学工必从事于作场，学商必入于市肆，学矿必入于矿山，学律则讲于审判之所，学医则讲于医病之室"。因此"大学院舍，不能统一并置一地。譬如农学设于田野，商学设于市肆，工学设于作厂，矿学设于山巅，渔学设于水滨，政学设于官府，医学设于医院，植物学设于植物院，动物学设于动物院，文学院设于藏书楼，乃至冰海学设于近冰海之地，热带学设于热带之地"②。

综上，凡人从6岁至20岁均由社会公教，"同学公学"③，平等地接受公立小学院（6～10岁）、公立中学院（11～15岁）和公立大学院（16～20岁）提供的系统、完备的教育。在今人眼中，这样全面、系统、均衡的免费"公学"仍然叹为观止，其中关于小学、中学和大学教育的许多设计，对于今日的教育仍不乏指导意义。

3. 公恤

第一，养老院。凡年六十以上者，准许进入公立养老院养之。"公人为公家劳苦数十年，及其老也，宜有以报之"。养老院"以安人之年老，务究极人生之乐，听人自由欢快，一切无禁"。为此，"院中院宇、楼阁、林园、池沼，广大庄严，备极华适"；器具"无不穷极美备"。而院中"六十者数人一护侍人，七十者每人一护侍人，八十者每人二护侍人，九十者每人三护侍人，百岁者每人四护侍人，过百岁者每人亦以每加十岁递加一护侍人"。护侍人"不论男女，其职任一年为期，

---

① 《大同书》，第253～254页。
② 《大同书》，第255～257页。
③ 《大同书》，第255页。

以仁慈及精细者充补,其贤否以老人所许可之证书为据,老人所恶者革除"①。

第二,医疾院。凡人有疾可入公立医疾院,"医者视其疾之轻重而善待之"。其时,"每日医生到各人家诊视人一次,治之于未病之先,全地皆然"。"有疾者,许其停工入院居住治疗,所有药费医费皆公家所出。"医院的构造,"务于养生之理备极得宜,其园亭、水竹、花木、鱼鸟足以供清娱者,皆极美备"。医院"设有书画乐室,大置书画乐器,供病者娱乐"。"病人各有所好,各如其意,备其物,听其为欢。"至于医生,"医院皆选良医,尤精艺术者主之,群医皆集"。而"医院看护人,不论男女皆可充之,以心术仁慈、神思静细者选项补"②。

第三,恤贫院。凡人无业无所衣食者,准许进入公立恤贫院,"公家衣食之"。进入恤贫院的人须作苦工,但"亦有安息游观之时,亦许出游"。其人"鬻其作工之金以养之。其不足官为给足,其饶溢官别赏给之。其勤而精美者奖之,惰而粗者罚之"。恤贫院的管理人员"由其地公举仁慈而善教诲者充之"。除此之外,"恤贫院内有教导之傅,有劝善之师,有疗疾之保。日集而讲善二次,医者视身体一次"。院内"小有园囿以供作苦工后之游观,亦有体操场以供工人之体操,其他秋千、蹴鞠、玩器、书画亦皆薄具"③。

第四,考终院。"凡人死,不论老少、贵贱、有疾、无疾、在私家、在公家,报考终院,或裹以帛,或盛以棺,立移于此院"。凡尸移入考终院后,"皆陈于堂,其父母、子女、兄弟、姊妹、长从至契、师保至恩者,可为丧主;男女至交、师弟至好皆许住院尽哀。院中人为陈丧仪,备丧具"。"凡人死皆累其行事及其产业器物,悉由考终院记之于册。其人产业器物,除依其遗嘱所赠,皆以半归公,会同遗产官理之。其行事则详载于册以备查"④。

综上,凡人有老、病、苦、死,分别入公立养老院、公立医疾院、公立恤贫院、公立考终院(化人院),"其事皆归于公"。如此全覆盖、高标准的免费社会保障令今人亦神往。

---

① 《大同书》,第264~267页。
② 《大同书》,第260~263页。
③ 《大同书》,第258~259页。
④ 《大同书》,第268~272页。

（三）"至公"：公有公营

康有为认为"太平之世，农、工、商、学、铁道、邮政、电线、汽船、飞船皆出于公"①，他称大同社会公有公营的农、工、商等为"公农""公工""公商"等。其"至公"主要体现在以下方面。

第一，生产资料公有。以"公农"论，"举天下之田地皆为公有，人无得私有而私买卖之。"② 而"大同世之工业，使天下之工必尽归于公，凡百工大小之制造厂、铁道、轮船皆归焉，不许有独人之私业矣"③，是谓"公工"。"大同世之商业，不得有私产之商，举全地之商业皆归公政府商部统之"④，是谓"公商"。除此之外，"大同之世，铁路、电线、汽船、邮政皆归于一，皆属于公，是时飞船大盛通行，亦公为之"⑤，是谓"公通"。"凡全地之金行皆归于公，无有私产"⑥，是谓"公金行"。可见，康有为设想中的大同社会一切生产资料均归公，全面否定了生产资料的私有制。

第二，生产规模日益扩大。康有为认为大同社会的农业以农场为生产单位，"其农场者，农田种植之所也；里数不定者，机器愈精，道路愈辟，人之智力愈强，则农场愈广也"⑦。至于工厂规模，他设想"当大同之时，工厂既尽归公，则一厂之巨大为今世所难思议，用人可至千百万，亘地可至千百里"⑧。"当是时，一市仅一商店，大市大店，小市小店。其商店之大，如今一都会百数十里，大者乃数百里，皆与汽车汽船相通，有机器运之。货仓即分类陈列，全地之货，万品并陈，每品之中，万色并列，如今赛珍会然，惟人所择，皆有定价，不待商略。"⑨ 如此大规模的社会化生产不仅超出当时国人的想象，也令今人叹为观止。

第三，经济管理行政化。管理经济是大同社会中各级政府的主要职

---

① 《大同书》，第316页。
② 《大同书》，第282页。
③ 《大同书》，第288页。
④ 《大同书》，第292页。
⑤ 《大同书》，第308页。
⑥ 《大同书》，第315页。
⑦ 《大同书》，第284页。
⑧ 《大同书》，第289页。
⑨ 《大同书》，第292页。

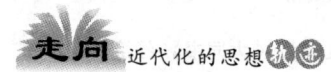

责。康有为设想大同社会设三级政府：全地公政府、度政府①、地方自治政府。其中全地公政府设农部、矿部、工部、商部等 14 部，分别管理全地种植业、矿业、制造业、商业等。各度政府设农曹、矿曹、工曹、商曹、金曹、辟曹、水曹、通曹共 8 曹，分别管理各度内农业、矿业、工业、商业、金融业等。各地方自治政府设农局、矿局、牧局、渔局、工厂、商局、金行、都水局、辟山局、道路局共 10 局，分别管理自治地方内农业、矿业等。各局"皆有主、伯、亚、旅、府、史、胥、徒以司之"，其中"主者总办也，伯者分司之提调也，亚者副之助之者也，旅者群执事也，府者收藏者也，史者统计及记事者也"，胥徒则多为奔走之人。以工业为例，"公政府立工部"，各度政府立工曹，"察其地形之宜而立工厂，或近水而易转运，或近市而易制和，皆酌其工之宜而行之"。而各工厂"皆有主、伯、亚、旅、府、史、胥、徒，皆以学校之及年者为之"②。

第四，定额生产。以农业论，"各小政府以时聚农官议而损益之，岁时以其度界内所出之材产告之公政府之农部，移告之工商部。商部以全国人民所需之食品用品统计若干，与其意外水旱弥补若干，凡百谷、草木、牲畜、渔产之用物，何地宜于何品，何地不宜于何品，若山陵、原隰、川海、沙漠、腴瘠、燥湿出产几何，皆据各分政府之农曹所报之地质出产，以累年之比较而定其农额，统计而预算之，定应用若干，因各度界之地宜应种植、牧畜、渔产若干，令各度界如其定额而行之，移之农部，农部核定，下之各度界小政府之农曹，令各小度界如额种植、牧畜、渔产"③。至于各工厂的生产，由商部"举国所需之物品、什器之大数分之于各度精工擅长之地，而定各地各品物、什器制造之额，移之工部，工部核定，下之各度界工曹，工曹督各工厂场如额而制之"④。除此之外，"大同之世，公政府日以开山、通路、变沙漠、浮海为第一大事……凡兹铁道、汽船、电线、邮政、飞船岁入，尽以从事于工程焉"⑤。

第五，统一分配。"若天下农田之收入，则各度农曹截留其本度应用之物品而告之农部，农部移之公政府之商部与各州分政府之商部，统计全地各度物品之消息盈虚而分配之；先其近者，以省运转，近地有余，乃运

---

① 康有为设想以度为单位划分全球，总计划分为一百度。
② 《大同书》，第 288 页。
③ 《大同书》，第 282 页。
④ 《大同书》，第 288~291 页。
⑤ 《大同书》，第 309~310 页。

配于远方。举全地所出之百谷、花果、草木、牧畜、渔产、矿产，皆适足以应全地人数之所需，少留赢余以备各地水旱、天灾、地变之虞。"① 另外，全地设商部，"商部核全地人口之数，贫富之差，岁月用品几何，既令所宜之地农场、工厂，如额为之，乃分配于天下。令各度小政府立商曹，其数十里间水陆要区立商局、各种商店，其数里间立商店。其曹、局、店皆有主、伯、亚、旅、府、史、胥、徒。主者总办也，伯者分司之长也，亚者佐也，主、伯皆有之，旅者群管事也，府者司财币之收纳也，史者记帐者也，胥者巡察者也，徒者各店之执事送货也。商局者，监督各商店者也，商曹者，司商政者也"。而"凡农工所成之万货，由商部核各度人口之数，日用之宜，而由铁路、汽船支配之，转运之。商曹核本度乡市之人口而分配之各商店中"②。

第六，均等消费。凡人二十岁学成，听其就业。"太平之世，农、工、商、学、铁道、邮政、电线、汽船、飞船皆出于公，人皆作工，只有工钱，无甚贫富"③。无论职业如何，其消费均等。其住皆有"公室"，"其公室，人占二室，一为卧室，一为客室，并有浴房；十人则为大公厅，皆高广疏达，花草楚楚，楼阁绵丽，过于今富室矣"。"其食即在公饭馆，听其所择而自出费"。每一自治地方"皆有公园囿、公图书馆、戏院、音乐院以备游息"；有"讲道院"，"讲道德之名理、古今之故事"及农业、工业和商业之良术"日浸灌教导之"，"养其德性学识"。由于科学技术日益进步，"太平之世，一人作工之日力，仅三四时或一二时而已足"，"作工之时，坐作进退，凡如军令矣"④。"除每日作工数时外，悉皆自由。近市府之场所游乐无方，即稍远者，铁轨屋车之密有如蛛网，轮舟汽球之行有若抛梭，自行电车于时尤盛，工事余暇皆可畅游，凡市府声色之繁华，山水登眺之清娱，礼乐书画之文明，皆可挹而受之"，不啻为"极乐天中之仙人"⑤。

（四）小结

在康有为的设想中，大同经济"至仁、至平、至公"，其关键在于生

---

① 《大同书》，第 282~287 页。
② 《大同书》，第 292~294 页。
③ 《大同书》，第 316 页。
④ 《大同书》，第 285 页。
⑤ 《大同书》，第 286~294 页。

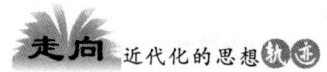

产资料一律公有,所有经济生活与运作均由公家来管理与规划。康有为相信借由经济的此种公有公营,一方面社会可实现充分生产,造就高度发达的物质文明,避免资源的浪费,他说:"公农"可以实现"地无遗利,农无误作,物无腐败,品无重复余赢,留其无量之地力物精以待将来,留其无量之人力日力以乐其身心,增其德性,长其学识,以成他益,举全地之百产而操纵之,举全地之农、牧、渔、矿之夫而乐利之,非大同而安得此……其与私产之农物,有无量之重复、赢余、腐败,得失岂可数算哉!"① 而"公工"既然"为全地公计之,工人之作器适与生人之用器相等,无重复之余货,无腐败之殄天物,其畴昔作重复余剩之器,徒耗有用之光阴"②。另一方面它可以保障全世界人人平等地接受"公养""公教"和"公恤",享受着"居处之乐""舟车之乐""饮食之乐""衣服之乐""器用之乐""净香之乐""沐浴之乐"及"医视疾病之乐"等乐利,共享天堂般的富裕、悠闲、康乐、平等的生活。

如此规模宏大、气势恢弘、"至仁、至平、至公"的经济理想,远远超出时人的想象,许多方面连今人也望尘莫及,心生羡慕。它将一如既往地激励着人们反思既有的经济模式,锐意改革,推动社会经济发展。

三 大同经济理想的实现

乐观的康有为认为大同经济理想必能实现,但由于它需要具备经济、政治、社会、文化、科技等多方面的条件,故"需以年岁,行以曲折"③。其中最主要的条件是经济上"去私产"和政治上"去国界"。

(一)"去私产"

康有为认为生产资料私有制是西方经济局限的根源,而"至仁、至平、至公"的大同经济理想以生产资料公有为基础,因此从经济层面而言,他称:"今欲致大同,必去人之私产而后可。"④

对于"去私产"的方式,康有为反对以暴力的铁血方式"去私产"。

---

① 《大同书》,第 287 页。
② 《大同书》,第 290 页。
③ 《大同书》,第 93 页。
④ 《大同书》,第 282 页。

206

他说："战争之祸以毒生民者，合大地数千年计之，遂不可数，不可议。"① 从经济的角度看，战争"竭民力以养兵，糜费无量，驱人民以为兵，失业无量"②。从人道的角度看，战争"调民为兵也，一战而死者千万。稍遇矢石、锋镝、枪炮、毒烟，即刳肠断头，血溅原野，肢挂林木，或投河相压，或全城被焚，或伏尸遍地而犬狐嗥啮，或半体伤卧而饿疫继死"。康有为认为"以夫父母生育抚养之艰难如彼"，战争的惨酷祸毒如此。"虽悍夫强人，睹之犹当垂涕，况夫仁人，其安能忍！"③ 康有为本着"不忍之心"追求"至仁"，自然不忍心以暴力方式"去私产"以实现生产资料的公有。至于和平赎买的方式，康有为认为亦不可行。因为"凡诸农田、商货、工厂之业，全地至大"，若要和平赎买，其所需资金巨大，"即欲举公债以承之，亦万不能行也"④。

虽然暴力剥夺或和平赎买的方式都不可取，但是康有为乐观地认为"去民私业，此事甚易"，他给出了一个独特的方案："去家"，即"去人之家"⑤。在他看来，"夫家者，合夫妇、父子而名者也。大地之上，虽无国无身而未有无家者也。不独其为天合不可解也；人道之身体赖以生育扶养，赖以长成，患难赖以保护，贫乏赖以存救，疾病赖以扶持，死丧赖以葬送，魂魄赖以安妥，故自养生送死，舍夫妇、父子无依也"⑥。基于此，康有为认为"故家者，据乱世人道相扶必需之具"，但是他同时指出"有家则有私"，家因之成为生产资料私有制的根源，是"太平世最阻碍相隔之大害"⑦。除"家人强合之苦"等之外，从经济的角度而言，康有为认为"因有家之故，必私其妻子而不能天下为公"。当"一家相收"时，人"则必思所以富其家而传其后；夫家人之多寡至无定，欲富之心亦至无极矣。多人之用无尽而所入之资有限，既欲富而不得，则诡谋交至，欺诈并生，甚且不顾廉耻而盗窃，不顾行谊而贿赂矣；又甚且杀人夺货，作奸犯科，悯不畏死，以为常业矣"⑧。他认为："因有家之故，养累既多，心术必私，见识必狭，奸诈、盗伪、贪污之事必生。"且因"人各私其家"，

---

① 《大同书》，第74页。
② 《大同书》，第92页。
③ 《大同书》，第74页。
④ 《大同书》，第295页。
⑤ 《大同书》，第295页。
⑥ 《大同书》，第209页。
⑦ 《大同书》，第226页。
⑧ 《大同书》，第222页。

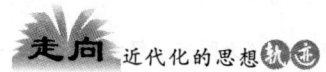

则"无从以私产归公产，无从公养全世界之人，而多贫穷困苦之人"；"不能多得公费而办公益，以举行育婴、慈幼、养老、恤贫诸事"；"能多得公费而治道路、桥梁、山川、宫室，以求人生居处之乐"①。因此康有为得出结论："故家者，据乱世、升平世之要，而太平世最妨害之物也。以有家而欲至太平，是泛绝流断港而欲至于通津也。"②

那么要如何"去家"呢？康有为认为："欲去家乎，但使大明天赋人权之义，男女皆平等独立，婚姻之事不复名为夫妇，只许岁月交好之和约而已；行之六十年，则全世界之人类皆无家矣，无有夫妇父子之私矣，其有遗产无人可传，其金银什器皆听赠人。若其农田、工厂、商货皆归之公，即可至大同之世矣。"③显然，康有为认为废除传统的婚姻制度是"去家"的关键所在。对于传统的婚姻制度，康有为给予激烈抨击，他说："旧俗据乱之时，夫妇之义专以传子姓，此为一男子之私意，故不得不强合以终身，夫妇永定，然后父子得亲。"④在夫权婚姻中，"男子既以强力抑女，又以男性传宗，则男子遂纯为人道之主而女为其从，男子纯为人道之君而女为其臣"，"女子遂全失独立之人权而纯为男子之私属……实几与奴隶、什器、产业等矣"⑤。传统的婚姻制度"既上承千万年之旧俗，中经数千年之礼教，下获偏酷之国法，外得无量数有强力之男党共守"，"日筑之使高，凿之使深，加之使酷"，导致无数女性"穷巷惨凄""寒饿遍地""怨苦弥天"⑥。但是康有为认为"男女平等，各有独立之权。天之生人也，使形体魂知各完成也，各各自立也，此天之生是使独也"⑦。他相信至太平世时，"男女之事，但以徇人情之欢好，非以正父子之宗传"⑧，因此"男女婚姻，皆由本人自择，情志相合，乃立合约，名曰交好之约，不得有夫妇旧名。盖男女既皆平等独立，则其好约如两国之和约，无轻重高下之殊。若稍有高下，即为半主，即为附庸，不得以合约名矣；既违天赋人权平等独立之义，将渐趋于尊男抑女之风，政府当严禁

---

① 《大同书》，第226页。
② 《大同书》，第226页。
③ 《大同书》，第295页。
④ 《大同书》，第201页。
⑤ 《大同书》，第190页。
⑥ 《大同书》，第192~193页。
⑦ 《大同书》，第295页。
⑧ 《大同书》，第201页。

之，但当如两友之交而已"①。

康有为试图以废除传统婚姻制度来"去家"，从而在实质上废除家庭财产继承制度，以"去私产"，实现生产资料公有。这种观点倒因为果，有待商榷。但是康有为在此充分尊重女性的独立人格，猛烈抨击传统婚姻家庭制度，高调主张男女平等、婚姻自主、家庭民主等思想，对中国传统的婚姻家庭制度及其伦理基础造成了强烈的冲击。在这一方面，《大同书》的精神实质与1910年开始的新文化运动并无二致，新文化运动的领导者走的是康有为多年前所指出的路，"但他一直是未被认识的先知"②。

（二）"去国界"

康有为设想的大同经济"至仁、至平、至公"，全球民众平等共享高度发达的物质文明。他认为只要各国并存，此种经济理想就不可能实现。这是因为"夫以有国对立，兵争之惨如此，人民之涂炭如彼，此其最彰明较著矣。若夫竭民力以养兵，糜费无量，驱人民以为兵，失业无量"。所谓的"仁人志士"，各私其国，"以争地杀人为合大义，以灭国屠人为有大功"，实为"屠伯民贼"。康有为认为："国者，在乱世为不得已而自保之术，在平世为最争杀大害之道也。而古今人恒言，皆曰天下国家，若人道不可少者，此大谬也。今欲救生民之惨祸，致太平之乐利，求大同之公益，其必先自破国界去国义始矣。"③ 因此康有为相信若想成就大同的经济理想，必须在政治层面"去国而世界合一之体"④。

至于如何"去国"，康有为颇为踌躇。一方面他认为："国者，人民团体之最高级也，自天帝外，其上无有法律制之也。各国私益，非公法所可抑，非虚义所能动也。其强大国之侵吞小邦，弱肉强食，势之自然，非公理所能及也。然则虽有仁人，欲弭兵而人民安乐，欲骤去国而天下为公，必不可得之数也。"⑤ 他承认"盖分并之势，乃淘汰之自然，其强大之并吞，弱小之灭亡，亦适以为大同之先驱耳"。国家之间弱肉强食的吞

---

① 《大同书》，第200页。
② 〔美〕萧公权：《近代中国与新世界——康有为变法与大同思想研究》，江苏人民出版社，2007，第362页。
③ 《大同书》，第92页。
④ 《大同书》，第95页。
⑤ 《大同书》，第92~93页。

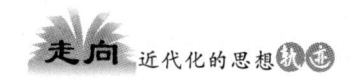

并是"渐致大同之轨道"[1]。但另一方面,他相信"今欲至大同,先自弭兵会倡之,次以联盟国纬之,继以公议会导之,次第以赴,盖有必至大同之一日焉"[2]。

康有为希望以和平的方式渐进地"去国",其具体方案如下。第一阶段,据乱世开"公议会"以联合旧国。此时各国政府握全权,民服于旧国,可先开万国"公议会"。"公议会"由各国各派议使,有议长,无统领,议事遵循多数决原则。"公议会"不及各国内治,但有"调和维持各国之责",以"弭各国兵争为宗旨",有权制定国际法,裁决国际纠纷,推动关税税率和度量衡的统一。第二阶段,升平世立"公政府"以"造新公国"。"公政府"有权"割其国地或海上岛",各国可随时附入公国,人民渐脱旧国之权,归于"公政府"。各国限权自治,大事归于"公政府"。"公政府"虽不及各国内治,但兵税、邮电、法律大政皆有权限。"公政府"应保护各国,镇抚其内乱,调和其外争。"公政府"设上下议院,"上议院由政府,下议院由公举,官吏人民各半","上议员为本国之代表,下议员为世界之代表",议事遵循多数决原则。第三阶段,太平世立"全地公政府"以"无国而为世界"。"全地公政府"拥有世界全地,人民皆为世界公民,以公议为权。"全地公政府"只有议员,无议长,无统领,大事从多数决之。全球无国,划分为100度,每度自治,但无权处理通信和交通事务。每一度分为较小的单位,每一单位也享有自治。每一地方自治单位全以民主方式运作,"有事则开议,人人皆有发言之权,从其多数而行之"[3]。

显然康有为不是无政府主义者,但他认为大同社会中政府主要是一种社会的经济文化管理机关,而不是具有强制压迫性的国家机器。他说:"大同无邦国,故无有军法之重律;无君主,则无有犯上作乱之悖事;无夫妇,则无有色欲之争,奸淫之防,禁制、责望、怨怼、离异、刑杀之祸;无宗亲兄弟,则无有望养、责善、争分之狱;无爵位,则无有恃威、怙力、强霸、利夺、钻营、佞诐之事;无私产,则无有田宅、工商、产业之诉;无尸葬,则无有墓地之讼;无税役、关津,则无有逃匿、欺吞之罪;无名分,则无欺凌、压制、干犯、反攻之画。除此以外,然则尚有何

---

[1] 《大同书》,第93页。
[2] 《大同书》,第94页。
[3] 《大同书》,第312页。

讼，尚有何刑哉……故大同之世，百司皆有，而无兵、刑两官。"①

在康有为有关大同社会的政治体制的设想中，依稀可以看见当时西方议会制度的影子。值得注意的是，康有为认为西方既有政治体制亦存在诸多局限。例如他指出："今立宪之政体，其行政之诸长皆出于全国政党竞争，大昏博夜，喧走道途，号召党徒，密谋相攻，或至动兵行刺，若选举之先，兆人万众彷徨奔走，大罗酒食以媚庶人，所取既未必公，即公亦出大争，坏人心术。"②在他看来，西方各国"政党议员，互攻激刺，大笑喧哗，失仪无节，乃野蛮之至，可为大耻"③。如此政党竞争显然离康有为设想的民主政治相去甚远。

康有为强调大同社会应由民众自治，完全以民主行事，即"大同之世，全地皆为自治，全地一切大政皆人民公议"④。他设想大同社会只有公政府、各度政府、地方自治局三级。从地方自治局来看，康有为预测未来人口将分别集中于大农场或大工厂，因此地方自治局的设置应以性质而不以土地分。每一农场或工厂为一自治局，农场或工厂的总管即为地方局的首长，所有的工人参与决策，"故大同之世，无有民也"⑤。从各度政府来看，度政府设上、下议院，其中上议院议员由度内民众"公举"；"下议院无选议员，凡人皆预议"。"凡各曹皆由地方自治局公举"。议事均遵循多数决原则⑥。从公政府来看，公政府设上、下议院，其中上议院由各度各举一人，下议院无议员，"合全地各度之人公议之"。凡各部"皆由各度本曹之主数千人公举之，从其多数"⑦。凡选举，均公平、严肃地举行，"无秘谋"，"无有竞争喧哗之事，更无有互攻刺杀之事"⑧。而当选的议员及各部曹的工作人员，康有为认为他们"其职虽有上下，但于职事中行之，若在职事之外，则全世界人皆平等，无爵位之殊，无舆服之异，无仪从之别"⑨。而他们的职事是遵循民众的意志管理社会经济文化等事务，从这一意义出发，康有为称：大同社会"事权实

---

① 《大同书》，第332页。
② 《大同书》，第302~303页。
③ 《大同书》，第303页。
④ 《大同书》，第299页。
⑤ 《大同书》，第303页。
⑥ 《大同书》，第306页。
⑦ 《大同书》，第302页。
⑧ 《大同书》，第303页。
⑨ 《大同书》，第303页。

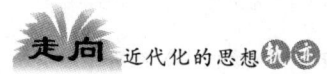

在公众","举世界之人公营全世界之事,如以一家之父子兄弟,无有官也"①。

在康有为设想的这种政治体制下,"事事皆由公举",平等原则彻底实现,权威原则降至最低,远远超越了西方既有的"立宪之政体"。康有为在此高调主张了平等、自由、民主等现代理念,他宣称:"当太平之世,既无帝王、君长,又无官爵、科第,人皆平等"②,"全地皆为自治,官即民也,本无大小之分"③。他充分肯定了民众在政治生活中的主体地位,赋予民众完全、彻底的政治权利。此时民众不再是统治者政治统治下任人宰割的"羊",而是享有充分政治权利的自我管理者,民主、平等、自由等原则得以彻底施行,而帝王、君长的威权与不公则完全消失。

(三)小结

作为"重建的乌托邦"(Utopia of Reconstruction),康有为不仅热情洋溢地描述了大同社会美好的经济理想,还提出了一系列实现大同的方案,涉及了经济、政治、社会、文化等多个方面。其中"去家""去国"等主张远远超出了他所处的时代,超越了我们所处的时代,但是《大同书》中所主张的平等、自由、民主等现代理念影响深远。或许正是从这一角度出发,萧公权称康有为在《大同书》中"定下绝大的改革计划,其影响的深远,非同时代的任何人可相比拟。他的乌托邦构想极具想象力与挑战性,他足列世界上伟大乌托邦思想家之林"④。

四 志在大同,事在小康

(一)乱世-小康-大同

康有为在古代三世说的基础上,吸收西方的进化论思想,在《春秋董氏学》中提出"以传闻世为据乱世,所闻世托升平,所见世托太平。

---

① 《大同书》,第 303 页。
② 《大同书》,第 323 页。
③ 《大同书》,第 299 页。
④ 〔美〕萧公权:《近代中国与新世界——康有为变法与大同思想研究》,江苏人民出版社,2007,第 362 页。

乱世者，文教未明也；升平者，渐有文教，小康也；太平者，大同之世远近大小如一，文教全备也"。在他看来，"世界进化之公理，必始于据乱，进于升平，至太平而极矣"。当乱世时，"阶级綦严。其国体则为君主专制。其执政者，皆贵族世爵。其人民为奴为臣，不得自由。其男女异视，其俗重三纲。其时之人心，则崇拜英雄，凡能杀人而建其私国之功者，则俗谓之豪杰。凡农工商民，则为时王之私属。《诗》所谓'普天之下，莫非王土。率土之滨，莫非王臣'是也。生民之苦，于斯为极"。当进化至小康时，"虽人类之阶级差平，既去专制之君主及世禄之贵族，且男女渐平，种族渐同，家庭之制，亦由大而小。虽然，又未尽也，盖君主虽去，尚有民主统领焉。世爵虽除，政权尚属少数之党员，未普及于人民焉"。"且斯时君主之权，虽已旁落，而财权萌芽，资本主义继起，至使同是圆颅方趾而因贫富阶级，享用绝殊。富者尊严若帝王，娱乐若神仙。贫者衣食同牛马，起居侪狗彘，疾病终身颠连，困苦无告。诚如杜诗所谓'朱门酒肉臭，路有冻死骨'矣。"再进化至大同时，"天下为公，无有阶级，一切平等，既无专制之君主，亦无民选之总统，国界既破，则无政府之可言。人民皆自由平等，更无职官之任"。"且于斯时，人类既安居乐极，思想日新，进化无疆，新器日多，新制日出。"①

基于此种朴素的历史进化观，康有为坚信乱世（据乱世）－小康（升平世）－大同（太平世）必须"循序渐进，不可躐等为之"②。他说："世有进化，仁有轨道"③，而"发挥大同之新教，然必不能自外于升平、太平之轨"④。根据康有为的判断，晚清中国仍处于据乱之世，"时当乱世，则出其拨乱之法；时当升平，则出其升平之法；时当太平，则出其太平之法"⑤。此时若"以据乱说为升平说，泥执之，则不能进化，而将退于野蛮，又无以太平说为据乱，误施之，则躐等而行，将至大乱"⑥。他深信："且夫大同之道，苟非其是，不可行也。"⑦ 因此康有为虽然认为大

---

① 《大同书》，第1~4页。
② 《大同书》，第3页。
③ 蒋贵麟：《康南海先生遗著汇刊》（第5册），宏业书局，1987，第112页。
④ 蒋贵麟：《康南海先生遗著汇刊》（第5册），宏业书局，1987，第81页。
⑤ 蒋贵麟：《康南海先生遗著汇刊》（第5册），宏业书局，1987，第89页。
⑥ 蒋贵麟：《康南海先生遗著汇刊》（第5册），宏业书局，1987，第207页。
⑦ 《大同书》，第4页。

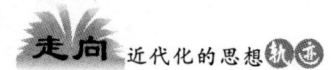

同经济理想终将实现,但是他确信对晚清中国而言,大同是远期目标,待之将来;小康才是近期目标,谋之现在。

(二) 小康之事

那么晚清中国应如何进化至小康?康有为明确提出"势当全变"①,即在科技、经济、政治、文化、军事等各方面全面学习西方,以西方资产阶级国家为蓝本对中国进行全面改革。至于那些仅仅在军事、科技或经济等若干方面"采西学",而在政治、文化等其他方面坚持"中学"的所谓"变法",康有为认为这并非真正意义上的"变法",只能称之为"变事"。他说:"今天下之言变者,曰铁路,曰矿务,曰学堂,曰商务,非不然也。然若是者,变事而已,非变法也……微特偏端不举,即使能举,亦与救国之大体无成。"② 事实上,甲午战争前,在洋务派大官僚的主持下,中国已经为学习和移植西方事物进行了将近30年的活动,斥巨资装备,组建了新式海陆军,创办了一批新式军用、民用工业,兴建了若干新式教育机构等。这些以"变法"为名义的种种改革,旨在求富求强,但甲午战争的失败宣告洋务运动的破产。康有为等维新派人士从此认识到,在现有的封建统治框架内,仅仅是在军事、科技和经济等方面进行有限改革的"变事",很难能获得成功,更难挽救中国所面临的严重民族危机。只有在科技、经济、政治、文化、军事等各方面"全变",才能从根本上改变中国的贫穷与落后。

在"全变"的改革指导思想下,康有为将改革的范围从军事、科技、经济延伸至政治领域,并将政治改革作为变法的重要组成部分。值得注意的是,康有为虽志在大同,但事在小康,因此他并不要求民主政治,而是建议清帝实行君主立宪,即"伏乞特诏颁行海内,令士民公举博古今、通中外、明政体、方正直言之士,略分府县,约十万户,而举一人,不论已仕未仕,皆得充选,因用汉制,名曰议郎。皇上开武英殿,广悬图书,俾轮班入直,以备顾问。并准其随时请对,上驳诏书,下达民词。凡内外兴革大政,筹饷事宜,皆令会议于太和门,三占从二,下部施行。所有人员,岁一更换。若民心推服,留者领班,著为定例,宣示天下。上广皇上之圣聪,可坐一室而知四海;下合天下之心

---

① 汤志钧:《康有为政论集》(上册),中华书局,1981,第18页。
② 汤志钧:《康有为政论集》(上册),中华书局,1981,第17页。

态，可同忧乐而忘公私。皇上举此经义，行此旷典，天下奔走鼓舞，能者竭力，富者纾财，共赞富强，君民同体，情谊交孚，中国一家，休戚与共。以之筹饷，何饷不筹？以之练兵，何兵不练？合四万万人之心以为心，天下莫强焉！"①

在此基础上，康有为希望借助清政府的力量自上而下地进行经济改革，将中国打造成全新的工业化国家。康有为认识到"方今当数千年之变局，环数十国之觊觎，既古史所未闻，亦非旧法所能治"②，明确提出"非变通不足以宜民，非更新不足以救国"③，而"变之之法，富国为先"④。关于"富国"之道，康有为认为"非复仅节财流，或事搜括之所能支也"⑤。他指出"诸欧小国，仅如吾一府一县"，大者"亦不过吾一二省，其民大国仅得吾十之一，小国得吾百之一，而大国富强，乃十倍于我，小国亦与我等，其理何哉？深考其由，则以诸欧政俗学艺，竞尚日新，若其工艺精奇，则以讲求物质故"⑥。他逐步认识到"凡一统之世，必以农立国，可靖民心；并争之世，必以商立国，可侔敌利"；而"今已入工业之世界矣，已为日新尚智之宇宙矣"，必以工立国⑦。康有为遂于1898年明确提出中国应"定为工国"。他认为："国尚农则守旧日愚，国尚工则日新日智"。于是他请求清帝"讲明国是，移易民心，去愚尚智，弃守旧，尚日新，定为工国"⑧。他首次提出了中国应由落后农业国发展为先进工业国的目标，提出了逐步实现国家工业化的思想，将社会思潮由重商转变为重工。因此，康有为被称为中国近代史上"最先提出工业化主张的人"⑨。

康有为的小康之事，承继了魏源、王韬、郑观应和陈炽等人的"变法"思想，并在以下方面加以发展。第一，康有为尖锐地把"救国""救亡"作为改革的根本出发点，而不仅仅是求强求富，这就加强和突出了改革的重要性和紧迫性。第二，康有为首次提出"定为工国"，指出中国

---

① 汤志钧：《康有为政论集》（上册），中华书局，1981，第135页。
② 汤志钧：《康有为政论集》（上册），中华书局，1981，第108页。
③ 汤志钧：《康有为政论集》（上册），中华书局，1981，第368页。
④ 汤志钧：《康有为政论集》（上册），中华书局，1981，第123页。
⑤ 汤志钧：《康有为政论集》（上册），中华书局，1981，第325页。
⑥ 汤志钧：《康有为政论集》（上册），中华书局，1981，第288页。
⑦ 汤志钧：《康有为政论集》（上册），中华书局，1981，第127页。
⑧ 汤志钧：《康有为政论集》（上册），中华书局，1981，第289~290页。
⑨ 赵靖、易梦虹：《中国近代经济思想史》（中册），中华书局，1964，第126页。

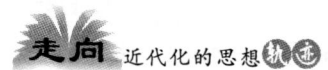

应由落后的农业国发展为先进的工业国,提出要逐步实现国家工业化。该思想将社会思潮由重商转变为重工。第三,康有为明确地将政治改革纳入变法范畴,视为改革的主要内容,提出以君主立宪替代君主专制,旨在为经济改革提供必要的政治前提。康有为的政治、经济"全变"的思想,把反对君主专制的政治改革作为改革和发展中国的根本前提提了出来。虽然康有为给出的君主立宪制不可能真正解决这一问题,但是其为近代中国的经济改革标示出了正确的方向。基于上述发展,康有为的小康之事成为19世纪末中国经济思想的先进代表。

康有为一生虽志在大同,但事在小康。其小康之事,尤其是以君主立宪替代君主专制的改革观点,在坚持"中学为体,西学为用"的张之洞等人看来,不啻为洪水猛兽。但是在倡导革命的孙中山等人眼中,康有为力主君主立宪、希望借助清政府的力量自上而下进行改革的主张,实是保守。

五　结论

康有为在《大同书》中自称:"为士人者十三世,盖积中国羲、农、黄帝、尧、舜、禹、汤、文王、周公、孔子及汉、唐、宋、明五千年之文明而尽吸饮之。又当大地之交通,万国之并会,荟东西诸哲之心肝精英而醰饫之。"[①] 诚如其言,康有为的大同经济思想承继了中国传统乌托邦思想,其书名即源于《礼记·礼运》中的"大道之行也,天下为公,选贤与能,讲信修睦。故人不独亲其亲,不独子其子。使老有所终,壮有所用,矜寡孤独废疾者皆有所养。男有分,女有归。货恶其弃于地,不必藏于己,力恶其不出于身也,不必为己。是故谋闭而不兴,盗窃乱贼而不作。故外户而不闭,是谓大同"。在此基础上,康有为大量吸取西方近代思想,长足发展了中国乌托邦思想,促进了中国乌托邦思想的现代转型。这主要体现在以下几个方面。

第一,康有为充分肯定了人类追求物质享受的正当性,"求乐去苦"是经济发展的最终目标。他认为乐就是仁,仁与乐合而为一。"普天之下,有生之徒,皆以求乐免苦而已,无他道矣"[②],因此"为人谋者,去

---

① 《大同书》,第5页。
② 《大同书》,第10页。

216

苦求乐而已，无他道矣"①。在他看来，所有的经济改革措施都是为民众谋免苦求乐的工具，"能令生人乐益加乐，苦益少苦者"是善策；"于生人乐无所加而苦尤甚者"非善策。"求乐去苦"成为经济发展的最终目标，这体现出康有为对民众物质利益的极度尊重和深切关怀。

第二，康有为的大同经济理想扎根于两大原则：工业化与社会化。康有为认为大同社会物质文明高度发达，而物质文明的高度发达依赖高度的工业化社会大生产。当大同之时，一切生产均"假之机器"②，实行机械化大生产。"其农场者，农田种植之所也；里数不定者，机器愈精，道路愈辟，人之智力愈强，则农场愈广也"③。工业成为经济的支柱产业，"一厂之巨大为今世所难思议，用人可至千百万，亘地可至千百里"④。科学技术的不断进步将推动物质文明的不断提高，大同的生产目的不再是"野蛮之世"的"足食"，而是满足"人情所好"，而"人情所好"的满足根植于工业化与社会化大生产。世界经济史表明工业化与社会化是经济发展的必由之路。从这个角度而言，与洪秀全在《天朝田亩制度》中提出的农业乌托邦相比较，康有为在《大同书》中提出的工业乌托邦显然有了长足进展。

第三，康有为的大同经济理想从根本上颠覆了西方的经济模式。第一次鸦片战争后，国人言经济改革者承继了魏源"师夷"的思路，均主张以西方经济模式为样板改革中国经济。而康有为指出西方经济模式造就的"新业虽然瑰玮，不过世界之外象，于民生独人之困苦，公德之缺乏，未能略有补救也"⑤。他明确提出西方经济模式诸多局限的根源是生产资料的资本主义私有制。他所提出的"去私产"和公有公营等主张，"不仅仅是消除资本主义制度之剥削，而且是根本否定现有的资本主义制度之私有本质"⑥。这些观点与社会主义思想非常相似，或许正是从这一意义出发，康有为的大同思想被称之为空想社会主义。虽然康有为本人并无意于为社会主义摇旗呐喊，但是他对西方经济模式的颠覆启迪着人们探寻经济发展的新路径。

---

① 《大同书》，第9页。
② 《大同书》，第290页。
③ 《大同书》，第284页。
④ 《大同书》，第289页。
⑤ 《大同书》，第273页。
⑥ 汪荣祖：《康有为论》，中华书局，2006，第132页。

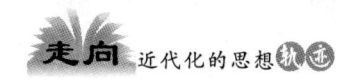

第四,康有为的大同经济理想质疑了西方的政治模式。自郑观应等人将西方议会制度引入中国后,晚清言政治改革者均以西方政治模式为改革的样板。但是康有为在《大同书》中明确指出西方政治模式下,所谓的"民主政治"实质上只是政党议员之间的竞争。这与康有为设想大同社会中"全地皆为自治""事事皆由公举"的真正民主相差甚远。康有为高调主张了平等、自由、民主等现代理念,充分肯定了民众在政治生活中的主体地位,赋予了民众完全、彻底的政治权利。这对于中国今日的政治改革仍不乏借鉴意义。

第五,康有为的大同经济理想超越了民族国家的地域限制,显示出充分的世界主义(Cosmopolitanism)情怀。自《礼记》至《天朝田亩制度》,中国传统的乌托邦思想均以民族国家为限,为本国民众谋求理想国。而康有为虽"出自于中国传统,却将传统中国的道德规范无限止地世界化,将'仁'与'不忍'的关怀扩及人类全体"[1],为全世界民众谋求"去国界"的理想世界。大同社会中,国家不复存在,全世界民众平等地享受着社会免费提供的"公养""公教"和"公恤",享受着"居处之乐""舟车之乐""饮食之乐""衣服之乐""器用之乐""净香之乐""沐浴之乐"及"医视疾病之乐"等乐利,共享天堂般的平等、和平、富裕、悠闲的生活。热爱和平的康有为在此展现出博大的世界主义情怀。

---

[1] 汪荣祖:《康有为论》,中华书局,2006,第128页。

孙中山《建国方略》经济思想研究

张卫莉

孙中山（1866~1925），名文，字载之，号日新，又号逸仙，幼名帝象，化名中山，1866年11月12日出生于广东香山县（即中山市）翠亨村的一个农民家庭。青少年时代受到广东人民斗争传统的影响，向往太平天国的革命事业。高举彻底反封建的旗帜，"起共和而终帝制"。1905年成立中国同盟会。1911年辛亥革命后被推举为中华民国临时大总统。1918年5月4日，孙中山向非常国会提出辞职，赴上海。孙中山在上海完成了《孙文学说》《建国方略》《建国大纲》等著述。1925年3月12日孙中山在北京逝世。孙中山的著述在逝世后多次被结集出版，有中华书局1986年出版的十一卷本《孙中山全集》，台北1969年、1973年、1985年出版的《国

孙中山（1866~1925）

父全集》等。作为中国近代民主主义革命的先行者、中华民国和中国国民党创始人、三民主义的倡导者，他是一位在海峡两岸都受到敬重的革命家，中华民国尊其为国父，中国国民党尊其为总理，毛泽东和中国共产党称其为"中国近代民主革命的伟大先行者"。孙中山是中国伟大的民主革命先行者，为了改造中国耗尽毕生的精力，在历史上建立了不可磨灭的功勋，在政治上也为后继者留下珍贵遗产。本文尝试从中国经济思想史的角度对《建国方略》中所体现出来的孙中山经济思想进行粗浅的探讨。

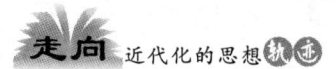

一 孙中山经济思想的历史背景与相关著作简介

(一) 孙中山经济思想的历史背景

17世纪中叶之后的中国大而僵闭,当中国关闭了曾经开放的国门时,亚欧大陆的西端诸国却开始在工业革命的洗礼下向近代进发。机器代替人工,对能源的要求巨大,蒸汽机出现了,在海河沿岸、煤铁矿产富集之地,现代工厂如雨后春笋般冒了出来,现代城市也一一拔地而起,现代生活在蒸汽机车的隆隆声中快速驶来。生产力的大发展在马克思的经典表述中是那么的形象生动:"资产阶级在它的不到一百年的阶级统治中所创造的生产力,比过去一切世代创造的全部生产力还要多,还要大。"而这种生产力的发展却并非对所有人来说都是受欢迎的:"资产阶级,由于开拓了世界市场,使一切国家的生产和消费都成为世界性的了。""美洲的发现、绕过非洲的航行,给新兴的资产阶级开辟了新天地。东印度和中国的市场、美洲的殖民化、对殖民地的贸易、交换手段和一般商品的增加,使商业、航海业和工业空前高涨,因而使正在崩溃的封建社会内部的革命因素迅速发展。""资产阶级使农村屈服于城市的统治。它创立了巨大的城市,使城市人口比农村人口大大增加起来,因而使很大一部分居民脱离了农村生活的愚昧状态。正像它使农村从属于城市一样,它使未开化和半开化的国家从属于文明的国家,使农民的民族从属于资产阶级的民族,使东方从属于西方。"[①] 有着四亿人口的封建中国,就这样不情愿地被卷入了商品与资本的战车。古老帝国不堪束手就擒,"船坚炮利"则是对付她的良方。1840年的鸦片战争成为有些睡眼惺忪的文明古国跌进万劫不复的近代半殖民地半封建屈辱史的不光彩的开始。

孙中山生活的时代是一个风雷激荡的时代,当时资本主义从自由竞争时代开始向垄断竞争时代转变,前一阶段的商品输出也变为资本输出。在中国对英国贸易常年出超的情况下,罪恶的鸦片贸易则使中国白银大量外流,致使中国"民穷而财尽"[②]。鸦片战争后接踵而至的不平等条约则使得

[①] 《共产党宣言》对资本主义生产方式的精彩论述。见马克思《资本论》(第1卷),人民出版社,1975,第644页;《马克思恩格斯选集》(第2卷),人民出版社,1995。

[②] 中国社会科学院近代史研究所:《中国近代史稿》,人民出版社,1978,第77页;在19世纪40年代末,已达到惊人的程度,每年达4万多箱,50年代激增至6万多箱,中国每年起码有1000万两以上的白银被鸦片贩子掠走。

面子文化深厚的泱泱大国连里子带利权都丢尽了，以至于"堂堂中国，不齿于列邦"①。而贸易入超则在国外商品输入倾销及不平等条约的助纣为虐下成了常态，每年输入总额不断上升，从19世纪70年代初每年仅10600万元，到19世纪90年代已上升为21900万元，辛亥革命前竟达70200万元②。随着资本主义从自由竞争时期开始进入垄断竞争时期，从19世纪80年代开始，西方国家对中国的经济掠夺的主要方式，由商品输出转为资本输出，1895~1902年外国输入中国的资本已达15亿美元，至1914年竟达22.5亿美元③。中国的财政和社会经济命脉完全被外国人所控制。中国社会矛盾和民族矛盾极其尖锐，并日趋激化。中国落后了，备受凌辱，中国的出路在哪里是一个难解的时代难题。不同阶层的优秀人士都给出自己的答案。很明显，孙中山出生和成长的大时代环境是失去独立、经济凋敝、苦难深重的动荡时代，也是一个以变革为诉求的时代。孙中山出生和成长的小环境则是一个开放港口带动发展的、商品经济已率先发展且人们的商品意识比较浓重的、人称"天然商国"的广东，也是太平天国起义领袖和维新英杰的故乡。地区性和国际性人口、机器技术的长期持续流动带来相应的个体获利和地方经济实力不断增长，是否有理论总结不论，但实践中卓有成效，使粤民在微观个体的治生过程中自发实践了价值规律与市场供求法则，并同时形成了支持开放的地区文化和心理：以"趋利"为动力机制，人们"重商""开放""惜时"，主动适应不惧风险的开放观念，经济效益观念大行其道，同时促进了区域商品经济的纵深发展，区域性解构自给自足小生产方式（目的/结构）。经济活动催生催发与之适应的社会心理与精神文化，并从思考区域经济发展层面推广至纳入国家经济发展规划战略思潮层面。孙中山少时家贫，初长之时奔赴远洋投靠兄长，个人劳动体验、革命维新故事、中西求学游历，种种机会都提供一种落后中国与先进西方的鲜明对比。孙中山以大半生的时光（总计为31年零6个月）去寻求救国救民的真理，足迹遍于亚、美、欧三大洲，他实地考察和比较了各种社会制度的优劣，亲身体会和感受了西方资本主义的物质文明和社会弊端，目睹了资本主义从"自由"向"垄断"过渡时出现的新动向。"孙中山是从民间来的……他生于农民的家庭……就在这早年还是贫农家里的贫儿的时候，他

---

① 《孙中山全集》（第1卷），中华书局，1981，第21页。
② 史全生主编《中华民国经济史》，江苏人民出版社，1989，第37页。
③ 吴承明：《帝国主义在中国的投资》，人民出版社，1958，第45页。

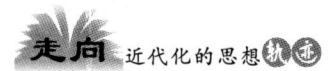

变成为一个革命的人……他下定决心,认为中国农民的生活不该长此这样困苦下去"①。特定的社会生活,使孙中山对国情、乡情、民情有真切的了解,孙中山面对时代提出的问题,以他的敏锐与睿智进行了历史的思考,其经济建设思想便是一份富于时代精神的答卷。

(二) 反映孙中山经济思想的著作简介

通过考察孙中山经济思想,我们不难发现,其经济思想实为融合中外古今的经济思想的综合继承与创新。正如孙中山在1923年《中国革命史》专著中谈及自己的思想渊源时所指出的:"余之谋中国革命其所持主义,有因袭我国固有之思想,有规抚欧洲之学说事迹考,有吾所独见而创者"②。又说其学说是"参综""诸家学说,比较其得失"③,孙中山吸取古今中外各家各派的经济思想,"规扶"与"创获"相结合,融古今中外经济思想于一炉,但又不因循守旧或持之一端,而是依中国特有的国情为裁取舍弃,以精妙的设计构建起一个开创新时代的独有的新的经济思想体系。集中反映孙中山经济思想的著作是在辛亥革命以后,孙中山为总结资产阶级民主革命成功与失败的经验教训,启发与唤醒全社会的民众,开创未来社会建设新局面而撰写的《建国方略》这一部重要的著作,这部著作由《孙文学说》(又名心理建设)、《实业计划》(又名物质建设)和《民权初步》(又名社会建设)三部分组成(见图9-1)。《建国方略》系统地提出了一套建立新型资产阶级民主国家的计划,描绘出一幅完整的资产阶级共和国的蓝图。它不但是孙中山政治思想和建国思想的光辉结晶,同时也是中国资产阶级革命党人创建资产阶级民主共和国的实践尝试,对中国社会产生了积极而深远的影响,在中国近代经济思想史上占有不可磨灭的地位④。

从孙中山的经济思想发展脉络来看,终其一生,他一直以"振兴实业"为己任。就《实业计划》部分而言,它是孙中山关于中国经济发展战略的基本学说。《实业计划》是一部论述中国经济建设问题的专著,也是近代中国第一个比较系统、完整的工业化纲领,它不仅综合和整理了孙中山多年来关于经济建设的种种设想,而且还汇总了他关于经济发展和工

---

① 宋庆龄:《为新中国奋斗》,人民出版社,1952,第50页。
② 《孙中山全集》(第7卷),中华书局,1985,第60页。
③ 《孙中山全集》(第7卷),中华书局,1985,第61页。
④ 韩宁:《孙中山的三民主义、实业计划和中国现代化建设》,东北财经大学硕士论文,2006。

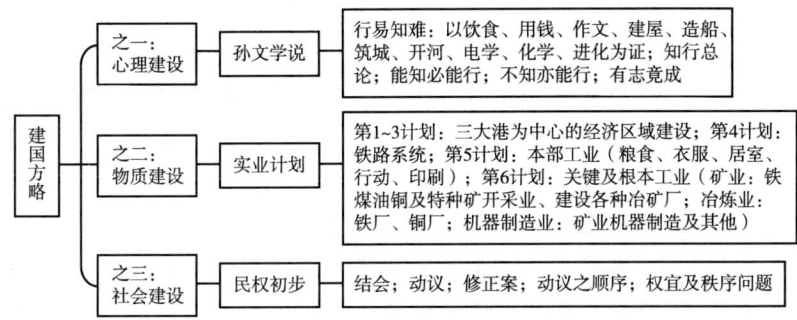

图 9-1 《建国方略》的各部分及其主要内容

业化道路问题的一系列见解或主张。可以说,《实业计划》是孙中山本人多年来追求中国走向富强道路的各种经济建设设想的汇集,也是对中国近代志士仁人振兴实业、发展经济思想的一个总结。希望中华民族迅速崛起,以最快的速度、最短的时间赶超世界先进国家,是孙中山经济发展思想的核心内容,他深刻揭示了经济发展规律,并作出科学预测,大胆构想"使外国之资本主义以造成中国之社会主义"①,其富有前瞻性的认识对经济落后的国家从小生产过渡到大生产指出了方向。

在孙中山的经济建设方案——《实业计划》中,有三大部分:第一部分为两篇序言、一篇"篇首",实际是全文的总纲;第二部分为六大计划;第三部分为结论及附录。

孙中山的《实业计划》把中国经济建设作为系统工程,并展示整体构架,不仅揭示了经济建设的目标,而且有序地规划各建设层面的具体内容,从而形成了全面的建设蓝图,勾画出中国走向近代化的美好前景。

还要看到,规模十分庞大的《实业计划》和孙中山的基本经济制度的关系,孙中山在关系国计民生的领域是要节制私人资本而发展国家资本的,由于整个实业计划主要涉及国计民生的重点领域,其发展足以造成垄断,所以实业计划诸具体计划的投资属于国家资本范围以内的部分。

实际上,孙中山的经济思想也是与时俱进、不断发展的,在实践中的不断丰富和发展最终使其经济思想具备了比较完备的体系。孙中山的一切设计都是在发展中国经济、振兴中华的战略指导思想下进行的。在开放主义的指导下,《实业计划》中体现出强烈的借外发展的取向,以外资外才

---

① 《孙中山全集》(第6卷),中华书局,1985,第398页。

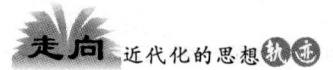

为列强殖民下的落后中国的经济发展的支持力量。

为加快中国经济的发展,实现振兴中华之目的,他明确地提出了自己的发展思路:一要赶超世界先进水平;二要"救贫防不均"。孙中山认为近代中国的民生问题是"既贫且弱",其设计就是通过振兴实业来改变中国的贫弱状况,并且考虑到"……民生主义,欧美所虑积重难返者,中国独受病未深,而去之易……"①,为了避免中国在资本主义现代化进程中出现欧美诸国的弊病,在一系列的阐述中,孙中山非常明确地提出了自己改造中国的社会革命办法,"最重要之原则不外二者,一曰平均地权,二曰节制资本"②。除了这两大"最重要之原则",在以"振兴中华""求富""求强"为目标的振兴实业的现代化设计中,孙中山在1894年《上李鸿章书》中提出"人能尽其才,地能尽其利,物能尽其用,货能畅其流,此四事者,富强之大径,治国之大本也"之首要原则"人尽其才"置于非常基础的地位。他认识到人才对于经济发展的重要性,从他对资本主义分配不公平、社会贫富差距大的"恶"进行分析和评价的资料中可知,受到西方系统的近代自然科学教育和专业医学训练的孙中山深有西方经济学素养,他深刻地知道社会生产的三大基本要素为土地、资本和劳动,了解科学技术对于生产力发展的重要促推作用。他除了强调基本经济制度中的土地制度"平均地权-耕者有其田"和资本制度"节制资本"之外,还强调实业建设对于人才的依赖,寄望于培养中国的专业人才(技术、管理);强调通过改良中国的教育体系培养所需人才,其中包括国际合作培养中国人才:利用外国来华人才培养中国人才和多派留学生赴国外接受现代科学教育。对于实业发展,孙中山已经认识到国民经济发展是多部门(工、农、商)的协调发展,政府在经济发展中起着重要的作用,在中国已经不能再蹈覆辙,回归17世纪中后期之后封闭发展之路。进入新世纪,中国的发展必须在全球经济中开放进行,同时,中国也不能回归被动开放、丧失主权独立的近代发展之路,新的主动开放发展之路是国家主权独立这一原则坚守下的开放。以建立独立富强的中国为目标,以三民主义为旗帜,以开放主义为国策,坚持民生幸福理念,具有全球视野,结合中国工业化发展需要,以社会生产的三要素(土地、资本、劳动)的构建为指导原则,结合港口、铁路系

---

① 《孙中山全集》(第1卷),北京:中华书局,1981,第288页。
② 《孙中山全集》(第9卷),中华书局,1986,第120页。

统设计有辐射连接效果的区域及全国经济协调发展战略，研究了各种经济部门的发展战略与生产规划计划问题。在各计划中，尊重自然科学与社会科学发展成果，以调研数据为依据，设计理念先进，全方位开放的跨越发展思想为一大特点。

孙中山经济思想是孙中山在革命推翻清政府统治，建立资产阶级共和国之后，积极思考，苦苦求索，以期能够找到"毕其功于一役"的良方的努力的结果，它吹响了建设现代国家的号角。孙中山经济思想基于欧美科技革命和人文发展的成果，闪烁着近代理性光芒，借鉴模仿与根据国情的创新相结合，指向未来高度物质文明和精神文明同时发展的宏伟规划。孙中山经济思想的理论体系如图 9-2 所示。

二　孙中山经济思想的特点

（一）孙中山的经济思想是中国现代化进程的重要一环

中国的现代化是一个发端较晚又复杂多变的艰难历程，实现现代化是数代人的执著追求。学者一般认为 1840~1911 年为现代化的准备阶段，1912~1949 年为现代化的启动阶段，1949 年至今为现代化的基本实现阶段。中国和日本一样是属于内源或外诱的现代化。早期中国现代化的核心含义是工业化、民主化和反对帝国主义侵略，争取民族独立的民族化。中国的现代化道路从过程上看，是人类社会从传统的农业社会向现代工业社会转变的必经阶段；从内容上看，是以科技为动力，以工业化为中心，以机器生产取代手工劳动、机器工厂取代家庭作坊和手工工场为主要标志，并引起经济制度、政治制度、生活方式乃至思维方式全方位变化的一场社会变革。在中国，现代化也就是工业化和与工业化相伴随着的政治、经济和文化等方面的变化，就是实现社会的转型，即从封建社会转化为现代社会。要完成这一历史任务，必须解决两大问题：一是国家独立和民族解放，即摆脱西方列强对中国的奴役和压迫而获得民族的解放和国家的独立，这是前提与基础；二是社会的繁荣富强和持续发展，这中间启蒙思想、科学与民主思想是建设一个现代社会必要的文化和思想基础。由于中国社会在近代以来一直摆脱不了被奴役、被灭亡的威胁，因此救亡与现代启蒙就成为中国近现代史上联系极为紧密的一对主题。

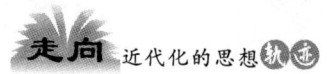

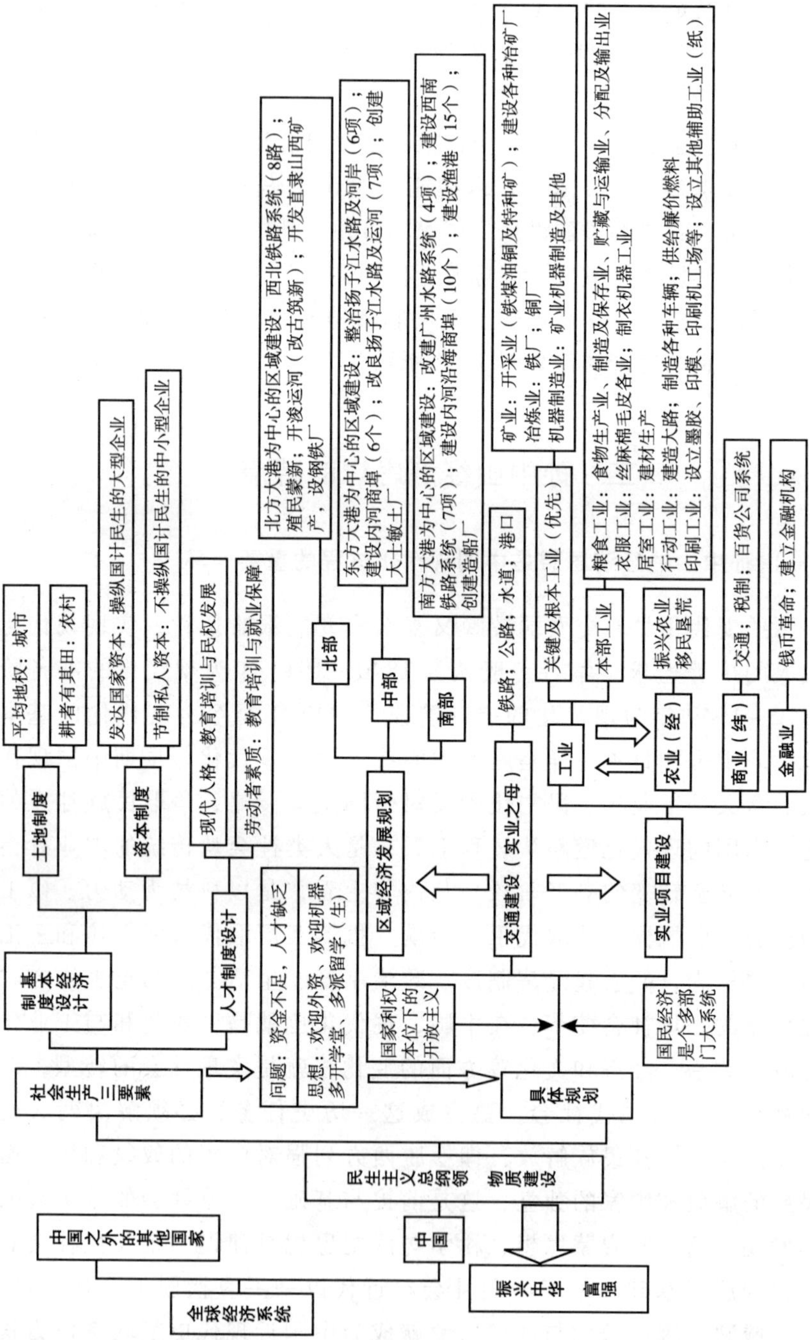

图 9-2 孙中山的经济建设思想体系

在半殖民地半封建社会的中国，作为20世纪三大伟人之一的孙中山是中国近现代走向的定音师。个人游历于同时代发达落后程度不同的国家与地区，体察深刻，严肃思考，时代形势急迫的救亡图存、独立自主、发展赶超的要求是孙中山构建的中国从小生产的传统社会向现代化大生产的工业国家迈进的现代化道路的背景和起点。严峻的现实，使中国人痛苦地认识到，现时的中国已全面落后于西方国家，而其根源则在于经济落后。孙中山以对中国的国情与世情的认真深刻分析为基础，视中国国民经济发展为"兴国之要图""救亡之急务"①。孙中山的规划与设计体现出他卓越的追赶现代化潮流的全球导向的思考和未来视野，着意从"物质"与"精神"两个方面建设新国家②。在物质建设方面，《建国方略》中的《实业计划》则集中地体现了以现代化为方向的多层次全方位设计的经济发展战略规划，并和孙中山学说的其他部分一道成为建设现代化中国的完整设计。

（二）以振兴中华、求富求强为最高目标

在世界风云变幻的19世纪与20世纪之交的风雷激荡的时代，被迫开放、全面落后的半殖民地半封建的中国的"特色"国情使得人们对国家独立富强民主的追求比历史上任何时候都要强烈。中国在贸易上出超变入超，被迫战争已经是清王朝必须面对的严峻情况，以"热战"佐"商战"也是资本主义国家攫取在华权益的经常形式。中国与西方和东亚的那些已经完成经济近代化转型的"先进"国家在政治经济体制文化及其产品、产业横纵维度上全面交锋，被迫竞争，清王朝的旧式封建政权大受冲击。国力不昌，外敌汹汹，积贫积弱，民族危机、经济危机交错相持，旧生产方式不敌新生产方式的结果就是清王朝这一锋面的节节溃退。新生产方式在船坚炮利的护佑下强力挺进一度长期自闭门户的帝国，开始加速瓦解帝国刻意封闭保护的自然经济生产方式。在资本主义发展初期，各资本主义国家先是以其他国家作为本国生产的商品的目标市场，进行商品输出，这对于他国经济市场的影响相对有限，受制于各资本主义国家的国内资源和经济生产能力。随着资本主义在本国的进一步发展，19世纪末开始向垄断阶段过渡，资本输出成为帝国主义发展的新诉求，而清政府统治下的泱

---

① 《孙中山全集》（第6卷），中华书局，1985，第227~228页。
② 《孙中山全集》（第2卷），中华书局，1982，第480页。

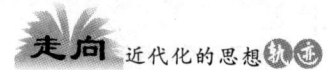

泱大国也就成了那资本输出的理想目标地,成了被迫的外国资本输入的东道国。当商品输出变成资本输出,资本主义生产关系就有了在投资东道国的复制基点,不再受制于国内资源和生产能力的限制,可以通过资本在资源和产业的投入渗透东道国的经济脉络,从而以几何倍数级计的加速控制该国经济,尤其是当东道国的政权软弱不独立,东道国的经济生产方式是一种相对更为落后的生产方式时更是如此,资本输出对落后的东道国而言是个"抽血泵"。基于资本的逐利性和贪婪性,经济侵略形式从追逐商品交易的流通利益(皮毛利益)转变成包括生产、交换、流通、消费的全产业链条和东道国经济全部格局的可能经济利益,东道国的核心利益旁落,立国之基源动摇或丧失,只能像被吸入资本的黑洞一样在经济发展上更加依附于外来资本,无法独立发展。辛亥革命把清朝皇帝拉下马,中国人民和国家的贫弱依旧。

孙中山强调"振兴中国的目的,就在于把中国变成足以和西方各国并驾齐驱的国家","做地球上第一等强国",并显示了高度的民族自信心和对建设之成功的无畏追求与坚定信念。"以我国地方之大,物产之丰,人才之众,革命之后若能一心一德从事建设,必能为世界第一富强之国"[①],"中国完全能驾乎欧美之上改造成世界上最新最进步的国家"[②]。

(三)以民生主义为经济建设的总纲领

作为近代以来先进的中国人的集中代表,孙中山提出的"三民主义"创立了一个比较完备的资产阶级民主主义革命纲领。对于"三民主义"中的"民族主义""民生主义"和"民权主义"之间的关系,孙中山也有论述,认为"民生主义是三民主义的归宿",也就是说,在辛亥革命后建立共和民国之后,民族、民权问题已经解决,之后就是民生主义的实现问题。根据孙中山的认识,同社会主义一样,民生主义也是旨在研究和解决人类的经济生活问题。如前所述,孙中山的民生观是有其合理性的,"民生是历史的重心",他重视在人的各种社会问题中以维持人的生存的经济生活为重心。

孙中山一生都以"关怀民生"为念。在其早期经济思想的代表作之一《上李鸿章书》中,便已提到"民生"二字,以后又多次使用这个词

---

① 《孙中山全集》(第2卷),中华书局,1982,第325、526、530页。
② 《孙中山全集》(第9卷),中华书局,1986,第345页。

语，直到在 1924 年的《民生主义》一文中对民生概念做出了定义性解释："民生就是人民的生活——社会的生存、国民的生计、群众的生命便是。"①"生存"是指人民大众享有必需的生活资料以维持生命的存在。孙中山在讲民生时，突出强调了维持人民生命存在的意义。他说："人类之生存，亦莫不为生计所限制，是故生计完备，始可以存，生计断绝，终归于淘汰。"② 这里的"生计"指直接满足人们生存需要的经济生活的有关事情。"生活"是准确把握孙中山民生概念的最难之点了。如前所引，孙中山认为"我们现在要解决民生问题……只要解决需要问题。这个需要问题，就是要全国四万万人都可以得衣食的需要，要四万万人都是丰衣足食"③。所以，此处所言的"生活"，应是指满足人们生存需要层次的穿衣、吃饭、居室、交通"衣食住行"一类的经济生活。我们看到，民生主义实际上是孙中山的经济建设思想的总纲领。如《实业计划》中的两大类工业项目为"关键及根本工业"与"本部工业"，孙中山把构成近代工业基础，制约着整个社会经济的发展的矿冶和机器工业系统称为"关键及根本工业"。他认为："所谓工业本部者，乃以个人及家族生活所必需，且生活安适所由得。"④ 本部工业即为民众提供生活资料的工业生产部门，也是民用工业部门。它直接关系着人民生活的改善和提高。在孙中山的设计中，本部工业包括：①粮食工业；②衣服工业；③居室工业；④行动工业；⑤印刷工业。这里的本部工业实际上就是满足"解决需要问题"的设计。

同时，孙中山的民生主义纲领指向的是一个经济发展和"救贫防不均"相结合的多元目标。在孙中山看来，"欧美强矣，其民实困"⑤，"善果被富人享尽，贫民反食恶果"⑥。孙中山做出了基本经济制度以"平均地权－耕者有其田"和"节制资本"为基点的扬"善"避"恶"的设计。具体设想则重视首先大力发展经济以救贫，同时，在发展经济的过程中，注意采取必须的合理措施改善贫民的生活，并且要防止垄断，避免社会财富过度集中于少数人之手，并成为新的社会不平等的工具。

---

① 《孙中山选集》，人民出版社，1981，第 802 页。
② 《孙中山全集》（第 2 卷），中华书局，1982，第 510 页。
③ 《孙中山选集》，人民出版社，1981，第 365 页。
④ 《孙中山全集》（第 9 卷），中华书局，1986，第 377 页。
⑤ 《孙中山全集》（第 1 卷），中华书局，1981，第 288 页。
⑥ 《孙中山全集》（第 1 卷），中华书局，1981，第 327 页。

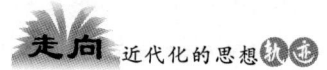

（四）以主权独立下的开放主义为基本方针

在20世纪初期，资本主义文明在西方那些已经完成工业革命的主要先进发达国家有了高度的发展，并且有些国家已经开始了第二次工业革命。作为全面落后的东方封建大国，中国如何后起而进，跟上时代的发展步伐？开放，还是封闭？引进，还是排外？困扰近代中国一代又一代人的难题在孙中山这里没有那么难解，对已被屡屡证明是落后传统的固步自封式的独立发展，他没有其他同时代人那么多的恋恋不舍和徘徊顾虑，寄望自上而下改良中国经济政治的个人努力也碰了壁。作为长期接受西方思想的影响且看到资本主义文明发展的结果，从而对于中国落后程度有着深刻体悟和认知的先进中国人，孙中山理性地选择了在彼时世情、国情下更为"合用"的前者。他嘲讽闭关自守者为"荒岛孤人"，为改变中国贫穷落后的现状，他选择加快实业发展的战略，为实现这一伟大战略构想及其各种具体发展计划，孙中山旗帜鲜明地提出了在"保护主权"的前提下实行"开放主义"，全面对外开放的方针。他说："利用外资，利用外才，以图中国之富强也。"①"我们就要用此开放主义。凡是我们中国应兴事业，我们无资本，即借外国资本；我们无人才，即用外国人才；我们方法不好，所以用外国方法。"②

孙中山主张充分利用外国先进的科学技术、资金、人才以快速全面地发展中国的实业。孙中山主张的开放主义是其经济建设方案的基本方针，是在分析国情和国际形势的基础上提出来的。《建国方略》的《实业计划》（物质建设）部分写作时正值第一次世界大战结束，孙中山和当时参战各国国内媒体报道上的认识一致，认为大战的结束将意味着会出现资金、机器、产品上的巨大过剩，"觅销场，以消纳战争时储节所赢之如许物产"③将是一个各国亟须面对和解决的很大的问题。中国正处于"开建设之绪"的大力发展经济、解决民生问题的关键时期。由于中国"民穷财尽"，中国发展经济必会出现大量的资金缺口，因此西方各国的问题实际上是中国争取外国投资快速发展的机会，同时中国可以成为消纳西方一切过剩的巨大市场，这样的实际需要和可能性都是存在的，而中国的开放

---

① 《孙中山选集》（上卷），人民出版社，1956，第164页。
② 《孙中山全集》（第3卷），中华书局，1984，第533页。
③ 《孙中山全集》（第6卷），中华书局，1985，第205页。

发展将对中国和世界都有积极的意义，是一个大家利益共享的多赢安排。孙中山在《实业计划》自序中说："欧战甫完之夕，作者始从事于研究国际共同发展中国实业，而成此六种计划。盖欲利用战时宏大规模之机器，及完全组织之人工。以助长中国实业之发达，而成我国民一突飞之进步，且以助各国战后工人问题之解决。"① 正是在这种特定的"一战"结束的背景下，孙中山期望通过国际协作或国际联盟来组织建设中国的基础工业，特别是交通事业，从而使中国经济借战后的巨大生产能力，出现飞跃性发展，以完成中国社会的近代化过程。其中孙中山利用外资外才的思想是对中国需要进行建设却苦于资金不足、人才缺乏和国际形势的客观分析后，抓住机遇发展自己的思想。

孙中山主张的开放主义是坚持主权独立的开放主义。孙中山深深地知道列强各国在武力入侵中国之后的经济殖民的诉求。他强调中国在民主共和国成立后的发展过程中，在需要外资的同时，更要坚持主权的独立。他在《实业计划》中也特别予以强调："惟发展之权，操之在我则存，操之在人则亡"②。孙中山认为，主权一旦丧失，那么即使经济上有某些发展，也是得不偿失，得而复失。"夫吾人所当争者主权也；倘主权不失，路权虽授于人不失其利也；倘主权旁落，路权争回，不能免其害也。"③ 但他同时也批判"因噎废食"④，因害怕各种可能出现的问题而选择封闭发展，丧失发展国民经济的大好机遇。

（五）以对资本主义扬"善"避"恶"为特征的基本经济制度设计

继近代诸位先贤之后，孙中山建构了自己的经济建设蓝图，提出了一个新的经济模式和一个宏伟的物质建设规划。那是他"内审中国之情势，外察世界之潮流""兼收众长"而后独创的构想，是近代中国具有完整意义的近代化的远景勾画。20世纪初，进入垄断帝国阶段的资本主义的弊端已然显现，中西结合、中体西用、有扬弃的"拿来主义"永远都是可行路径，实际就是传承、借鉴与创新，只不过是整个社会的开放性更强，视界更宽广，更重世界性。孙中山的经济思想的融合性是明显的，但是他所设计的经济建设方案的价值却远远高于同时代的中国其他经济设计。

---

① 《孙中山全集》（第6卷），中华书局，1985，第249页。
② 《孙中山全集》（第6卷），中华书局，1985，第248~249页。
③ 《孙中山全集》（第2卷），中华书局，1982，第576页。
④ 《孙中山全集》（第6卷），中华书局，1985，第248~249页。

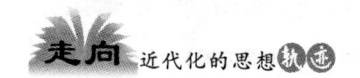

孙中山的建设方案是一个主张利用资源比较优势和国家社会发展后发优势的赶超方案。在中国具备和西方的工业革命一样的功能,是"准工业革命";在民主政治、资本主义经济发展的制度价值上,则提供了一套自成体系的范版,是"中国的文艺复兴"。

赶超西方发达国家,借用外资而飞跃发展,在经济总量和社会财富创造上奋起直追,只可谓孙中山为中国发展所确定的目标的一个方面,而不是全部。在孙中山看来,既要达到西方国家富有的程度,同时又要保证增长的社会财富为人民大众所享,人民享有幸福生活,而不是如西方诸国那般,文明"善果被富人享尽,贫民反食恶果"①。只有这样,才可称得上是一种理想的社会,这样的社会才能避免欧美国家因贫富不均而出现的社会革命。

中国的建设必须以欧洲国家为前车之鉴,要在求富求强地致力于发展经济的同时重视"均"的问题。"须要取那善果,避那恶果"②。"随实业之进步,努力以避免其恶劣之结果",他对此所开之药方是"主张民生主义"③。

如前所述,孙中山为中国的经济发展制定了"救贫防不均"的目标,他的这一目标选择的原因是他对于彼时中国的"均"的问题有着国际比较的独特判定:孙中山认为中国只有"大贫"和"小贫",远不能与欧美富人手中的社会财富的集中程度相比。中国严重的贫富差距和贫富分化是未来经济发展后可能要面临的问题,当下并不严重。由此,对现阶段"均"的问题的解决,不应采取直接的措施拉平贫富,更不可用强制办法"夺富予贫";但是,也不能任之坐大,静待将来经济发展后贫富分化严重了再谋解决的方法。于是,要首先大力发展经济以救贫,同时,在发展经济的过程中,注意采取必须的合理措施改善贫民的生活,要防止垄断,避免社会财富过度集中于少数人之手,并成为新的社会不平等的工具。此外,孙中山说的"均"并非要在财富的分配方面实现完全的、绝对的平均,而是一种理念、方向和政策指南,其实质是主张在共同富裕的基础上,客观地结合社会经济发展的实际阶段特征,容许不同的人之间在消费财富和生产财富数量方面有所差别。

---

① 《孙中山全集》(第1卷),中华书局,1981,第327页。
② 《孙中山全集》(第1卷),中华书局,1981,第327页。
③ 《孙中山全集》(第2卷),中华书局,1982,第492页。

孙中山对于未来中国经济发展中会出现的"贫""富"的界定有一种动态的比较的观念，孙中山将其理想社会"大同"说成社会主义，但他认为在社会主义下一般的生产资料（非垄断性的）仍应允许私有，并且可以永远私有。在孙中山看来，当前这些非垄断性企业的资本家不过是小贫，其存在自然无妨；到将来经济高度发展起来，国家掌握土地和大实业，同时，广大人民都处于生活比较宽裕的状况，这些非垄断性的资本家也只能算是"小富"，或至多是"中富"，他们的继续存在，也无碍于"均"的大局。所以他说："至经济极高之时代，我国资本家甚至富者，亦不过中人产耳，又奚必其退让哉？"[①]在"贫"和"不均"二者的关系上，孙中山认为应把"救贫"放在一切工作的首位，只有在经济发展的情况下才能真正解决"均"的问题。他并不赞成离开发展考虑均的问题（如单纯从分配角度考虑），这无疑是一种正确的、合乎科学的认识。这一认识对于我们今天处理在社会主义建设中因经济发展而出现的贫富差距扩大的问题是有现实意义的。

（六）以科学规划，富有系统性为特征的经济建设方案

孙中山为中国经济发展所制定的宏伟计划——《实业计划》是一个科学性很强的富有系统性的宏伟计划。从孙中山对于国民经济整体的发展、对于国民经济部门的关系的认知到他对于产业部门的独立发展和互相支持的设计，到区域经济发展，以至于中国经济发展和全球经济系统的关系的认识，以及全方位多层次的、庞大的、完备的具体发展计划体系，无不体现了孙中山超人的智识与远见。

《实业计划》是一个科学性很强的计划。孙中山主张在中国沿海建立三个世界第一流的港口——北方大港、东方大港和南方大港，并以之为枢纽，通过密布全国的铁路网、公路网和纵横交叉的河道、运河，通向全国各地，把发展所需要的资本、技术、人才，由沿海远远引入内地，开发内地的丰富资源，并把内地同国际经济和世界市场连接起来，让沿海带动内地，改变全国各地区经济发展严重不平衡的状态，实现沿海、内地经济的共同振兴。其思路暗合了现代发展经济学中的点极式发展的"大推进"战略的思路。《实业计划》中有六大计划，尤以前三大计划为重点，规划及所占篇幅比例较大，论证详细，涉及面较广。特别是有关三大港口的论

---

① 《孙中山全集》（第2卷），中华书局，1982，第521页。

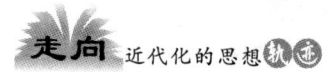

证，具有较大的科学性，所有设计均以详备的调查测量数据为基础。第四计划铁路系统的设计，限于当时的客观情况，缺乏有关的科学考察论证，带有一些主观成分。第五、六计划根据当时的情况作了一般性的概述，不如前两者详细具体。但是孙中山也在多处表明要留给专门家再做验证。

《实业计划》也是一个系统性很强的计划。作为一位在近代中国有重大影响的思想家，孙中山在吸取西方新的思维方法的同时，继承了中华民族的思维传统。另外，他体现在建设思想中的统筹全局、纵横考察、综合分析的系统思维方法，又带有现代系统思维的特色。孙中山在《实业计划》第一计划之第三部分，提出"用系统的方法，指导其事"[1]，虽说的是用系统方法指导蒙古、新疆的开发建设，但事实上孙中山已经自觉或不自觉地运用了"立足整体，统筹全局，使整体与部分辩证地统一起来"的系统方法，设计其整个经济建设计划，使之具有整体性、层次性、结构性、开放性和最优性的特点。如前所述，孙中山的实业计划是从中国的整个国家和民族的经济建设、社会生产发展的全局着眼，立足于利用国际有利条件，以尽快使中国进入世界先进行列为经济计划的整体目标，从宏观上描绘出中国经济发展的宏大的系统工程。其系统中的每一经济部门、每一经济区域，都"彼此互相依倚"[2]，互相"补充"，环环相扣而存在于整体的经济网之上。

孙中山从全国经济作为一个整体的需要出发，强调交通运输在社会经济建设中的地位和作用。《实业计划》突出交通运输建设，有了交通，才能开发海港，调节劳动力分布，开发资源，调配资源，发展生产，促进流通，把全国经济连成一体。

《实业计划》揭示了一个纵横交错、统筹全面的交叉性的系统。它由若干子系统组成，其中有相互联系、相互制约的水陆交通网络；有产、供、销配套成龙的民用轻工业生产系统；有机器制造业与矿业、冶炼业相互作用、相互促进的重工业系统；还有一个个自身形成的交通运输、工农业生产协调发展的多功能的相对独立的经济区域的系统。显然，《实业计划》是在构想中国近代化工业体系中的各种等级、各个层次以及各组成部分之间的联系，揭示系统的层次结构，也是揭示中国经济建设系统工程的层次性和结构性。

---

[1] 《孙中山全集》（第6卷），中华书局，1985，第264页。
[2] 《孙中山全集》（第6卷），中华书局，1985，第264页。

《实业计划》还揭示了经济建设系统工程的开放性。孙中山一方面把中国经济发展放在世界经济发展的大系统之中,因为中国经济是世界经济的一个组成部分,故具有开放性;另一方面,又把中国经济看成一个由若干系统构成的自身独立的大系统,其中每一层次上的每一个子系统都是开放的。孙中山从开放主义的立场出发,揭示了中国经济建设工程的开放性,而这种客观存在的开放性,又促使孙中山十分重视国际环境以及各种外部条件对中国经济建设的作用。最优性是运用系统方法的最终目标,孙中山《实业计划》自觉不自觉地运用系统方法,同样是为了达到中国经济建设的最优化的目的。孙中山在进行具体的经济建设规划时,始终恪守经济效益原则——"获利"原则。他总是考虑如何充分利用各个方面的有利条件,力争以最少的人力、物力、财力,去赢得最大的经济效益。他曾明确指出:"在我计划,以获利为第一原则,故凡所规划皆当严守之。"[1]"获利",即争取最佳的经济效益,是孙中山的实业计划的"第一原则"。他告诫人们:"以我之第一原则为获利故,每一举足,不可忘之。"[2]

《实业计划》表明,孙中山已经开始运用科学的系统方法,这绝非偶然。这是他热心于向西方寻求真理,又继承中国文化中的系统思维的传统,把中西文化融为一体的结果,是具有超前意识的孙中山善于吸取前人思想而创新的结果。

孙中山虽然没有像奥地利生物学家贝塔朗菲提出和创立一般系统论的原理与理论体系,但确实较贝塔朗菲之前,开启了中国乃至世界的现代系统思维,并运用于社会建设的规划,明确以"系统方法"为"科学方法",号召人们以之指导经济建设,这对当今的现代化建设的启迪意义不容低估[3]。

(七) 实事求是、尊重国情下的前瞻性和首创性

孙中山的经济思想是以实事求是、尊重国情为出发点的。在长期的革命实践和建设实践中,追求中国的现代化之实现的孙中山非常注意研究中国历史情况和当前社会情况,把正确掌握国情,列为办事之首,并大声疾

---

[1] 《孙中山全集》(第6卷),中华书局,1985,第273页。
[2] 《孙中山全集》(第6卷),中华书局,1985,第275页。
[3] 黄明同、卢昌健著《孙中山经济思想——中国建设前瞻者的思考》,社会科学文献出版社,2006,第171页。

呼，反复强调，广为宣传。根据国情确立革命志向，又根据国情提出建国方略，这正是孙中山的高明之处。在轻重工业发展的次序上，他选择了重工业优先发展的策略，而没有从西方经济发展经验中直接"拿来"纺织业这种轻工业发展为先导的路径。孙中山强调，解决"民生"是中国经济发展的目的，交通运输是中国经济发展的重点，工业化是中国经济发展的核心，农业是中国经济发展的基础，教育与科技是中国经济发展的关键，国家干预是中国经济发展的保障，对外开放是中国经济发展的手段。他还提出，在中国经济发展的过程中要注意物质文明和精神文明、地区、贫富、所有制经济结构间的协调；要强化对生态环境的保护，要重视对生产关系的变革，要关注城市的规划与管理。孙中山说，凡事"要合乎中国国情"[1]"我们要研究宇宙间的道理，须先要靠事实，不可专靠学者的言论"[2]。解决中国的社会问题，"一定要根据事实，不能单凭学理"[3]。同时，他还要求正确认识"在中国的这种事实是什么"[4]，即对近代中国国情的基本特点的认知和把握是一切决策的前提和基础，只有对于中国国情有准确的把握，才能保证最终决策的正确性。"我们要拿事实做材料，才能够定出方法；如果单拿学理来定方法，这个方法是靠不住的"[5]。在很多计划里，孙中山都尽可能依据当时所能获得的数据对中国国情进行系统的分析、论述，然后才提出自己的设计和构想。

孙中山以振兴中华为目的来探讨言论和事实、知和行、理论和实践的关系，就是为了正确认识中国的国情，并从中国国情的实际出发认识问题和解决问题。正如毛泽东所评价的：孙中山"注意研究中国历史情况和当前社会情况"[6]。孙中山的重视国情还表现在他对于基于外国国情的理论经验在适用于中国时的理性"拿来"。因为"一种道理在外国是适当的，在中国未必是适当的"[7]，"世界各国……情形各不相同"，"所以解决民生问题的办法，各国也是不能相同"[8]。这就突出强调了认识国情的重要性。

---

[1] 《孙中山全集》（第8卷），中华书局，1985，第538页。
[2] 《孙中山选集》，人民出版社，1981，第705页。
[3] 《孙中山全集》（第10卷），中华书局，1986，第145页。
[4] 《孙中山全集》（第10卷），中华书局，1986，第145页。
[5] 《孙中山全集》（第10卷），中华书局，1986，第145页。
[6] 《毛泽东著作选读》（下册），人民出版社，1986，第755页。
[7] 《孙中山选集》，人民出版社，1981，第722页。
[8] 《孙中山选集》，人民出版社，1981，第826页。

孙中山的经济思想的前瞻性和首创性表现在：孙中山首次全面而系统地提出了经济落后国家的发展问题。在吸取前人的思想成果，以及总结前人实践的成功与失败的经验和教训的基础上，孙中山提出了新的经济建设模式和宏伟的经济建设蓝图。他试图使中国在较短的时间里，既具有资本主义的物质文明，又不至于出现资本主义贫富对立的弊端，从而摆脱贫困与落后，跻身于世界先进行列。孙中山的经济建设思想，其旨意在"振兴中华"，但客观上却涉及了如何使落后的东方，从中世纪直接跨进先进，避免资本主义阶段，即避免"经受资本家剥削的痛苦"，这样一个孙中山及其前人、同代人以至其后人都在思考与探索的历史性和时代性的问题，一个至今仍在继续寻找答案的问题。因而，孙中山的经济建设思想，在当今时代仍具有不可低估的借鉴和启迪意义。

　　孙中山认为，要使中国的经济得以发展，首先就必须要用革命来推翻清朝政府，消灭军阀腐败与卖国政权，摆脱帝国主义殖民统治，使中国成为一个"民富国强"的新国家，然后在此新国家的主持、推动下实行大规模的经济建设，使中国的经济迅速发展起来。1911年，武昌起义成功，孙中山建立起东方第一个民主共和国。面对中国的"贫"和"弱"，孙中山更潜心于中国的经济发展之构想，他专心致志、呕心沥血地设计了新国家建设的美好蓝图，憧憬中国经济发展的宏伟目标。他提出了迥乎寻常的中国经济发展道路，制定了一系列具体策略、措施、步骤和方法，希望中国能迅速走出中世纪，由小生产迈向现代化大生产，"驾乎欧美而上之"；他所创立的中国经济发展思想比当代"发展经济学"早半个世纪，这既是对当代"发展经济学"的形成所做的一大贡献，又是对中国和世界众多发展中国家寻求经济发展所做的一大贡献。

　　诚然，在孙中山以前，不少的中外思想家和经济学家，曾分别提出许许多多促使国民经济发展问题的思想和主张，从而也无愧于当代"发展经济学"的重要思想来源，但限于时代的条件，他们当中没有任何一个人，将落后国家的经济发展视为研究对象，来揭示落后国家的经济发展之原理与发展的规律。当我们研究和考察孙中山的经济发展思想时，如果既考虑到他那个时代的水平，又考虑到他那个时代以前的水平，还考虑到在他以后所达到的水平，那么孙中山对"发展经济学"的贡献和历史地位，就会更加清晰地呈现在我们眼前。孙中山是第一个设法在近代中国实现"社会主义"的伟大探索者。孙中山是第一个提出半殖民地半封建的中国，要跳越资本主义的历史发展阶段，使近代中国半殖民地半封建的社会直接过渡到"社会主义社会"这一重大理论问题的。孙中山以其雄才大略和伟大气魄坚定地主张近代经济极端落后的中国一定要走非资本主义的道路。他指出发展中国的经济,是"兴国之要图""救亡之急务""存亡之关键",要求政府各部门必须视经济发展为一切工作的重心,破天荒地提出要在中国这样一个经济落后的国度里,跨越"卡夫丁峡谷",在中国建立世界上第一个"社会主义"国家,使"社会主义"在中国"发达最先",使欧美发达国家"瞠乎其后"。是孙中山第一次提出,要在半殖民地半封建的中国,建立一个以国有经济和公有经济为主体的多种经济成分共存并共同发展的所有制经济结构。他强调,国有国营经济和地方公营经济应当成为国民经济的发展主体,应当掌握国家的经济命脉,应当能够"操纵国民之生计"等。是孙中山第一次提出,在半殖民地半封建的中国,取得民族民主革命胜利之后,对于私人资本应当在相当长的时期内,既给予法律上的"保护"和经济上的奖励,又要"节制"或限制其发展,不让私人资本主义经济"操纵国民之生计"。他之所以提出这样一个经济政策的目的,就是要充分利用各种经济形式的发展潜力,来促使社会生产力的高速发展,来满足广大国民的物质需要和精神需求[①]。

理论和实践都已证明:孙中山的经济思想是一种在发展中解决问题的思想,他以落后的近代中国经济究竟如何发展而所形成的一整套的思想体系,不仅适用于近代中国,而且对于世界上一切经济落后的国家,也具有极为重大的指导意义;孙中山所揭示的经济落后国家的发展原理和规律,是一切经济落后国家都能普遍适用的原理和规律。

三 孙中山的国民经济建设思想综述

中国近现代化的起步在理论和实践上都是因西方发达国家外力压迫与挑战而开始的。在落后的数千年未有的变局下,究竟怎样才能实现中国的近代化?孙中山给出了自己的答案。本部分拟就孙中山对中国近代经济建设的基本思想进行综述与分析。

孙中山对中国近代经济建设的基本思想包括五项内容:一是经济主权独立下的开放主义为实现经济赶超战略的必由之路;二是国有经济为主导的多种经济所有制并存的非单一所有制的经济结构;三是产业经济和区域

[①] 韦杰廷:《新民主主义新探》,黑龙江教育出版社,1991,第330~333页。

经济协调发展的基本原则;四是国家应该积极干预经济,为经济近代化的实现创造良好的环境;五是社会经济一体化发展思想。

(一) 经济主权独立下的开放主义为实现经济赶超战略的必由之路

19世纪末20世纪初,世界资本主义已经从自由资本主义经济时代步入垄断的帝国主义经济时代,资本主义经济的发展并没有带来人民的安康幸福。在主要的资本主义发达国家中,贫困、失业这样的各种社会问题日趋严重,社会主义运动风潮蓬勃兴起,一浪高过一浪,并且超越国界,发展成国际性的社会运动。

对于中国近代化的实现,孙中山有速成的诉求和设计,在"一战"后的世界由战转平的难得机遇时期,孙中山倡行"门户开放"为中国后发性近代化的"最直捷之途径"[1]。孙中山的利用外资、外才的思想是对中国需要进行建设却苦于资金不足、人才缺乏和国际形势的客观分析后,抓住机遇发展自己的思想。

孙中山主张的开放主义是坚持主权独立的开放主义。"门户开放,仍须保持主权"[2]。孙中山深深地知道列强各国在武力入侵中国之后的经济殖民的诉求,也有对于清廷为"借债兴利"却导致更大程度的丧权辱国的历史教训的谨记,以及对资本主义列强各国借用具有掠夺性和奴役性的政治借贷强化其对中国的经济侵略的客观事实及其本质的深刻认识。所以,孙中山强调中国在民主共和国成立后的发展建设中,在需要外资的同时更要坚持主权的独立。如前所引,孙中山在《实业计划》中也特别予以强调:"发展之权"要"操之在我",如此才可"驰骤于今日世界经济之场","而达我大同之治也"[3]。在主权和对外开放的关系上,孙中山认为,主权更为重要,"吾人所当争者主权也",主权的丧失并不能够以经济上的某些发展而得到补偿,即使牺牲主权发展经济,这种发展也不能长久。他还以路权(经济发展)举例说明自己的观点:"倘主权旁落,路权争回,不能免其害也。"反之,如果主权在我,路权授之于人仍然为服务于东道国之经济发展,只是牺牲了经过计算的能够牺牲的小利益,"不失其利也"[4]。更毋言其中会对主权国家的人民就业、

---

[1] 《孙中山全集》(第6卷),中华书局,1985,第248页。
[2] 《孙中山全集》(第2卷),中华书局,1982,第530页。
[3] 《孙中山全集》(第6卷),中华书局,1985,第248~249页。
[4] 《孙中山全集》(第2卷),中华书局,1982,第576页。

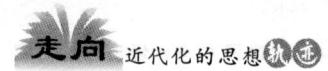

人民生活需要的满足和生活水平的提高、社会生产技术的提高、经济发展所需的各种专业人才的当地培养和劳动者素质的提高、社会文明程度的提升和催进作用了。这些衍生的利益综合起来也总是巨大的和影响深远的。

历史文化悠久灿烂的中国在近代的全面落后中需要突围，摆脱已经长足发展的老牌资本主义帝国列强的侵略。在船坚炮利的打击下，中国走上一条被动依附型的近代化道路——通称的"半殖民地道路"。沉睡已久的古老中国毅然觉醒，自然不想按照西方利益格局锁定的这条道路一直走下去，但是，那时的中国在社会发展上和迈向"后工业时代"方面，与西方相比具有巨大滞后性。先进的西方社会的"模范"提供了一个相对成熟和可靠的发展"标杆（Benchmark）"，中国完全可以之为发展的"目标"模式。但是，中国的发展并不一定要亦步亦趋，步步追赶，步步落后。西方近代社会发展的"常轨"固然是一种历史规律，但是中国有自己的国情，国际社会发展中美国和德国的后来居上、日本明治维新后三十年并驾欧美的事实，说明"常轨"也是可以超越的。在特定的历史背景下，"超越"应该成为与现实相宜的更佳选择。这是"似非而是"的悖论式（Paradox）的主张，但是具有相当的科学性。孙中山为仍处于"半工业时代"，甚或是"前工业时代"的落后中国的"民生主义"经济建设开出的就是"从同"与"超越"相结合的药方。

所谓赶超战略，就是迅速改变中国落后面貌、追赶发达国家的理论方略。建立在近代中华民族深重忧患意识和危机意识基础上的赶超意识，是构建赶超战略的内在动力。孙中山的赶超战略的哲学基础是其进化论中的"突驾"说，在和康、梁为代表的改良派的救国道路论战中，其学说产生了巨大的社会反响。作为近代诸多赶超思想中最具代表性的理论，孙中山的赶超战略思想意在使中国以最快的方式、在最短的时间内迅速赶超世界现代化浪潮，实现强国富民。他强调要"举政治革命、社会革命毕其功于一役"[①]，"十年之内，并驾欧美"[②]，而在经济方面的赶超则必须借助于"外资""外才"。孙中山借开放主义发展中国经济的思想带有一些不够现实的空想成分，但是不能否认的是这种思想却充分反映了其赶超战略思想的紧迫性和时效性。毋庸置疑，孙中山留下的富有独

---

① 《孙中山选集》（上卷），人民出版社，1956，第72页。
② 《孙中山选集》（上卷），人民出版社，1956，第167页。

创性的思想财富，直到今天仍有现实意义，值得我们批判地继承和发展。

孙中山的经济思想中的超越理论是和在开放主义下发展实业、解决民生问题紧密联系在一起的。

孙中山清醒地认识到，"我中华之弱，由于民贫"，"列强致富之原，在于实业"①。"一定要发达资本，振兴实业。"走"实业发达，民生畅遂"的工业化道路不仅是使中国迅速摆脱贫穷落后面貌，走向繁荣昌盛的"兴国之要图"与"救国之急务"，而且也是赶超世界先进国家的必由之路。同时，孙中山清醒地看到，像中国这样经济和科学都很落后的国家，建设资金只靠内部积累，技术人才只靠自己培养，实业只靠自己的力量去兴办，进而实现赶超西方的战略计划，那几乎是不可能的。因此，"根本救治"途径在于实行开放主义，"用外国资本及专门家发达工业以图全国民之福利"②。他强调要借助于外国现成的管理经验、资金和人才来实现中国经济跳跃性的发展，通过大量引进外国资本，移植西方的现代机器技术和采用资本主义生产经营方式来发展中国的农、工、矿、交通运输等业。"我们要拿外国已成的资本，来造成中国将来的共产世界，能够这样做去，才是事半功倍。如果要等待我们有了资本之后，才去发展实业，那便是很迂缓了。"③孙中山批评了那些主张先普及教育及科学知识，然后再搞工业化的观点。他主张在工业化建设实践中来完成培养科技人才和提高科学文化水平的任务。只要全国人民能达成共识，"万众一心，举国一致，而欢迎列国之雄厚资本，博大规模，宿学人才，精练技术，为我筹划，为我组织，为我经营，为我训练，则十年之内，我国之大事业必能林立于国中，我实业之人才，亦同时并起"。如此，"则十年之内，吾实业之发达，必能并驾欧美矣"④。借助于外力发展实业，突出体现了孙中山赶超世界的开放性和务实性。

在注重开放主义下赶超世界的同时，孙中山特别强调，捍卫国家主权的独立自主是在中国国家经济建设中必须坚持的首要原则，以"发展之权"——中国经济建设的领导权、指挥权为"中国存亡之关键"⑤。如前所引，中国发展经济之初没有相应的所需人才，所以只能靠招聘外国专家

---

① 《孙中山全集》（第2卷），中华书局，1982，第341页。
② 《孙中山选集》（上卷），人民出版社，1956，第317页。
③ 《孙中山选集》（下卷），人民出版社，1956，第804页。
④ 《孙中山全集》（第6卷），中华书局，1985，第228页。
⑤ 《孙中山选集》（上卷），人民出版社，1956，第186页。

满足经济发展起步时的需要，但是中国不能一味地依赖外国人才，长期的人才需要必须靠培养和训练当地人才来满足。对于外聘专家，这就要求其在华期间，有计划地锻炼、培养相关专业人才和提高一般劳动者的素质。外国专家是"为我筹划，为我组织，为我经营"，但更要其担起"为我训练"[①]的职责，从而形成中国自己的独立经营能力，"十年之后，则外资可以陆续偿还，人才可以陆续成就，则我可以独立经营矣"[②]。独立经营是孙中山的着眼点和根本点。唯有如此，中国的经济建设才不会长期依赖外国，才会有其经济发展的硬度。

孙中山还特别指出引进外资的具体操作原则是应采用"纯粹商业性质之办法"[③]，绝不允许外国借投资侵犯中国主权。孙中山提出，引进外资首先必须把经济与政治分开，利用外资必须是出于纯经济的利益和目的的考虑，不得带有任何政治条件，不允许侵犯中国主权，更不许干涉中国内政。为此，孙中山强调应引进私人资本，以利于维护国家主权。这和我们今天的社会主义现代化经济建设中对于引进外资的基本原则、政策方针和法律制度规定的思路是一致的[④]。

（二）国有经济为主导的多种经济所有制并存的非单一所有制的经济结构

孙中山在考察了欧美国家的情况后，认识到欧美经济上的近代化，"犹未能登斯民于极乐之乡"[⑤]，在最早成功完成经济近代化的英国，"财富多于前代不止数千倍"，但"人民的贫穷甚于前代也不止数千倍，并且富者极少，贫者极多"[⑥]。"贫民无田可耕，都靠做工糊口，工业却全归资本家所握，工厂偶然停歇，贫民立时饥饿"[⑦]。孙中山努力寻求实现经济近代化的理想模式，在不断的深入思考与积极探索中，提出"一面图国

---

① 《孙中山全集》（第6卷），中华书局，1985，第228页。
② 《孙中山全集》（第6卷），中华书局，1985，第228页。
③ 《孙中山全集》（第2卷），中华书局，1982，第489页。
④ 焦润明、王克复：《学习西方 超越西方——论孙中山的赶超战略思想》，《孙中山与中国现代化——纪念孙中山诞辰130周年学术讨论会论文集》，第30～39页；刘学照：《略论孙中山的近代国家思想》，《孙中山与中国现代化——纪念孙中山诞辰130周年学术讨论会论文集》，第40～48页。
⑤ 《孙中山全集》（第6卷），中华书局，1985，第232页。
⑥ 《孙中山全集》（第1卷），中华书局，1981，第327页。
⑦ 《孙中山全集》（第1卷），中华书局，1981，第328页。

家富强，一面当防资本家垄断之流弊"[1]。

"中国照搬西方资本主义的模式，解决不了中国的社会问题。"[2] 西方文明的"善果尽被富人享尽，贫民反食恶果"[3]，中国的经济近代化要想不重蹈其覆辙，必须另辟蹊径，根据自己的国情选择适合本国的独特发展模式。

不同于西方的以发展私人资本来发展经济和马克思所主张的全部资本公有的经典设想，结合中国落后的政治经济道德发展程度，孙中山主张，中国的经济发展应该在大力发展国有经济的前提下允许多种经济成分的存在与发展，即采取国有经济为主导的多种经济所有制并存的非单一所有制的经济结构。

具体地说，发达国家资本的领域即国有经营的部分，包括："一切垄断性质之事业，悉当归国家经营"[4]；"凡本国人及外国人之企业，或有独占之性质，或规模过大为人之力所不能办者，如银行、铁道、航路之属，由国家经营管理之"[5]。"铁路、矿山、森林、水利，及其他大规模之商业，应属于全民者，由国家设机关管理之，并得由工人参与一部分之管理。"

关于实行多种经济的发展，孙中山提出了这样的设想：①兴办合作经济，使"将来中国之实业，建设于合作的基础之上"[6]。这种合作经济，可以在行业内进行，可由工农联合组织消费合作社，以减少"商家的中饱"，让工农从经济的发展中得到真正的实惠。②保护私人经济的发展。"凡夫事物之可以委诸个人，或其较国家经营适宜者，应任个人为之，由国家奖励，而以法律保护之。"[7] 私人经济是一种合法存在的经济成分，在国家政策的鼓励下，私人经济得以发展，投资经营者的个人财富则与日俱增。但私人资本也应承担一定的社会责任，国家应向私人资本直接征税，"用这种财富来把运输和交通收归公有，以改良工人的教育，卫生和工厂的设备，来增加社会上的生产力"[8]。

---

[1] 《孙中山全集》（第2卷），中华书局，1982，第323页。
[2] 《宋庆龄选集》，人民出版社，1952，第371页。
[3] 《孙中山全集》（第1卷），中华书局，1981，第327~328页。
[4] 《孙中山全集》（第5卷），中华书局，1985，第135页。
[5] 《孙中山全集》（第9卷），中华书局，1986，第120页。
[6] 《孙中山全集》（第2卷），中华书局，1982，第492页。
[7] 《孙中山全集》（第6卷），中华书局，1985，第253页。
[8] 《孙中山全集》（第9卷），中华书局，1986，第368页。

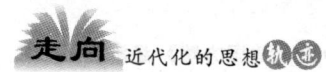

对于孙中山这些有关经济发展模式的构想,毛泽东认为孙中山提出的以国有经济为主体、多种经济成分并存,但要"使私有资本制度不能操纵国民之生计"这一重要原则,"是新民主主义共和国的经济构成的正确的方针"①。毫无疑问,孙中山的这些有关经济发展模式的构想是尊重了中国国情中经济发展基础差、生产力水平低下的实际状况的,如果能实施,必将有力地推进中国经济的近代化。

(三)产业经济和区域经济协调发展的基本原则

1. 产业经济的协调发展

在孙中山为经济落后的半殖民地半封建的大国——中国——设计的赶超世界先进国家的工业化道路中,交通运输业、重工业和轻工业、农业并举及农工商业协调发展的思想是显而易见的。

近代中国的资本主义虽然有了初步的发展,但是未能够建立起自己的经济体系。农、工、矿、商各部门在社会中的比重极端不平衡,不利于建立统一合理的国民经济体系。孙中山设计时,注重对建立国民经济体系的整体把握,既注重"万端齐发",又注重基础工业与支柱工业的优先发展。

比如,孙中山将工业分为"关键及根本工业"和"本部工业",前者包括了矿业、冶炼业和机器制造业这样的重工业,孙中山设计让其优先发展。孙中山又指出"交通为实业之母",应予以优先发展。实际上就是基础工业与支柱工业都优先发展的部门经济顺序发展原则。在"本部工业"的发展中,孙中山十分重视基础工业与支柱工业对其的支持作用,在解决人们"衣食住行"的民生"需要"的相应产业子部门——"粮食工业""衣服工业""居室工业""行动工业"和"现代文明一因子"的"印刷工业"中都考虑到了相关生产生活资料的机器制造问题。我们看到,孙中山重视各产业部门间的相互依赖、相互制约的关系,以基础产业确立中国工业体系的基本框架,进而带动其他部门的发展。在《实业计划》中,孙中山提出"予之计划,首先注重于铁路、道路之建筑,运河、水道之修治,商港、市街之建设……其次则注重于移民、垦荒、冶铁、炼钢。盖农、矿二业,实为其他种种事业之母也。农、矿一兴,则凡百事业由之兴矣。且钢铁者,实为一

---

① 《毛泽东全集》(第2卷),人民出版社,1952,第638~639页。

切实业之体质也"①。孙中山认为："机器者实为近代工业之树，而矿业者又为工业之根。如无矿业，则机器无从成立；如无机器，则近代工业之足以转移人类经济之状况者，亦无从发达。"② 因此，不"振兴工业，用机器来生产"，就不可能有"很大的新财源"③。

同时，孙中山也深刻认识到中国是一个农业大国，在其所构建的中国经济近代化发展战略与方案中，把依靠科学技术、发展农业生产作为中国经济近代化的关键。简言之，要在中国把传统的农业发展成新式的生产社会化的农业，实现农业的机械化，代替传统的牛耕的手工操作的农业，"如果用机器来耕田，生产上至少可以多加一倍，费用可减轻十倍或百倍"。"用机器抽水，把低地的水抽到高地，高地有水灌溉，便可以开辟来耕种。"④ 孙中山还指出，要"研究科学，用化学的方法来制造肥料"，用"机器电力来制造肥料"⑤。这些实现中国农业的近代化的方法最终都将增加农业生产，提高粮食产量，也将使得孙中山民生主义中的满足人民的基本衣食需要得以保障。

孙中山把实现经济近代化作为强国之梦，在工业、农业和商业的关系上，孙中山在选择建设中国现代工业国的道路的同时，提出"以农为经""以商为纬"颠覆了中国数千年的"农本商末"的传统封建产业经济结构思想，孙中山审时度势地提出将中国的封建落后产业结构予以近代化发展及在发展近代产业经济时注重各个产业部门的协调发展的思想对我国现代经济建设的产业结构设计和产业经济的协调健康发展仍具有很强的借鉴作用。

2. 区域经济的协调发展

在《实业计划》中，孙中山最早提出以北方、东方和南方三个世界级大港为中心，将中国划分为北部、中部和南部三个经济区，三大经济区域同时开发、协调发展。他提出每个区域的发展都要建立一个中心和基点，以此来带动这个区域的发展，待时机成熟后，各区域间在合作中连成一片，促成全国实业计划的实现，由此把整体推进与重点突破有机地统一起来。实际上，孙中山的设计是以划分经济区域的方法对国家经济发展进

---

① 《孙中山全集》(第5卷)，中华书局，1985，第134页。
② 《孙中山全集》(第6卷)，中华书局，1985，第389页。
③ 《孙中山全集》(第9卷)，中华书局，1986，第391页。
④ 《孙中山全集》(第9卷)，中华书局，1986，第400页。
⑤ 《孙中山全集》(第9卷)，中华书局，1986，第401~403页。

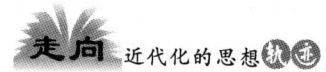

行详尽规划。孙中山对三大港口的选址、经济功能的定位以及以三大港为龙头、三大水系和六大铁路系统为纽带发展三大经济区域的思想符合中国现代化建设的实际。

孙中山对于区域经济的增长极、轴的选择符合区域经济发展的一般规律：孙中山设计"筑北方大港于直隶湾"[1]；为适应将来经济发展的需要在上海附近另选新址建东方大港（谓之"计划港"）；在杭州湾的"乍浦岬与橄浦岬之间"[2]。南方大港，首选广州：从地理位置来看，"以世界海港论，广州实居于最便利之地位"[3]。广州位于珠江水系的交会点，西江、北江、东江在此汇流，"又在海洋航运之起点，所以既为中国南方内河运输之中轴，又为海洋交通之枢纽也"[4]。

孙中山选择的北方大港、东方大港和南方大港，无论在当时还是现在都位于中国经济增长最快、工业化程度最高的区域，也是中国最开放的三个地区。中国最现代化的工业企业大部分集中在这三个区域，在中国经济发展中占有举足轻重的地位，所以其在经济发展中的示范辐射能力也就较强。孙中山计划以这三大港口为起点，建造与以三大水系为纽带发展起来的黄河流域经济区、长江流域经济区和珠江流域经济区三大经济区的三大天然黄金水道（黄河、长江和珠江）平行或交叉的、四通八达的并与邻国相接的蛛网式铁路系统，加上三大天然黄金水道，辅之连接县、乡、村的公路网络，组成一个便捷的交通系统。他设想集中财力、物力优先发展三大经济区，使之成为经济增长最快的地区，然后再逐步向周边后发展地区辐射，并带动中西部地区共同发展。

（四）国家应该积极干预经济，为经济近代化的实现创造良好的制度环境

西方学者帕森斯说过："政治权威通常是一种必要的力量，并且在一定的条件下，它不但不会阻碍经济发展过程，而且还能起强有力的促进作用。"[5] 许多西方国家实现资本主义化也是在国家政权的推动下进行的。对于落后的中国追求其近代化之梦的实现而言，国家政权的作用，显得更

---

[1] 《孙中山全集》（第6卷），中华书局，1985，第254页。
[2] 《孙中山全集》（第6卷），中华书局，1985，第259页。
[3] 《孙中山全集》（第6卷），中华书局，1985，第267页。
[4] 《孙中山全集》（第6卷），中华书局，1985，第267页。
[5] 〔美〕帕森斯：《现代化社会的结构与过程》，光明日报出版社，1988，第98页。

加重要。其实，这一道理，在近代中国的许多有识之士中早就达成共识：郑观应说"商务之战，既应藉官力的护持；而工艺之兴，尤必藉官权为振作"①；梁启超云"今世界的资本竞争时代……处今之世，欲求资力之安全发达，不可不以国家为后盾"②；张謇认为"希望有善良之政府，实行保护产业政策，庶几有所怙恃而获即安"③。

中国的近代化尽管认识超前，但都命运不佳。戊戌维新尽管以血腥的惨烈失败而结束，但是戊戌维新的主要诉求却在清廷重臣被迫应变的洋务运动及其后面发生的社会改良中不断得以反映和部分实现。然而，中国近代化的实践效果实在不佳。甲午战败是洋务派学习效果的检验，惨败的结果说明这种中国政治下的近代化的失败有其必然性。中国传统上是中央集权国家，真心的自上而下的变革，如有科学合理的规划，实际上可以借助于政权的力量和集中决策的优势高效率地调动资源，在短期内快速实现近代化。但是，进入近代的中国已经是一个半殖民地国家，多种利益集团在中国国土上争占势力范围，传统集权制的权威已经大不如前，统治者又极端封闭、反动、落后，难当大任。自然经济下的基层社会又没有突破的动力和先进的理论武器，天平天国、义和团的失败说明农民并非这个新时代的适宜的领导阶级，也不能指望其经济纲领成为中国近代化的纲领。革命派的革命斗争拔下了龙旗，换上了五色旗，但是近代中国的"经济落后，政治松散和国际依赖的状况"并未改变，"决定了任何民众社会（即使它比当时的中国社会更富活力），在没有国家干预的情况下，都不可能实现现代化"④。如果是"一个衰弱的政府……即令是在推进与其自身安全最密切相关的现代化方面，也无法提供有效的领导"⑤。

在推进中国近代化上，孙中山主张"从同"与"超越"，一方面要移植西方国家的发展模式，一方面又要考虑本国的实际，而他在理论上一再强调国家干预在经济发展中的重要作用，并认识到，如果没有国家的积极

---

① 郑观应：《盛世危言·纺织·商战》。
② 梁启超：《饮冰室文集》（第23卷），广智书局，1902，第19页。
③ 张謇：《张季子九录》（第4卷），1921，第5页。
④ 〔法〕白吉尔（Marie-Claire Bergère）. 近代中国的现代化周期同国家与社会的关系（1842~1949）（Cycles of Modernization and State-Society Relations in Modern China, 1842-1949），载 Yu Ming-shaw 主编《中国的现代化》（The Chinese Modernization），旧金山中文资料中心出版，1985。
⑤ 〔美〕吉尔伯特·罗兹曼：《中国的现代化（The Modernization of China）》，上海人民出版社，1989，第134页。

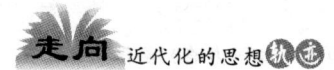

干预，就会导致严重的贫富两极分化，出现垄断资本操纵国计民生。他说："实业未革命以前，人皆举亚当·斯密为圭臬，一致主张自由竞争，其结果卒酿成社会上贫富激战之害。"① 实际上，要消除这种"贫富激战之害"，就要通过国家干预主义，以国家的积极干预来加速经济的发展，从而既图国家之富强，又防资本家垄断之流弊。同时，这种构想又总与他想通过"发达国家资本"来实现中国经济近代化、中国工业化联系在一起。孙中山强调国家对经济的干预，注重国家资本的培养和发展的统一规划，避免不必要的浪费和损失。除吸引外资外，节制资本是国家采取的一个大措施。他通过节制私人资本，防止个人资本左右国家政权和经济建设，以发展国家资本。但对私营企业的发展并不限制，主张凡是可以灵活经营又有利于民生的实业项目由私人经营，并且在法律上、政策上仍给予优待和保护。国家只经营那些关系到国计民生的大实业以及私人无力兴办的庞大建设项目。

孙中山对经济近代化发展模式的构建，在20世纪初期中国经济向近代化发展的过程中产生着影响，这种影响力主要体现在经济法制化格局的初步形成。曾在南京临时政府中担任实业总长的张謇，在创办实业的过程中已认识到民国前后不少企业的失败，除了管理人员的低素质及官吏中饱私囊、贪如狼虎等诸多因素而外，"所见诸企业之失败"，其缘由是"无法律之导之故也"。于是，在他出任农林工商总长之后，他便十分迫切地感到"农林工商部第一计划，即在立法"②。从中华民国的建立到1921年前后，先后颁布的有关经济社团、工商金融、矿冶农业等方面的经济法规达40多项。这些经济法规的制定，对扶植和保护工商业，激励矿冶业，鼓励垦荒，发展农林业，疏通金融以及对我国经济逐步地从封建生产方式向资本主义生产方式转变，起了促进作用。如《公司条例》《商人通例》《公司保息条例》《公司注册规则》及其施行细则，对公司和商人的概念和权利义务作了十分明确的界定，使公司企业法人化，明确地规定了公司企业法人化后的财产所有权与经营权，有利于企业经营管理的规范化；规定了公司的各种法定组织形式、公司创立的前提条件、公司股东的权利与义务、公司对外营业的法律责任等，这些规定覆盖公司设立、经营和退出的各种活动，有利于保障投资者的利益，有利于工商企业的健康发展。

---

① 《孙中山全集》（第2卷），中华书局，1982，第520页。
② 沈家五：《张謇农商总长任期经济资料选编》，南京大学出版社，1987，第9、12页。

在规范经济主体的同时,相关经济法律对于相应经济活动中的政府主管部门及其负责经办人员的职责义务也有明确的规定,使政府经济管理得以制度化和法制化。例如,《公司注册规则》及其施行细则在规定企业呈请注册的条件之外,对于负责办理注册的政府公职人员有着严格限定的办结日期要求,如"限县知事于五日内"核办完毕,此类相关规定有助于扫除官府衙门办事拖拉的官僚陋习,为企业创造一个良好的创业和经营的高效软环境。而"以通融资财,振兴农工业为宗旨"的中央、商业、海外汇业、兴农、农业、殖边、惠工、储蓄、庶民银行则例与劝业、农工、农商银行条例和章程、《矿业条例》中的利用外资规定、《保护华侨投资实业之通令》侨民回国投资兴办实业可"从优待遇"的规定,避免了没有此类法律规定时的投资风险问题,稳定了人们的投资预期,带来了融资渠道的多样化,这无疑是对中国经济近代化进程的一大促进因素。融资渠道的多样化,使企业数量大增,1912~1919 年新设侨资企业就达 1042 家①。由此可见,孙中山的国家积极干预经济的思想和创建有利于经济近代化的制度环境的思想是非常有效的。

(五) 社会经济一体化发展思想

1. 举政治革命、社会革命毕其功于一役

孙中山目睹近代中国内忧外患、国弱民贫的现实,他认识到在近代中国的现实处境下,革命是不可避免的,强调要求实行欧美式的民主革命,同时还要避免欧美各国社会中存在的弊端,最好的办法就是"举政治革命、社会革命毕其功于一役"②,用"非常之破坏"即暴力手段推翻封建专制制度,根绝帝制,打碎封建的上层建筑后,在这样的国度里建立资产阶级民主共和国,还要用"非常之建设以继之",建立近代民主政体以及进行与之相适应的社会习俗及生产方式的变革。这样就可以最终在政策制度和社会改造方面赶超西方。

在孙中山看来,政治革命包括民族革命和民权革命两部分。民族革命的主要任务是推翻实行民族压迫和专制统治的满族贵族专政的清王朝,实现民族平等,建立近代民主国家。民权革命的目标是推翻封建君主专制制度,建立一个当时世界上新型的资产阶级共和国。在孙中山看

---

① 虞和平:《民国初年经济法制建设述评》,《近代史研究》1992 年第 4 期,第 46~47 页。
② 《孙中山选集》(上卷),人民出版社,1956,第 72 页。

来，中国的贫弱是由封建专制统治及其内外政策造成的。这种排斥一切进步改革、严重阻碍中国科学文化发展的腐败透顶的封建专制制度，是中国最大的"国害"，"正如粪土之壤，其存愈久而其秽愈甚"①。必须彻底铲除，"国害一除，则国利自兴，而富强之基于是乎立"②。

孙中山在强调通过政治革命赶超欧美的同时，还提出了通过社会革命方式在社会经济生活等方面实现赶超欧美的课题。他说："凡有见识的人，皆知道社会革命，欧美是决不能免的。"为什么呢？因为欧美各国进步的"善果"被富人享尽，贫民反食"恶果"，文明进步的幸福都被少数人把持，造成了欧美现在这样不平等的世界，其结果必将酿成将来激烈的社会革命，"这真是前车可鉴，将来中国要闹到这步田地，才去讲民生主义，已经很迟了"③。所以"我们实行民族革命、政治革命的时候，须同时想法子改良社会经济组织，防止后来的社会革命，这真是最大的责任。"④他建议在中国还没有出现像欧美那样严重的两极分化的时候，就应着手解决这些问题，其理由是英美诸国文明进步，工商业发达，所以"社会革命难"；中国文明逊后，工商业不发达，所以"社会革命易"，而且这时中国进行社会革命"不必用武力"。否则，若不思预防，一旦将来资本家出现，其压制手段，恐怕比专制君主还要甚些，"那时杀人流血去争，岂不重罹其祸么？"⑤他强调在进行政治革命的同时，着手进行社会革命的紧迫性和必要性。

2. 教育与科技是经济发展的关键

孙中山深知教育常青，民族复兴。在明晰国情、把握世情的基础上，孙中山重视对教育与科技的投资，认为近代中国要想摆脱贫穷和愚昧，就必须大力发展教育事业，促进科技进步，注重提高国民素质，认为"普及教育，提倡科学"是实现中国经济发展之关键。他曾反复强调，要"重视教育"，要"多办学校"，只有教化有道，才能"人才济济，风俗丕丕，而国以强"；培养中华民族的"伟大国民性格"，第一件事必须从教育开始。对如何依靠科技的进步，来加快中国经济发展，提出了自己的思想主张。孙中山认为"一个国家取用天生、地产、人成之物的多少，归

---

① 《孙中山全集》（第1卷），中华书局，1981，第51页。
② 《孙中山选集》（上卷），人民出版社，1956，第163页。
③ 《孙中山选集》（上卷），人民出版社，1956，第77页。
④ 《孙中山选集》（上卷），人民出版社，1956，第76页。
⑤ 《孙中山选集》（上卷），人民出版社，1956，第86页。

功结底是取决于其科技的先进与落后；只有科技发达，才能开源节流，以致国家于富强"；① 即科学技术是经济发展的首要推动力量，是国家强盛的决定性因素，中国的经济发展必须走科教兴国富国之路。

孙中山的教育发展思想主要包括下列内容。

第一，孙中山认为教育是救亡之法，教育与爱国救国有直接联系。孙中山在甲午战争后"强邻环列，虎视鹰瞵"瓜分危机迫在眉睫的形势下，提出"立学校以育人才"，"切实讲求当今富国强兵之学"，目的是为了"共挽中国危局"，"切扶大厦之将倾"，并使全国人民"发奋为雄、无敌于天下"②，从而在教育问题上打下了他鲜明的爱国思想的印记。他在谈到师范教育时曾明确地指出：学师范的人，要教育学生"知道怎么样爱国，怎么样可以管国事"③。他还强调通过社会教育唤醒国民的"爱国心，合力救国"④。

第二，教育"为立国之本"，在国家富强建设和社会文明发展中具有重要作用。孙中山明确指出，教育"为立国之本"⑤，在他看来，国家的独立、民主与富强，都与教育有关：要通过革命实现国家的独立与民主，"多赖学界之力"；要真正实现民主政治，培养国民素质，必须通过教育与实践，使"我国民循序以进，养成自由平等之资格"⑥，"从奴隶跃处主人翁之地位"，"行使国民之权利，履行国民之义务"；至于建设富强国家，"须赖全国学界合力进行，方能成功"，更需要学界，更离不开教育，经济的发展，就在于要有建设的学问。"如无学识，即不能发明新机器，亦不能管理新机器"⑦，振兴教育，可以"启文明，而速进化"⑧，"育人才，而培国脉"，只有"学界能尽其责任，国基方能巩固"⑨。

孙中山认为人的聪明才智的各不相同，除天赋资质存在差别之外，决定性的因素应为后天的学习与努力。为此，他积极主张通过教育开发民智，培育人才，他说："今日文明已进于科学时代，则中国富强事业，非

---

① 《孙中山全集》（第5卷），中华书局，1985，第637页。
② 《孙中山全集》（第1卷），中华书局，1981，第21~22页。
③ 《孙中山选集》，人民出版社，1981，第889~890页。
④ 《孙中山全集》（第1卷），中华书局，1981，第294页。
⑤ 《孙中山全集》（第2卷），中华书局，1982，第422~424页。
⑥ 《孙中山全集》（第1卷），中华书局，1981，第298页。
⑦ 《孙中山全集》（第2卷），中华书局，1982，第537、424、560页。
⑧ 《孙中山全集》（第2卷），中华书局，1982，第117页。
⑨ 《孙中山全集》（第2卷），中华书局，1982，第253、424页。

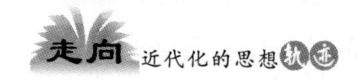

先从事于普及教育,使全国人民皆有科学知识不可。"① 这里讲的"先从事于普及教育",是指中国富强的前提是教育之普及,指出了教育对中国富强事业的重要性。

第三,孙中山的教育改革方案。其一,改革教育宗旨。"由野蛮学问而进入文明学问",研究"各种专门学说","使中国学问与欧美并驾",以促进"政治实业之进化"②。其二,更新求学价值目标。变封建时代"学而优则仕""升官发财""光宗耀祖"等庸俗的"为一己攮利权"为"为全国人民负责任",即"为平民谋幸福,为国家图富强"③。其三,革新教育内容。以"自由平等博爱"为国民教育的总纲,取代封建的"三纲五常"。"变科举为专门之学","如文学、科学、律学等,俱分门教授,学成之后,因材器使,毋杂毋滥"④。其四,创新教育方法。对比于中国强调死读死记书本知识的注入式的、被动式的传统教育方法,孙中山则提倡活读书、多实验,独立思考,循序渐进,不断创新。孙中山认为向学生传授书本知识(即间接知识)是学校教育中教学工作的主要任务,但是同时他也认为引导学生从实践中去获得直接知识也是学校的责任。对于为解决发展中国实业所需要的专门人才而选派出国学习的学生,孙中山特别强调其"毕业而后,再入各种工厂练习数年,必使所学能升堂入室,回国能独当一面以经营实业,斯为上着"⑤。不难看出,孙中山这些论述,集中地体现了他的唯物论反映论的两个要点"行先知后"和"行以致知",即实践在先,认识在后,由实践产生认识、产生真知,只有理论与实践紧密结合,才能够学到真正的知识,因为理论是从实践中来的,又必须回到实践中去。孙中山重视对客观事物的考察实验,反对死读死记书本知识的传统方法,是和他这种唯物主义思想因素联系着的。孙中山还根据脑力劳动的特点,提出学习活动要按照思维规律,"由浅而深,自简及繁",循序渐进,持之以恒。

第四,孙中山提出一系列发展教育的具体措施。所涉方面,其一,要普及教育。针对当时国民素质低的现状,他提出了普遍兴办学堂以普及教育的措施。孙中山在1890年《致郑藻如书》中主张多设学校。其目的是

---

① 《孙中山全集》(第6卷),中华书局,1985,第222页。
② 《孙中山全集》(第2卷),中华书局,1982,第423页。
③ 《孙中山全集》(第1卷),中华书局,1981,第296页。
④ 《孙中山全集》(第1卷),中华书局,1981,第194页。
⑤ 《孙中山全集》(第5卷),中华书局,1985,第134页。

"使天下无不学之人，无不学之地。则智者不致失学而嬉；而愚者亦赖学以知理，不致疏于颓悍；妇孺亦皆晓诗书"。其二，要兴办女子学校。中国封建社会，女子无才便是德，妇女被剥夺了受教育的权利。孙中山针对当时男尊女卑、重男轻女的思想，提出了兴办女子学校的措施，让女子能同男子一样平等地接受教育。其三，兴办师范学校。加强师资队伍的建设是普及教育事业切实可行的前提，中华民国建立后的1912年3月，孙中山即下令教育部通告各省开办师范学校，"四万万人皆得受教育，必倚重师范"。民国时期还兴办了不少师范女校。其四，设立专门教育经费。发展教育事业是一个民族、一个国家发展的长远之计，需要长期的持续投资，没有教育经费作保证的教育将不会稳定。充足的教育经费是发展教育、培养人才的物质基础。孙中山在去世前一年提出，革命成功之后，国家的重要任务之一就是办教育，至少要拿出国家经费的10%作为专项教育经费。其五，开放办教育，借助外才发展教育。孙中山赶超世界的开放主义也体现在教育发展方面，中国的经济建设事业对于资金和人才的需求是巨大的，对于人才的标准也和以往的科举取士不同，更加强调与经济建设的实务的紧密联系性，需要的是各种现代科技专门人才，以保证工业化建设的人才需要。孙中山批评了那些主张先普及教育及科学知识，然后再搞工业化的观点，主张在工业化建设实践中来解决培养科技人才和提高科学文化水平的任务。孙中山借助于外资外才发展实业的思想突出体现了务实性：他曾经反复讲过："欲图中国实业之发展者，所当注重之问题，即资本与人才而已。"[1] 人才问题的解决有两个办法，一是"广罗各国之实业人才为我经营创造也"[2]，这是青黄不接时应急之法；二是"多开学堂多派自（留）学（生）到各国之科学专门（学）校肄业"[3]，这是根本解决的办法。借用外才，期满走了之后，仍然要有自己的人才来接替。归根结底，就是要有自己的人才，要培养自己的人才，就要大力发展教育事业，以及派几万、几十万的留学生到外国去，借用国外先进的教育系统，学习先进的科学技术。

孙中山曾"环绕地球，周游列国"，到过欧洲、亚洲、美洲的十几个国家和地区，目睹和切身感受了科学技术对于人类进步、国家富强所起的

---

[1] 胡汉民编《总理全集》（第1集），民智书局，1930，第1015页。
[2] 胡汉民编《总理全集》（第1集），民智书局，1930，第1016页。
[3] 胡汉民编《总理全集》（第1集），民智书局，1930，第1016页。

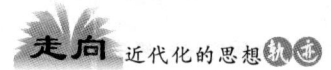

重要作用,因而对于科技的价值作了充分的肯定。对于如何依靠科技的进步来加快中国经济的发展有着深刻的思考。

孙中山的科技发展思想也很有特色,由于对科学技术在国家富强中的基础作用有着深刻认识,他曾说,一个国家取用天生、地产、人成之物的多少,归根结底是取决于其科技的先进与落后,只有科技发达,才能开源节流,使国家富强①。

孙中山对于科学技术的认识价值、经济价值都有着比较充分的认识,并予以高度的肯定。

首先,孙中山主要强调了科学的认识价值的以下几个方面:①科学能帮助人类探索未知,提高人类的预测能力。孙中山认识到在古代,科学技术水平低下,人们兴办大规模的工程,进行大规模的建设事业,往往是"不知而行",事前既无充分筹划,也未掌握充分的论据,更没有进行充分的可行性论证。而在科学发达的时代,借助科学这种强大的认识力量,改变了人类无知、盲目的状况,并帮助人类探索未知、预测未来。人们已经认识了科学的发展规律,并且掌握了强有力的精密仪器,拥有大量的现代化工具,做任何事情都可以"本所知以定进行",即人们能够依据科学知识,预先制定一个计划。这样,行动起来容易,做起来成功迅速。他说:"凡能从知识而构成意像,从意像而生出条理,本条理而筹备计划,按计划而用工夫,则无论其事物如何精妙、工程如何浩大,无不指日可以乐成者也。"他举例说,像"无线电、飞行机"这样"精妙"的事物,像美国60余万公里铁路及苏伊士、巴拿马运河这样"浩大"的工程,"按计划而实行之,已为无难之事矣"②。因此,他所列示的宏大构想实际上借助先进的计划方法是能够实现的。②人类对自然的认识在科学的指导下不断向前发展。科学的发展使人们得以不断扩展其对自然的认识的广度和深度,并将其认识的应用不断提高到新的水平、新的境界。孙中山举了电学理论发展及其应用日增的例子,人类对电已经"不可须臾离","用电之事以日加增",而且"以后电学更明,则用电之事更多矣"③。以及发电"必藉乎煤"的煤电向"用瀑布之水力以生电",使电成为"取之无禁,一用之不竭者也"④的水电发展的例子说明了科学能推动人类的认识不断

---

① 《孙中山全集》(第1卷),中华书局,1981,第13页。
② 《孙中山全集》(第6卷),中华书局,1985,第204页。
③ 《孙中山全集》(第6卷),中华书局,1985,第191~192页。
④ 《孙中山全集》(第1卷),中华书局,1981,第12页。

向前发展,科学越进步,人类对自然的认识越深入。③科学引领了人们的观念变革,有着巨大的思想解放作用。孙中山认识到古人对水、火、风、雷等自然现象的不解才发展出对神权的迷信崇拜,即有神论思想的产生是与科学的不发达密切相关的。由于现代科学的发展,曾经给人类带来灾难的"雷电"现象则像牛马一样驯服地为人类服务。科学的发展往往会带来人们思想观念上的变革,促进人类精神面貌的改变,将人类从愚昧无知的精神状态中解放出来,获得精神上的独立。

其次,孙中山还充分认识到了科技的经济价值。通过考察世界各国经济发展的历程,孙中山认识到"科学昌明"是欧洲各国能在短短的二百年间跻身世界前列的根本原因。而原来为中国附庸的落后东邻小国日本的经济得到迅速发展,也是"科学为之"①。就科学技术对经济发展的巨大作用而言,孙中山认为主要体现在三个方面:①以机器使用为应用特征的科学技术能极大地提高工业生产力。孙中山指出"这几十年来,各国的物质文明极进步,工商业很发达,人类的生产力忽然增加",其原因"就是由于发明了机器"②。"人工与人工之比较,其生产力之差,不过二倍乃至十倍,机器与人工之比较,其生产力之差竟有至百倍者"③。从前"人力所不能为之事,机器皆能优为之"④。②应用科学技术能在很大程度上提高国粹产业的产品质量,提高其国际竞争力,进一步发展国粹产业。孙中山在谈及中国传统强项的丝织、茶叶和瓷器手工业在近代的落后时,说明外国后来者借重生物学、化学等现代自然科学及其应用成果——机器大工业,在工艺流程、生产设备、操作方法上进行变革和产品的更新换代,从而提高了产品质量,占领了国际市场。对于落后的国粹工业,孙中山认为必须采取科学方法予以改良。他曾举中国丝业为例说明从养蚕的"蚕种和桑叶都来改良",到"纺丝的方法""丝的种类、品质和色泽"都要"学外国的科学方法",此外,"还要学外国用机器来织选绸缎"。唯有如此,才能提高丝织品的质量,"造成顶华美的丝织品"⑤。③科学技术的发达程度与人类开发和利用自然资源的深度和广度成正比。孙中山指出:"物之用……在人能穷求其理,理愈明而用愈广……化学精,则凡动植矿

---

① 《孙中山全集》(第6卷),中华书局,1985,第200页。
② 《孙中山全集》(第9卷),中华书局,1986,第356页。
③ 《孙中山全集》(第2卷),中华书局,1982,第512页。
④ 《孙中山全集》(第6卷),中华书局,1985,第174页。
⑤ 《孙中山全集》(第9卷),中华书局,1986,第415~417页。

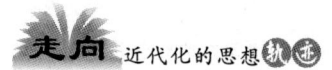

质之物，昔人已知其用者，固能广而用之，昔人未知其用者，今亦考出以为用。火油也，昔日弃置如遗，今为日用之要需。""煤液也，昔日视为无用，今可炼为药品，炼为颜料。""……又煮沙以作玻器，化土以取矾精，锻石以为田料，诸如此类，不胜缕书。此皆从化学之理而得收物之用"①。化学的发展是现代科学技术发展的一个重要方面，其发展过程是人们不断"穷求其理"的过程，也是化学理论实践逐渐广泛深入的过程，在过去被人们视为无用的"火油""煤液"之类的自然资源，在化学的新发展下重新为人类所利用，这就说明了科学技术的发展能帮助人类更好地利用自然资源，表现为"化无用为有用"和"化有害为有利"。如此，科学技术的发达程度和自然资源能够得到有效的开发和利用的程度是成正比的。由此不难看出，孙中山对科技的经济价值给予了充分的肯定，已基本上认识到科学技术对经济发展的重要作用，比较确切地把握了科技的经济价值②。

实际上，孙中山还对科学技术在军事方面的价值有着系统的认识，在此不再赘述。

虽然孙中山还不可能认识到科学技术是第一生产力的作用，尽管这些认识还不够完整，还缺乏严密的系统性，但不管怎么说，孙中山对于科学技术价值的认识已经达到相当的高度，实在是难能可贵。

孙中山除了认识到科技的重要性之外，还提出了加快科技发展的基本措施：①要普及科技知识。孙中山非常重视科学技术知识的普及，力图通过科学技术知识的普及来提高全体国民的素质，进而推动经济的发展和科技的进步。孙中山提出："今日文明已进入科学时代……中国富强事业，非先从事于普及教育，使全国人民皆有科学知识不可。"③孙中山认为，"20世纪之国民，一科学互竞之国民也"，只有具备良好的科学素养，才能"以与世竞"④。孙中山力求通过学校教育和社会教育，普及科技知识，提高国民的科学素养，打造科技发展的基础。其中，为普及科技知识，孙中山强调学校在进行智力教育的过程中，应该向学生传授世界上最新的科学知识。他决定建立大学的目的之一，就是要向受教育者灌输世界的新学理、新技术。为了使学生获得科学知识，孙中山强调，要讲求科学的教学

---

① 《孙中山全集》（第1卷），中华书局，1981，第12页。
② 韦杰廷、邓新华：《孙中山教育思想初探》，湖南教育出版社，1992，第200~211页。
③ 《孙中山全集》（第6卷），中华书局，1985，第222页。
④ 《孙中山全集》（第5卷），中华书局，1985，第458页。

方法，有的课程，如物理、化学、生物、地理等，提倡采用科学实验方法，在实验室内运用各种科学仪器，加以观察研究，以深刻了解客观事物的本质，获得科学的真实知识。而为提高国民的科学素养，孙中山则特别注重以成年国民为主要对象的社会教育。他认为，"教育少年之外，当设公共讲堂、书库、夜学，为年长者养育智识之所"①，并结合中国的工人、农民、革命军人等的各种职业阶层提出了掌握关乎各业现代化建设的科学知识的问题。②以研究机构为依托，积极开展科学技术的研究。孙中山认为，"机器系从思想发生，系一种深湛学理"，而在中国近现代化的过程中，机器的运用随着工业化的逐步深入将是非常普遍的，机器实际上是科学，尤其是基础理论的应用技术的集中体现。

因此，要"发明"和"管理""新机器"，首先必须开展基础理论研究，"要研究学理，研究愈深进步愈速"②。孙中山也认识到有组织的科学研究会极大地促进科学研究的进程，孙中山所倡行的是科学研究的组织在各个层面上都能建立起来，在全国形成科学研究的风气。正因如此，他要求大学设立研究院，研究世界的新学理、新技术。孙中山还主张在全国建立各种科学研究的专门学会，创办各种学报，及时交流学术思想和科研成果。此外，对于有条件的部门，孙中山还要求其也应设立科学研究机关，并根据具体情况确定其研究重点。他设想，只要从中央到地方普遍设立研究机关，研究科学的风气就能够在全国逐步形成。由上可见，孙中山认识到了要发展科学技术，必须重视科学研究工作，必须设立各种研究机构③。③实行开放主义，积极引进科学技术。科学技术是人类共同的文明成果，科学原理具有普适性，科技发展需要世界各国之间的交流与合作。孙中山认为，西方发达国家的长处是科学，中国的科技发展，不必像最初发现美洲的哥伦布那样去探索，而可以按人们"已辟之路径"，"取一直捷方向前进"。也就是说，要学习、引进外国的先进技术，并且还要注意学习、引进的应当是当时最先进的技术。这一点和他一直强调"从同"和"超越"的结合的社会革命基本指导方针的逻辑是一样的。如此，既可节省大批物资，更可节省大量时间，而且和西方各国比较起来，会有更快的发展速度。孙中山有着很强的时间价值观念，认为"时间就是金

---

① 《孙中山全集》（第5卷），中华书局，1985，第223页。
② 《孙中山全集》（第2卷），中华书局，1982，第560页。
③ 陈金龙：《继承与超越》，广东教育出版社，1998，第410页。

钱",由此,他认为中国要学习、引进最先进的外国的科学技术才能迎头赶上世界科技经济发展的步伐,对于中国而言,把别国的二三百年的长期发展成果"采来就用"是非常划算的。孙中山还主张,要在"采来就用""仿而造之",对引进的先进技术和设备完全消化吸收的基础上"胜之",即要有所突破、积极创新,从而"驾乎欧美之上"。很明显,孙中山的上述思想是富有远见的。④仿效欧美,培养和重用科技人才。孙中山说:"现在欧美人无论做什么事都要用专门家……许多事情一定是要靠专门家的,是不能限制专门家的。"[1] 他还明确指出"要把国家的大事付托到有本领的人"[2]。他认为中国应仿效欧美各国的做法,重用人才。孙中山提出了培养科技人才的三条途径:其一是发展教育,多办学堂。孙中山对于各级各类学校在培养中国近代工业化所需的各类建设人才的重要地位、职能和办学方针方面有着科学清楚的判断。他认为中小学教育应由国家予以普及,在此基础上,应着力多办一些大学,兴办大学的主体可以多元化,即在国家之外,允许各地方、各团体、各财团或私人设置各种公立或私立大学。学校要致力于培养各种专门人才,根据专业需要,合理分工,务必使学生学以致用,学用结合。其二是实现人才培养的国际化,多派留学生。优选留学生到各国的科学专门学校进行系统化的学习,毕业后再入各种工厂练习数年,使其在回国后能独当一面,经营实业。其三是引进外国的专业技术人才,并坚持人才培养的本土化方向。孙中山主张开放主义,利用外资、外才的思想很突出,其中就包括了"我们无人才,即用外国人才"。孙中山又对来华的技术人员特别提出要求,认为他们这些"专门练达之外人"必须承担为中国"教授训练"技术人员的任务,从而一方面可使我国技术人员在指导下"陆续成就",另一方面则又能避免外国把持我国技术大权,防止技术垄断以及避免中国经济发展长期依赖外国人才。围绕科技人才队伍不断成长的培养、激励、使用这些关键环节,孙中山提出要在"教养有道,鼓励有方,任使得法"的基础上,在人才激励上,重视物质激励和精神激励的有机结合。物质激励方面如"厚其养廉""永其体禄",精神激励方面对能"穷一新理,创一新器"的学者"必邀国家之上赏"[3],即注重创造各种条件调动各种人才研究科技的积极性,

---

[1] 《孙中山全集》(第9卷),中华书局,1986,第331页。
[2] 《孙中山全集》(第6卷),中华书局,1985,第70页。
[3] 《孙中山全集》(第1卷),中华书局,1981,第9页。

使人尽其才,才尽其用。特别需要指出的是,孙中山很注意培养学者的历史使命感和现实责任感,认为"学者对于社会,对于国家,负担一种责任。现在学者的责任,是在要中国进步"①。这也可以算是一种价值激励的使任之法了。此外,孙中山对于青年这一中国未来的建设力量给予相当的重视,特别鼓励他们要通过奋发学习,努力掌握尽可能多的科学技术,成长为国家的有用之才。

四 孙中山论"两个文明"建设协调发展与经济发展

孙中山一生几乎都处在戎马倥偬之中,但他却常常考虑,革命胜利后如何实现国民经济发展,以变封建农业国为工业之强国。同时,他也认识到不能就经济而谈经济,非经济因素的政治、文化因素对于经济文明的发展有着巨大的促进作用。在近代生产力发展的物质文明进步的基础上,如何消除陈旧的封建思想意识,开创和先进的生产力相宜的近代社会文明新风尚,全面提高中华民族的时代文明素质也进入他的视野。为此,孙中山提出了一个创议——协调"两个文明"的建设,认为物质文明建设与精神文明建设协调发展才能推动经济发展,从而大大丰富了孙中山经济发展思想的内容。

(一)"两个文明"概念的提出

辛亥革命后,孙中山充分利用暂时胜利的短暂时间,马不停蹄地奔走各地,进行大量的实地调查研究,在掌握完备信息的基础上,孙中山日思夜虑,深刻思考,提出了一整套使中国尽快实现经济发展、祖国富强的宏伟方案。千头万绪的建设工作应如何把握是必须解决的一个重大问题,孙中山的贡献在于将无尽繁复的众多建设工作概括为两个方面,其一为"物质文明"建设,另一为"心性文明"(即精神文明)建设,并就如何协调好两个文明建设提出了不少相当有见地的看法和意见。孙中山对两个文明建设的概括为"精神-物质""精神-实质"或"心性-物质"这样成对出现的不同表述:"所谓建设者,有精神之建设,有物质之建设"②。"鄙人昔持破坏主义,而未能建设。近日欲著一书,言中国建设新

---

① 《孙中山全集》(第6卷),中华书局,1985,第70页。
② 《孙中山全集》(第2卷),中华书局,1982,第480页。

方略。其大意一精神上之建设，一实质上之建设。"[①] 在《建国方略》中，他更明确地讲道："机器与钱币之用，在物质文明方面，所以使人类安适繁华，而文字之用，则以助人类心性文明之发达。实际则物质文明与心性文明相待，而后能进步。"[②] 很明显，孙中山的这些论述是非常明确地把建设工作分为两大类的，一是物质，一是精神，并且他使用了"物质文明"一词。至于精神文明，意思也是十分明确的。他使用了"精神之建设""精神上之建设""心性文明"三个词，都是相对于物质文明或物质文明建设而讲的。因此，毫无疑义，孙中山所讲的"心性文明"即精神文明；"精神之建设"或"精神上之建设"即精神文明建设。孙中山把各项建设概括为"物质文明"建设和"心性（精神）文明"建设，是一个非常有意义的创意，这对于领导纷繁复杂的建设工作有着提纲挈领的作用。什么是物质文明？孙中山在《在安徽都督府欢迎会的演说》中曾经解释："物质文明，就是农工与各种实业。比较起来，实在不及外国多矣。例如军器一门，我们从前所用是弓箭刀枪，试问现在战争，能用不能用？试问现在战争，不用外国枪炮，能胜不能胜？"[③] 这段话，表面看来，物质文明似乎指各种实业即物质生产。但将全文连贯起来研究，我们可以明确理解到，孙中山所讲的物质文明，不是物质生产，而是物质生产成果。

（二）物质文明是经济建设的重点

孙中山认为，辛亥革命告成之后，民族、民权问题已经解决，三民主义中的民生主义的实现则由此提上日程，因此应以经济建设为"重点"，从速着手物质文明建设。首先，孙中山提倡"实业救国"，认为发展实业，建设物质文明是民国立国之本，救穷之良药，中国存亡之关键。[④]孙中山说："余观列强致富之原，在于实业。今共和初成，兴实业实为救贫之药剂，为当今莫要之政策。"[⑤] 他又说："中国存亡之关键，则在此实业发展之一事也。"[⑥] "鄙人主张修筑全国铁路，实为中华民

[①] 胡汉民编《总理全集》（第2集），民智书局，1930，第177页。
[②] 《孙中山选集》，人民出版社，1981，第139页。
[③] 《孙中山全集》（第2卷），中华书局，1982，第588页。
[④] 《孙中山选集》，人民出版社，1981，第188页。
[⑤] 《孙中山全集》（第2卷），中华书局，1982，第341页。
[⑥] 《孙中山选集》，人民出版社，1981，第212页。

国之存亡大问题,推翻此事,不啻推翻民国立国根本。"① 这就十分深刻地阐明了物质文明建设的重要性,不抓物质文明建设,不仅不能救穷致富,而且会亡国。其次,他认为革命告成之际,则是建设发端之始,应该领导国民有计划地进行大规模的物质文明建设。"当革命破坏告成之际,建设发端之始,予乃不禁兴高采烈,欲以予生平之抱负与积年研究之所得,定为建国计划,举而行之,以冀一跃而登中国于富强隆盛之地焉。"②孙中山在《建设》杂志的发刊词上,一再声明必须"鼓吹建设之思潮,阐明建设之原理"③,从而"使人人知建设为易行之事功,由是万众一心以赴之,而建设一世界最富强最快乐之国家"④。他把建设祖国、改变落后面貌作为自己"生平之抱负",作为"为新中国开一新局面"⑤ 的"重点"。

(三) 精神文明的建设也是经济建设的一个重要内容

孙中山多次强调:"发展文明,非仅关于财富一方面(即物质文明),并负谋人民之幸福与安全(精神文明)。"⑥ 精神文明的建设,作为孙中山经济建设思想的一个重要内容,大致包括加强政治思想建设、振兴文化教育及提高道德修养等方面。

第一,加强政治思想建设是精神文明建设的一个重要内容。国家政治修明是孙中山关于社会精神文明建设的目标。他认为,造就修明政治过程是一个破旧立新的过程,即要破除旧的封建政治思想观念,真正树立"主权在民"的新政治思想观念。"主权在民"实现要求转变传统的官民对立、官压民的封建官僚恶习和低效作风,要求做到人民当家作主,因此,要持续不断地对官吏及一般民众进行民主政治的训练,不断提高人民参与民主政治生活的现代政治生活能力,让民众具备充当"一国之主"的先决条件。同时应建立健全民主法制。孙中山指出,在中华民国内"人民为一国之主","至于官吏,则不过为国民公仆"⑦。民国的官吏要

---

① 《孙中山全集》(第2卷),中华书局,1982,第156页。
② 《孙中山选集》,人民出版社,1981,第118页。
③ 胡汉民编《总理全集》(第1集),民智书局,1930,第1086页。
④ 胡汉民编《总理全集》(第1集),民智书局,1930,第1086页。
⑤ 《孙中山全集》(第1卷),中华书局,1981,第547页。
⑥ 《孙中山全集》(第6卷),中华书局,1985,第525页。
⑦ 《孙中山选集》,人民出版社,1981,第100页。

对自己的角色转变（"公仆"）有清楚的认识，其履职行为必须遵守相关的法律法规规定，树立服务民众、听从人民指挥、接受人民监督的思想意识。在人民的监督之下努力治国理政，以一个"万能政府"来服务于"全民政治"。孙中山也对政权依赖的革命队伍的思想建设予以高度重视，以之为革命建设成功的关键，精神文明建设的重要内容。特别以《建国方略-心理建设》中"知难行易"的世界观和方法论的阐发教育党人和民众摒弃"知易行难"，懂得建设事业乃易行之事。如前所述，孙中山倡导的"知难行易"具有唯物性但也有其片面性，但他所强调的进行经济建设需要正确的思想为其指导和保证则无疑是具有积极意义的。

第二，振兴文化教育及提高道德修养是精神文明建设的另一重要内容。如前所述，孙中山非常重视通过教育的振兴提高中国国民及全民族的文化素质。实际上，这也是进行社会精神文明建设的另一重要内容。通过考察世界文明的进化和反省中国贫弱的现状，他发现一个规律："世界进化，随学问为转移"，"各国文明，皆由学问购来"[1]，"人类的知识越发达，文明的进步当然越快"[2]。基于上述认识，孙中山在革命和建设中一直表示出对知识和人才的高度尊重，以教育事业为建设现代化中国的千秋大业。他希望中华民族的每一个人都能享受教育而成为文明的人。此外，孙中山认识到禁锢人民思想和主体性发挥的封建旧道德对于经济发展的阻碍作用，特别强调要建设新时代的道德风尚，指出要把它作为精神文明建设的重要内容，并将建设新道德的努力和中华民族复兴、建设文明国家联系起来，"有了很好的道德，国家才能长治久安"[3]。具有开放思维的孙中山在新道德建设方面秉承其一贯的融合性思维，还提出了要在恢复发扬中国固有的值得继承发扬的好道德的基础上，学习欧美的新道德，移风易俗，以建树全新的民族道德、军人道德和党德。

（四）"两个文明"建设必须同步进行、协调发展

在"两个文明"建设中，孙中山是反对单选其一的。他的重要著作《建国方略》，就是由"心理建设""实业计划""民权初步"三大部分组成的，既讲思想、政治建设，又讲物质建设。虽然"心理建设"部分比

---

[1]《孙中山全集》（第2卷），中华书局，1982，第422页。
[2] 胡汉民编《总理全集》（第2集），民智书局，1930，第226页。
[3]《孙中山选集》，人民出版社，1981，第679页。

"实业计划"部分晚一年写成,但作为合订本出版时,把"心理建设"放在前面,作为建国方略之首。他认为不首先解决思想障碍,实业计划就无法施行。实际上,他已经认识到,搞实业建设和搞革命一样,一定要先做好宣传工作,统一思想,然后实业建设才能顺利进行。

孙中山十分强调两个文明的建设必须同时进行,对任何一方都不可偏废。他也认为,只有物质文明与精神文明协调发展才能推动整个社会的进步和经济的发展。

首先,孙中山已经明确地认识到物质文明建设是精神文明建设的基础,精神文明建设必须依赖物质文明建设。孙中山指出,心性文明的进步受到物质文明进步的制约。物质文明不进步,心性文明的进步也会受到限制。他曾在1924年北伐宣言中就说过:"①中国蹈于国际平等地位以后,国民经济及一切生产力方得充分发展。②实业之发展,使农村经济得以改良,而劳动人民之生计有改善之可能。③生产力之充分发展,使工人阶级之生活状况,得因其团结力之增长而有改善之机会。④农工业之发达,使人民之购买力增加,商业始有繁盛之动机。⑤文化及教育等问题,至此方不落于空谈。俾经济之发展使知识能力之需要日增,而国家富力之增值,可使文化事业及教育之经费易于筹措,一切知识阶级之失学问题、失业问题,方有解决之端绪。"[①] 这充分说明了,孙中山已认识到物质文明建设是文化、教育等精神文明建设的基础。孙中山还认为,只有物质文明建设这个根本问题解决好了,共和政府的内政外交等政治问题才能活动起来。1912年,他在给宋教仁的信中说:"民国大局,此时无论何人执政,皆不能大有设施。盖内力日竭,外患日逼,断非一时所能解决。若只从政治方面下药,必至日弄日纷,每况愈下而已。必先从根本下手,发展物力,使民生充裕,国势不摇,而政治乃能活动。"[②] 孙中山还认为物质文明建设搞好了,道德才能进步。他曾经非常赞同古人的话:"衣食足而知礼节,仓廪实而知荣辱。"[③]

其次,孙中山认为两个文明建设必须同步进行、协调发展。孙中山认为:"物质文明与心性文明相待,而后能进步。"这就是说,两种文明是相互作用、相互牵制的,必须两个文明互相结合、同步进行,才能发展进

---

① 《孙中山选集》,人民出版社,1981,第945页。
② 《孙中山全集》(第2卷),中华书局,1982,第404页。
③ 《孙中山选集》,人民出版社,1981,第191页。

步。例如，物质文明建设，发展实业，必须要有知识、有人才；没有知识、没有人才，发展实业就是一句空话。这就是说，要搞物质文明建设，就要发展教育和科学技术等精神文明建设。同时，搞物质文明建设，必须要有相适应的思想建设来保证。要大规模搞物质文明建设，使国家早日强盛，非一人之力可以成功，必须"合群力""万众一心"，才有可能达到目的。要"合群力""万众一心"，就必须要有统一的思想、统一的行动、统一的纪律。孙中山认为，只有做好宣传，才能造成群力，使人人都能一心为建设，同心合作，甘为公仆，不为私利，遵守纪律，各司其职，而且要有奋斗精神。他说："建设一个国家，好像是做成一个蜂窝，在窝内的蜜蜂，不许有损人利己的事，必要井井有条，彼此毫无冲突。"① "全窝内的觅食、采花、看门等任务，都要所有的蜜蜂分别担任，各司其事。"② 而且要有守门蜂那种为保护全窝安全而不怕牺牲的奋斗精神。只有这样，全国四万万人民才有相同的志愿，群策群力去行，物质文明建设才能迅速发展，才有希望在短时期内"把中国变成世界上顶富强的国家"③。

以上这些都是孙中山国民经济建设思想的重要方面，虽然由于种种原因，孙中山的宏伟规划在当时没有付诸实现的可能，但是他的远见卓识和建设独立富强国家的强烈愿望，却给我们以深深的启迪和鼓舞。

五　孙中山的对外开放经济思想

党的十一届三中全会确立了改革开放的基本国策，其后的十二届六中全会、十四大等均沿着我们设定的这一基本国策继续深入开放。改革开放三十多年来，我国的国家建设取得了长足的巨大发展，在经济方面则表现在，截至 2010 年，我国 GDP 逼近 40 万亿元大关，而这其中外商投资是功不可没的，2010 年，我国涉外经济总体趋于活跃，国际收支交易呈现恢复性增长，总体规模创历史新高，与同期国内生产总值之比为 95%，较 2009 年上升了 13 个百分点，贸易、投资等主要项目交易量均较快增长。经常项目收支状况持续改善，顺差与国内生产总值之比为 5.2%④。

---

① 《孙中山选集》，人民出版社，1981，第 564 页。
② 《孙中山选集》，人民出版社，1981，第 564 页。
③ 《孙中山选集》，人民出版社，1981，第 569 页。
④ 国家外汇管理局国际收支分析小组：《2010 年中国国际收支报告》，外汇管理局网站，2011 年 4 月 1 日。

外资在中国发展迅速,它们通过输出资本、技术设备、管理人才、提升当地就业等参与了我国的经济建设,其中不乏多国经营的跨国公司,它们利用自己的国际化运作方式为作为仍然身处发展中国家之列的东道国中国带来了社会发展所需要的资金,带来了先进技术、先进的经营管理理念和操作技术,这也是所有置身于此经济全球化(Globalized Economy)时代的发展中国家及其人民所能获得的最大收益。但是,外资即使是多采取了国际直接投资的私人投资的方式,其中也有很多取得了中国法人的地位,其实体企业仍然是会受到资本来源国的政治、法律和文化的影响的,利用外资也会辐射到东道国的经济、政治和文化发展的各个方面。谷歌在2009~2010年的一系列表现实际上就反映了这样的问题。

实际上,我们此时面对的问题在近代历史上也是存在的,利用外资,在中国近代史上也是一个逐渐被正确阐明了的国策选择。我们开始面临这样的问题的历史时间段主要是鸦片战争后至民初时期。

鸦片战争后,已经完成资本主义工业革命的殖民帝国给中国自给自足小生产方式以及来自于更高社会形态的、具有内生扩张性要求的经济方式带来了强制性扭曲,自命为天朝上国、无需求于他国的,向来都是更先进文明代表的中华帝国日薄西山,在民生凋敝、武力不修、财政见绌、政改多呼的现实政权危机的逼进下有了愿意改革的反应,也有了相应的举措,虽然晚了很多,毕竟是有了。始自于一系列不平等条约对外商投资权益的超国民待遇保护,外资的利用在我国近代是以屈辱的方式开始的,外资也因此获取了超额利润,中国的城市与农村都成了被动"经济世界化(World Economy)"中先行进入资本主义世界的列强诸国的商品市场及资本输入地——这里不讲东道国是因为列强各有势力范围,它们在中国设立被称为"国中之国"的租界,享有治外法权和领事裁判权,专制大清海关,半殖民地半封建制的清政府唯诺承约,已经不能被认为是一般外国投资中应获尊重的东道国了。洋务派的投资实业开了个民族资本投资的头,至19世纪60~70年代,民间投资也被放开。那时,外资的投资领域包括铁路、矿山、日用纺化等。

至民国初创,辛亥革命虽然把皇帝拉下马,也有了一部反映资产阶级利益的《中华民国临时约法》,但军人政治轮番连上,清末与列强的诸次战争后本就无与民休息时,加上后来的不同资产阶级阶层的或改良或立宪的政治路线选择的斗争以及革命派的革命运动,军阀混战,战争未有停歇,对中国社会经济发展和人民生活的破坏程度则是无法估量的。其实,

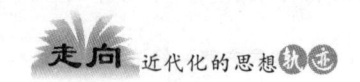

辛亥革命后的严重政治危机和军阀混战一直持续到全民抗战的爆发。作为民主革命的先行者，共和、民主中国的领袖人物和伟大建设者孙中山甚为感慨于时境，"回忆年来，南北战争，兵灾迭见，市廛骚扰，闾阎为墟，盗匪乘隙，纵横靡忌，百业凋残，老弱转徙，人民颠连困苦之状，怵目恫心"[①]。

不能忽略的是，在清末和民初的利用外资中，还有政府借款的方式，但更多是直接和政权巩固的政治利益相联系的，当然，这种政治利益的联结的最终目的还是服务于列强诸国在华经济利益，给中国人民的反清运动（太平天国运动、义和团运动）和巩固民国政权、维护民国约法带来了很大的负面影响，在中国近代化的进程中设下了障碍，而不是促进中国社会的发展。一个很有说服力的例子是，袁世凯政权开历史倒车，摒弃共和民国而复辟帝制，上演了一幕丑剧，其后则有着各有盘算的列强出资支持的反动魅影，而那些出资，很多都是以中国主权独立的进一步受损为条件而发放的贷款，利权则为列强瓜分式攫取。

孙中山谋划中国经济发展的逻辑起点是使落后的中国经济迅速地发展起来，迅速地赶上和超过经济发达国家，在近代中国经济落后的现实国情下，孙中山给出了以"开放主义"为统摄经济建设的国策的解决战略。孙中山的开放主义是坚持维护主权原则下的开放主义。孙中山的开放主义的实践集中体现在他的利用外资的思想上。同时，孙中山的利用外资思想，是其实施民生义、解决民生问题的一种手段，也是其民生主义的一个组成部分。这种思想，对民国时期的社会经济产生了重大影响，促进了利用外资、引进技术活动的开展，加快了中国社会经济发展的现代化进程。

（一）孙中山的"开放主义"

1. "开放主义"的提出

早在中日甲午战争前后，孙中山在 1894 年《上李鸿章书》中就提出借用外国人才，购买外国机器进行仿制的想法。1897 年初，在《与〈伦敦被难记〉俄译者等的谈话》中，他又提出了"必须使我们的国家对欧洲文明采取开放态度"[②]。孙中山在这里第一次使用了"开放"一词。后来，他在 1904 年 8 月又设想在将来新政府建立后，"全国即可开放对外贸

---

① 《孙中山全集》（第 7 卷），中华书局，1985，第 49 页。
② 《孙中山全集》（第 1 卷），中华书局，1981，第 86 页。

易,铁路即可修建,天然资源即可开发,人民即可日渐富裕……"。

1911年11月,孙中山在《在欧洲的演说》中宣布:将来"共和国成立之后,当将中国内地全行开放,对于外人不加限制,任其到中国兴办实业,但于海关则须有自行管理之权柄"[①]。希望通过开放,使外资"大集于中国"。在这里孙中山第一次提出了允许外国资本家在中国开办实业的主张。

1912年,孙中山又多次强调振兴中国经济,必须实行"开放主义",开放内容集中于引进外资、外才、兴办实业等。1912年4月7日,上海中华实业联合会集会欢迎孙中山,并选举其为会长。孙中山在会上发表演说,提出了"开放主义"。他说:"中国乃极贫乏国,非振兴实业不能救贫。仆抱三民主义以民生为归宿,即是注重实业……论资本一层,外债非不可借,但合办则流弊甚大。仆之意则最好行开放主义,将条约修正,将治外法权收回,中国有主权,则无论何国之债皆可借,即外人之投资亦所不禁。欧美各国无限制投资之事,盖一国之财力有限,合各国之财力则力量甚大矣。"[②] 这是孙中山首次使用"开放主义"一词(后孙中山有时亦将"开放主义"称为"门户开放主义")。孙中山在宣传对外开放的同时,批判了中国闭关自守、孤立自大的守旧思想,指出:中国"虽闭关自守之局为外力所打破已六七十年,而思想则犹是闭关时代荒岛孤立之思想,故尚不能利用外资、利用外才,以图中国之富强也"[③]。他看到美国、日本、英国、意大利、法国、西班牙、阿根廷等国实行对外经济开放、利用外资后,"并未因此受害",反而"获巨利,臻于富强之域"[④],因而提出"一旦主权恢复,我便可大开门户,欢迎外资"[⑤]。他认为:"中国物产无不丰富,惟待开发而已",中国"不患自然力不足,人力之不足,所缺者资本也"。所以,"今欲急求发达,则不得不持开放主义"。所谓"开放主义","就是让外国人到中国办理工商事业"。他认为这是一条"取人之长,以补己之短"的发展经济的捷径。他说:在"款既筹不出,时又等不及"的情况下,"我就要用此开放主义,凡是我们中国应兴事业,我们无资本,即借外国资本;我们无人才,即用外国人才;我们方法不好,即

[①] 《孙中山全集》(第1卷),中华书局,1981,第560页。
[②] 《孙中山全集》(第2卷),中华书局,1982,第339、340页。
[③] 《孙中山全集》(第1卷),中华书局,1981,第326页。
[④] 《孙中山全集》(第2卷),中华书局,1982,第490页。
[⑤] 《孙中山全集》(第2卷),中华书局,1982,第568页。

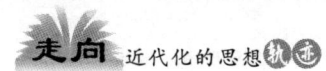

用外国方法。物质上文明，外国费二三百年功夫，始有今结果。我们拿来就用，诸君看看，便宜不便宜？"①"现世界各国通商，吾人正宜迎此潮流，行开放门户政策，以振兴工商业"。他看到日本行开放政策，只用了五十余年时间，即实现了美国百余年的效益，深信"以我四万万众优秀文明之民族，而握有世界上最良美之土地，最博大之富源"，若"发奋为雄"，"用人所长，补我所短"②，那么"十年之后，必然驾欧美而上之也"③。

孙中山提出"开放主义"时，不仅中华民国成立了，而且清帝已退位，南北初步实现了统一，根据南北议和达成的协议，孙中山辞去临时大总统职位，临时参议院选举袁世凯继任临时大总统。在这种形势下，孙中山认为，"民族、民权两主义俱达到，唯有民生主义尚未着手，今后吾人所当致力的即在此事"④。这时孙中山所主张的民生主义，固然仍包括其一贯主张的"平均地权"，但重点正转向发展实业。要发展实业就得有资金，如何在"极贫"的中国筹集建设资金，孙中山认为，这是革命党人在工作重心转移后所面临的首要问题，"开放主义"正是其为解决这一问题所要采取的主要手段——大量引进外资。引进外资法有多种。对于中外合资，孙中山认为"流弊甚大"（有清一代的中外合资企业，均为外国所控制），因此，他主张主要应采取借外资及让外人来华直接投资的方式。两者相较，孙中山更倾向于后者。有过剩资本向中国输出的，当然只能是经济发达的西方列强。为了不因引进外资而受制于人，孙中山认为实行"开放主义"得有政治保证，即要"修正"以往中国与列强订立的不平等条约，收回列强所攫取的权利，尤其是治外法权。

由上所述可知，"开放主义"是孙中山为了发展实业而提出的一种经济政策，该政策主张通过积极有效地引进外资，解决中国建设资金严重短缺问题，同时要坚持不失主权。

2. "开放主义"与维护主权的认识与实践

中华民国成立了，但中国的半殖民地地位并未改变，在这种历史条件下实行"开放主义"大量引进外资，是否会有损主权，孙中山从两方面讲道理，帮助人们正确认识"开放主义"与维护主权的关系。

---

① 《孙中山全集》（第2卷），中华书局，1982，第453页。
② 《孙中山选集》（上卷），人民出版社，1956，第19页。
③ 《孙中山选集》（上卷），人民出版社，1956，第167页。
④ 《孙中山全集》（第2卷），中华书局，1982，第319页。

其一，"开放门户政策，利于保障主权"[①]。

孙中山认为，封闭只会误国，要求人们不要只看到实行"开放主义"的风险及负面效应，而应多看其正面效应。

当时的亚洲，几乎皆为西方的殖民地，但有两个国家因实行"开放主义"而保住了独立国的地位，一个是日本，另一个是暹逻（今之泰国）。孙中山说："如日本即采门户开放主义者。或以为吾国贫弱，不能与日本同日语，则请以弱小于吾国者为例。如暹逻介于英、法两大之间，而能保其独立国之资格，即以行开放门户政策故。而外人以得商业之经营，亦不过事侵略。此可见开放门户，是以保障主权。"[②]

随着资本主义的发展，西方发达国家向落后国家大量输出资本，乃历史之必然。落后国家应认清世界经济发展趋势，以积极的态度对待外资，充分利用外资发展自己。清政府未如此办理，结果陷于被动，孙中山予以尖锐的批评。他说："我国之受害，即因凡自己不能办，又不准外人来办。然一旦外人向我政府要求，或以其政府之名义向我政府要求，我又无力拒绝，终久仍归外人之手。如满洲铁路，全归日、俄之手，即此例也。"[③]

甲午战争后，中国的民族危机加重。清政府为了少失主权，增加财政收入，以1898年起开始自开商埠。清政府在自开的商埠进行市政建设，创造投资条件，允许外商来此租地建屋居住，经营实业。因自开商埠属中国主动开放，不受不平等条约制约，列强不可划占租界，故各项权利，尤其是海关的管理权，掌握在中国手中。自开商埠有利于中国的经济发展，又能维护主权。孙中山对清政府虽深恶痛绝，但对清政府此举表示赞同，他视察山东后说："前清以闭关为事，而上海租界及青岛，我无主权，是皆外人强我开放，故有此结果。若济南商场，由我自行开放（时在1904年——引者），即有完全主权。此办自行开放门户无损主权之一证。"[④] 孙中山对清政府封闭误国的批评和对清政府自主开放商埠的赞同是以"封闭带来主权的被迫丧失""自主开放无损且有益于主权维护"为标准的。

其二，在开放中要捍卫国家主权，特别是要争取收回治外法权。

孙中山清醒地认识到，中国没有完全独立的国家地位，为防止列强乘机扩大侵华，他主张一面开放，一面捍卫国家主权，特别是要争取收回治

---

① 《孙中山全集》（第2卷），中华书局，1982，第500页。
② 《孙中山全集》（第2卷），中华书局，1982，第498页。
③ 《孙中山全集》（第2卷），中华书局，1982，第449页。
④ 《孙中山全集》（第2卷），中华书局，1982，第499页。

外法权。

　　孙中山在阐明开放主义时,多次谈到维护主权问题。1913年2月21日,他在东京日本实业家联合招待会上的讲话,对此表述得最为明确。孙中山说:"中国物产丰富,人民之多,其实业不发达之原因,实由于政治之障碍。中国向来所受之政治障害有二:其一为国内的,其一为国际的。国内的政治弊害,为法律不良,保护不周。今者革命既毕,第一障害可望逐渐除去矣。至于国际的政治障害,为中国向来与外所订条约不良,丧失主权……苟能除去前所去二层障害,然后欧美、日本人乃能自由输入其新方法于中国,合力图大陆上实业之发达,中国乃能实行门户开放主义。"①

　　为了除去实行"开放主义"的"国际的政治障害",孙中山主张"修正"不平等条约,收回为列强攫取的治外法权(即领事裁判权),他认为,司法主权的完整,乃一独立国家的基本标志。孙中山说:"亚洲有二完全独立国,强于中国者为日本,弱于中国者为暹逻,而中国则为半独立国,当不得与完全独立国之列也。盖以中国现在尚未收回领事裁判权也。中国欲收回领事裁判权,若以实行门户开放主义为交换条件,则庶几得进于完全独立国身。"②

　　按孙中山的主张,引进外资主要采用让外资直接在华办企业之法,这样,在中国势必出现大批外国资本企业,中国只有收回治外法权,才能依中国法律管理这类企业和外方人员,维护中国的国家利益。他在日本考察实业时,曾与日本三井物产公司就合办中国实业公司进行谈判。该公司拟设于中国,经营对华投资等业务。在讨论该公司日后按何国法律设立时,日方有人主张按日本法律。孙中山坚决反对,力主应按中国法律创办,表明了要把引进外资纳入中国法制的鲜明立场。他说:"依中国的法律设立本公司,颇为妥当。因为:一、现在中国有公司设立法律;二、根据中国法律,可以在中国内地营业。""今如以日本法律创设,我恐归国后难以向国民交待责任,甚至会弄出误解来。"③ 当时有些人,对允许外资"批办"铁路有顾虑,唯恐打起仗来铁路为外人控制。孙中山认为,若收回治外法权,此顾虑可打消。他说:"须先收回治外法权。法权收回,战时有军令,有法令为范围,可毋虑也。"④ 为便于依法规范外商行为,以防

---

① 陈锡祺主编《孙中山年谱长编》(上册),中华书局,1991,第774~775页。
② 《孙中山全集》(第2卷),中华书局,1982,第499页。
③ 陈锡祺主编《孙中山年谱长编》(上册),中华书局,1991,第780页。
④ 陈锡祺主编《孙中山年谱长编》(上册),中华书局,1991,第744页。

主权外溢，孙中山还强调，"在签订引进外资合同时，必须订明一些条件，让外商切实遵守"。第一，此纯为商业性质，不含政治；第二，公司（指与外商订立投资合同的中国公司——引者）有随时监察之权；第三，"中国可不俟期满，得备价赎回。如是，可一一按必需情形，加入条件，则不致过于尖利"①。

为了在开放中维护主权，孙中山在反复强调收回治外法外权的同时，还提出了其他一些主张：收回外国人在条约口岸强占的租界；不许外国人派兵"保护"其在华投资兴建的企业；反对列强以取得财政监督权作为对华提供贷款的条件；迁都至南京或武汉、开封、太原等地，使民国政府摆脱北京东交民巷列强公使团的控制；多修铁路，把广袤的边疆地区与沿海发达地区连接起来，以利于巩固边疆、民族融和，挫败沙俄、英国策动外蒙、西藏"独立"的阴谋等。

从解职至1913年8月2日被上海租界工部局驱赶，被迫赴日，在一年多的时间里，孙中山竭力鼓吹"开放主义"，虽因历史条件的限制基本未能施行，但这一政策的基本主张：要发展中国必须引进外资；引进外资应力求形式稳妥；引进外资有利于维护主权；"修正"不平等条约、收回治外法权是引进外资的政治保证等，具有普遍意义。

护法运动失败后，孙中山在上海写出了洋洋洒洒的《实业计划》，全面规划了中国的交通、水利、工业、矿业和农业建设，指出实现计划的资金来源主要靠引进外资。为了便于及时、大量地引进外资，他提出可以由中国政府出面，直接与外国银行团签订借款协定，但事先"必须设法中国人民之信仰，使其热心匡助此举"②。《实业计划》也十分重视维护中国主权，提出了"惟发展之权，操之在我则存，操之在人则亡"③的某种论断。1924年，国共合作实现，孙中山重新解释了三民主义。孙中山进一步提出取消不平等条约的问题。"而重订双方平等互尊主权之条约，以消灭帝国主义在中国三势力。盖必先令中国出此不平等之国际地位，然后下列之具体目的方有实现之可能也。"这样，"中国之法律，更因不平等条约之废除，而能普及于全国领土，实行于一切租界，然后阴谋破坏之反革命势力无所凭借"④。

---

① 《孙中山全集》（第2卷），中华书局，1982，第500页。
② 《孙中山选集》，人民出版社，1981，第217页。
③ 《孙中山选集》，人民出版社，1981，第212页。
④ 《孙中山选集》，人民出版社，1981，第994、945页。

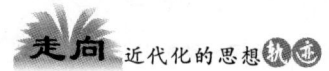

(二) 孙中山的利用外资思想

鸦片战争以后，中国逐渐沦为半封建半殖民地社会。大多数的中国人，出于对外国侵略者的激愤，在单一视角下，把洋人在华的一切经济行为都视为洪水猛兽，加以排斥。鉴于近代大多数中国人在经济上排外思想的保守性和狭隘性，孙中山在革命的实践中，批判地吸取和发展了一些先进思想家为富国强兵提出的利用外资思想，精辟地论述了对外实行经济开放、利用外资振兴国内实业，以及利用外资的原则要求和方式方法，从而形成了他超越前人的具有鲜明时代性和针对性的利用外资思想体系。

1. 利用外资的原则要求

与当时其他进步的仁人志士一样，孙中山深刻认识到清政府美其名曰的"借债兴利"式的引进外资实际带来的是令国人神伤不已的种种弊端，是国家主权被不断出卖的惨痛后果，"在前清之时已成弊政"。然而，究其原因，"其弊在条约之不善，并非外资即不可借"①。

孙中山客观总结了清政府"借债兴利"式的引进外资的历史教训，指出："满清借债之弊端，第一则丧失主权，第二浪费无度，第三必须抵押。"②

中国的民生经济建设需要大量的资金、人才、技术、现代机器设备，而所有这些都不可能从中国本土充分获得，为此，中国必须实行开放主义，借外发展。在利用外资，发展自己的过程中，还必须要防止重蹈清政府借款丧权的覆辙，对此，孙中山在多方权衡、深刻思考后，阐明了落后中国利用外资时应予注意的原则要求。

第一，必须维护国家主权原则。

孙中山明确指出："开放门户，仍须保护主权……仆之意最好行开放主义，将条约修正，将治外法权收回，中国有主权，则无论如何之债皆可借，即外人之投资亦所不禁。"③孙中山结合埃及因借债"失主权"而亡国，美国因借债"不失主权"而"获巨利，臻于富强之域"的实例进行分析，就"新政府借外债"提出了三条具体原则："一不失主权，二不用抵押，三利息甚轻。"④孙中山认为：如果利用外资"能兴利，又无伤主

---

① 胡汉民编《总理全集》（第2集），民智书局，1930，第85页。
② 《孙中山全集》（第3卷），中华书局，1984，第568页。
③ 《孙中山全集》（第2卷），中华书局，1982，第340页。
④ 《孙中山全集》（第1卷），中华书局，1981，第568页。

权，借债自不妨事"①，"惟止可利用其资本人才，而主权万不可授之于外人"②，"惟发展之权，操之在我则存，操之在外人则亡"③。他强调："吾欲操此发展之权，则非有知识不可"④，应引进有关管理知识书籍，"熟读此书"，并"多派留学生到各国之科学专门校肄业"⑤，掌握利用外资和实业建设的知识。他主张引进外资宜采"纯粹商业性质之办法"，"鄙拟以私人资格，与该国资本家直接交涉，不与我政府相干，即外国政府亦不能过问"⑥，即引进的是外国私人投资，只涉及合作者民事经济权利与债务，不形成国家债务和国家外交责任，从而维护好国家的主权与民族的利益。以此"摆脱外交上之一切纠葛"，"杜绝外来之干涉"⑦。

第二，必须坚持平等互利原则。

孙中山认为，引进和利用外资，往往要付出一定的代价，如借用外债需付利息，引进外资需使外国资本家赚取利润。只有容许外人得到好处，才可能以其可得利益为激励从外人处借到外债，办成中国自己的实业。因此，孙中山指出：中外"合作的基础建立于平等互惠的基础上"⑧。他主张同外国资本集团订立平等互利条约，准许外资取得适当的权益，规定外人在"遵正当之途"，履行"必尽义务"的前提下，可按合同雇用外国人担任技术或管理工作，但中国对所雇外人应有"随意用舍"之权⑨。孙中山认为"通商本来是以有易无，是两利的事"⑩。外国有过剩的资金和设备需要投资市场；中国发展实业资本，需要招揽外资，这样"借用外款乃为互相利益起见"⑪，"中国实业之发达，固不仅中国一国之益也，而世界亦必同沾其利"⑫。

第三，必须坚持发展生产，为我所用原则。

清政府"借债兴利"的教训在前，辛亥革命后武人为扩其割据实力

---

① 《孙中山全集》（第2卷），中华书局，1982，第415页。
② 胡汉民编《总理全集》（第2集），民智书局，1930，第478页。
③ 《孙中山选集》（上卷），人民出版社，1956，第186页。
④ 《孙中山选集》（上卷），人民出版社，1956，第187页。
⑤ 胡汉民编《总理全集》（第2集），民智书局，1930，第1016页。
⑥ 胡汉民编《总理全集》（第2集），民智书局，1930，第89页。
⑦ 《孙中山全集》（第2卷），中华书局，1982，第489页。
⑧ 《孙中山全集》（第2卷），中华书局，1982，第489页。
⑨ 《孙中山选集》（上卷），人民出版社，1956，第192页。
⑩ 胡汉民编《总理全集》（第2集），民智书局，1930，第478页。
⑪ 《孙中山全集》（第2卷），中华书局，1982，第367页。
⑫ 《孙中山选集》（上卷），人民出版社，1956，第167页。

而借外债以资更大的干戈相见还不时上演,都是在做"消耗的事",而不是服务于经济建设和民生改善,这样的利用外资带来的是更大的弊端和中国经济政治的持续落后的恶果。孙中山反复强调"借外资应办生利的事,不可做消耗的事",孙中山认为不可笼统地说外资是"有害"或"有利",检验外资"有害"或"有利"的标准是该外资是否被投入社会生产之中,"借外债以营不生产之事则有害,借外债以营生产之事则有利"[①]。孙中山对引进的外国资本并不特指一般意义上的金银货币,而是一种广义上的外资概念,实际上就是具有外国因素的生产要素的物质体现,也符合西方经济学中关于"资本"很多时候为"资本商品(Capital Goods)"的界定。按孙中山的表述,"夫资本者,实助人力以生产之机器也,今日所谓实业者,实机器毕生之事业而已。是故资本即机器,机器则资本,名异而实同也"[②]。无疑,孙中山的利用外资思想也是服务于其对于中国赶超式发展的伟大战略的。在维护国家主权、平等互利的前提下,中国"欢迎列强之雄厚资本,博大规模,宿学人才,精炼技术,为我筹划,为我组织,为我经营,为我训练"。那么,十年之内,"我国之大事业必能林立于国中,我实业之人才亦同时并起";而"十年之后,则外资可以陆续偿还,人才可以陆续成就,则我可以独立经营矣"[③]。

2. 利用外资兴办实业的方式方法

结合他对于中国产业经济部门的相互关系和部门经济结构的设计,孙中山提出利用外资兴办实业,应以铁路建设为先。他认为:"交通为实业之母,铁路又为交通之母",它系"国家兴盛之先驱,人民幸福之源泉"[④]。中国"立国之本","当以建筑铁路为第一政策"。这样的规划和今之各国为发展本国经济而引进外资时会有投资领域的引导及相关配套政策是类似的。

孙中山设想在"今后十年内,敷设二十万英里之铁路"。而欲完成这个筑路计划,在当时的中国,"自非利用外资不可"。因此,他拟定了三条利用外资的办法:"(1)利用外资,如津浦线京汉线等是也;(2)集中外人之资本,创设铁路公司;(3)任外国资本家建筑铁路,但以今后四

[①] 《孙中山全集》(第2卷),中华书局,1982,第322页。
[②] 胡汉民编《总理全集》(第1集),民智书局,1930,第1015页。
[③] 《孙中山选集》(上卷),人民出版社,1956,第166~167页。
[④] 《孙中山全集》(第2卷),中华书局,1982,第489~491页。

十年归还该项路权于中国政府为条件。"① 但孙中山的修筑铁路计划，由于袁世凯复辟帝制及发动反袁斗争而未能实现。后来，他把利用外资修筑铁路的主张，扩展到其他经济领域。"一战"结束后，孙中山所著《实业计划》（即《国际共同发展中国实业计划》）虽是集中设计构想中国实业发展的纲领，但其中内容也涉及平均地权、节制资本、利用外资等问题，他希望借助外国的资本和人才进行其十大实业建设的计划。他认为"发展实业乃时代潮流"，是"此后中国存亡之关键"②。而"发展实业"又时不我待，必须"借助外资"。于是，他一再呼吁要"利用外资，发展实业"，设想以"外国之资本主义以造成中国之社会主义"，并提出了利用外资、兴办实业的三种方式："一、借资兴办，二、华洋合股，三、定以限期，批与外人承筑，期满无价收回。"③ 其具体实施方法为以下几项。

第一，借资兴办。借资兴办又分为外国政府贷款、外国资本家贷款、中国银行或政府在外发行公债等形式。但是，孙中山最强调的是以私人资格向外国资本家借款，自行兴办实业，即"以私人资格，组织公司，而以公司经营业性质，与外国资本家直接交涉借债"④。清政府发展实业（主要是修铁路）引进外资的借外债之法，是经外国驻华外交官的介绍、磋商，然后由朝廷派员与外国公司订立借款合同。孙中山认为，清政府的借款方式使清政府成了债务人，这种借法不可取。同时，由于中国国势弱于外国，自然就在借款过程中无法与外国债权人处于平等地位，很多时候只能以出让主权为代价方能借到款项。而在中国一般民众和商人看来，清政府借债就成了卖国之举。随着19世纪90年代和20世纪之初收回利权运动的兴起，中国商民民族主义情绪的高涨，清政府与之商借外债的债权国就经常成为商民声讨的对象。清政府大多时候是奴相待外，但是有时因外方欺人太甚，它也被迫要有所抗争。这样，因借外债而引起的中外之间、官民之间的纠纷迭起，如开平煤矿案、粤汉铁路借款案、沪杭甬铁路借款案、湖广铁路借款案等，更加剧了中国政局的动荡，并使经济发展受阻。为此，孙中山认为政府应解脱债权人的身份，使借外债成为民间的商业行为。他说："为完成伟大之工作起见，自非利用外资不可。但余意以为应由投资之私人或公司，与各铁路局（非政府部门——引者）直接交

---

① 《孙中山全集》（第2卷），中华书局，1982，第490页。
② 《孙中山选集》（上卷），人民出版社，1956，第481页。
③ 《孙中山选集》（上卷），人民出版社，1956，第481页。
④ 《孙中山全集》（第2卷），中华书局，1982，第457页。

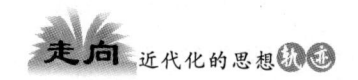

涉，而与中央政府不发生关系。此种纯粹商业性质之办法，可使全盘事业脱离国际的与他种的政治范围。盖建筑铁路之经费，如仍依旧例借贷而得，则外交问题即不免牵涉其间。故吾人兹愿摆脱外交上之一切纠葛也。依余之计划，即可避免此种烦性。"①

孙中山于中华民国临时大总统任上解职后，热衷于中国铁路建设事业。由于当时袁世凯的专制独裁面目尚未暴露，孙中山仍对其抱有幻想，企图让袁世凯主政主军，自己则以在野之身埋头实业，争取于10年之内修成20万里铁路。袁世凯为安抚孙中山，故意投其所好，授孙中山以"筹划全国铁路全权"。孙中山于上海设立了中国铁路总公司，不同于清末由盛宣怀主持的铁路总公司的官办机构性质。为了实现借外债的民间化、商业化，他将自己所办的公司界定为商办公司，是受国家之托修铁路的民间代办机构。孙中山说："须知余实未受政府之任何职位，不过受命于政府，以代办一定之事业身。余之地位，乃与包工人相等，承揽一定之工作以完成之，政府固欲兴办一定事业，嘱余完成其事，即与对包工人之嘱托相同。"② 在国际金融交往中，"中央铁路公司将自行筹措借款，对于中央政府与投资人担负责任，如是则吾人与政府皆不向外国政府负责。吾人将于创办之初，划清界限，以杜绝外来之干涉"③。这里的"中央铁路公司"即孙中山所办的公司"中国铁路总公司"，"投资人"即提供贷款的外国公司。孙中山明确是自己开办的公司，而不是中国政府，是其所筹措的借款的债权人，一旦有任何纠纷产生，则由公司承担其法律后果，而政府并不受其影响，从而稳定政局、有利社会。1913年7月4日，中国铁路总公司与英国波令有限公司就修建广州－重庆铁路及其支线订立借款草合同。在合同中，合同双方当事人分别是中国铁路总公司（债务人）和英国波令有限公司（债权人），中华民国临时政府仅充当担保人，退居次要角色。孙中山认为这是一次值得后来者学习的政府在对外借款之中不再是债务人的有益实践。孙中山还设想，自己领导的公司在借得外债后，在政府提供的土地上，按政府的要求修铁路。路成后，经数十年经营，还清外债本息，而后把铁路交给国家。

第二，华洋合股。华洋合股又分为政府间合作或合股投资、民间合股

---

① 《孙中山全集》（第2卷），中华书局，1982，第489页。
② 《孙中山全集》（第2卷），中华书局，1982，第489页。
③ 《孙中山全集》（第2卷），中华书局，1982，第489页。

投资等形式。如修筑铁路，可以"招股修路，按照华洋合办公司办理"，或"与外人合办"，"准外人入股"，由中外资本家合资经办企业。

第三，外资独办。允许外国资本家独资承办实业，在规定年限由中国无偿或作价收回，即由"外人办理工商事业，乃订立一定期限，届期由我收赎"；"批给外人承办，凡有资本者，皆准包修一路，四十年后收归国有"[①]。孙中山认为，将借款商业化、民间化，虽然可使政府免受因债务而起的国际、官民纠纷，但借款自办仍有许多弊端。他说："借款自办害处，在受种种亏损，如当借款交付时之回扣，包购种种材料，亦有回扣。而此借款，每年出五厘息。次则如铁路亏耗，则全由政府担任，至期满，其借款全额，尚须清还。""铁路修筑事宜，委之于工程师，工程师之聘定，大率五年期限或八年期限不等。彼等于职务期中，日作其所应为之事，而不负完全之责任。则欲工事之精良，消费之节省，盖不可能之事也。"[②] 为避免在借款交付环节和建设过程中的"回扣""利息"等种种经济效益受损，和铁路运营"亏耗"，政府为之担责买单，却仍需在借款期满时全额清还借款；针对债务国对债权国的洋工程师的责任约束不力、铁路工程建设难以保证高质量标准和节省成本，孙中山大力提倡批给外国"承办"（简称"批办"）的引进外资之法。也就是说，中国根据自己的经济发展需要，设立项目，确定地点，购下土地，而后招外商前来直接投资，由其自主建设，自主经营。孙中山认为这种方法"较之借款""为害少而利多"，即"自办可免五害：一无交款回扣之害；二无购料回扣之害；三无按年出息之害；四无亏耗津贴之害；五无至期偿还原本之害，既免五害，且有二利焉：即工程坚固，建筑合法是也"[③]。也就是说，用"批办"法就免除了借款方式的"五害"，并有工程质量过硬的好处。对于以此种"批办"法建立的外资企业，因其是无偿使用中国土地，在其投资工程完工经过一定年限的运营后，得无偿转让给中国。孙中山将这一年限定为 40~60 年。他说："铁路批给外人包办，大约四十年可以收回，时或逾之，然终未有出 60 年外者。按中国富庶状况，则四十年期限，即是抵外国 60 年期限。此四十年内，赢亏皆非我方，一俟期满，吾人可不名一钱，得二十万里铁路。"[④] 这样的引进外资，使外国投资者可在较长

[①]《孙中山全集》(第2卷)，中华书局，1982，第464~465页。
[②]《孙中山全集》(第2卷)，中华书局，1982，第499页。
[③]《孙中山全集》(第2卷)，中华书局，1982，第500页。
[④]《孙中山全集》(第2卷)，中华书局，1982，第500页。

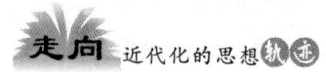

的经营期内，在投资回报率较高的中国，收回投资的同时，赚取丰厚的利润；中国则借此可解决其发展实业中的三个问题："一、我无资本，利用外资。二、我无人材，利用外国人材。三、我无良好方法，利用外人方法。"①相比之下，"批办"法较借外债要优越得多，中国毋需负债就能利用外资形成自己的生产能力，发展中国现代经济。孙中山由是而言，"故鄙人主张，惟有批办一法为最好"②，将之视为引进外资的最主要方法。

对于中国近现代经济发展所需大力发展的工矿交通实业，孙中山利用外资的形式从借债兴办到合资开发，再到允许外商独资开办的转换，标志着中国经济的进步和开放的幅度不断提升，显示了高度的务实性和灵活性。孙中山以"批办"法之独资企业形式为"最好"，视之为引进外资的最主要方法，孙中山愿意采用这种开放度最高的方式也表明其利用外资思想在最大程度上扬弃了封建保守主义，而更具现代意义。而现代各国的经济发展中，在对外开放、引进外资方面对于一些重点重大项目采用BOT（Build-Operate-Transfer）方式建设与孙中山的这一主张的精神和实际操作实际上是高度一致的。

中国建设资金匮乏，除了国贫外，还在于金融业不发达，缺少融资渠道。为了便于发行债票，引进外资，孙中山主张设立中外合资银行，并与法国、荷兰金融商进行谈判。他还支持商办银行至南洋吸收华侨资本，并担任中华银行总董。

此外，孙中山还提倡积极引进侨资，欢迎华侨"热心回国经营实业"，利用其"最新之科学工业常识"，以利于"祖国实业前途之发达"，为"宗邦效力"③。

孙中山虽不是中国近代利用外资思想与实践的开创者，但却是中国近代利用外资思想的集大成者。他的利用外资思想在内容、形式、开放度和可操作性等方面均超过了前辈思想家做出的思想贡献。中国近代的利用外资思想经过孙中山的扬弃、阐释和丰富已经发展到相当成熟阶段。对于孙中山的利用外资的经济思想，我们不难发现其涵概了从战略高度到政策设计和执行层面的诸多内容：①利用外资要有效，独立自主是前提。改革开放要有效，独立自主是前提。经济基础决定上层建筑，上层建筑反作用于

---

① 《孙中山全集》（第2卷），中华书局，1982，第460页。
② 《孙中山全集》（第2卷），中华书局，1982，第460页。
③ 秦孝仪主编《国父全集》（第5集），台北近代中国出版社，1989，第344页。

经济基础。社会主义政权职能之一就是保护国家的基本经济制度。②确定具体外资进入部门和地区领域时必须和国民经济发展战略相挂钩,做到科学理性决策。③东道国制度引导与约束是取得引用外资积极成效的关键。④务实、专业、高效的实施是保证。引进外资要和国家或区域经济发展的战略决策相联系,要和执行实施环节相连续。外资引进的激励制度设计、投资准入与经营中的持续监管应该形成一个彼此高度匹配的具有整体性的系统(制度体系)。

利用外资思想是孙中山民生思想的重要组成部分,孙中山的利用外资思想在辛亥革命后,对社会经济思想的发展产生了重大影响,并影响了后来民国政府经济部门的决策与计划,形成了较为灵活多样的利用外资兴办实业的格局,进而推动了中国社会经济发展的现代化进程。同时,其所确定的利用外资的基本原则以及主权在我、平等互利等核心基本内容和相关实践对我们今天推动招商引资工作有着很强的借鉴意义。

六 对孙中山经济思想的评价

孙中山在《中国问题的真解决》一文中,曾明确地向世界宣告:中华民族的复兴,中国的统一、独立、富强,将为人类的和平、世界的进步做出更大的贡献,这不仅有益于中国,而且更将有益于世界。"占世界人口四分之一的国家的复兴,将是人类的福音"[①]。

孙中山是近代中国一位与时俱进的世纪伟人。他以"登中国于富强之域,跻斯民于安乐之天"为己任,为实现国家的统一、富强,民族的独立自主和人民的幸福安乐奋斗了一生。迄今为止,凡是有中国人的地方,就会有人知道孙中山的大名。不同的政治派别、不同的信仰,甚至相互敌对的中国人,在景仰、纪念孙中山这一点上,却有着惊人的一致性。岁月的流逝,时代的变迁,不仅没有磨损孙中山的光辉形象,反而在新世纪的今天更增添了当代中国人对孙中山的缅怀之情。2001年江泽民总书记在辛亥革命九十周年纪念大会上曾说道:"中国共产党人是孙中山先生开创的革命事业的忠实继承者,始终把自己为之奋斗的事业视为辛亥革命的继续和发展。"在1956年开始的中华人民共和国的各个重大节日庆典中,正如在2009年中华人民共和国建国60周年的国庆庆典上看到的那

---

① 《孙中山全集》(第1卷),中华书局,1981,第319页。

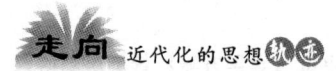

样,孙中山的巨幅遗像被安放在人民纪念碑下,接受人民的瞻仰与纪念,显示了以胡锦涛为核心的党的第四代领导集体和中国人民要将孙中山所开创的中国现代化建设事业这一全体中国人民的共同事业推向前进的坚定信念和无畏前行的决心。他的追求代表了中国现代化的发展方向,代表了中国绝大多数人的根本利益。他已成为国家统一、社会经济发展和人民幸福的一个象征。经济思想是孙中山的众多思想中至今仍能直接对我们现在进行着的社会主义经济建设起借鉴作用的光辉部分,研究孙中山的经济思想是有着重大当代价值的。

(一)孙中山经济思想具有很强的实践性

孙中山曾说:"大凡一种思想,不能说是好不好,只看他合不合我们用,如果合我们用便是好,不合我们用便是不好;合乎全世界的用途便是好,不合乎全世界用途便是不好。"[1] 史学界有人称这一思想为"革命的实用主义"[2]。孙中山说,解决中国的社会问题,"一定要根据事实,不能单凭学理"[3]。孙中山的认识论是唯物的,孙中山对于中国近现代化经济发展战略的设计是在考察了世情、国情后,对中外古今的诸多经济学说在"规扶"与"创获"的融合中发展起来的,又在中国的革命和建设中不断地汲取营养,逐渐走向成熟和更为完备的体系。孙中山的经济思想的实践性有着非常广泛的体现,也是和其科学的前瞻性认识分不开的。

孙中山的经济思想是以近代全面落后的贫弱大国——中国为其根本的,但是又在客观上揭示了落后国家的经济发展之原理与发展的规律。在具体的产业经济、区域经济发展设计中,他注重在中国经济发展中解决"民生"问题,以交通运输为中国经济发展的重点,以工业化道路为中国近代化之未来必取方向,发展现代工业化农业,成就中国经济发展的基础,"以农为经"同时"以商为经",发展有利于工农业发展的现代商业。在孙中山的经济思想中,教育与科技是中国经济发展的关键,国家干预是中国经济发展的保障,对外开放是中国经济发展的手段。他还提出,在中国经济发展的过程中要注意物质文明和精神文明、地区、贫富、所有制经济结构间的协调;要强化对生态环境的保护,要重视对生产关系的变革,

---

[1] 胡汉民编《总理全集》(第1集),民智书局,1930,第39页。
[2] 赵纪彬:《困知录》,中华书局,1963。
[3] 《孙中山全集》(第10卷),中华书局,1986,第145页。

要关注城市的规划与管理。

孙中山的经济思想具有很强的包容性和与时俱进性，他从不故步自封，不断超越自我，为了中国人民的利益和中华民族崛起于世界优秀民族之林，他能不断地突破自己的阶级局限，不断地修正自己的思想观点。从鸦片战争到今天，贯穿着超过一个半世纪的中国历史的主线是中华民族在近代落伍的情况下后起奋进、不断求索的精神与实践。孙中山作为20世纪初出现的民族伟人，理性地提出把西方先进的科学文化与中国特有之国情结合起来，坚持在维护主权的前提下，以一种全球化视角来审视中国的未来之路，倡行全方位多层次对外开放，并告之国民，要以外国的先进生产力，结合中国巨大之人工，以开发中国无限之富源，来实现中国国民经济的未来长期持续发展。在半殖民地半封建的中国，结合中国经济落后的基础，孙中山没有盲目地构想一个全部资本公有的经济结构，而是选择要建立一个以国有经济和公有经济为主体的多种经济成分共存并共同发展的所有制经济结构。他强调"节制资本"，国有国营经济和地方公营经济应当成为国民经济的发展主体，应当掌握国家的经济命脉，应当能够"操纵国民之生计"等。也是孙中山第一次提出，在半殖民地半封建的中国，取得民族民主革命胜利之后，对于私人资本应当在相当长的时期内，既给予法律上的"保护"和经济上的奖励，又要"节制"或限制其发展，不让私人资本主义经济"操纵国民之生计"。他之所以提出这样一个经济政策，就是要充分利用各种经济形式的发展潜力，来促使社会生产力的高速发展，来满足广大国民的物质需要和精神需求[①]。他在其土地纲领"平均地权"和"耕者有其田"的实现上设计了两步走的阶段式实施策略，在城市和农村的土地问题上建立了一个时空回旋的连接。

其可行性已经在台湾的土改和平均地权中得到了充分的验证。台湾土地改革，自1949年开始至1953年结束，历时4年，分三步进行，有所谓"土地改革三部曲"之说。"三七五减租"（1949年4~7月）"放领公地"（1951~1961年共计5次）"耕者有其田"（1953年1~10月），台湾公布的有关文件明确规定：在农村，土改是以"温和、渐进、兼顾业佃双方利益之方法"进行[②]，在不增加农民负担的原则下使其取得土地，兼顾地主利益，转移地主之土地资金投入工业；在城镇，1954年8月、9月开始

---

① 韦杰廷：《新民主主义新探》，黑龙江教育出版社，1991，第330~333页。
② 陈济民：《民生主义论集》，正中书局，1973，第225页。

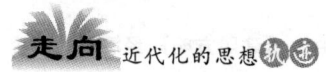

至1975将近20年间的"平均地权"的原则是,核定地价、照价征税、照价收购、涨价归公。这些原则,除了转移地主的土地资金投入工业这一条是当年孙中山没有提及的创造外,其余各条则与孙中山原来的构想完完全全一样。可以说其比较全面地实践了孙中山的土地制度建设纲领,并取得相当显著的成效,具体表现在:其一,基本实现了耕者有其田。土地改革后,台湾只有15%的佃农,大部分农民获得了土地,实现了从"无恒产"到"有恒产"的转变,不再受地主"朘削"的农民,由此能"大苏",农业生产迅速发展,农民生活水平显著提高。其二,城镇都市实行平均地权,有效地防止了工商业发达后由"炒地皮"私人垄断土地而带来的贫富悬殊。其三,土地税给"政府"带来一笔极其可观的财政收入,有利于解决社会福利和公益建设基金。对台湾土地制度变革所带来的巨大的社会效益,台湾人士认为,土改后"增产情绪益形高涨","农民生活提高","农事改良",农副业"均有长足进步","转移地主土地资金新台币六亿六千万投资工业,扩大企业自由,促进工业建设"①。世人公认,台湾的土改,不仅是一次"社会革命",也是台湾经济的一次大转机,成为台湾经济勃兴的前奏曲②。

纵向地单独考察孙中山的民生主义的实现途径及其效果也可以从另外一个角度给我们正在进行着的社会主义建设提供借鉴。多种经济利益的调和才能增加经济制度的内在激励:台湾在推动经济发展时,不仅保持经济的快速发展,而且使收入差距迅速缩小,在国际上被誉为经济发展的奇迹。台湾在经济发展中之所以能兼顾公平与效率,与台湾当局的经济发展政策有关。台湾当局制定经济发展政策的指导思想源于孙中山的民生主义,强调收入分配的平等,"均富"被写入在台湾执政的中国国民党党纲,台湾当局花了不少力气贯彻执行这一原则。台湾地区的土地改革被世界评价为发展中国家和地区土地改革的样板。正如一位台湾学者所言:"(台湾)土地改革理所当然归功于孙中山先生这位民国创建之父","他的学说考虑到财产私有制,因为它提供和导致了极大部分的驱动力去积累财富。这个驱动力鼓励把人的精力用于有益的事情上,而不是用于有害的事情上"。孙中山民生主义的实验在动荡积疾的旧民主主

---

① 程天放:《国父思想与近代学术》,正中书局,1975,第291页。
② 黄明同、卢昌健:《孙中山经济思想——中国建设前瞻者的思考》,社会科学文献出版社,2006,第109页。

义革命时期失败了，在时局稳定的台湾则开出成功之花，在工业方面，台湾当局采取节制私人资本政策，促成小企业的发展。"这项原则倾向于利用资本主义的长处，即个人奖励和通过价格进行市场经济的分配；避免资本主义的短处，即财富和收入的不公平分配和过多的垄断性权力"。节制私人垄断资本的政策使台湾地区形成了与日、韩不同的工业结构，产业的集中度很低。如韩国前十名最大的企业集团的产出占国民生产总值的75%。而台湾1980年最大的八家企业集团的年销售额仅占当年台湾地区生产总值的15.3%。分散的工业结构有利于创造就业机会和收入平均化。台湾的成功说明孙中山的民生主义并不全是空想，只是用错了时间。台湾的成功也印证了民生主义的实现需要以下条件：国家主权或区域最高行政权的独立性，整体政治形势的稳定性，主持转变政党的政权的独立性、稳定性与权威性；社会发展阶段的相称（合）性；社会资源（人、财）的支持性；执行的有力性。

（二）孙中山经济思想是一种现代转型发展理论

孙中山所处的19世纪末20世纪初面临的是中国未来道路何去何从的传统社会现代转型的重大问题，我们可以将其同与之相逾百年的20世纪末21世纪初仍在中国进行的社会转型进行比较。由此可以发现：孙中山的民生实现方式是改良的，是政府主导型的社会转型，当代的由中国共产党这一执政党主导的建立社会主义市场经济体制的改革也是政府主导型的社会转型，但是他所面临的社会转型的难度大于中国现代经济体制的计划向市场的转型。

其一，转型的力度不同。中国17世纪后落后于西方，商品经济萌芽最终并未正常地成长成熟，农业生产商品化低，工业生产受制于封建国家的农本国策，地位不正而发展缓慢。孙中山所面临的问题是体制外突变，要将此封建自给自足经济转变为商品经济、市场经济涉及社会形态、经济性质和经济结构的转变，因而力度较大；而当代中国的经济体制改革是社会主义制度的自我完善在经济领域内的体现，是体制内渐进，相较而言力度可控。

其二，转型的难度不同。社会变革的意识环境的艰难程度不同，是否有变革的共识不同。孙中山的时代是多种思想、思潮拍击中国的时代，与封建时代相连、相交叉。袁世凯窃取革命成果而复辟，旧式落后传统动辄拉前进的后腿（康、梁等先进人物后期的思想复古可鉴），帝国主义力量

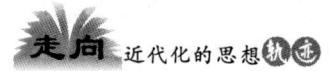

凌驾于软弱的主权政府上，因经济支持不足、理念认识不到位而使教育缺失或陈旧，导致人民素质低不能为民族、民主革命准备足够的人才智力支持，孙中山等人了然此种国情而不寄希望于发动民众（后期有改变），对中国未来道路的关注未成为社会整体的关注，而是仅局限于时代精英人群。当前的建立社会主义市场经济体制的改革顺应了改革第一阶段结束后进入瓶颈期而引发的人民群众进一步解放生产力的要求，人们对于改革有明确的期望和共识并成为改革的坚定支持者。

其三，转型的社会基础不同。孙中山在旧民主主义革命时并未提出扶助农工的口号，所依靠的是经济地位不强的民族资产阶级的中下层，而且整个中国社会患贫患穷。而当代转型有着来自各个阶层的支持，改革开放二三十多年的积累（社会积累体现在人力资源、制度文化、经济发展等多个方面）与发展使得中国能够承担转型的成本。

其四，转型主导政党的地位与影响力不同。孙中山所领导的中国国民党虽为第一大党，但是考虑到其维护资产阶级的利益，和实际上对地主阶级的妥协，其虽然认识到中国资本主义发展之弊，却不能在旧民主主义革命阶段有效应对，不能广泛发动群众，因此未能强化自己的地位与影响而失败。而中国共产党作为新时期的执政党，能够时刻关注人民的切实利益，响应人民在改革转型过程中的呼声，获得群众的信任与支持，影响力强，能有效引导改革方向，控制其进程。

其五，转型的结果不同。孙中山的民生主义在旧民主主义革命阶段遭到了失败，而中国共产党所领导的向社会主义市场经济体制的转型已经取得了可喜的成果。这种情况的出现是不同的国际环境的特征、国家经济发展的阶段和基础、社会科学技术发展的高度等方面互动相生的因素合力的结果。

孙中山的建设方案是一个主张开放性地利用中国资源比较优势和国家社会发展后发优势以应对社会经济剧变的实现中国现代转型的宏伟方案。其实施在中国和西方的工业革命具备一样的功能，是"准工业革命"。而在民主政治、资本主义经济发展的制度价值上，则提供了一套自成体系的范版，是"中国的文艺复兴"。

20世纪初，帝国主义进入垄断阶段，资本主义的弊端已然显现，中西结合、中体西用、有扬弃的"拿来主义"永远都是可行路径，实际就是传承、借鉴与创新，只不过是整个社会的开放性更强，视野更宽广，更重世界性。"规扶"与"创获"下形成的孙中山的经济思想是20世纪初中国经济发展的科学发展理论,是一种落后的半殖民地半封建东方大国从以传统的手工生产为特征的农业自然经济转变为以现代机器化大生产为特征的工业化商品经济的国家现代转型发展的理论的高度概括。

（三）孙中山经济思想具有极高的当代价值

孙中山在各种社会矛盾、经济矛盾尖锐簇生的20世纪之初,能够处处以国情、世情为基础,抓住主要矛盾设计相关政策,科学计划,统筹规划。他十分强调"立志""要合乎中国国情"[1]。孙中山指出中国要发展,可以学习仿效西方先进的科学技术、物质文明,也必须学习和吸取欧美之所长,唯有如此"才可以和欧美并驾齐驱"[2]。但"如果不管中国自己的风土人情是怎么样",便盲目地把西方"管理社会的政治硬搬进来","便是大错"[3]。"我们在我们社会生活中确立现代的文明时",必须"选择那些符合我们愿望的东西"[4],必须保持自己民族的独立性,发扬民族的固有文化,然后"吸收世界之文化而光大之"[5]。他以科学的计划、先行的理念为指导,以全球化的眼光为中国设计出一个"从同"与"超越"相结合的快速发展之路。其实业发展计划系统性很强,以实地调研和各种渠道获得的可靠数据是他的设计的基础,他一贯主张的是采用西方最新科技成果来发展中国的生产力。在所有的社会经济建设活动中,他都强调要算好经济账,权衡利弊,以最小的成本获得最大限度的发展利益。

孙中山的经济思想是以人为本的民生主义经济思想,是秉承传统大同社会理想精神的近代化实现的整体设计。他迎合了世界潮流,指向社会改良、国家进步和民生幸福。孙中山的经济建设方案设计以"民生主义"为精神和动力。孙中山以"人"为社会进化的重心,强调要以经济建设活动为重点,重视人民的"需要"的满足。宏大的实业计划是为了国家富强、人民安康,在"本部工业"中设计了与人们"衣食住行"相关的工农业发展策略和作为"现代文明因子"的"印刷工业"的发展计划,从人的物质和精神的不同需要的满足上规划安排实业经济的发展。备受大家关注的基本土地制度——"平均地权""耕者有其田",和"节制资

---

[1] 《孙中山全集》（第8卷）,中华书局,1985,第538页。
[2] 《孙中山全集》（第9卷）,中华书局,1986,第251页。
[3] 《孙中山全集》（第9卷）,中华书局,1986,第320页。
[4] 《孙中山全集》（第1卷）,中华书局,1981,第322页。
[5] 《孙中山全集》（第7卷）,中华书局,1985,第60页。

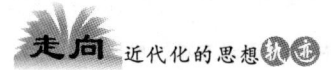

本"的资本制度都是为了保证全国的人民能有平等的发展权。虽然本章并未论述孙中山的城市化思想，但是在他的城市规划设计和城市管理的相关思想中，街市建设、居室建设、公用事业建设、城市环境美化等都以为人们提供最便捷的高质量的现代生活生产环境为标准，以人居和谐为其指导精神。孙中山也很重视人民的教育、社会保障和文化发展问题。孙中山的所有构想与设计都是以人为本的，这一点更集中地体现在其民生主义经济思想中，对我们今天正在进行的、在科学发展观指导下的、中国特色的社会主义在新时期建立和谐社会的建设活动而言，有着很大的参考价值。因为科学发展观本身就是以人为本的发展观，在我们的经济增长以一个比较高的速度稳定前行时，在2010年中国以5.75万亿美元的GDP超越日本成为全球第二大经济体后，我们更应将"要增长、更要有质量的发展"不断重申，在满足人们日益增长的物质文化生活需要方面予以更大的关注。追求发展的速度没有错，但是也要看到在此社会经济转型期，教育、就业、医疗、住房等诸多民生领域的问题和矛盾还很突出，社会贫富差距在不断加大的社会现实隐藏着社会不稳定和政局动荡的祸根。在此，重温孙中山的经济思想中"人类以互助为原则""为大多数利益"、扬善避恶"救穷防不均"的制度设计理念和民生价值内核，结合当前的生产力、经济结构现状，以人为本，创新思维，才能科学地解决已经出现的社会问题，提升经济发展的质量。

孙中山的经济思想是资本主义市场经济的思想，可谓之"中国特色的资本主义市场经济思想"。我们跨越了社会发展形态，但是社会经济发展的阶段并不能凭空跨越，这已经是被证明了的社会经济发展规律。当年孙中山看到中国经济发展水平落后而仅"师马克思之意"设计其经济政策也有类似考虑。我们现在进行的也是市场经济的建设，当然，我们是建设有中国特色的、社会主义的市场经济。但是，除了经济体制的社会主义性质以及社会经济的发展程度、社会经济所遭受的外国侵略力量摧压强度、国内政治的严峻局势、政府政权政治较差稳定性之外，基本的经济架构及其特点并无相异之处，对孙中山的经济思想的研究是有当代史研究的巨大价值的。孙中山强调"节制资本"的辩证内容是在非国计民生领域要让私人经济积极发展，他肯定私人经济的效率意识、时间价值观，肯定私人经济在社会生产发展、人民劳动就业、人民民生需要满足等各方面的重要作用，并以国家宏观调控下的私人经济的联合和规模化发展作为国家建立和发展特定产业的基础（如其金融思想所示）。他重视经济法制建设，将开放主义置于中国赶超式发展的基点，重视教育发展和人才培养，重视先进技术的引进消化和创新发展，重视政府管理体制和政治文化的时代更新，注重区域经济因地制宜发挥优势，他还注意到生态环境保护问题。孙中山的经济思想勾画出的是一条万端齐发的中国经济内涵式的可持续发展之路。这些对于我们今天的市场经济建设都有现实参考价值。

孙中山经济思想的理论高度相当显著。孙中山的构想与设计是近代中国社会经济转型的标本兼治的伟大战略设计，是落后的农业大国中国的工业化设计。在孙中山的设计中，他选择的是农工矿商各产业协调发展、北中南三大区域经济协调发展、物质文明与精神文明协调发展的引致中国沿海、内地、边疆各族人民得以共享经济发展成果的共同富裕、和谐发展的道路，他构想要实行"开放主义"，要使"外国资本主义以建成中国之社会主义"（孙氏社会主义）。在结合中国的土地、劳动、资本资源进行分析和设计发展战略规划时，孙中山是理性客观的，在中国发展处于物质资本匮乏的那个从"传统社会"向"为'起飞'创造条件的阶段（或称起飞准备阶段）"过渡的特定经济发展阶段时，他将人力资本放在了未来中国经济发展的首要位置，其理论判断达到了相当的高度。孙中山在经济发展的设计中一直注意预防在中国出现西方发达国家出现的物质文明发达、社会繁荣、财富积累和贫困积累并行的"恶"现象，体现在其基本经济制度设计上，如城市土地国有和农村耕者有其田的土地制度和节制私人资本、发达国家资本的设计。孙中山注重制度建设的作用，在基本经济制度、政治制度之外，批签了大量的规范经济运行与管理的法律制度，孙中山在微观经济管理的制度设计中一般也很重视其操作性。孙中山寻求在发展速度/效率（市场机制作用）引进外资，促进个体、私营经济发展和社会公平平等的平衡，注重充分利用各种经济形式的发展潜力，促使社会生产力的高速发展，从而满足广大国民的物质需要和精神需求。孙中山注重政府对经济的广泛干预，重视法制建设和政府职能转变，重视部门计划、产业计划和区域经济发展计划，重视科技和人才的作用，在动态和长期的发展过程中，实现产业产品结构、技术结构和经济结构的调整。孙中山的设计中，中国的工业化是以资源为基础的工业化，他讲求合理利用资源的原则，注重将自然资源优势转化为本国工业化和经济发展的动力。科学的矿产资源开发政策，应区分优先劣后，分为国家垄断国有开发和私人开发。孙中山的设计立足最新的科技、商业、金融、交通运输发展技术，强调规范发展，构建有效的政府与市场相结合的资源配置和运行机制，追求

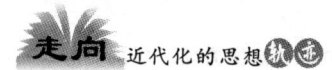

发展速度,亦重视发展质量,并非脱离国家经济的发展水平而一味求新求快。

孙中山的设计是经济全球化背景下的中国经济发展的设计,他在中国实业发展中引进外资和结合中国本土劳动、矿产资源进行开发的设计注重国际、地区比较优势的发挥,并注重区域经济发展与国际经济发展的接轨问题。孙中山实际上可称为提出建立国际经济新秩序的先行者。

此外,他在经济发展中注意到非经济因素的作用,注意到政治文明、文化、思想变迁与经济发展的联动效应,致力于批判地继承传统观念中的具有强大惯性作用的旧文化、旧道德中的在新形势下仍具有合理性的部分,以及科学地而非盲目地引进外国的先进文化思想理念(自由、平等、博爱)。孙中山的设计因为时代的局限没有能够在他有生之年变为现实,也成为他的设想的空想性的证明。但是,当我们把目光投注于稍远一点的时间,台湾当局的土地改革的成功是对于孙中山的土地制度的可行性的很好注脚。大陆在新中国成立后探索建设有中国特色的社会主义的实践说明了开放主义的重要性和经济发展问题是一个受多种因素影响和决定的复杂过程,需要计划先行,前瞻规划,综合考量,统筹安排。

在此,不拘于前述已做评价,作者试图以更条理化的方式呈现孙中山经济思想的当代价值。

1. 以振兴中华为目标,其心终生不改,其志终生不曲,其执著精神和科学精神至今都有重要意义

在世界风云变幻激荡的背景下,落后的半殖民地半封建的中国,贸易上出超变入超,被迫卷入国际化战争已经是清王朝必须面对的严峻情况,以"热战"佐"商战"是资本主义国家攫取在华权益的经常形式。中国与西方和东亚的已经完成经济近代化转型的"先进"国家在政治经济体制文化及其产品、产业横纵维度上全面交锋,被迫竞争,清王朝的旧式封建政权大受冲击。国力不昌,外敌汹汹,积贫积弱,民族危机、经济危机交错相持,旧生产方式不敌新生产方式的结果就是清王朝节节溃退。新生产方式在船坚炮利的护佑下强力挺进一度长期自闭门户的帝国,便开始加速摧枯拉朽,瓦解帝国刻意封闭保护的自然经济生产方式。一开始是商品输出,后来则变资本输出。如前所述,资本输出对落后东道国而言是个"抽血泵"。基于资本的逐利性和贪婪性,经济侵略形式从追逐商品交易的流通利益(皮毛利益)转变成包括生产、交换、流通、消费在内的全产业链条和东道国经济全部格局的可能经济利益。东道国的核心利益旁落，立国之基源动摇或丧失，只能像被吸入资本的黑洞一样在经济发展上更加依附于外来资本，无法独立发展。主权在领事掌股之间，经济、司法等不独立，军力不敌，外交疲弱失败。身在中国，处处华文美章，有心者自成一体。儒家的入世观念有助于培养一代代的有民族责任感、社会发展使命感的社会精英，他们是社会的中流砥柱。时代在呼唤，群众有自发的反侵略战争，而精英阶层则因时因势而动，举起近代化发展的大旗。孙中山就是19世纪末20世纪初的伟大旗手，其不断发展变化的改良－革命－建设的诉求使得包括其经济思想在内的构建中国近代化道路的思想体系逐渐丰盈，并越来越能够体现这片热土的实际需要，成为追求中国富强的千年之梦的近代版本。他历尽坎坷终不悔，在去世前仍不忘"和平……奋斗……救中国"，其执著精神和科学精神至今都有重要意义，其思想及实践则启迪了中国共产党在新民主主义革命和建设中的相关实践。

2. 以民生主义为动力机制，以人为本的发展观

民生主义是实践的、唯物的、以人为本的多元利益调和的经济纲领。孙中山的经济思想的哲学基础是其民生史观，其实现中国近代化的伟大战略构想是以民生为动力的，关注以人为本，重视科学技术的作用，以之支持向机器化大工业的转型。在社会经济发展的方案设计中，孙中山强调教育的作用，将育人、用人与经济成败联系起来。在振兴实业，发展现代工业与机器工业，优先发展"关键及根本工业"的"重工业之外"，注重从人民群众的根本利益出发谋发展、促发展，积极发展有利于直接满足民生需要的"本部工业"——"衣食住行"，从而能够不断满足人民群众日益增长的物质文化需要，切实保障人民群众的经济、政治、文化权益，让发展成果惠及全体人民。在推进经济建设的同时，重视经济发展和社会全面进步的一体化推进，重视区域经济的区内平衡和区际协调；重视推进经济建设、政治建设、文化建设、社会建设的各个环节、各个方面相协调。

3. 高度统筹、贫愚同治的经济社会一体化和谐发展理念与可持续发展的长效机制

在孙中山提出的"人能尽其才，地能尽其利，物能尽其用，货能畅其流"中，"人"为经国四法之首。其四项基本策略中间还各有一个"能"字，虽常为人所省引，但实在是非常重要且极具意义的部分，表明各策略目标的实现不是士大夫清谈就可实现的，而是有一个应对方法的关

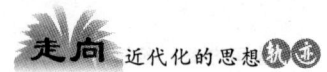

键桥梁。四条政纲策略针对传统社会的基本阶层——士农工商有着努力目标和途径的实践意义：士，知识分子，要个个都可以发挥其才能，服务国家与社会；农，农民，要发展农业，发挥传统社会最重要的生产资料——土地的最大效益；工，专业技术人才，要发展工业生产，发挥国家资源——也是重要生产资料对象的物的最大效益；商，商人，要发展交通和贸易，使农业和工业生产出用于交易流通的商品"货"，能充分应对一个未有人为分割的市场需求而使其充分流通。虽然今天的形势与当时不同，但是这四条并不过时，其中蕴涵的思想价值仍然是巨大的，是经济运行的基本面和努力目标。当前的一些建设项目可为四项之实践事据：①人能尽其才。国家和地方的人力资源发展规划、微观经济主体的企业及其他各种用工单位在人力资源开发与管理方面的以人为本导向的全程设计；②地能尽其利：高科技生态农业、现代矿业等；③物能尽其用：大钢厂、核能发电厂、风力发电厂、水力发电厂、石油化工等；④货能畅其流：与交通有关的公路、铁路（含高速铁路）、航空等全方位立体交通的发展给各地的经济发展注入了加速剂，如被誉为"天路"的青藏高原铁路（孙中山设计的西南铁路系统）的建成通车，各高铁、航空港建设和航线的开辟都让人们在创造共同富裕的道路上有了长足的进步。孙中山的构想也体现了尊重人才（专家）、尊重人才成材规律，以教育发展为基点，注重人、社会、生态和谐的特征：重视人才在机器大工业中的重要作用，利用外才和培养内才相结合。重视知识，注重自然科学新科技、新方法，社会科学新认识、新方法，并重视理论与实践的结合。重视人的素质对于社会进步、经济发展的重要约束作用，倡行人本理念，以发展人为目的的关注民生精神是经济战略和方案计划的着眼点，其实现则是追求更高文明的结果，最终达到民生畅遂，人民幸福。毋庸置疑，孙中山的伟大构想和设计构建了一个高度统筹的、贫愚同治的、贯穿了经济社会一体化和谐发展理念的、可持续发展的长效机制。

4. 追求区内协调和区际协调的发展方案

从对孙中山区域经济发展思想的介绍评析中，我们不难看出其实际上是合乎经济发展的点线面体律的规律的：孙中山以"点"港口——"线"海岸线、内河运河航道、铁路系统、公路系统——"面"以港口为中心的区域经济发展——"体"区域联动，最终实现了全国经济发展的一盘活棋。同时，在区域经济发展方面，孙中山还有自己的独特见解，依其设计的经济区划协调发展构想能够实现落后地区的快速发展，在发展中解决贫富分化问题，并可借助其他区域的生产要素的积极投入（包括利用外资）而实现基于本地资源禀赋优势的特色经济发展基础上的跨越式发展。其思想对于我们在新形势下协调区域经济发展以有效解决城市化过程中的工农二元发展和口岸城市地区与内地城市乡村经济发展的不平衡具有借鉴意义。

5. 对内开放与对外开放相结合的全面开放发展道路

对于"一战"后的西方各国将巨大战时生产力转为和平时期经济发展的有效力量的预期，使得在积贫积弱的落后中国领导中华民族进行艰苦卓绝的革命和建设的孙中山积极思考，决定对外开放，引进外资。孙中山认为中国近代进步虽迟，但具有后发优势，设计了"主权在我，借资发展"的基本原则，实际上是利用资本逐利性，实现以市场换资金、以市场换技术和以市场换管理人才。在欢迎外资参与中国经济建设的同时，他强调主权独立，坚持国际合作和竞争中的平等互利，主张选择具有激励效果的合适的商业机制、市场化运营国家资本项目和国际合作项目，达到外资为我所用、发展中国经济的目的。同时，经济开放也包括了中国不同发展程度的区域经济之间的对接与合作这种对内开放的层面。例如，中国之厘金关卡之裁撤可以方便全国市场的形成，方便流通，降低成本，促进地区间的贸易和人员往来；前所述之区域经济发展规划中，以交通建设为先，对于铁路建设之选址的特殊考量实际就是着眼于其最大辐射面的形成，相关具体内容在此不再赘述。一个充分对内开放的中国在对外开放中保持其主权在我的独立发展和国际平等交往是重要的，保持对外开放的经济也会反过来促进内部经济的开放度。具有全球思维的孙中山以中国经济为世界经济中的开放子系统，为落后中国的近代化设计了一条对内开放与对外开放相结合的全面开放发展的道路。

6. 以增量开发为主，注重政府的引导作用和国家资本的带动作用

孙中山的"平均地权"的实现实际上是一种土地储备制度，带有中国历代清明政治中的常平（平抑）的色彩，又有对资本主义发展扬"善"避"恶"的价值取向。其实现方式体现了一种利益调和，也符合孙中山之人类"互助"的特定内涵，承认历史遗留的地权产权限制，未纠结于阶级定性问题，而是问题导向，注重其将来之工商发展而致之涨价部分，对细节操作亦多有明确，如地价核定之法，其可行性为退居台湾之国民党政府的实践所证实。一种利益共享的机制同时也是一种以柔克刚的均衡的机制，注重政策的可执行性与实绩，使改革的阻力减小，短期的以退为进

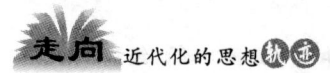

而实现长期的和谐发展。孙中山所领导的中国近代化转型是既改制度、又改体制的激进式的转型,是政府主导型的转型,国有(国家产权)是国家经济控制力的基色。在孙中山的"节制资本"的设计中,我们看到对于国家资本的垄断领域的规划是以相关领域在国计民生方面是否具有重要性为标准的,他在发挥国家资本的带动作用的同时,又注重私营部门的健康发展。

7. 结合国情,科学设计,重视理论与实践相结合

不论是在《建国方略》的《心理建设》《实业计划》,还是《民权初步》的哪一个部分,由微而著、娓娓道来的不只是种种理论,更多时候打动人的是孙中山对于近代自然科学和社会科学知识的掌握的完备性。其理论设计和规划方案说明中的实证方法和数据意识,处处彰显近代理性的光辉。但是西学功底深厚的孙中山又并非只会唱说西方月儿圆的留声机,他总是结合中国之国情民情,注重实践,科学设计,在此过程中积极运用最新科技发展成果,以求落后中国之跨越式发展。他充分肯定国粹工业的优势,但是又对照当时各发达国家采用机器化生产和科学种植、科学饲养等先进做法,为中国相关传统产业的升级发展提出了科学中肯的发展对策;他对于不同地区结合其资源禀赋发展特色经济多有论述;他对于赴国外留学人才的成才道路的实践环节有一定的设计与期许;他对于封建专制下生活已久的中国人行使民主权利提供了具体示范。所有这些,都显示了他对于理论和实践相结合的重视。

8. 以经济学理论为基本工具,构建经济发展前提的生产三要素的和谐

孙中山系统的西学(自然科学)训练,使得孙中山在社会经济、政治、文化等众多方面的管理有了更多的理论工具,他的学以致用体现在很多方面。孙中山熟悉经济学的基本概念与范畴,善用理论工具。他追求对经济规律的认识和把握,重视经济情报与数据,以科学态度对待一切问题,作出了高屋建瓴式的伟大构想与科学规划。体现在经济建设方面,他以经济学理论为基本工具,以人是经济人、理性人的假设为前提,构建经济发展前提的土地、资本和劳动的生产三要素的和谐体制(图 9-2)。在促进外资投资其宏伟计划时,他也主要是认为其中蕴涵的巨大利益以及各参战国的战后善后问题("一战"的巨大生产与消费及整理战后工业)将使得各国有意于在华投资,实则是以各国之潜在投资方为经济人之基本假设,在实业计划的多个部分都体现了这一点。

9. 重视经济法律对经济发展的规范和促进作用，重视契约精神，坚持国际经济合作开发活动中的主权独立和平等互利

在孙中山的力促之下，民国初年的经济法律制度得以初步完备，并极大地促进、规范和保障了国内实业的长足发展。孙中山为缺少发展资金的贫弱中国开出了开放发展的药方，同时讲求国际经济合作以主权在我、平等互惠为基本原则，是一种双赢或多赢的机制设计思想。其宏大的对策设计如果能实现，必早立中国于世界民族之林。在孙中山的设计中应中外"利益均沾"（在此为中性词，但是用于列强抢夺势力范围则意贬），清楚地说明他非常重视形成一种合作互惠共赢的机制。孙中山在国际经济合作中注重契约精神，在与波令公司的铁路建设合同范本中很清楚地显示了这一点。

10. 重视有效管理对于经济计划落实的支持承接作用

孙中山重视有效管理对于经济计划落实的支持承接作用，由于他认识到传统小生产的生产方式下的"散漫""自由""人治"文化不符合社会大生产下讲"纪律""竞争""法治"，他注重从多方面塑造适合于社会化大生产的社会文化和人员素质：强调教育的基础作用，进行合乎新时代要求的教育发展方案设计（重视培育社会人才的知识、技术技能和实践创新精神），加强政府主管人员的服务人民的公仆意识（如科学考评），借用外才进行有效管理和系统的管理人才培养方案设想，贯行效率效益原则，生产过程资源运用中加强管理，讲求实效。

11. 孙中山经济思想的相关主张和实践暗合于和平与发展的时代主题

中国之近代化道路是外诱式经济增长方式。但是，孙中山的宏伟计划要打造的是一个内生式经济增长和外诱式经济增长相结合而发展的中国经济。中国的民族民主革命是世界民族民主革命的一部分，中国的经济发展是落后国家谋求主权独立下的和平发展的典型。孙中山的实业计划是要将军用技术与机器转为民用，是谋求中国在特定机遇下的超常发展，客观上是培育有利于实现和维护和平的力量。实际上，孙中山已经认识到国际经济合作发展对战争的抑制作用，主张联合"平等待我之民族"，谋求长期的和平发展。孙中山关于国际合作发展经济的主张同时也是在谋求建立国际经济新秩序。此外，孙中山已经认识到发展权是主权的一大内容，经济安全是在他的首要考虑之内的。孙中山以外交为革命之重要手段，以革命为建设之先锋，有为和平建设开路之功，亦可言之为建设之重要手段，经济开放也为建设之一重要手段。孙中山重视建立中国的正面国际形象，主

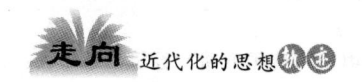

动积极地进行中国革命与建设主题的国际宣传与互动，争取国际话语权，以争取中国和平发展的有利国际环境。由此可见，孙中山经济思想的相关主张和实践同和平与发展的时代主题暗合。

12. 经济效益思想及公平与效率的协调问题

孙中山多处讲到"时间就是金钱"，这一时间价值观是其经济效益实现的一个体现。实际上，实业计划的种种规划和方案设计都显示了孙中山很强的经济效益思想。在对于中国近代化道路的选择上，他力倡跨越式从速发展，在宏观调控上，他依据各产业对国计民生的重要程度之不同而设宽严不同之政策，并有促私作用之法。同时，孙中山的构想又是强调公平与效率的协调的。由于工业化的实现并非完全等同于现代经济发展。工业化的进程是经济飞跃发展的历程，这种增长是符合经济效率原则的，但却并非像人们所期待和颂扬的那样是一次通往美好生活的蜜月旅行。19世纪的欧洲工业化史充分说明"文明有善果，也有恶果"，大量社会财富被极少数资本家垄断，造成了严重的贫富不均，广大人民成为工业化的牺牲品。在欧陆北美游历甚多的孙中山对此有深刻的认知，他的设计是"患寡"又"患不均"，扬"善"避"恶"的兼顾公平与效率的设计。针对在当时资本主义发展程度较高的各国出现的贫困、失业和收入不均情况，孙中山提出民生主义工业化目标，既注重通过实现工业化而促进经济飞跃，又注重公平分配实现共同富裕，实在是很有远见的。

13. 全球化思维与开放系统观

如前所述，具有全球思维的孙中山以中国经济为世界经济中的开放子系统，为落后中国的近代化设计的是对内开放与对外开放相结合的全面开放发展的道路。他设计利用外资发展中国经济，积极参与资本资源的国际配置。他重视传统产业链条的国际延伸，希望用现代科技工艺方法改良升级传统产业，增加其附加值，积极开拓国际市场，参与国际流通。战时工业在国家意志统筹下成为战争机器，战时需求有其特殊性，但是生产设备、技术则与民生需求满足所需的生产设备、技术具有相通性。《实业计划》"绪论"讲及"一战"的巨大生产与消费以及整理战后工业的问题。具有国际视野的孙中山看到了中国经济发展的机会，不囿于国内不了解国际政治经济形势的无知反对力量之拖曳，主张借助外资外才，发展中国的科技与生产力，参加国际市场大循环（生产、流通、消费），参与国际战后重建，借助投资与贸易间的联动关系，发展中国现代经济。

14. 计划先行，重视实践

孙中山坚持实事求是，承认差距的同时不自卑自贬于外，认识到中国物产资源丰富与市场容量大且富有层次性的优势，结合当时的先进科技和社会科学发展成果，以发展的眼光，基于科学论据，进行严谨论证，做出了相互关联性很强的环环相扣且合乎道理的宏大计划体系。他以开放性的全球视角在国家发展战略层面上独创性地提出了"关键及根本工业"（重工业）和"本部工业"（轻工业）的发展时序设计，其中的分阶段走、跨越发展的思想及其恢弘的全局谋划的整体构想、区别经济区和地区资源优势发展的纲举目张的指导计划，都显示出强烈的前瞻性与实践性。此外，他客观分析国际形势，抓住机遇发展自己的思想。他的"预防"思想（前馈控制思想）也是杰出的经济发展规划所应该借鉴的。

15. 作为社会革命与经济建设战略规划者和实践家，孙中山为合格的社会经济管理者树立了一个极佳的榜样

孙中山先生的思想是那时最为先进的，先生个人经历坎坷，出生在开风气之先的广州，幼悉太平天国革命故事，少受私塾中国传统文化教育，青年时期早年求学香港，后又在美国家兄所在檀香山教会学校受西式教育，所有求学阶段亦是专注向学、积极思考的先进分子，其后革命生涯又在日本多有深迹，亦曾在英国游历避难。中西贯通的教育背景和多年海外游历的经历让他自然有着一种全球化的视野，所观不拘一时一事，多方比较，综合多种理论和实践，借鉴合成相关治国方略，洞见非常，行动非常（讲求执行力）。组织革命会党、同盟社团，亲力亲为为会员党众讲解相关课程，积极宣传，改变管理层人士认识。难能可贵的是，他认识到心理建设的作用，知行观异于传统，从事理论研究，介绍国外之先进制度。

孙中山之所以能够产生可以引领中国现代化道路的恢宏构想与相关具体方案设计，和他对于东西方文化的优秀成果的不断学习是分不开的，也和他孜孜不倦地追求民族独立、国家富强、民生幸福的革命和建设的实践分不开。他的使命感、系统思维、学习精神、思考习惯、人本管理、实践作风，显示出一个优秀的社会经济管理者的所有素质，也为合格的社会经济管理者树立了一个极佳的榜样。现之社会经济发展的管理者面对的是一个更为复杂的对象：一个高级化了的复杂经济体系，政府经济政策决策者应该向孙中山先生多多学习，在个人素质和注重实践、不断学习上加强修炼，才能有更高的理论素养和政治修养，处理问题时才会有正确的思路和适宜的方法。

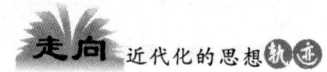

此外，就经济学科的发展而言，孙中山经济思想对于中国经济学科的发展也有很大的贡献。孙中山首次全面而系统地提出了经济落后国家的发展问题，可以认为他所创立的中国经济发展思想是"今日中国发展经济学的思想前驱和理论渊源"①。孙中山认为，要使中国的经济得以发展，首先就必须要用革命来推翻清朝政府，消灭军阀腐败与卖国政权，摆脱帝国主义殖民统治，使中国成为一个"民富国强"的新国家。在此新国家的主持、推动下，实行大规模的经济建设，使中国的经济迅速发展起来。1911年，武昌起义成功，孙中山建立起东方第一个民主共和国之后，面对中国的"贫"和"弱"，他随即更潜心于中国的经济发展之构想，他专心致志、呕心沥血地设计了新国家建设的美好蓝图，憧憬中国经济发展的宏伟目标。他提出了迥乎寻常的中国经济发展道路，制定了一系列具体策略、措施、步骤和方法，希望中国能迅速地走出中世纪，由小生产迈向现代化大生产，"驾乎欧美而上之"。他所创立的中国经济发展思想比当代"发展经济学"早半个世纪，这既是对当代"发展经济学"的形成所做的一大贡献，又是对中国和世界众多发展中国家寻求经济发展所做的一大贡献。

孙中山经济思想理论可概括表述为：以振兴中华、求富求强为最高目标，以民生主义为经济建设的总纲领，以主权独立下的开放主义为基本方针，以对资本主义扬"善"避"恶"为特征的基本经济制度设计，以科学规划，富有系统性为特征的经济建设方案，以及实事求是、尊重国情下的前瞻性和首创性的中国经济现代转型发展理论。

孙中山认可社会主义，天妒英才，早卒于刚刚步入的花甲之年（60岁），那正是阅历经验最为丰富，思想更为成熟，国内外影响力正盛的时间。伟人对纲领判断的错误性质，受阶级所属、时空大局所限，却被人批为空想的设计，如果能再活四十年，能有个稳定的发展环境——如"一战"期间，帝国主义国家无暇东顾，中国资本主义就有了短暂的黄金发展阶段——我们不能想见他的设计是否还是貌似空想。也就是我们说历史不允许假设，客观上的种种局限让他的设计建国方略成了空想，其思想的人文力则具有长远指向，仍然为中国的未来建设提供了一个系统的战略规划。批评孙中山为"孙大炮"的人，他们分不清历史与现实，不了解构

---

① 郑学益：《中国发展经济学的滥觞——从林则徐、魏源到孙中山》，《北京大学学报（哲学社会科学版）》，2003年第2期，第100~106页。

想与策略的理想可以高一点，有一些灵活性。毕竟，很多工作还是要留给专家去做的。

七　结论

作为广受尊敬的19世纪末至20世纪初的世界历史上的一位学贯中西的中国人，中华民国的开国领袖，孙中山出生于灾难深重的半殖民地半封建中国的农村，成长于曾为革命热土和多年来一直在"商国"开放经济下发展起来的广东，求学与革命游历于重洋之外的彼时先进发达之国，寻求使自己的祖国摆脱"民穷财尽"的落后困境的可行途径。在追逐国家富强、人民幸福的革命和建设事业征途上奉献了自己的一生。

作为最大的落后国家的现代转型的最初努力，共和初建，百废待兴，落后既久，求变亦切。孙中山立足于将中国在短期内发展成世界一等国家的高视角，从中国的落后现状和国际政治经济发展环境分析入手，结合"综参"古今中外各种经济学说，比较中外不同经济体制，就近代中国的经济发展等问题，作了比较系统的论述和全面的规划，亲力亲为广为宣传并实践推进其伟大构想的具体实施。

时至今日，对孙中山经济思想的研究仍然有着巨大的意义，在分析孙中山经济思想的理论体系的基础上，笔者对孙中山经济思想的历史地位及当代价值做出了客观的评价。结合对于孙中山的经济思想的研究，在坚持以孙中山经济思想主要反映的"民生主义""实业计划"为研究对象主体的同时，对以上各个方面与孙中山的经济思想相联系、相挂钩或提供了理论实践支持的部分，笔者都试图进行深入研究。结合现在建设市场经济的阶段性理论成果与国家战略选择进行比较，对于孙中山经济思想的作用范围、产生原因、主张或政策的性质和评价进行纵横结合的研究。笔者探寻了孙中山对于发展阶段的认识；对于革命和建设的关系问题的认识；对于现代化的认识；对于经济发展战略的规划；对于中国产业结构的认识，以何为本——农业与工业的地位；对于市场经济和宏观调控的认识；对于工业化的认识；对于部门经济及其关系的认识；对于区域经济不平衡与协调发展的认识；对于对外经济的认识。在对20世纪与21世纪的相逾百年的世纪前后的重大社会变迁（转型）进行了比较研究后可以发现：孙中山的民生实现方式是改良的，是政府主导型的社会转型，当代的由中国共产党这一执政党主导的建立社会主义市场经济体制的改革也是政府主导型的

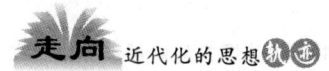

社会转型,但是孙中山所在时代所面临的社会转型的难度大于中国现代经济体制的计划向市场的转型。孙中山早有"再造中华"之志,终生以"振兴中华"为己任,鞠躬尽瘁,死而后已,其实业建设方案放眼世界,立足未来,将使中国崛起于世界的东方,跻身于世界的先进行列,以至"驾乎欧美之上"。实际上可以把他看作提出建立国际经济新秩序的先行者。

孙中山经济思想是中国现代社会转型的经济战略支持性制度体系,是20世纪初中国经济发展的科学发展理论,可将其概括为:以振兴中华、求富求强为最高目标,以民生主义为经济建设的总纲领,以主权独立下的开放主义为基本方针,以对资本主义扬"善"避"恶"为特征的基本经济制度设计,以科学规划、富有系统性为特征的经济建设方案,以及实事求是、尊重国情下的前瞻性和首创性的中国的经济现代转型发展理论。

孙中山的设计是理论联系实际的综合分析的结果,是对于落后中国的多层次和全方位考察的结果,是20世纪之初巨大社会转型的复杂历史背景下的伟大尝试与全面制度创新,充分体现了落后中国的发展利益诉求,关注生产力发展和人民生活水平提高的统一协调,坚持国家主权独立下的主动开放,寻求加入国际经济大循环的有利机遇,要将中国发展成为独立自主、文明先进、繁荣昌盛的工业化国家。

以国富民强为目标的博大精深的孙中山经济思想对于我们当代在科学发展观指导下进行的中国特色的社会主义市场经济建设的继续深入仍然有着很强的借鉴意义,值得我们对其进行进一步的深入研究。

本章的研究是要寻找以《建国方略》为代表的孙中山著作中所反映出来的孙中山经济思想对当今国家经济建设的借鉴点,在孙中山极具系统性的方案设计中,需要以多种学科的知识综合分析和解读,并将其从具体而繁复的计划抽象到具有规律性的认识,受能力所限,理论的最终抽象可能不能达到理想的高度,本章的研究深度有待在今后的研究中进一步加强。

2010年10月1日,祖国60周年华诞庆典,又见先生巨幅画像端置天安门广场革命英雄纪念碑前,感谢先生所领导的辛亥革命,把皇帝拉下马,推翻了中国两千余年的封建帝制,感谢先生领导的资本主义革命和社会革命与建设,民主共和的观念开始在古老的神州大地上生根抽枝,中国近代化终于体制性地获得认可与推进。不忘本而求发展,中国有其特色,特色源于历史,政治良才对未来中国的规划与一力践行是这历史长河中的波光与浪花,百年回眸,其中也包括了孙中山的经济思想。孙中山经济思想是中国现今正在进行的没有硝烟的再一次革命长征路——建立完善社会主义市场经济这一伟大创举的利器和营养源。

孙中山在《中国问题的真解决》一文中,曾明确地向世界宣告:中华民族的复兴,中国的统一、独立、富强,将为人类的和平、世界的进步做出更大的贡献,这不仅有益于中国,而且更将有益于世界。"占世界人口四分之一的国家的复兴,将是人类的福音。"①

诚如斯言。

孙中山的经济思想是 20 世纪初中国经济发展的科学发展理论。

毫无疑问,虽然辛亥革命百年已过,但在当今社会和未来很长的一段时间里,孙中山的经济思想仍然会让我们从中受益良多。

---

① 《孙中山全集》(第 1 卷),中华书局,1986,第 319 页。

参考文献

1. 魏源：《圣武记（上下）》，中华书局，1984。
2. 中华书局编辑部：《魏源集（上下）》，中华书局，1976。
3. 彭泽益：《十九世纪后半期的中国财政与经济》，人民出版社，1983。
4. 许毅：《清代外债史论》，中国财政经济出版社，1996。
5. 中国史学会：《鸦片战争（六）》，上海人民出版社，2000。
6. 齐思和、林树惠、寿纪瑜：《鸦片战争》，上海人民出版社，1954。
7. 魏源：《海国图志》咸丰二年刊本。
8. 胡寄窗、谈敏：《中国财政思想史》，中国财政经济出版社，1989。
9. 严中平：《中国近代经济史统计资料选辑》，科学出版社，1955。
10. 梁廷楠：《夷氛闻记》，中华书局，1959。
11. 蒋湘南：《七经楼文钞》，西安铅印本，1920。
12. 齐思和：《黄爵滋奏疏许乃济奏议合刊》，中华书局，1959。
13. 郑振铎：《晚清文选》，中国社会科学出版社，2002。
14. 牟世安：《鸦片战争》上海人民出版社，1982。
15. 马克思、恩格斯：《马克思恩格斯全集》，人民出版社，1972。
16. 《雍正硃批谕旨》，乾隆间内府朱墨套印本。
17. 嵇璜：《清朝文献通考》，商务印书馆，1936。
18. 胡绳：《从鸦片战争到五四运动》，上海人民出版社，1982。
19. 中国人民银行总参事室：《中国近代货币史资料》，中华书局，1964。
20. 赵尔巽：《清史稿》，中华书局，1976。
21. 〔美〕费正清、刘广京编《剑桥中国晚清史》，中国社会科学出版社，2007。
22. 杨万铭：《中国近代经济思想的开拓者——魏源经济思想评价》，《社会科学研究》1999年第6期。

23. 陈朝祥：《魏源经济思想述评》，《人民论坛》2010年第23期。
24. 汤标中：《略论魏源"师夷制夷"的经济思想》，《财经理论与实践》1994年第4期。
25. 中国史学会：《太平天国》，上海人民出版社、上海书店出版社，2004。
26. 罗尔纲：《太平天国史稿》，开明书店，1951。
27. 太平天国历史博物馆：《太平天国史料丛编简辑》，中华书局，1963。
28. 向达：《太平天国》，神州国光社，1952。
29. 呤唎：《太平天国革命亲历记》，中华书局，1961。
30. 罗尔纲：《太平天国文物图释》，生活·读书·新知三联书店，1956。
31. 张远鹏：《太平天国史话》，社会科学文献出版社，2011。
32. 程美东：《中国现代化思想史（1840~1949）》，高等教育出版社，2006。
33. 太平天国历史博物馆：《太平天国文书汇编》，中华书局，1979。
34. 钟文典：《太平军在永安》，生活·读书·新知三联书店，1962。
35. 中国科学院近代史研究所近代史资料编辑组：《近代史资料（总34号）》，中华书局，1975。
36. 中国科学院历史研究所第三所编辑：《近代史资料》，科学出版社，1955。
37. 杨松、邓力群等：《中国近代史资料选辑》，生活·读书·新知三联书店，1954。
38. 《列宁全集》，人民出版社，1985。
39. 冯自由：《同盟会四大纲领及三民主义溯源》，《革命逸史》第三集。
40. 施立业：《评〈天朝田亩制度〉》，《安徽史学》1989年第4期。
41. 饶仁坤：《如何评议〈天朝田亩制度〉中的平均主义》，《史学月刊》1985年第6期。
42. 晁福林：《如何评价〈天朝田亩制度〉》，《江汉论坛》1980年第3期。
43. 郭毅生：《〈天朝田亩制度〉的经济背景及其性质》，《历史研究》1981年第3期。
44. 詹索平、叶金茹：《试论洪秀全的农业经济思想及其历史地位》，《农业考古》2007年第3期。
45. 罗尔纲：《再论〈天朝田亩制度〉》，《历史研究》1984年第1期。
46. 戚其章：《〈天朝田亩制度〉新探》，《东岳论丛》1993年第6期。

47. 陈贵宗：《对〈天朝田亩制度〉内容的新认识》，《吉林大学社会科学学报》1996年第5期。

48. 孙占元：《〈天朝田亩制度〉与〈资政新篇〉评议》，《江海学刊》1994年第6期。

49. 王国平：《〈天朝田亩制度〉新议》，《江海学刊》2005年第1期。

50. 《忠王李秀成自传校补本》，广西人民出版社，1961。

51. 国立北京大学文科研究所、国立北京图书馆：《太平天国史料》，开明书店，1950。

52. 容闳：《西学东渐记》，商务印书馆，1934。

53. 钱远镕：《〈资政新篇〉版本问题探讨》，《近代史研究》1989年第1期。

54. 王翔：《关于〈资政新篇〉几个问题的探讨》，《安徽史学》1988年第2期。

55. 潘旭澜：《再论〈天朝田亩制度〉与〈资政新篇〉》，《探索与争鸣》2005年第4期。

56. 王明勋：《评〈资政新篇〉的若干经济思想》，《吉林大学社会科学学报》1982年第1期。

57. 苑书义：《洪秀全与〈资政新篇〉》，《历史教学》1981年第9期。

58. 张翼：《洪仁玕——中国近代化的首倡者和设计师》，《社会科学战线》1993年第5期。

59. 谭群玉、曹又文：《洪仁玕与马建忠的维新思想比较》，《历史档案》1998年第4期。

60. 陈九如：《洪仁玕经济思想浅析》，《广西民族学院学报》1995年第4期。

61. 宋科炳：《洪仁玕与〈资政新篇〉》，《文史天地》2002年第3期。

62. 郑观应：《盛世危言》，华夏出版社，2002。

63. 王尔敏：《近代经世小儒》，广西师范大学出版社，2008。

64. 冯桂芬：《校邠庐抗议》，中州古籍出版社，1998。

65. 中国史学会：《戊戌变法》，上海人民出版社，1957。

66. 孙翊刚：《中国财政问题源流考》，中国社会科学出版社，2001。

67. 郑观应：《罗浮待鹤山人诗草》，上海著易堂，1909。

68. 彭泽益：《十九世纪后半期的中国财政与经济》，人民出版社，1983。

69. 周志初：《晚清财政经济研究》，齐鲁书社，2002。

70. 赵尔巽：《清史稿》，中华书局，1976。
71. 王铁崖：《中外旧约章汇编》，三联书店，1957。
72. 马克思、恩格斯：《马克思恩格斯论中国》，人民出版社，1953。
73. 孙健：《中国经济通史》，中国人民大学出版社，2000。
74. 姚贤镐：《中国近代对外贸易史资料》，中华书局，1962。
75. 孙文学：《中国关税史》，中国财政经济出版社，2003。
76. 国家税务局编著《中国工商税收史》，中国财政经济出版社，1990。
77. 黄天华：《WTO与中国关税》，复旦大学出版社，2002。
78. 《大清光绪新法令（第2册，铅印本）》，商务印书馆，1910。
79. 胡钧：《中国财政史》，商务印书馆，1920。
80. 刘锦藻：《清朝续文献通考（第63卷）》，商务印书馆，1955。
81. 倪俊明：《郑观应研究综述》，《文史哲》2003年第1期。
82. 邱彦莉：《略论郑观应的商战思想》，《现代财经》2005年第2期。
83. 雷强：《郑观应商战论的历史启示》，《南方经济》2003年第9期。
84. 卢文莹：《郑观应的国债思想》，《财贸研究》1994年第4期。
85. 朱鸿翔：《试论郑观应的商战思想》，《商场现代化》2006年第1期。
86. 梁文生：《郑观应"道器"、"体用"论及其评价》，《北方论丛》2009年第6期。
87. 黄群：《郑观应的近代市场观述评》，《求索》2009年第7期。
88. 赵秀玲：《论郑观应的商战思想》，《文史哲》1999年第3期。
89. 张之洞：《劝学篇》，华夏出版社，2002。
90. 宓汝成：《帝国主义与中国铁路（1847~1949）》，经济管理出版社，2007。
91. 吴汝纶：《李文忠公全集》，光绪三十一年刻本。
92. 梁启超：《清代学术概论》，人民出版社，2008。
93. 王尔敏：《晚清政治思想史论》，广西师范大学出版社，2007。
94. 国家档案局明清档案馆：《戊戌变法档案史料》，中华书局，1958。
95. 盛康：《皇朝经世文新编》，台北：文海出版社，1972。
96. 武汉大学历史系中国近代史教研室：《辛亥革命在湖北史料选辑》，湖北人民出版社，1981。
97. 王树楠：《张文襄公全集》，北京文华斋刻本，1928。
98. 苑书义：《张之洞全集》，河北人民出版社，1998。
99. 赵靖主编《中国经济思想通史续集》，北京大学出版社，2004。

100. 陈真等：《中国近代工业史资料》，三联书店，1961。
101. 孙毓棠编《中国近代工业史资料》，科学出版社，1957。
102. 凌耀伦、周永林：《卢作孚研究文集》，北京大学出版社，2000。
103. 〔美〕徐中约：《中国近代史：1600～2000，中国的奋斗》，计秋枫、朱庆葆译，世界图书出版公司，2008。
104. 贺长龄：《皇朝经世文编》，台北：文海出版社，1972。
105. 朱寿朋：《光绪朝东华录》，中华书局，1958。
106. 曾鲲化：《中国铁路史》，燕京印书局，1924。
107. 范文澜：《中国近代史》，人民出版社，1955。
108. 《宣统政纪（石印本）》，辽海书社，1934。
109. 许毅：《从百年屈辱到民族复兴（第1卷）》，经济科学出版社，2006。
110. 盛宣怀：《愚斋存稿（第27卷）》，思补楼，1939。
111. 顾廷龙、叶亚廉：《李鸿章全集》，上海人民出版社，1987。
112. 马陵合：《清末民初铁路外债观研究》，复旦大学出版社，2004。
113. 〔英〕菲利浦·约瑟夫：《列强对华外交（1894～1900）——对华政治经济关系的研究》，胡滨译，商务印书馆，1963。
114. 中国人民银行总参事室：《中国清代外债史资料》，中国金融出版社，1991。
115. 〔德〕恩格斯：《费尔巴哈与德国古典哲学的终结》，人民出版社，1972。
116. 刘晴波：《杨度集》，湖南人民出版社，1986。
117. 夏东元：《郑观应集》，上海人民出版社，1982。
118. 宓汝成：《中国近代铁路史资料》，中华书局，1963。
119. 王立新：《美国对华政策与中国民族主义运动（1904～1928）》，中国社会科学出版社，2000。
120. 袁德宣：《中国铁路史》，集益书社，1907。
121. 陈钧、任放：《张之洞经济伦理思想探真》，《历史研究》1993年第4期。
122. 罗肇前：《由官办向商办的转变——张之洞经济思想研究之一》，《中国经济史研究》1997年第3期。
123. 赵德馨、周秀鸾：《张之洞与湖北经济的崛起》，《江汉论坛》1998年第1期。

124. 祝婷婷：《张之洞的〈劝学篇〉与晚清新政》，《东北师范大学学报》2012 年第 4 期。
125. 何晓明：《张之洞经济思想论析》，《中国社会经济史研究》1994 年第 3 期。
126. 李光泉：《张之洞经济思想实践与近代中国经济的发展》，《求索》2008 年第 1 期。
127. 董贵胜：《张之洞与中国经济近代化》，《齐鲁学刊》2009 年第 5 期。
128. 《谭嗣同全集》，生活·读书·新知三联书店，1954。
129. 侯外庐：《中国近代经济学说史（下卷）》，重庆三友书店，1945。
130. 赵靖、易梦虹主编《中国近代经济思想史（下册）》，中华书局，1980。
131. 《马克思恩格斯全集（第25卷）》，人民出版社，1983。
132. 杨荣国：《谭嗣同的哲学思想》，人民出版社，1957。
133. 梁启超：《变法通议》，华夏出版社，2002。
134. 中国史学会：《洋务运动》，上海人民出版社，1961。
135. 方浚颐：《二知轩文存》，光绪四年自刻本。
136. 〔美〕费正清、刘广京：《剑桥中国晚清史》，中国社会科学出版社，2007。
137. 王韬：《弢园文录外编》，中州古籍出版社，1998。
138. 赵树贵、曾丽雅：《陈炽集》，中华书局，1997。
139. 刘锡鸿：《刘光禄遗稿》，台北：文海出版社，1988。
140. 张朋园：《梁启超与清季革命》，吉林出版集团有限责任公司，2007。
141. 康有为：《康南海自编年谱》，台北：广文书局，1971。
142. 丁文江：《梁任公先生生年谱长编初稿》，台北：世界书局，1958。
143. 梁启超：《饮冰室合集》，中华书局，1989。
144. 梁启超：《梁启超自传》，江苏文艺出版社，2012。
145. 丁文江、赵丰田：《梁启超年谱长谱》，上海人民出版社，2009。
146. 郑匡民：《梁启超启蒙思想的东学背景》，上海书店出版社，2009。
147. 张灏：《梁启超与中国思想的过渡》，新星出版社，2006。
148. 李泽厚：《中国近代思想史论》，人民出版社，1979。
149. 钟祥财：《中国近代研究经济思想史的方法论特点——以梁启超为例》，《财经研究》2010 年第 8 期。
150. 王延涛：《论梁启超的经济思想》，《辽宁大学学报》2007 年第 3 期。

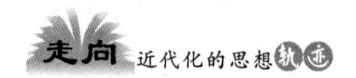

151. 梁捷：《梁启超经济思想的演变过程》，《社会科学战线》2008 年第 2 期。

152. 夏国祥：《梁启超经济思想新论》，《财经研究》1998 年第 8 期。

153. 李炜光：《梁启超：中国公共财政的启蒙师与先行者》，《政法论坛》2011 年第 4 期。

154. 康有为：《大同书》，华夏出版社，2002。

155. 〔美〕萧公权：《近代中国与新世界——康有为变法与大同思想研究》，江苏人民出版社，2007。

156. 汪荣祖：《康有为论》，中华书局，2006。

157. 汤志钧：《康有为政论集》，中华书局，1981。

158. 赵靖、易梦虹：《中国近代经济思想史》，中华书局，1964。

159. 李泽厚：《康有为谭嗣同思想研究》，人民出版社，1958。

160. 马洪林：《康有为评传》，南京大学出版社，1998。

161. 邝析林：《康有为的哲学思想》，中国社会科学出版社，1980。

162. 陈文亮：《康有为经济思想述评》，《理论学习月刊》1998 年第 11 期。

163. 魏义霞：《康有为对孟子思想的阐发和现代转换》，《学术探索》2012 年第 10 期。

164. 宁宁：《通向大同之路——康有为大同思想简述》，《湖北社会科学》2009 年第 2 期。

165. 任军：《康有为大同思想的东方文化色彩》，《历史研究》1993 年第 6 期。

166. 房德邻：《〈大同书〉起稿时间考——兼论康有为早期大同思想》，《历史研究》1995 年第 3 期。

167. 钟祥财：《"大同"思想的历史维度》，《探索与争鸣》2009 年第 4 期。

168. 操申斌：《对中国近代几种大同思想的评说》，《社会科学战线》2006 年第 3 期。

169. 李子文：《论康有为的大同思想》，《史学集刊》2001 年第 4 期。

170. 周桂细：《论大同思想的理论价值和实践意义》，《北京师范大学学报》1994 年第 5 期。

171. 王业兴：《孙中山与中国近代化研究》，人民出版社，2005。

172. 黄明同、卢昌健：《孙中山经济思想——中国建设前瞻者的思考》，社会科学文献出版社，2006。

173. 孙中山：《建国方略》，华夏出版社，2002。
174. 厉以宁：《转型发展理论》，同心出版社，1996。
175. 赵晓雷主编《中国经济思想史》，东北财经大学出版社，2007。
176. 王文泉、刘天路主编《中国近代史（1840~1949）》，高等教育出版社，2001。
177. 陈国庆、陈勇主编《中国现代社会转型研究》，陕西人民出版社，2009。
178. 何炼成主编《中国发展经济学概论》，高等教育出版社，2001。
179. 姚梅镇、余劲松主编《比较外资法》，武汉大学出版社，1996。
180. 陈安主编《国际经济法》，北京大学出版社，1994。
181. 蒋自强等：《经济思想通史》，浙江大学出版社，2003。
182. 赵靖：《赵靖文集》，北京大学出版社，2002。
183. 黄明同：《孙中山建设哲学——中国现代系统思维的开启及运用》，社会科学文献出版社，2006。
184. 李泽厚：《中国近代思想史论》，生活·读书·新知三联书店，2009。
185. 何炼成：《何炼成选集》，山西经济出版社，1992。
186. 孙健：《中国经济通史（上、中、下）》，中国人民大学出版社，2000。
187. 张军民：《对接与冲突——三民主义在孙中山身后的流变（1925~1945）》，天津古籍出版社，2005。
188. 周兴樑：《国民革命与统一建设：20世纪初孙中山及国共人物的奋斗》，天津古籍出版社，2004。
189. 茅家琦等：《孙中山评传》，南京大学出版社，2006。
190. 温铁军：《三农问题与世纪反思》，生活·读书·新知三联书店，2005。
191. 刘秉杨：《中国近代经济发展研究》，西北大学出版社，1999。
192. 白永秀：《中国现代市场经济研究》，陕西人民出版社，1996。
193. 〔美〕罗宾斯、库尔特：《管理学》，孙健敏等译，中国人民大学出版社，2008。
194. 关海庭等主编《渐进式的超越——中俄两国转型模式的调整与深化》，北京大学出版社，2006。
195. 叶蓬、李时权主编：《经济伦理学研究：制度创新与经济发展的人文

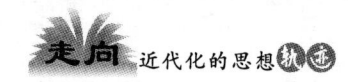

关怀》,中央编译出版社,2007。

196. 〔美〕V. 奥斯特罗姆,D. 菲尼,H. 皮希特编《制度分析与发展的反思——问题与抉择》,王诚等译,商务印书馆,1992。

197. 何炼成主编《中国特色社会主义发展经济学》,中国社会科学出版社,2009。

198. 何炼成主编《中国特色社会主义经济理论》,人民出版社,2010。

199. 韦苇:《走向富强的千年追求——中国经济发展思想的理论体系与历史演进》,西北大学出版社,1997。

200. 广东省社会科学院历史研究所、中国社会科学院近代史研究所、中华民国史研究室、中山大学历史系孙中山研究室:《孙中山全集(全11卷)》,中华书局,1981~1986。

201. 张磊:《孙中山评传》,广州出版社,2000。

202. 段云章:《孙中山对国内情势的审视》,中山大学出版社,2001。

203. 李吉奎:《孙中山的生平及其事业》,中山大学出版社,2001。

204. 桑兵:《孙中山的活动与思想》,中山大学出版社,2001。

205. 王安功、林家有等:《孙中山与祖国的和平统一》,中山大学出版社,2001。

206. 周兴樑:《孙中山与近代中国民主革命》,中山大学出版社,2001。

207. 林家有:《孙中山与近代中国的觉醒》,中山大学出版社,2001。

208. 林家有:《孙中山与中国近代化道路研究》,广东教育出版社,1999。

209. 韦杰廷:《孙中山民生主义新探》,黑龙江教育出版社,1991。

210. 姜旭朝:《孙中山经济改革论》,团结出版社,1989。

211. 〔美〕韦慕廷:《孙中山——壮志未酬的爱国者》,杨慎之译,中山大学出版社,1986。

212. 胡显中:《孙中山经济思想》,上海人民出版社,1985。

213. 张磊:《孙中山思想研究》,中华书局,1981。

214. 〔美〕史扶林:《孙中山:勉为其难的革命家》,中国华侨出版社,1996。

215. 〔日〕宫崎滔天:《三十三年之梦》,花城出版社,1981。

216. 孙中山研究学会:《孙中山和他的时代——孙中山研究国际学术讨论会文集(上、中、下册)》,中华书局,1989。

217. 江苏省文史资料委员会、江苏省孙中山研究会:《孙中山与中国现代化——纪念孙中山诞辰130周年学术讨论会论文集》,江苏省文史资料编辑部，1998。

218. 林家有、〔日〕高桥强主编《理想？道德？大同："孙中山与世界和平"国际学术研讨会论文集》，中山大学出版社，2001。
219. 韦杰廷：《孙中山与二十世纪的中国》，《求索》1998 年第 4 期。
220. 范征南：《孙中山教育改革思想初探》，《江苏广播电视大学学报》1998 年第 9 期。
221. 吴传清：《论孙中山关于开发西北经济的战略思想》，《广西大学学报（哲学社会科学版）》1997 年第 2 期。
222. 郭灿：《孙中山经济发展战略的再认识》，《广东社会科学》1997 年第 3 期。
223. 杨晓东：《孙中山经济建设思想述略》，《苏州大学学报（哲学社会科学版）》1997 年第 3 期。
224. 唐宝富、程曦：《论孙中山的经济平等思想》，《江苏社会科学》1997 年第 4 期。
225. 饶怀民、吴科达：《孙中山对外开放思想的形成及其特征》，《湖南师范大学社会科学学报》1997 年第 26 期。
226. 何炼成：《试论孙中山的社会经济思想》，《西北大学学报》1957 年第 2 期。
227. 陈寒鸣：《儒家"大同"理想及其对近代中国人的影响》，《盐城工学院学报（社会科学版）》2004 年第 3 期。
228. 周建雄：《孙中山经济发展思想研究》，湖南师范大学博士学位毕业论文，2002。
229. 刘斯琴高娃：《和谐社会的本土化思想资源——中国近代史上的社会建设思想》，《内蒙古民族大学学报（社会科学版）》2006 年第 32 期。
230. 王金玉：《孙中山经济思想研究》，四川大学硕士学位论文，2005。
231. 宋炳刚：《孙中山的近代中国金融制度体系建设思想》，《"孙中山与近代中国的开放"学术研讨会论文集》，2008。
232. 韩宁：《孙中山的三民主义、实业计划和中国现代化建设》，东北财经大学硕士学位论文，2006。
233. 何炼成：《关于研究中国经济管理思想史的方法问题》，《中国经济问题》1989 年第 3 期。
234. 赵靖：《孙中山和中国发展之路》，《经济学家》1995 年第 2 期。

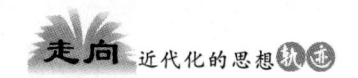

235. 江必达：《从孙中山的民生观到以人为本》，《福州党校学报》2005年第3期。

236. 孙继红：《孙中山的民生观对中共三代领导人的启迪》，《福州党校学报》2002年第1期。

237. 蒋大椿：《孙中山民生史观析论》，《中国社会科学》2000年第2期。

238. 孙继红：《从孙中山的民生观到"以人为本"》，《世纪桥》2005年第3期。

239. 王业兴：《孙中山对中国经济近代化发展模式的构想》，《历史档案》1998年第2期。

240. 孙克复、焦润明：《论孙中山的赶超战略思想》，《辽宁大学学报（哲学社会科学版）》1998年第4期。

241. 刘世红：《从〈实业计划〉看孙中山区域经济思想的特质》，《广东社会科学》2007年第5期。

242. 刘学照：《"从同"和"超越"：孙中山近代化思想的特色》，《社会科学战线》1997年第5期。

243. 云乃庆：《孙中山区域经济思想初探》，《中南民族学院学报（哲学社会科学版）》1996年第6期。

244. British Parliamentary Papers. *Commercial Report*：*China*, Irish University Press, 1971, vol. 9.

245. Marie-claire bergere, Translated by JANET LLOYD. Sun Yat-sen. Stanford, California：Stanford University Press, 1994.

246. Frank H. H. King：The History of The HongKong and Shanghai Banking Corporation, vol. 2.

247. Hou, Chi-ming, *Foreign Investment and Economic Development in China*, *1840 – 1937*, Cambridge, Mass, 1965.

248. John K. F., Bruner K. F., Matheson E.. M. *The IG. In Peking*, Cambridge, Mass, 1975, vol. 2.

图书在版编目(CIP)数据

走向近代化的思想轨迹：名人·名著·经济思想/何炼成，彭立峰，张卫莉著. —北京：社会科学文献出版社，2013.3
（陕西省重点学科建设项目. 经济思想史系列）
ISBN 978-7-5097-4245-7

Ⅰ.①走… Ⅱ.①何… ②彭… ③张… Ⅲ.①历史人物-经济思想-研究-近代 Ⅳ.①F092.6

中国版本图书馆 CIP 数据核字（2013）第 018032 号

陕西省重点学科建设项目：经济思想史系列
走向近代化的思想轨迹
——名人·名著·经济思想

著　　者／何炼成　彭立峰　张卫莉

出 版 人／谢寿光
出 版 者／社会科学文献出版社
地　　址／北京市西城区北三环中路甲 29 号院 3 号楼华龙大厦
邮政编码／100029

责任部门／经济与管理出版中心 (010) 59367226　　责任编辑／林　尧　许秀江
电子信箱／caijingbu@ ssap.cn　　　　　　　　　　　责任校对／王伟涛
项目统筹／恽　薇　林　尧　　　　　　　　　　　　责任印制／岳　阳
经　　销／社会科学文献出版社市场营销中心 (010) 59367081　59367089
读者服务／读者服务中心 (010) 59367028

印　　装／三河市尚艺印装有限公司
开　　本／787mm×1092mm　1/16　　　　印　张／20.25
版　　次／2013 年 3 月第 1 版　　　　　　 字　数／327 千字
印　　次／2013 年 3 月第 1 次印刷
书　　号／ISBN 978-7-5097-4245-7
定　　价／59.00 元

本书如有破损、缺页、装订错误，请与本社读者服务中心联系更换
▲ 版权所有　翻印必究